독학사 2단계
국어국문학과
한국현대시론

시대에듀

머리말 INTRO

학위를 얻는 데 시간과 장소는 더 이상 제약이 되지 않습니다. 대입 전형을 거치지 않아도 '학점은행제'를 통해 학사학위를 취득할 수 있기 때문입니다. 그중 독학학위제도는 고등학교 졸업자이거나 이와 동등 이상의 학력을 가지고 있는 사람들에게 효율적인 학점 인정 및 학사학위 취득의 기회를 줍니다.

학습을 통한 개인의 자아실현 도구이자 자신의 실력을 인정받을 수 있는 스펙인 독학사는 짧은 기간 안에 학사학위를 취득할 수 있는 가장 빠른 지름길로써 많은 수험생들의 선택을 받고 있습니다.

이 책은 독학사 시험을 준비하는 수험생분들이 단기간에 효과적인 학습을 할 수 있도록 다음과 같이 구성하였습니다.

---

01 핵심이론을 학습하기에 앞서 각 단원에서 파악해야 할 중점과 학습목표를 정리하여 수록하였습니다.

02 시험에 출제될 수 있는 내용을 '핵심이론'으로 수록하였으며, 이론 안의 '더 알아두기' 등을 통해 내용 이해에 부족함이 없도록 하였습니다. (2023년 시험부터 적용된 개정 평가영역 반영)

03 해당 출제영역에 맞는 핵심포인트를 분석하여 구성한 '실전예상문제'를 수록하였습니다.

04 최신 출제유형을 반영한 '최종모의고사(2회분)'를 통해 자신의 실력을 점검해 볼 수 있도록 하였습니다.

시간 대비 학습의 효율성을 높이기 위해 방대한 학습 분량을 최대한 압축하여 정리하였으며, 출제 유형을 반영한 문제들로 구성하도록 노력하였습니다. 이 책으로 학위취득의 꿈을 이루고자 하는 수험생 여러분의 합격을 응원합니다.

편저자 드림

독학학위제 소개 BDES

⬢ 독학학위제란?

「독학에 의한 학위취득에 관한 법률」에 의거하여 국가에서 시행하는 시험에 합격한 사람에게 학사학위를 수여하는 제도

- ✓ 고등학교 졸업 이상의 학력을 가진 사람이면 누구나 응시 가능
- ✓ 대학교를 다니지 않아도 스스로 공부해서 학위취득 가능
- ✓ 일과 학습의 병행이 가능하여 시간과 비용 최소화
- ✓ 언제, 어디서나 학습이 가능한 평생학습시대의 자아실현을 위한 제도
- ✓ 학위취득시험은 4개의 과정(교양, 전공기초, 전공심화, 학위취득 종합시험)으로 이루어져 있으며 각 과정별 시험을 모두 거쳐 학위취득 종합시험에 합격하면 학사학위 취득

⬢ 독학학위제 전공 분야 (11개 전공)

※ 유아교육학 및 정보통신학 전공 : 3, 4과정만 개설
 (정보통신학의 경우 3과정은 2025년까지, 4과정은 2026년까지만 응시 가능하며, 이후 폐지)
※ 간호학 전공 : 4과정만 개설
※ 중어중문학, 수학, 농학 전공 : 폐지 전공으로, 기존에 해당 전공 학적 보유자에 한하여 2025년까지 응시 가능

※ 시대에듀는 현재 4개 학과(심리학과, 경영학과, 컴퓨터공학과, 간호학과) 개설 완료
※ 2개 학과(국어국문학과, 영어영문학과) 개설 중

독학학위제 시험안내 INFORMATION

⬢ 과정별 응시자격

단계	과정	응시자격	과정(과목) 시험 면제 요건
1	교양	고등학교 졸업 이상 학력 소지자	• 대학(교)에서 각 학년 수료 및 일정 학점 취득 • 학점은행제 일정 학점 인정 • 국가기술자격법에 따른 자격 취득 • 교육부령에 따른 각종 시험 합격 • 면제지정기관 이수 등
2	전공기초		
3	전공심화		

4	학위취득	• 1~3과정 합격 및 면제
		• 대학에서 동일 전공으로 3년 이상 수료
		  (3년제의 경우 졸업) 또는 105학점 이상 취득
		• 학점은행제 동일 전공 105학점 이상 인정
		  (전공 28학점 포함)
		• 외국에서 15년 이상의 학교교육과정 수료
			없음(반드시 응시)

⬢ 응시방법 및 응시료

- 접수방법 : 온라인으로만 가능
- 제출서류 : 응시자격 증빙서류 등 자세한 내용은 홈페이지 참조
- 응시료 : 20,700원

⬢ 독학학위제 시험 범위

- 시험 과목별 평가영역 범위에서 대학 전공자에게 요구되는 수준으로 출제
- 독학학위제 홈페이지(bdes.nile.or.kr) ➜ 학습정보 ➜ 과목별 평가영역에서 확인

⬢ 문항 수 및 배점

과정	일반 과목			예외 과목		
	객관식	주관식	합계	객관식	주관식	합계
교양, 전공기초 (1~2과정)	40문항×2.5점 =100점	—	40문항 100점	25문항×4점 =100점	—	25문항 100점
전공심화, 학위취득 (3~4과정)	24문항×2.5점 =60점	4문항×10점 =40점	28문항 100점	15문항×4점 =60점	5문항×8점 =40점	20문항 100점

※ 2017년도부터 교양과정 인정시험 및 전공기초과정 인정시험은 객관식 문항으로만 출제

합격 기준

■ 1~3과정(교양, 전공기초, 전공심화) 시험

단계	과정	합격 기준	유의 사항
1	교양	매 과목 60점 이상 득점을 합격으로 하고, 과목 합격 인정(합격 여부만 결정)	5과목 합격
2	전공기초		6과목 이상 합격
3	전공심화		

■ 4과정(학위취득) 시험 : 총점 합격제 또는 과목별 합격제 선택

구분	합격 기준	유의 사항
총점 합격제	• 총점(600점)의 60% 이상 득점(360점) • 과목 낙제 없음	• 6과목 모두 신규 응시 • 기존 합격 과목 불인정
과목별 합격제	매 과목 100점 만점으로 하여 전 과목(교양 2, 전공 4) 60점 이상 득점	• 기존 합격 과목 재응시 불가 • 1과목이라도 60점 미만 득점하면 불합격

시험 일정

■ 국어국문학과 2단계 시험 과목 및 시간표

구분(교시별)	시간	시험 과목명
1교시	09:00~10:40(100분)	국어학개론, 국어문법론
2교시	11:10~12:50(100분)	국문학개론, 국어사
중식 12:50~13:40(50분)		
3교시	14:00~15:40(100분)	고전소설론, 한국현대시론
4교시	16:10~17:50(100분)	한국현대소설론, 한국현대희곡론

※ 시험 일정 및 세부사항은 반드시 독학학위제 홈페이지(bdes.nile.or.kr)를 통해 확인하시기 바랍니다.
※ 시대에듀에서 개설된 과목은 빨간색으로 표시하였습니다.

독학학위제 출제방향 GUIDE

- 국가평생교육진흥원에서 고시한 과목별 평가영역에 준거하여 출제하되, 특정한 영역이나 분야가 지나치게 중시되거나 경시되지 않도록 한다.

- 독학자들의 취업 비율이 높은 점을 감안하여, 과목의 특성을 반영하는 범주 내에서 학문적이고 이론적인 문항뿐만 아니라 실무적인 문항도 출제한다.

- 단편적 지식의 암기로 풀 수 있는 문항의 출제는 지양하고, 이해력·적용력·분석력 등 폭넓고 고차원적인 능력을 측정하는 문항을 위주로 한다.

- 이설(異說)이 많은 내용의 출제는 지양하고 보편적이고 정설화된 내용에 근거하여 출제하며, 그럴 수 없는 경우에는 해당 학자의 성명이나 학파를 명시한다.

- 교양과정 인정시험(1과정)은 대학 교양교재에서 공통적으로 다루고 있는 기본적이고 핵심적인 내용을 출제하되, 교양과정 범위를 넘는 전문적이거나 지엽적인 내용의 출제는 지양한다.

- 전공기초과정 인정시험(2과정)은 각 전공영역의 학문을 연구하기 위하여 각 학문 계열에서 공통적으로 필요한 지식과 기술을 평가한다.

- 전공심화과정 인정시험(3과정)은 각 전공영역에 관하여 보다 심화된 전문적인 지식과 기술을 평가한다.

- 학위취득 종합시험(4과정)은 시험의 최종 과정으로서 학위를 취득한 자가 일반적으로 갖추어야 할 소양 및 전문지식과 기술을 종합적으로 평가한다.

- 교양과정 인정시험 및 전공기초과정 인정시험의 시험방법은 객관식(4지택1형)으로 한다.

- 전공심화과정 인정시험 및 학위취득 종합시험의 시험방법은 객관식(4지택1형)과 주관식(80자 내외의 서술형)으로 하되, 과목의 특성에 따라 다소 융통성 있게 출제한다.

독학학위제 합격수기 COMMENT

> 저는 학사편입 제도를 이용하기 위해 2~4단계 시험에 순차로 응시했고 한 번에 합격했습니다. 아슬아슬한 점수라서 부끄럽지만 독학사는 자료가 부족해서 부족하나마 후기를 쓰는 것이 도움이 될까 하여 제 합격전략을 정리하여 알려 드립니다.

#1. 교재와 전공서적을 가까이에!

학사학위 취득은 본래 4년을 기본으로 합니다. 독학사는 이를 1년으로 단축하는 것을 목표로 하는 시험이라 실제 시험도 변별력을 높이는 몇 문제를 제외한다면 기본이 되는 중요한 이론 위주로 출제됩니다. 시대에듀의 독학사 시리즈 역시 이에 맞추어 중요한 내용이 일목요연하게 압축·정리되어 있습니다. 빠르게 훑어보기 좋지만 내가 목표로 한 전공에 대해 자세히 알고 싶다면 전공서적과 함께 공부하는 것이 좋습니다. 교재와 전공서적을 함께 보면서 교재에 전공서적 내용을 정리하여 단권화하면 시험이 임박했을 때 교재 한 권으로도 자신 있게 시험을 치를 수 있습니다.

#2. 시간확인은 필수!

쉬운 문제는 금방 넘어가지만 지문이 길거나 어렵고 헷갈리는 문제도 있고, OMR 카드에 마킹까지 해야 하니 실제로 주어진 시간은 더 짧습니다. 앞부분에 어려운 문제가 있다고 해서 시간을 많이 허비하면 쉽게 풀 수 있는 뒷부분 문제들을 놓칠 수 있습니다. 문제 푸는 속도가 느려지면 집중력도 떨어집니다. 그래서 어차피 배점은 같으니 아는 문제를 최대한 많이 맞히는 것을 목표로 했습니다.
① 어려운 문제는 빠르게 넘기면서 문제를 끝까지 다 풀고 ② 확실한 답부터 우선 마킹한 후 ③ 다시 시험지로 돌아가 건너뛴 문제들을 다시 풀었습니다. 확실히 시간을 재고 문제를 많이 풀어봐야 실전에 도움이 되는 것 같습니다.

#3. 문제풀이의 반복!

여느 시험과 마찬가지로 문제는 많이 풀어볼수록 좋습니다. 이론을 공부한 후 예상문제를 풀다보니 부족한 부분이 어딘지 확인할 수 있었고, 공부한 이론이 시험에 어떤 식으로 출제될지 예상할 수 있었습니다. 그렇게 부족한 부분을 보충해가며 문제유형을 파악하면 이론을 복습할 때도 어떤 부분을 중점적으로 암기해야 할지 알 수 있습니다. 이론 공부가 어느 정도 마무리되었을 때 시계를 준비하고 모의고사를 풀었습니다. 실제 시험시간을 생각하면서 예행연습을 하니 시험 당일에는 덜 긴장할 수 있었습니다.

> 학위취득을 위해 오늘도 열심히 학습하시는 수험생 여러분에게도 합격의 영광이 있길 기원하면서 이만 줄입니다.

이 책의 구성과 특징 STRUCTURES

01 단원 개요

핵심이론을 학습하기에 앞서 각 단원에서 파악해야 할 중점과 학습목표를 확인해 보세요.

단원 개요

이 단원은 시의 특성 전반을 다루고 있다. 시의 정의, 시의 용[...] 산문과 구별되는 시의 여러 특성들에 대하여 알아본다. 이 과[...] 입장들을 살펴보며, 시와 산문의 본질적 차이를 깊이 천착하고, [...] 로 비교·분석함으로써 시를 감상할 줄 아는 능력을 기를 수 [...]

출제 경향 및 수험 대책

이 단원에서는 시의 용어에 관한 문제가 특히 자주 출제된다. P[...] 수도 있다. 또한 시와 산문에 관한 여러 이론가들의 주장과 입[...] 방법의 차이와 시에 대한 다양한 시각과 이론가들에 대해서도 [...] 각 장별로 제시된 주요 정보를 암기하는 것이 중요하고, 특히 이[...] 해석에 관한 이해를 바탕으로 실제 작품 감상에 적용하는 연[...]

02 핵심이론

평가영역을 바탕으로 꼼꼼하게 정리된 '핵심이론'을 통해 꼭 알아야 하는 내용을 명확히 파악해 보세요.

제 1 장 | 시의 본질

제1절 시의 이해

1 시에 관한 다양한 문제

(1) 시의 정의에 대한 문제

시의 정의는 아무리 훌륭한 정의라고 해도 저마다의 개인적 관점에서 본 어느 측면에 대한 견해일 수밖에 없다. 오랜 역사를 통해서 그처럼 많은 시론가들이 시도한 다양한 정의에도 불구하고 완벽한 정의에 도달하지 못하는 것은 마치 철학에서 '삶의 본질'에 대한 해명이 적확(的確)하게 내려지지 못하고 있는 것과 마찬가지라고 하겠다. 그러나 그 정의는 주로 예술한 내지는 문학관의 어원론에 입각한 자율적 시관(詩觀)에 의한 '시를 위한 시'와 비자율적 시관에 의한 '인생을 위한 시'에 바탕을 두고 있으며, 현대와 문예사조의 변화에 따르는 시각과 방법론의 차이에 좌우될 수 있다. 그 예로 고전적인 방법에서는 교훈적·공리적 효용론을 내세웠던 것이 현대시에서는 시 자체의 구조 질서문제로 방향이 달라지고 있는 점에서도 볼 수 있다.

(2) 시의 용어에 관한 문제

외국에서는 Poem과 Poetry와 같이 두 개의 용어를 가지고 구분해서 쓰고 있다. Poem은 창작되어 낭독되는 대상인 시라는 문학형식이며, Poetry는 문학형식을 갖추기까지의 어떤 심정의 상태, 즉 시의 내용이 될 수 있는 것으로서 시 정신이나 시적 정감 같은 것을 말한다. 그러므로 Poem의 측면에서만 시를 정의한다면 그리 어렵지 않다. 고시가(古詩歌), 한시(漢詩), 시조(時調), 악장(樂章) 등 고전 시가와는 다른 근대시의 형식상 특징이나 정형시와 자유시의 차이 같은 것을 설명함으로써 시의 정의가 가능할 수 있기 때문이다. 그러나 시를 Poem의 측면, 즉 형식만 가지고 설명할 수는 없다. 그렇다고 해서 Poetry만 가지고 정의할 수도 없다. 왜냐하면 시에 있어서 형식과 내용을 분리시켜 생각할 수 없기 때문이다. 더구나 오늘날의 시에서는 형식이 내용을 결정짓는다는 것은 생각할 수도 없고 내용, 즉 정신의 주제가 그에 걸맞은 형식을 요구하며, 적절한 형식을 선택하고 결정한다고 볼 수 있다. 결과적으로 시의 내용과 형식은 시대적 조건과의 관계 속에서 알맞게 변형되는 것이다.

03 실전예상문제

'핵심이론'에서 공부한 내용을 바탕으로 '실전예상문제'를 풀어 보면서 문제를 해결하는 능력을 길러 보세요.

04 최종모의고사

'최종모의고사'를 실제 시험처럼 시간을 정해 놓고 풀어 보면서 최종점검을 해 보세요.

목차 CONTENTS

PART 1　핵심이론 & 실전예상문제

제1편 시의 특성
　제1장 시의 본질 · 003
　제2장 시의 해석 · 009
　실전예상문제 · 014

제2편 한국 현대시의 특성과 장르
　제1장 한국 현대시의 특성 · 023
　제2장 한국 현대시의 장르 · 026
　실전예상문제 · 041

제3편 시의 표현 기법
　제1장 수사법(修辭法) · 051
　제2장 해학과 풍자 · 062
　제3장 그 외의 표현 기교 · 065
　실전예상문제 · 071

제4편 비유와 상징
　제1장 비유(比喩) · 083
　제2장 상징(象徵) · 093
　실전예상문제 · 106

제5편 아이러니(Irony)와 역설(Paradox)
　제1장 아이러니와 역설의 구별 · 117
　제2장 아이러니 · 118

제6편 운율(韻律)

제3장 역설 · 128
실전예상문제 · 132

제6편 운율(韻律)

제1장 운율의 이해 · 143
제2장 율격 확립의 노력 · 144
제3장 운(韻, rhyme) 자질의 도입과 훈련 · · · · · · · · · · · · · · · · · · 147
제4장 운율의 형성 · 149
제5장 운율의 특성 · 157
제6장 운율과 현대시 · 159
실전예상문제 · 160

제7편 시의 이미지

제1장 현대시와 이미지 · 169
제2장 이미지의 유형 · 174
실전예상문제 · 181

제8편 시의 재료(材料)와 시어(詩語)

제1장 시의 소재와 주제 · 191
제2장 시의 언어(言語) · 195
실전예상문제 · 207

제9편 시의 화자와 어조

제1장 시의 화자 · 219
제2장 어조와 정서적 거리 · 230
실전예상문제 · 242

제10편 한국현대시사(韓國現代詩史)

- 제1장 개화기 시가 · · · · · · · 257
- 제2장 초기 자유시 · · · · · · · 264
- 제3장 낭만주의 시 · · · · · · · 267
- 제4장 경향시 · · · · · · · 273
- 제5장 민족주의 계열의 시 · · · · · · · 281
- 제6장 시문학파(詩文學派) 시 및 모더니즘(Modernism) 시 · · · · · · · 289
- 제7장 생명파 · 청록파의 시 · · · · · · · 297
- 제8장 일제치하의 저항시 · · · · · · · 308
- 제9장 해방 공간의 시 · · · · · · · 312
- 제10장 분단시대의 시 · · · · · · · 316
- 제11장 1960년대의 시 · · · · · · · 321
- 제12장 1970년대의 시 · · · · · · · 330
- 제13장 1980년대의 시 · · · · · · · 335
- 실전예상문제 · · · · · · · 340

PART 2 최종모의고사

- 최종모의고사 제1회 · · · · · · · 363
- 최종모의고사 제2회 · · · · · · · 378
- 최종모의고사 제1회 정답 및 해설 · · · · · · · 393
- 최종모의고사 제2회 정답 및 해설 · · · · · · · 399

제 1 편
시의 특성

제1장	시의 본질
제2장	시의 해석
실전예상문제	

| 단원 개요 |

이 단원은 시의 특성 전반을 다루고 있다. 시의 정의, 시의 용어, 시의 접근 방법, 시의 본질 등에 관한 문제들을 탐구하며, 산문과 구별되는 시의 여러 특성들에 대하여 알아본다. 이 과정에서 시와 산문과의 연관성, 시와 산문에 대한 여러 이론가들의 입장들을 살펴보며, 시와 산문의 본질적 차이를 깊이 천착하고, 시를 해석하는 여러 관점들에 대해서도 구체적인 사례를 바탕으로 비교·분석함으로써 시를 감상할 줄 아는 능력을 기를 수 있다.

| 출제 경향 및 수험 대책 |

이 단원에서는 시의 용어에 관한 문제가 특히 자주 출제된다. Poem과 Poetry 각각의 특징 또는 Poem과 Poetry의 차이를 물을 수도 있다. 또한 시와 산문에 관한 여러 이론가들의 주장과 입장을 묻는 문제도 자주 출제되고 있고, 시를 해석하는 구체적인 방법의 차이와 시에 대한 다양한 시각과 이론가들에 대해서도 출제가 많이 이루어진다.
각 장별로 제시된 주요 정보를 암기하는 것이 중요하고, 특히 여러 이론가들의 각 주장을 비교하여 알아두어야 한다. 또한 시의 해석에 관한 이해를 바탕으로 실제 작품 감상에 적용하는 연습을 해야 할 것이다.

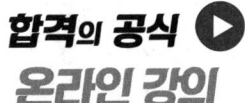 

보다 깊이 있는 학습을 원하는 수험생들을 위한
시대에듀의 동영상 강의가 준비되어 있습니다.
www.sdedu.co.kr ➔ 회원가입(로그인) ➔ 강의 살펴보기

제1장 시의 본질

제1절 시의 이해

1 시에 관한 다양한 문제

(1) 시의 정의에 대한 문제

시의 정의는 아무리 훌륭한 정의라고 해도 저마다의 개인적 관점에서 본 어느 측면에 대한 견해일 수밖에 없다. 오랜 역사를 통해서 그처럼 많은 시론가들이 시도한 다양한 정의에도 불구하고 완벽한 정의에 도달하지 못하는 것은 마치 철학에서 '삶'의 본질에 대한 해명이 적확(的確)하게 내려지지 못하고 있는 것과 마찬가지라고 하겠다. 그러나 그 정의는 주로 예술관 내지는 문학관의 어원론에 입각한 자율적 시관(詩觀)에 의한 '시를 위한 시'와 비자율적 시관에 의한 '인생을 위한 시'에 바탕을 두고 있으며, 현대와 문예사조의 변화에 따르는 시각과 방법론의 차에 좌우될 수 있다. 그 예로 고전적인 방법에서는 교훈적·공리적 효용론을 내세웠던 것이 현대시에서는 시 자체의 구조 질서문제로 방향이 달라지고 있는 점에서도 볼 수 있다.

(2) 시의 용어에 관한 문제

외국에서는 Poem과 Poetry와 같이 두 개의 용어를 가지고 구분해서 쓰고 있다. Poem은 창작되어 낭독되는 대상인 시라는 문학형식이며, Poetry는 문학형식을 갖추기까지의 어떤 심정의 상태, 즉 시의 내용이 될 수 있는 것으로서 시 정신이나 시적 정감 같은 것을 말한다. 그러므로 Poem의 측면에서만 시를 정의한다면 그리 어렵지 않다. 고시가(古詩歌), 한시(漢詩), 시조(時調), 악장(樂章) 등 고전 시가와는 다른 근대시의 형식상 특징이나 정형시와 자유시의 차이 같은 것을 설명함으로써 시의 정의가 가능할 수 있기 때문이다. 그러나 시를 Poem의 측면, 즉 형식만 가지고 설명할 수는 없다. 그렇다고 해서 Poetry만 가지고 정의할 수도 없다. 왜냐하면 시에 있어서 형식과 내용을 분리시켜 생각할 수 없기 때문이다. 더구나 오늘날의 시에서는 형식이 내용을 결정짓는다는 것은 생각할 수도 없고 내용, 즉 정신의 주제가 그에 걸맞은 형식을 요구하며, 적절한 형식을 선택하고 결정한다고 볼 수 있다. 결과적으로 시의 내용과 형식은 시대적 조건과의 관계 속에서 알맞게 변형되는 것이다.

(3) 시의 접근 방법에 관한 문제

시의 접근 방법에 대해 표현주의적 시론과 인식론적 시론의 입장이 다르다. 표현주의적 시론은 시적 의미의 주관성에 그 근거를 두며, 시가 말하는 것은 어떤 객관적 대상이 아니라 시인 자신의 심정 혹은 감정이라고 본다. 가령 김광균의 「추일서정(秋日抒情)」에 나오는 '낙엽'을 '폴란드 망명정부의 지폐'라고 할 때에, '지폐'는 '낙엽'을 객관적으로 서술한 것이 아니라 낙엽에 대한 김광균의 어떤 심정이나 태도를 표현한 것에 불과하다. 그러나 인식론적 시론은 시는 개인적 감정의 주관적 표현에 그치지 않고 하나의 인식수단이며 사물의 진리를 밝혀 준다고 본다. 가령 낙엽이란 대상을 과학적 입장에서는 '떨어지는 잎'이라고 하는 것이 객관적 진리이겠지만, 비과학적인 입장에서는 '지폐'라고 생각하는 것이 진리일 수 있다. 따라서 시에서 우리는 과학으로는 알 수 없는 사물이나 현상에 대한 진리를 인식하게 되는 것이다.

(4) 시의 본질 규명에 관한 문제

시의 본질을 어떻게 규명할 것인가에 대한 문제에 부딪친다. 앞에서 말한 바와 같이 시의 내용과 형식은 시대적 조건과의 관계 속에서 변형되는 것이라고 볼 때, 시사적 현상 가운데서 어떠한 시 정신이 어떻게 해서 체득되었으며 또한 이것이 어떻게 확충되고 발전되어 나갔는가 하는 것을 연구하면 어느 정도 접근이 가능할 것이다. 시사(詩史)란 작품 하나하나의 집합으로서 형성되는 하나의 체계이며, 그 체계는 새로운 작품이 부가될 때마다, 항상 그 관계(關係)와 위치(位置)를 바꾸면서 변화해 가는 전체적 유기적 발전 과정이기 때문이다.

시사를 통해서 본 전체적인 문맥의 파악과 함께 시가 언어의 유기적 구조물이며 체험의 재현으로서 전달효과를 특성으로 하는 언어예술이라는 점을 생각한다면 시의 본질인 시 구성의 각개요소를 종합적으로 분석할 경우 거기서 실마리가 풀릴 것이다. 그것은 첫째, 시를 구성하고 있는 언어의 특질을 구명하고 둘째, 구조적 형태를 분석하고 셋째, 관념과 정서(情緖) 등 시의 내용을 탐구(探究)함으로써 시의 본질에 접근할 수 있다고 본다.

(5) 시의 정서 표현에 관한 문제

① 플라톤은 음악과 시를 통한 열정의 자극과 정서적 효과를 위협적인 것으로 보았다.
② 아리스토텔레스는 문학의 효과는 정서의 자극인 동시에, 정서의 해소를 포함한다고 보았다.
③ 롱기누스는 인간의 정신을 황홀케 하는 글을 숭고하다고 말하고, 이런 숭고함을 강하게 자극하는 글일수록 위대한 글이라고 말하여 문학의 정서적 효과를 강조했다.
④ 워즈워드는 시를 강렬한 감정의 유로로 파악하고, 시인의 정서적 표현으로서의 낭만주의적 시관을 보편화하였다.

2 시와 비시(非詩)

시는 언어에 의해 창조되는 자유로운 산물로 정의된다. 따라서 시의 언어적 특성은 음악성(musical sound)에, 과학의 언어적 특성은 음미성(logical meaning)에 있다. 그리고 시를 정서의 표현이라는 관점으로 포섭할 때, 상상력을 강조하는 이론과 만난다. 콜리지(Coleridge Smael Taylor)의 이론에 의하면 시 작품(Poem)과 시(Poetry)를 구별한다. 시는 시 작품보다 광의의 개념이다. 그것은 어떤 종류의 언어를 쓰든 관계없이 모든 화가(畵家), 철학가(哲學家), 과학자(科學者)들과도 관계되는 것이며 인간의 전체 영혼의 활동(activation)이라고 할 수 있다. 이러한 개념으로서의 시는 제2의 상상력이 조작된 때, 언제나 활동한다.

> 산은 사람들과 친하고 싶어서
> 기슭을 끌고 마을에 들어오다가도
> 사람 사는 꼴이 어수선하면
> 달팽이처럼 대가리를 들고 슬슬 기어서
> 도로 험한 봉우리를 올라간다.
>
> — 김광섭, 「산(山)」 중에서 —

김광섭은 「산」에서 사실이 아닌 상상의 세계를 창조했다. 이와는 달리 다음 문장에서는 사실 그대로의 상황을 알려 주고 있다.

> 봄을 만끽하기에는 아직 쌀쌀한 기운이 감돌지만, 비닐하우스 안은 섭씨 30도 안팎을 오르내리는 한여름이다. 무성하게 번진 덩굴들은 탐스럽고 싱싱한 오이들을 감추고 있다.
>
> — 신문기사 중 일부 —

상기 두 텍스트를 서로 비교해 보면 전자는 시이고, 후자는 시가 아닌 것쯤은 쉽게 이해할 것이다. 왜냐하면 전자는 사실이 아닌 상상적 체험의 표현이요, 후자는 사실을 그대로 묘사한 어느 신문기사의 한 구절이기 때문이다. 다시 말해 전자의 경우는 하나의 상상이 세계요, 후자는 정확한 사실의 전달인 것이다. 그러므로 전자에서는 한없는 상상이 허용되는 감화와 공감을 얻을 수 있지만, 후자에서는 전달된 사항에서 지식으로서의 어떤 사실을 인지할 수밖에 없는 것이다.

제2절 시와 산문

1 시와 산문에 대한 여러 입장

(1) Shelley의 견해

시는 영원한 진실 속에 표현된 바로 인생의 영상이다. 시나 소설 사이에는 다음과 같이 차이가 있다. 소설이란 시간, 장소, 환경, 원인과 결과 이외에는 여타의 다른 관련성을 갖고 있지 않는, 초연한 사실의 목록이다. 시는 창조자의 마음 속에 존재하는 것, 즉 인간 본성의 불변의 형태에 따른 행위의 창조이다. 이것은 모든 다른 사람의 마음의 영상 자체이기도 하다.

(2) 시대적 소산

근대에 이르러 시의 왕좌가 소설에 침식당하고 산문, 즉 소설이 그 왕좌를 차지할 때쯤 되어 서사시적 내용이 소설로 편입되고, 극시(劇詩)의 요소가 희곡으로 그 영토를 옮겨가게 되었다. 한편 시 자체도 운문의 형식만을 취하지 않고 산문의 형식을 취하는 산문시의 경지까지 발달하여 진전함에 따라 시와 소설의 한계는 더더욱 불분명하게 됐다. 어떤 견해에 따르면 시의 영역을 그대로 좁혀서 서정시만을 본질적 시라고 하여 시와 소설을 구별하려고 한다. 그러나 이것은 시를 운문, 소설을 산문이라고 단적으로 구분하는 초보적인 견해로서, 시와 산문을 본질적으로 규명했다고 할 수 없다.

(3) 넓은 관점에서의 구분

문학의 형태론에 있어서 주의해야 할 것은 산문이라는 용어이다. 이것은 하나의 운문과 대립하며, 또 하나의 시와 대립되므로 여러 가지로 개념적 혼란을 일으키는 것이다. 운(韻)의 유무에 따라서 운문과 산문을 구분하는 것이 상식처럼 되어 있으나 시와 산문과의 대립적 관계는 그 표현된 내용이 시적인가 아닌가에 따라서 구별된다.

> 찰싹찰싹 물결치며 앞으로 나가서 모든 것을 깜깜하게 삼켜 버리는 조수처럼 인생이 자기 속에서 움직이고 있는 것 같았다. 손을 뻗어 안 보이는 물건이 닿고 그것을 꼭 쥐고 순수한 접촉으로 그것을 소유한다는 것은 한 즐거움이었다.

이 글은 로런스(Lawrence, D. H.)가 지은 「황인」이라는 단편소설의 일부이다. 로런스는 제임스 조이스(James Joyce), 버지니아 울프(Virginia Woolf) 등과 더불어 시와 산문의 경계선을 왕래한 작가이다. 앞에 인용한 글은 산문이지만 시적으로 맹인의 생활과 동작을 묘사함에 있어 시적인 표현이 되어 있다는 사실이다. 그러므로 이 글을 시라고 할 수는 없어도 분명히 시적인 글임에는 틀림없다.

> 산속의 아침나절은 졸고 있는 짐승같이 막막은 하나 숨결이 은근하다. 휘엿한 산등은 누워 있는 황소의 등허리요, 바람결도 없는데 쉴 새 없이 파르르 나부끼는 사시나무 잎새는 산의 숨소리다.

이 글은 산문의 패배자요, 운문의 승리자라고 불리는 작가 이효석의 단편소설 「산」의 일부이다. 이 글은 관찰도 뛰어났거니와 예리한 감각, 그것은 시적 표현을 짙게 나타내 주고 있다.

2 시와 산문의 연관성

(1) 산문이 시적 요소를 차용하는 이유

소설가 가운데에는 시와 산문의 경계선을 왕래하고 있는 작가가 있다. 왜 그들은 산문에서 시적 요소를, 특히 이미지를 사용하려 하는가? 루이스(Lewis C. D.)의 말을 통해 해답을 얻을 수 있다. 소설가는 시인처럼 다양한 강도의 이미지를 사용한다. 이는 이야기를 장식하기 위하여, 플롯을 빠르게 하기 위하여, 테마를 상징화하기 위하여, 그렇지 않으면 정신 상태를 표시하기 위해서이다. 시적 소설과 이야기 시와의 구별은 순전히 형식적인 문제이다. 여기서 유용하게 말할 수 있는 소설가가 행동을 통해서 성격에 관계하면 할수록 그의 이미지는 더욱 더 기능적인 것이 되며, 종속적인 것이 되리라는 것이다. 그래서 의식의 흐름 流에 속하는 소설이라든가 비유적인 경향의 소설에는 순수 지각의 이미지나 혹은 상징주의에 더욱 큰 여지가 남아 있는 것이다. 일반적으로 소설은 가장 주관적인 지점에서 시에 끝없이 접근해 왔다.

(2) 수상류(隨喪類) 산문에서 발견되는 시적 요소

제임스 조이스의「율리시즈」나 사르트르(Sartre, Jean Paul)의「구토」에서는 시와 소설을 분간할 수 없을 정도로 시에 접근하고 있다. 이런 현상은 심오한 주제를 일상생활 속 소재와 자전적 에피소드로 풀어낸 '수상류(隨想類)' 산문에서도 현저하게 볼 수 있는데 릴케(Rilke Rainer Maria)의「말테의 수기」나 파스칼(Pascal)의「팡세」같은 것이 좋은 보기가 된다. 이상에서 시적 산문을 보아 왔거니와 또한 이것을 우리는 시라고 보는 경우도 있다. 가령 우리나라 최초의 근대시라고 알려진 주요한(朱曜翰)의「불놀이」가 그렇다.

> 아아 날이 저문다. 서편 하늘에 외로운 강물 위에 스러져가는 분홍빛 놀…… 아아 해가 저물면 날마다 살구나무 그늘에 혼자 우는 밤이 또 오건마는 오늘은 사월이라 파일날 큰 길을 물밀어 가는 사람 소리는 듣기만 하여도 흥성스러운 것을 왜 나만 혼자 가슴에 눈물을 참을 수 없는고?

이 시를 김춘수(金春洙)는 "산문시라고 하기에는 좀 어떨까 한다."라면서 "형태로는 자유시의 요소를 갖추고 있으나 구조상의 강도(비유, 이미지 등)가 매우 희박하므로 차라리 '시적 산문'이라고 하는 것이 타당할 것이다."라고 말하고 있다.

3 시와 산문에 관한 리드(Read, Herbert)의 입장

리드(Read, Herbert)는 시와 산문의 차이는 표면적인 성질의 것도 아니고 어떤 의미에 있어서 형식상의 것도 아니고, 표현방식상의 것도 아니며, 다만 본질적인 차이라고 밝히고 있다. 여기서 본질적인 차이는 시는 응축의 과정에서 발생하고, 산문은 분산의 과정에서 발생한다고 본다. 그런 측면에서 시가 창조적인 표현에의 산물이라면, 산문은 구성적인 표현에의 산물로, 여기서 말한 '구성적'이란 곧 기성의 소재를 뜻한다. 리드는 시를 산문보다 더 원시적 표현양식이라고 보고 정신활동에 그 근원을 두어 지성 이전의 감동, 상상(想像) 상의 관념, 말하기 이전의 노래 은유, 산문 아닌 운문들을 모두 근원적이며 원시적인 정신활동의 특성이라고 보았다. 따라서 이러한 영역 이외의 정신활동이 산문이 된다. 산문은 지적이며 상상(想像)보다 분석과 판단을 중시하여 은유보다는 비은유를 특성으로 한다고 보아야 한다.

제 2 장 │ 시의 해석

제1절 M. H. 에이브럼스의 시에 관한 다양한 관점 중요

1 모방론(模倣論)적 관점 중요

(1) 특징

① 현실과 인생의 모방(반영, 再現)으로 보는 관점으로 작품 속에 재현된 세계에 초점을 둔 시관을 말한다. 시의 가치기준은 작품의 "재현적 진실"이다.
② 재현적 진실 : 일상적 진실과 당위적(이상적) 진실이다. 일상적 진실이란 "있는 그대로의 인생"의 진실이며, 당위적 진실이란 "있어야 하는" 이상적 진실이다. 박목월의「나그네」는 당위적 진실의 시적 구현이다.
③ 고전주의(classicism), 사실주의(realism)의 핵심적 문학관이다.
④ "시는 율어(律語)에 의한 모방이다." (아리스토텔레스)

(2) 작품 감상의 실제

> 술 익은 마을마다
> 타는 저녁놀
>
> 구름에 달 가듯이
> 가는 나그네
>
> — 박목월,「나그네」중에서 —

이 시를 '일상적 진실'의 관점에서 보면 이 시가 일제 말기에 창작되었음에도 불구하고 일제 말기의 우리 민족의 비참한 현실은 조금도 반영되어 있지 않고 너무도 평화롭고 향토적이어서 일제 말의 역사적 현실과는 무관한 것이라 할 수 있지만, 이 시를 '당위적 진실'의 관점에서 보면 있어야 하는 당위적 세계를 모방한 것이어서 당위적 인생에 대한 진실을 구현했다고 볼 수 있는 것이다.

2 표현론(表現論)적 관점

(1) 특징

① 시를 시인 자신과 관련시켜 보는 시관이다. 인간은 누구나 무엇을 표현하고자하는 욕구가 있다는 것을 전제로 문학 작품을 작가의 체험, 사상, 감정 등을 표현하는 것으로 보는 관점이다.
② 낭만주의 비평가를 중심으로 발전된 이 관점에서 작품 평가의 중요한 기준은 '성실성'이다. 고전주의의 가치 기준인 '적격[1]'을 파괴하는 데서 성실성이 나타나며 이 성실성을 통해 문학의 독창성이 획득된다.
③ 성실성은 시인 개인의 상상력이나 마음의 상태에 대한 '진실성'이다. 시는 진심에서 우러나오고 진심에서 우러나온 것은 자연스러운 것이며, 자연스러운 것은 성실한 것이다.
④ "시는 상상과 정열의 언어이다." (헤즈릿)
⑤ "시는 강한 감정의 자연적 발로이다." (워즈워드)
⑥ "시는 일반적 의미로 상상의 표현이라고 정의할 수 있다." (셸리)
⑦ 詩言志, 歌咏言(書經, 舜典) : 시는 뜻을 말로 표현, 노래는 말을 가락에 맞춘 것이다. (서경, 순전)
⑧ 詩者 志之所之也 在心爲志 發言爲詩(詩經, 大序) : 마음이 흘러가는 바를 적은 것, 마음속에 있으면 志(지)라 하고 말로 표현하면 시가 된다. (시경, 대서)

(2) 작품 감상의 실제

> 파란 녹이 낀 구리거울 속에
> 내 얼굴이 남아 있는 것은
> 어느 왕조(王朝)의 유물(遺物)이기에
> 이다지도 욕될까.
>
> 나는 나의 참회(懺悔)의 글을 한 줄에 줄이자.
> — 만 이십사 년 일 개월을
> 무슨 기쁨을 바라 살아왔던가.
>
> — 윤동주, 「참회록」 중에서 —

윤동주가 기독교회 장로의 장손이며 사상범으로 체포되어 옥사한 사실과 그가 소년다운 순결 의식과 기독교적 참회의 정신을 지닌 청년이었음을 염두에 두고 "이 시에서의 서정적 자아는 역사의 거울 속에 아직도 소멸하지 않고 남아 있는 욕된 윤동주 자신의 자화상이다."와 같이 해석하는 방식이다.

---

[1] 일종의 문학적 에티켓으로 만약 작품 속의 인물이 왕이라면 그 왕은 왕다워야 하고, 영웅이면 영웅다워야 한다는 것이다.

3 효용론(效用論)적 관점 중요

(1) 특징

① 시를 전달로 보며 독자에게 끼치는 효과를 노린 관점이다. 문학 작품을 진리의 전달로 취급하는 '교시적(敎示的)' 기능과 정서의 전달로서 취급하는 '쾌락적(快樂的)' 기능의 두 유형으로 수렴된다.

> **더 알아두기**
>
> **당의정설** 중요
> 문학의 쾌락적 요소는 유익한 교훈적 사상을 전달하기 위한 수단이라는 문학관이다. 로마의 시인 루크레티우스가 『자연계』에서 처음으로 주장한 문학관이다.

② 시는 가르치고 즐거움을 주려는 의도를 지닌 말하는 그림이다. (S. P. 시드니)
③ 시는 유용하고 즐거이 진리를 말하는 것이다. (M. 아놀드)
④ 동양의 경우도 시를 인격 수양의 수단이나 교화의 수단으로 보는 재도적(載道的) 문학관, 곧 풍교론(風敎論)이 지배적이었다.
⑤ 詩三百 一言而蔽之曰 思無邪(論語, 爲政篇) : 시경의 시 삼백 편을 한마디로 말하면 생각에 사특함이 없다. (논어, 위정편)

(2) 작품 감상의 실제

> 죽는 날까지 하늘을 우러러
> 한 점 부끄럼이 없기를,
> 잎새에 이는 바람에도
> 나는 괴로워했다.
> 별을 노래하는 마음으로
> 모든 죽어가는 것을 사랑해야지.
> 그리고 나한테 주어진 길을
> 걸어가야겠다.
>
> 오늘 밤에도 별이 바람에 스치운다.
>
> — 윤동주, 「서시」 —

"이 시에서 가장 감동적인 표현은 '죽는 날까지 하늘을 우러러 한 점 부끄럼이 없도록' 살겠다는 말이다. 우리는 누구나 열심히 살고자 하지만, 진실로 자신에게 엄하고 자신의 잘못에 대해 과감히 비판할 수 있는 사람은 과연 얼마나 되는가. 이 작품을 통해서 우리는 주변 삶의 작은 존재조차도 소중히 여기는 마음과, 타인과 세상을 사랑하며 살 수 있는 생활 태도, 자신이 옳다고 믿는 것을 진지하게 추구하는 인생관을 배울 수 있다."고 감상할 수 있다.

4 구조론(構造論)적 관점 〈중요〉

(1) 특징
① 시를 그 자체로서 취급하며 시인, 독자, 현실세계와 독립한 것으로 보는 관점으로, 뉴크리티시즘이라고도 한다.
② 시 자체가 독자적으로 존재하는 자율성을 지니고 있다는 데 근거(형식주의자)한다.
③ 러시아의 형식주의자와 미국의 신비평, 시카고학파를 포함해서 1920년 이후 많은 유능한 비평가들의 특징적 연구가 되었다.
④ 작품의 언어적 구조를 중시하여 시어의 함축적 의미, 이미지, 비유, 상징 등을 주목하며, 작품을 유기적 존재로 보아 부분들이 유기적으로 통합되어 있는 작품의 구조를 분석하며 시어와 시어 사이, 행과 행, 연과 전체 작품의 상관관계, 운율과 의미와의 관계 등을 분석적으로 이해한다.

(2) 작품 감상의 실제

> 동지(冬至)ㅅ둘 기나긴 밤을 한 허리를 버혀 내여
> 춘풍(春風) 니불 아레 서리서리 너헛다가
> 어론 님 오신 날 밤이여든 구뷔구뷔 펴리라.
>
> – 황진이, 「동짓달 기나긴 밤」 –

3·4조의 정형적 음수율과 종장의 파격, 그리고 언어의 새로운 조직과 결합에 주목하여 "이 시조는 임에 대한 그리움이라는 주제를 표현하는 데 있어서, 참신한 비유적 언어를 사용하고 있는 점에서 독창적이다. 즉 일상적 자연 현상에 지나지 않는 '밤'을 의인화하여 표현함으로써, 임과 함께 오래도록 밤을 지새우고 싶은 서정적 자아의 간절한 심정을 함축적으로 표현했다."고 감상할 수 있다.

제2절 시에 대한 다양한 시각

1 플라톤, '시인 추방론' 〈중요〉

시인 추방론은 플라톤이 『국가』에서 주장한 것으로 예술의 모방적 특질과 시의 부정적 측면을 비판한 것이다. 플라톤은 시의 모방은 진리와 무관하며, 시인은 시민을 현혹시켜 이성적 판단력을 흐리게 하기 때문에 시인들을 추방해야 한다고 주장하였다. 감정은 이성을 통해 통제되어야 하는데, 시는 오히려 감상적 쾌락을 제공한다는 것이다. 그래서 시가 제공하는 애욕, 분노, 슬픔, 쾌락 등이 모든 사람들에게 인정되어 온 법률과 원칙을 대신하게 한다는 점을 들어 훌륭한 제도와 법률을 가져야 할 국가에서 시인들을 추방하는 것은 정당하다고 하였다.

2 윔샛, '종래의 시론 비판' 중요

(1) 의도의 오류
시인의 사상, 감정인의 의도에 따라 시를 논의하는 데서 오는 오류를 말한다. 표현론적 입장으로 시를 해석할 때 생겨날 수 있는 오류이다.

(2) 감정의 오류
시 작품과 그것이 낳는 결과를 혼동하는 데서 오는 오류를 말한다. 비평의 기준을 심리적 효과로서 이끌어 내기 시작하여 인상주의나 상대주의로 되어 버린다. 효용론적 입장으로 시를 해석할 때 발생할 수 있는 오류이다.

3 발레리 중요

발레리는 산문과 시의 경우를 각기 '행진'과 '무용'에 비유하여 비교·설명하였다. 그에 따르면 산문에서의 언어의 쓰임이 행진과 유사한 성격을 지닌 것이라고 한다면, 시에서의 언어의 쓰임은 무용과 흡사하다.

4 엘리엇, '창조적 자아'

엘리엇은 시가 일상의 체험과 주관적 감정을 직접적으로 표현하는 것이 아니라, 시 창작 과정에서 그것을 제어하고 객관화하는 일의 중요성을 강조하였다. 그리하여 수많은 감정과 이미지, 문구들을 포착하고 융합하는 시인의 창조하는 정신을 통해 일상적 자아와 구별되는 창조적 자아를 설명하였다.

제1편 실전예상문제

01 다음 중 '감정의 오류'를 범하기 쉬운 문학관은?
① 모방론
② 표현론
③ 효용론
④ 구조론

01 '감정의 오류'는 시 작품과 그것이 낳는 결과를 혼동하는 것이다. 윔샛은 "그것은 비평의 기준을 시가 빚어내는 바 심리적 효과에서 이끌어 내는 것에서 시작하여 인상주의나 상대주의가 되어 끝난다."고 하였다.

02 현실과 인생의 재현으로 보는 관점으로 작품 속에 재현된 세계에 초점을 둔 시관을 이르는 시적 관점은?
① 모방론
② 표현론
③ 효용론
④ 구조론

02 모방론적 관점은 문학 작품을 현실과 인생의 모방(반영, 再現)으로 보는 관점으로, 작품 속에 재현된 세계에 초점을 둔 시관을 말한다. 모방론적 관점에서 시의 가치기준은 작품의 "재현적 진실"이다.

03 시의 모방은 진리와 무관하며, 시인은 시민을 현혹시켜 이성적 판단력을 흐리게 하기 때문에 시인들을 추방해야 한다고 주장한 철학자는?
① 플라톤
② 아리스토텔레스
③ 프라이
④ 워즈워드

03 시인 추방론은 플라톤이 『국가』에서 주장한 것으로 예술의 모방적 특질과 시의 부정적 측면을 비판한 것이다. 플라톤은 시의 모방은 진리와 무관하며, 시인은 시민을 현혹시켜 이성적 판단력을 흐리게 하기 때문에 시인들을 추방해야 한다고 주장하였다.

정답 01 ③ 02 ① 03 ①

04 시를 그 자체로 취급하는 것, 곧 시인과 독자, 그리고 현실 세계와 독립한 것이라고 보는 '구조론적 관점'을 주장한 비평가 집단으로 볼 수 없는 것은?

① 러시아의 형식주의자
② 미국의 신비평
③ 시카고학파
④ 시드니학파

04 구조론적 관점은 시를 그 자체로서 취급하며 시인, 독자, 현실세계와 독립한 것으로 보는 관점으로 뉴크리티시즘이라고도 한다. '구조론적 관점'을 주장한 비평가 집단은 러시아의 형식주의자, 미국의 신비평, 시카고학파 등이 있다. 시드니는 '시는 가르치고 즐거움을 주려는 의도를 지닌 말하는 그림'이라고 보는 효용론(效用論)적 관점을 갖는 문학이론가이다. 구조주의와는 관련이 없다.

05 다음 중 시를 구조론적 관점에서 설명한 것은?

① 인간에게는 모방의 본능이 있고, 시는 그 본능을 사용하여 진리를 표현한다.
② 시를 '자족적 존재'로 보고, 그 자체로서만 이해, 파악해야 한다.
③ 시를 '전달', 즉 독자에게 어떤 효과를 끼치는가를 중심으로 보아야 한다.
④ 교시적 기능과 쾌락적 기능의 두 유형으로 수렴된다.

05 구조론적 관점에서 시를 볼 경우 문학은 하나의 완결된 존재로서 그 자체로 자족적인 존재이다. 그래서 작품은 상대적인 것이 아니라 절대적인 것이다. ①은 모방론적 관점이고, ③은 효용론적 관점이다. ④는 문학의 기능을 말한 것이다.

06 다음 설명과 관련이 있는 비평적 관점은?

> 제시된 작품은 현세적 삶을 사는 젊고 아름다운 여성의 번뇌 위에 종교적 지향성을 더하여 번뇌의 종교적 극복과 지양이라는 주제를 밀도 있게 제시하려는 시인의 의도가 뚜렷하게 드러나고 있다.

① 효용론
② 모방론
③ 구조론
④ 표현론

06 작가의 의도에 중점을 두고 있으므로 표현론적 관점이다.
① 작품을 읽고 독자가 얻는 효용을 중시한다.
② 작품의 창작 연대, 시대적 배경 및 상황 등을 중시한다.
③ 오직 작품만을 가지고 작품을 구성하는 언어, 구조, 이미지 등을 중심으로 비평한다.

정답 04 ④ 05 ② 06 ④

07 아리스토텔레스는 『시학』에서 시는 율어에 의한 모방이라고 말했다. 모방론은 현실과 인생의 모방(반영, 再現)으로 보는 관점으로 작품 속에 재현된 세계에 초점을 둔 시관을 말한다. 플라톤은 '시인 추방론', S. P. 시드니와 M. 아놀드는 효용론을 주장하였다.

07 모방론의 관점에서 시를 바라본 철학자이자 문학가로 옳은 것은?

① 아리스토텔레스
② 플라톤
③ S. P. 시드니
④ M. 아놀드

08 시 삼백 편에 사특함이 없다는 말은 시를 읽음으로써 독자 스스로 자신의 마음에 사악함을 없앨 수 있다는 뜻이다. 따라서 시의 '효용성'을 주장한 것이다. ② 모방론, ③ 구조론, ④ 표현론은 모두 독자와는 관계가 없다.

08 다음 내용을 통해 알 수 있는 시에 대한 관점으로 옳은 것은?

> 詩三百 一言而蔽之曰 思無邪(論語, 爲政篇)
> → 시경의 시 삼백 편을 한마디로 말하면 생각에 사특함이 없다.

① 효용론
② 모방론
③ 구조론
④ 표현론

09 독자에게 미치는 영향을 중시하는 것은 효용론이다. 모방론은 현실, 표현론은 작가, 구조론은 작품을 중시한다.

09 M. H. 에이브럼스가 말한 시 비평의 네 가지 입장과 그에 해당하는 문학론의 갈래가 바르게 짝지어진 것은?

① 시인 – 모방론
② 작품 – 표현론
③ 독자 – 효용론
④ 세계 – 구조론

정답 07 ① 08 ① 09 ③

10 다음 중 '문학 당의정설'과 관계 깊은 것은?

① 모방론
② 표현론
③ 효용론
④ 구조론

10 '당의정설'은 문학의 쾌락적 요소는 유익한 교훈적 사상을 전달하기 위한 수단이라는 문학관으로 문학의 효용을 강조한다. 따라서 효용론과 관계된다. ① 모방론, ② 표현론, ④ 구조론은 독자와 관계가 없다.

11 다음 중 '감정의 오류'를 지적한 사람은 누구인가?

① 윔샛
② 엠프슨
③ T. S. 엘리엇
④ 랜섬

11 윔샛은 종래의 시론을 비판하면서 '의도의 오류'와 '감정의 오류'를 주장하였다. 감정의 오류는 시 작품과 그것이 낳는 결과를 혼동하는 데서 오는 오류를 말한다. 비평의 기준을 심리적 효과로서 이끌어 내기 시작하여 인상주의나 상대주의로 되어버린다. 효용론적 입장으로 시를 해석할 때 발생할 수 있는 오류이다.

12 다음 중 뉴크리티시즘이 취하는 비평 방법과 <u>다른</u> 항목은?

① 뉴크리티시즘은 주로 서사 문학을 대상으로 한다.
② 뉴크리티시즘은 작품을 그 자체로서만 이해, 파악하고자 했다.
③ 뉴크리티시즘의 기본 원리는 의미론에 입각한다.
④ 뉴크리티시즘은 비평의 원론 내지 시학을 내세우기보다 작품 자체를 즐겨 다루는 경향이 있다.

12 뉴크리티시즘은 구조주의 비평으로 시를 대상으로 하며, ② 시를 그 자체로만 이해하고 파악하고자 한다. ③ 뉴크리티시즘의 기본 원리는 의미론이며, ④ 뉴크리티시즘은 시학보다 작품 자체를 즐겨 다루는 경향이 있다.

정답 10 ③ 11 ① 12 ①

13 '감정의 오류'는 시 작품과 그것이 낳는 결과를 혼동하는 데서 오는 오류를 말한다. 비평의 기준을 심리적 효과로서 이끌어 내기 시작하여 인상주의나 상대주의로 되어 버린다(효용론의 모순). 의도의 오류는 표현론, 모방의 오류는 모방론과 관련된다.

14 '의도의 오류'는 시인의 사상, 감정인의 의도에 따라 시를 논의하는 데서 오는 오류를 말한다(표현론의 모순). 모방론은 모방의 오류, 효용론은 감정의 오류, 구조론은 애매성의 오류와 관련된다.

15 '시인 추방론'은 플라톤이 자신의 저서『국가』에서 주장한 것이다. 플라톤은 시의 모방은 진리와 무관하며, 시인은 시민을 현혹시켜 이성적 판단력을 흐리게 하기 때문에 시인들을 추방해야 한다고 주장한다.『시학』은 모방론을 말한 아리스토텔레스의 저서이다.

정답 13 ④ 14 ② 15 ①

---

13 다음 중 효용론이 범하기 쉬운 오류는?

① 의도의 오류
② 애매성의 오류
③ 모방의 오류
④ 감정의 오류

14 다음 중 '의도의 오류'를 범하기 쉬운 문학관은?

① 모방론
② 표현론
③ 효용론
④ 구조론

15 다음 중 시와 관련한 플라톤의 생각으로 볼 수 없는 것은?

①『시학』에서 시인 추방론을 말하였다.
② 시의 모방은 진리와 무관하다.
③ 시인은 시민을 현혹시켜 이성적 판단력을 흐리게 한다.
④ 시가 모든 사람에게 인정되어 온 법률과 원칙을 대신한다.

16 'Poem'과 'Poetry'로 시를 나누어 설명한 사람은?

① 로런스(Lawrence, D. H.)
② 콜리지(Coleridge Smael Taylor)
③ 루이스(Lewis C. D.)
④ 리드(Read, Herbert)

16 콜리지(Coleridge Smael Taylor)의 이론에 의하면 시 작품(Poem)과 시(Poetry)를 구별한다. 'Poetry'는 문학 형식을 갖추기까지의 어떤 심정의 상태이고, 'Poem'은 구체적인 작품을 가리킨다.

17 다음 중 'Poetry'에 대한 설명에 해당하는 것은?

① 어떤 구체적인 작품을 가리키는 말
② 창작되는 작품으로서의 '형식'의 의미를 지닌 말
③ 장르상의 명칭으로 집합적·추상적 개념
④ 동양보다 서구에서 더욱 무게를 두어 접근한 개념

17 Poetry는 문학 형식을 갖추기까지의 어떤 심정의 상태, 즉 시의 내용이 될 수 있는 것으로서 시 정신이나 시적 정감 같은 것을 말하는 장르상의 명칭이다. 구체적인 작품을 가리키는 Poem과 구별된다.

18 다음 중 구조론에 대한 설명에 해당하는 것은?

① 시 자체가 독자적으로 존재하는 자율성을 지닌다고 보는 관점
② 시인의 의도에 비추어서 시를 논의하고자 하는 관점
③ 시를 세계나 인생의 모방이나 반영으로 보는 관점
④ 독자의 반응에 초점을 둔 관점

18 구조론은 시를 그 자체로서 취급하며 시인, 독자, 현실세계와 독립한 자율성을 지닌 것으로 보는 관점으로 뉴크리티시즘이라고도 한다.
② 시인의 의도에 비추어서 시를 논의하고자 하는 관점은 표현론
③ 시를 세계나 인생의 모방이나 반영으로 보는 관점은 모방론
④ 독자의 반응에 초점을 둔 관점은 효용론

정답 16 ② 17 ③ 18 ①

19 표현론은 시를 시인 자신과 관련시켜 보는 시관이다. 인간은 누구나 무엇을 표현하고자 하는 욕구가 있다는 것을 전제로 문학 작품을 작가의 체험, 사상, 감정 등을 표현하는 것으로 보는 관점으로, 워즈워드가 대표적이다.

20 시드니는 '시는 가르치고 즐거움을 주려는 의도를 지닌 말하는 그림'이라고 보는 효용론(效用論)적 관점을 갖는 문학이론가이다. 따라서 문학 당의설, 윤리 우선주의, 교훈성 등과는 연결되지만, 독자적 현상설과는 관련이 없다.

정답 19 ② 20 ④

---

19 다음 중 시 비평의 입장(㉠), 그에 해당하는 시론 또는 문학론의 갈래(㉡), 대표적인 시론가(㉢)가 바르게 짝지어진 것은?

	㉠	㉡	㉢
①	작품	모방론	T. S. 엘리엇
②	시인	표현론	워즈워드
③	독자	효용론	J. S. 밀
④	세계	구조론	플라톤

20 다음 중 시드니의 문학에 대한 입장으로 적절하지 않은 것은?

① 문학 당의설
② 윤리 우선주의
③ 교훈성과 정서의 결부
④ 독자적 현상설

제 2 편

한국 현대시의 특성과 장르

제1장	한국 현대시의 특성
제2장	한국 현대시의 장르
실전예상문제	

| 단원 개요 |

이 단원은 우리 전통 시가의 형식과 정서적 측면이 현대시에 어떻게 계승되고 있는지를 살피고, 근대 시기에 나타난 다양한 시가 형식을 고찰한다. 또한 현대시를 형식에 따른 갈래와 내용에 따른 갈래로 나누고, 각각의 특징을 예시 작품을 들어 설명한다.

| 출제 경향 및 수험 대책 |

전통시의 특징을 묻는 문제가 직접 출제될 수도 있고, 현대시에 나타난 전통시의 특징을 묻는 방식으로 출제가 되기도 한다. 또한 서정시, 서사시, 극시의 특징을 묻는 일반적인 방식과 구체적인 작품을 묻는 지엽적인 방식이 모두 사용될 수도 있다. 한편 시의 내용상으로 접근하여 주지시, 주정시, 주의시의 구체적인 특징과 해당 작품을 물을 수도 있다.

주로 작품을 제시하고 해당 작품의 특징을 묻기 때문에 개별 작품을 이해하기 위한 공부가 선행되어야 하고, 특정 경향을 보이는 구체적 작품의 제목을 묻는 문제가 출제되는 경우도 많기 때문에 각 경향별 주요 작품을 암기하여야 한다.

보다 깊이 있는 학습을 원하는 수험생들을 위한
시대에듀의 동영상 강의가 준비되어 있습니다.
www.sdedu.co.kr ➔ 회원가입(로그인) ➔ 강의 살펴보기

제1장 한국 현대시의 특성

제1절 전통성

현대시에는 우리 전통 시가의 형식과 정서적 측면이 다양한 모습으로 계승되고 있다. 3음보의 민요시, 사설시조의 해학과 풍자 등이 현대의 자유시에 나타나고 있는 것이 그 예이다. 이렇듯 현대시는 시의 율격과 형태상의 특성, 시의 소재와 주제 면에서 우리 시가의 전통을 창조적으로 계승하며 성장, 발전하고 있다.

1 민요시 중요

한국 근대시는 새로운 형식과 내용을 받아들이면서 우리 시가의 하나인 민요를 접목하였다. 이를 통하여 민중의 정서와 민요의 리듬을 근대 서정시에 구현하고자 하였다. 김소월이 처음으로 사용하기 시작한 '민요시'라는 용어는 이후 김억이 몇몇 시인들을 논하면서 민요시라고 지칭하면서 보편화되었다.

> 나 보기가 역겨워
> 가실 때에는
> 말없이 고이 보내
> 드리오리다.
>
> 영변에 약산
> 진달래꽃
> 아름따다 가실 길에
> 뿌리오리다.
>
> 나 보기가 역겨워
> 가실 때에는
> 죽어도 아니 눈물
> 흘리오리다.
>
> — 김소월, 「진달래꽃」 —

「진달래꽃」은 김소월의 대표작으로 3음보의 전통적인 율격에 맞추어 이별하는 여인의 정과 한(恨)을 표현하고 있다. 즉 우리 민족 보편의 정서인 한(恨)을 여성적 정서와 민요적 율조를 통해 표출하였다. 「진달래꽃」에서 시작되는 민요조 서정시의 창작은 근대시 발전에 큰 역할을 하였다.

2 사설시조의 해학과 풍자

사설시조에 나타난 해학과 풍자는 사회에 대한 비판과 불만을 재미있게 풀어내며 독자의 흥미와 감동을 유발한다. 사설시조의 이러한 특성은 다양한 현대시에 계승되어 한국 문학의 아름다움을 더한다.

> 장충동 약수동 솟을대문 제멋대로 와장창
> 저 솟고 싶은 대로 솟구쳐 올라 삐까번쩍
> 으리으리 꽃궁궐에 밤낮으로 풍악이 질펀 떡 치는 소리 쿵떡
> 예가 바로 재벌, 국회의원, 고급공무원, 장성, 장차관이라 이름하는
> 간뗑이 부어 남산만 하고 목질기가 동탁 배꼽 같은
> 천하흉포 오적(五賊)의 소굴이렷다.
> — 김지하, 「오적(五賊)」 중에서 —

이 작품은 '이야기시'라는 독창적인 갈래를 택해 재벌, 국회의원, 고급공무원, 장성, 장차관을 다섯 종류의 도적이라고 풍자하면서 이들이 저지르는 부정부패와 탐욕 등을 신랄하게 비판하고 있다.

제2절 현대시조의 정통성

1926년 무렵부터 일부의 문학인들 사이에서 우리의 옛 시 형식 중에서 가장 풍부한 전통 양식인 시조를 현대적으로 되살리자는 움직임이 일어났다. 이는 시조가 현대시의 일부로서 충분한 가능성이 있음을 의미한다.

1 정완영, 「조국」

> 행여나 다칠세라
> 너를 안고 줄 고르면
>
> 떨리는 열 손가락
> 마디마디 에인 사랑
>
> 손 닿자 애절히 우는
> 서러운 내 가얏고여.
>
> 둥기둥 줄이 울면
> 초가 삼간 달이 뜨고

> 흐느껴 목메이면
> 꽃잎도 떨리는데
>
> 푸른 물 흐르는 정에
> 눈물 비친 흰 옷자락.
>
> 통곡도 다 못 하여
> 하늘은 멍들어도
>
> 피 맺힌 열두 줄은
> 굽이굽이 애정인데
>
> 청산아, 왜 말이 없어
> 학처럼만 여위느냐.

3수로 된 구별 배행(句別排行) 연시조로 가얏고의 애절한 가락에 의탁하여 조국에 대한 애틋한 사랑을 노래하고 있는 작품이다. 작자는 가야금 가락이야말로 우리 민족의 한 맺힌 정서를 가장 잘 드러내는 것이라고 생각하여 그것에 감정을 이입하여 분단 조국의 슬픔을 노래하고 있는 것이다.

2 김상옥, 「사향」

> 눈을 가만 감으면 굽이 잦은 풀밭 길이,
> 개울물 돌돌돌 길섶으로 흘러가고,
> 백양 숲 사립을 가린 초집들도 보이구요.
>
> 송아지 몰고 오며 바라보던 진달래도
> 저녁 노을처럼 산을 둘러 퍼질 것을.
> 어마씨 그리운 솜씨에 향그러운 꽃지짐.
>
> 어질고 고운 그들 멧남새도 캐어 오리.
> 집집 끼니마다 봄을 씹고 사는 마을,
> 감았던 그 눈을 뜨면 마음 도로 애젓하오.

이 시조는 간결하고 사실적인 묘사에 의해 선명한 시각적 이미지로 고향을 그리고 있다. 눈을 감는 데에서 시작하여 눈을 뜨는 것으로 끝맺음을 한 이 시조에서 서정적 자아는 고요히 회상에 잠겨 어린 시절 고향을 그리워하고 있다.

제 2 장 | 한국 현대시의 장르

제1절 전통시의 계승과 창조

1 개화가사(開化歌辭)

(1) 개념

개화기에 제작, 발표된 전통 시가 양식인 가사를 형식적으로 계승한 것으로, 문명 개화와 진보, 부국강병의 의지를 노래한 시가이다.

(2) 형식

주로 4·4조이고, 2행의 대구에다 후렴을 붙이는 형식을 취하고 있으며, 기존 전통 가사에 비하여 길이가 현저히 짧아진 것이 특징이다.

(3) 성격

조선 후기의 천주교 가사나, 동학 가사인 최제우의「용담유사(龍潭遺詞)」의 영향을 받아 형성되었다. 이 양식을 통해 한국 근대시는 어설프게나마 첫 걸음마를 시작했다고 볼 수 있다.

(4) 분류

① **우국경세가류(憂國警世歌類)**: 일본의 침략상과 친일 세력의 비리를 폭로, 규탄하는 내용이 많다. 대개 신문들이 논설조로 게재한 것으로 작자는 밝혀져 있지 않다.
② **애국가류(愛國歌類)**: 자주 독립과 애국, 신문명·신교육의 도입, 부국강병, 국위선양 등을 주제로 당시의『독립신문』,『대한매일신보』등에 발표되었다.
③ **항일의병가사(抗日義兵歌詞)**: 구한말과 국권 상실 후에 일본의 침략에 저항하고 자주 독립을 지키려는 의병들의 항쟁을 찬양, 고무한 내용이다.

(5) 의의

국가가 위기에 직면했을 때 가사가 역사적 사명을 담당했다는 중요한 의미가 있고, 가사의 형식을 빌렸다는 점에서 한국 문학사의 연속성을 보여주는 실례가 된다. 또한 개화가사에 이르러 우리 주변에서는 비로소 국문을 표현매체로 한 작품도 본격적인 문필 활동으로 인식하였으며, 서민들의 일상생활에 대한 문학적 수용도 본격화되었다.

(6) 작품 감상의 실제

① 이필균, 「애국하는 노래」

> 깁흔 잠을 어서 씨여 부국강병(富國强兵) 진보ᄒ세.
> (합가) 놈의 쳔ᄃᆡ 밧게 되니 후회막급 업시 ᄒ세.
> 합심ᄒ고 일심되야 셔셰동졈(西勢東漸) 막아 보세.
> (합가) ᄉ롱공상(士農工商) 진략ᄒ야 사롬마다 ᄌ유ᄒ세.
> 남녀 업시 입학ᄒ야 세계 학식 비화 보자.
> (합가) 교휵ᄒ야 기화되고, ᄀ화히야 사롬되네.
> 팔괘 국긔(八卦國旗) 놉히 달아 륙ᄃᆡ쥬에 횡횡하세.
> (합가) 산이 놉고 물이 깁게 우리 ᄆᆞ음 밍셰ᄒ세.

「애국하는 노래」는 학부주사(學部主事)라는 사실만 알려진 이필균이 1896년 『독립신문』 1권 15호에 투고한 일종의 애국 가사로, 개화가사의 일반적 특질인 4·4조의 전통적인 형식을 취하고 있다. 특히, 각 절마다 '합가'라는 후렴 형식을 취하고 있음은 특이하다.

② 이중원, 「동심가」

> 잠을 ᄭᅢ세, 잠을 ᄭᅢ세,
> ᄉ쳔 년이 쑴 속이라.
> 만국(萬國)이 회동(會同)ᄒ야
> ᄉᄒᆡ(四海)가 일가(一家)로다.
>
> 구구세절(區區細節) 다 ᄇᆞ리고
> 샹하(上下) 동심(同心) 동덕(同德)ᄒ세.
> 놈으 부강 불어ᄒ고
> 근본 업시 회빈(回賓)ᄒ랴.
>
> 범을 보고 개 그리고
> 봉을 보고 둙 그린다.
> 문명(文明) 기화(開化) ᄒ랴 ᄒ면
> 실상(實狀) 일이 뎨일이라.
>
> 못세 고기 불어 말고
> 그믈 ᄆᆡᄌ 잡아 보세.
> 그믈 ᄆᆡᆺ기 어려우랴
> 동심결(同心結)로 ᄆᆡᄌ 보세.

어둡고 암울한 상태에서 벗어나 문명 개화를 이룩하기 위해 모든 동포들이 한마음으로 힘써야 함을 노래한 개화가사이다. 4·4조의 기본 율조로서 전통적인 가사의 형식을 갖추고 있으면서도 분절이 된 점은 전통 시가와 다르다.

2 창가(唱歌)

(1) 개념
개화가사와 신체시를 연결하는 구실을 담당했던 신문학기의 시가 형식으로, 근대 계몽기에 서양식 악곡에 따라 가창을 전제로 창작된 시가 갈래이다.

(2) 발생
기독교 찬송가나 신교육 기관을 통해서 보급된 서양 음악과 결합하여 형성된 것으로, 1896년 『독립신문』에서 처음 쓰였다.

(3) 형식
전통적 율조(3·4조, 4·4조)에서 벗어나 6·5조, 7·5조, 8·5조 등의 다양한 율조를 취했으며, 찬송가조(讚頌歌調)에서 벗어나 일반적인 서양음악에 의한 본격적인 근대의 노래로 형성되어 갔다.

(4) 내용
애국사상, 신문명의 찬양, 소년의 위기, 새로운 지식 등을 노래하다가 점차 개인의 서정 세계를 표현하면서 문학성을 의식하게 되었다. 당시 국민 모두의 노래로 보급되었고, 뒤에 유행 가요로 변해 갔다.

(5) 의의
창가는 서유럽으로부터의 근대사조 수입과 민족의 자주·독립에 대한 갈구가 충만하였던 시기의 필연적인 시가 형식으로, 고전시가 형식에서 신시(新詩)로 발전하는 과정에서 과도적인 역할을 수행하였다.

(6) 작품 감상의 실제

① 최남선, 「경부철도가(京釜鐵道歌)」 중요

> 우렁탸게 토하난 긔뎍(汽笛) 소리에
> 남대문을 등디고 떠나 나가서
> 빨니 부난 바람의 형세 갓흐니
> 날개 가딘 새도 못 따르겟네.
>
> 늙은이와 덟은이 석겨 안즈니
> 우리네와 외국인 갓티 탓스나
> 내외 틴소(親疎) 다갓티 익히 디내니
> 됴고마한 딴 세상 뎔노 일웟네.

이 시는 철도의 개통으로 대변되는 서구 문화의 충격을 수용하는 과정을, 경부선의 시작인 남대문역(지금의 서울역)에서부터 종착역인 부산까지의 여정과 풍물, 사실 등을 서술해 나가는 형식을 통해 전개하고 있다. 1절에서는 기차의 힘차고 빠른 모습에 대한 찬탄 속에 새로운 문명에 대한 화자의 긍정적 시각을 드러내고 있으며, 2절에서는 늙은이와 젊은이, 내국인과 외국인이 자연스럽게 어우러져 있는 기차 안의 풍경이 기존의 사회상과는 매우 다르다는 사실을 말하며 이를 매우 바람직하게 보고 있다. 이러한 시각은 개화에 대한 시인의 낙관적인 기대를 보여준다.

② 「권학가(勸學歌)」

> 학도(學徒)야 학도(學徒)야 청년 학도(靑年學徒)야,
> 벽상(壁上)의 괘종(掛鐘)을 들어 보시오.
> 한 소리 두 소리 가고 못 오니,
> 인생(人生)의 백 년(百年) 가기 주마(走馬) 같도다.

창가(唱歌)는 다양한 율조로, 그동안 추상적이었던 개화사상의 고취에서 점점 구체적인 인간 생활에로 접근하여 문학성을 갖추기에 이르렀다. 이 노래는 청년 학도들이 열심히 공부할 것을 권장한 6·5조의 창가이다.

3 신체시(新體詩) 중요

(1) 개념

일본의 『신체시초(新體詩抄)』(1882)라는 잡지에서 처음 사용한 것을 차용한 것으로, 1908년 이후에 등장한 새로운 형태의 시로 신시(新詩)라고도 한다. 6·5, 7·5, 8·5조 등의 외형률에서 탈피하여 좀 더 자유시에 접근한 형태의 시이다.

(2) 주제

전근대적인 보수·인습 사상에서 벗어나 변화와 새로움을 추구하는 서구문화를 수용하려는 근대화 정신을 바탕으로 신문명에 대한 갈망과 독립국가에 대한 염원을 노래하였다. 다만 역사적 현실 인식을 구체적으로 파악하지 못하고 관념적으로 흐른 감이 있다.

(3) 최초의 작품

육당 최남선의 「해에게서 소년에게」(1908, 『소년』)이다.

(4) 의의

신체시에 담긴 근대화의 새로운 사상은 정형적 틀을 거부하고 자유롭게 자신의 정신세계를 표현하며, 일상생활의 자유와 변화를 추구하는 특징을 갖는다. 이러한 사상적 변화는 20세기 중반에 이르러서는 자유시 형태로 발전하는 교량적 역할을 하였다.

(5) 주요 발표지

『소년』, 『청춘』, 『샛별』

(6) 작품 감상의 실제

① 최남선, 「해에게서 소년에게」 중요

> 1
> 처……ㄹ썩, 처……ㄹ썩, 척, 쏴……아.
> 때린다 부순다 무너 버린다.
> 태산 같은 높은 뫼, 집채 같은 바윗돌이나,
> 요것이 무어야, 요게 무어야.
> 나의 큰 힘 아느냐 모르느냐, 호통까지 하면서,
> 때린다 부순다 무너 버린다.
> 처……ㄹ썩, 처……ㄹ썩, 척, 튜르릉, 꽉.
>
> 2
> 처……ㄹ썩, 처……ㄹ썩, 척, 쏴……아.
> 내게는 아무것 두려움 없어,
> 육상(陸上)에서, 아무런 힘과 권(權)을 부리던 자라도,
> 내 앞에 와서는 꼼짝 못하고,
> 아무리 큰 물건도 내게는 행세하지 못하네.
> 내게는 내게는 나의 앞에는
> 처……ㄹ썩, 처……ㄹ썩, 척, 튜르릉, 꽉.

이 시는 최초의 신체시로서, 순결하고 무한한 가능성을 지닌 소년에 대한 찬양과 기대를 통하여, 구시대의 잔재를 청산하고 새로운 질서의 창조에 대한 열망을 드러낸 작품이다. 형식면에서 의성어를 이용한 생동감 있는 표현, 전시대에 비해 자유로운 율격, 대화체 구사 등으로 시적 긴장감을 높이고 있지만, 아직 근대적인 자유시에는 이르지 못한 것으로 볼 수 있다.

② 김억, 「꽃 두고」

> 나는 꽃을 즐겨 맞노라.
> 그러나 그의 아리따운 태도를 보고 눈이 어리며
> 그의 향기로운 냄새를 맡고 코가 반하여,
> 정신(精神)없이 그를 즐겨 맞음 아니라
> 다만 칼날 같은 북풍(北風)을 더운 기운으로써
> 인정 없는 살기(殺氣)를 깊은 사랑으로써
> 대신(代身)하여 바꾸어
> 뼈가 저린 이름 밑에 눌리고 피도 얼릴 눈구덩에 파묻혀 있던
> 억만(億萬) 목숨을 건지고 집어 내어 다시 살리는
> 봄바람을 표장(表章)함으로
> 나는 그를 즐겨 맞노라.

이 시는 「해에게서 소년에게」를 통해 제기된 우리 시가의 근대성 획득 문제가 그대로 대두되고 있는 작품으로, 1, 2연의 자수율이 동일할 뿐 아니라, 표현도 진부한 설명의 차원에 머물렀으나, 시적 발상과 행간의 처리 등에 있어서는 전대에 비해 한결 발전한 모습을 보이고 있다.

제2절 현대시의 갈래

1 형식에 따른 갈래

(1) 자유시(自由詩)

① **배경**

신체시를 계승하고 서구의 시를 수용하면서 1918년 무렵부터 외형률의 규칙성에서 탈피한 현대적 형식의 자유시가 등장하였다.

② **전개**

1918년 『태서문예신보』에 김억의 「봄은 간다」, 「무덤」과 황석우의 「은자(隱者)노래」, 장두철의 「왜, 왜 이다지도」 등의 자유시가 발표되었고, 같은 해에 불교 잡지 『유심(惟心)』에는 한용운의 「심(心)」이 발표되었으며, 1919년에는 『학우』지에 주요한의 「불놀이」, 「시내」 등의 작품이 발표되어 현대적 자유시의 지평을 열었다.

③ **배제의 시** 중요

'배제의 시'는 원하는 충동만을 택하고 그 밖의 것은 제외하는 경우이다. 우리는 이런 생각을 한국 현대시의 경우에 원용시켜 볼 수 있다. 흔히 초창기의 한국 현대시에는 서경에 머문 작품이나 감상의 차원에 그친 예가 많이 나타난다. 가령 주요한의 몇 개 서정 소곡이나 김억의 「오다가다」 같은 초기 작품들이 여기에 해당한다.

④ **작품 감상의 실제**

㉠ 김억, 「봄은 간다」

> 밤이도다
> 봄이다.
>
> 밤만도 애달픈데
> 봄만도 생각인데
>
> 날은 빠르다.
> 봄은 간다.
>
> 깊은 생각은 아득이는데
> 저 바람에 새가 슬피 운다.
>
> 검은 내 떠돈다.
> 종소리 빗긴다.
>
> 말도 없는 밤의 설움
> 소리 없는 봄의 가슴
>
> 꽃은 떨어진다.
> 님은 탄식한다.

암담한 시대 상황을 인식한 데서 비롯된 작품으로, 독백체의 표현과 간결한 구조를 통하여 주관적 정서를 절박하게 표현하고 있다. '밤, 애달픈데, 간다, 깊은 생각, 새가 슬피 운다, 검은 내, 밤의 설움, 꽃은 떨어진다, 님은 탄식한다' 등 일련의 이미지와 사물의 연쇄를 통해 상징주의 취미의 '암시, 몽롱, 밝음도 어둠도 아닌 음울, 절망, 염생(厭生)의 비조(悲調)'를 나타냄으로써 시적 상황을 모호하게 하였다. 이러한 모호한 형상화로써 이 시는 봄밤에 시적 자아가 까닭 없는 상실감으로, 스스로의 존재에 대해 느끼는 연민과 슬픔을 노래하고 있다.

ⓒ 주요한, 「불놀이」

> 아아, 날이 저문다. 서편 하늘에, 외로운 강물 위에, 스러져 가는 분홍빛 놀……. 아아, 해가 저물면, 해가 저물면, 날마다 살구나무 그늘에 혼자 우는 밤이 또 오건마는, 오늘은 4월이라 파일날, 큰 길을 물밀어 가는 사람 소리는 듣기만 하여도 흥성스러운 것을, 왜 나만 혼자 가슴에 눈물을 참을 수 없는고?
>
> 아아, 춤을 춘다. 춤을 춘다, 시뻘건 불덩이가 춤을 춘다. 잠잠한 성문(城門) 위에서 내려다보니, 물 냄새, 모래 냄새, 밤을 깨물고, 하늘을 깨무는 횃불이 그래도 무엇이 부족하여 제 몸까지 물고 뜯을 때, 혼자서 어두운 가슴 품은 젊은 사람은, 과거의 퍼런 꿈을 강물 위에 내어 던지나, 무정한 물결이 그 그림자를 멈출 리가 있으랴?

시의 행을 구분하지 않고 외형적인 리듬의 제약도 두지 않은 채, 시상을 자유분방하게 전개시켜 나아간 형태적인 자유로움을 이 시에서 발견할 수 있다. 불놀이의 황홀한 정경과 시인의 고조된 감흥이 함께 조화를 이루면서 반복과 영탄의 수사적 표현이 시적 정서의 표현에 크게 기여하고 있음을 확인할 수 있다.

(2) 산문시

① 배경
최근에 나타난 형태이고, 자유시보다 형식상 더 자유로워진 시로서 외형상 산문과 다름없는 시. 내재율을 지니며 연과 행의 구별은 없다. 조지훈의 「봉황수」, 정지용의 「백록담」 등이 이에 속한다.

② 전개
망국에 대한 슬픔을 '봉황새'에 투영시켜 표현한 조지훈의 「봉황수」, 한라산을 등반하면서 보게 되는 풍경과 정상인 백록담의 신비로움을 담은 정지용의 「백록담」 등이 이에 속한다.

③ 작품 감상의 실제

㉠ 조지훈, 「봉황수」

> 벌레 먹은 두리기둥, 빛 낡은 단청(丹靑), 풍경 소리 날아간 추녀 끝에는 산새도 비둘기도 둥주리를 마구 쳤다. 큰 나라 섬기다 거미줄 친 옥좌(玉座) 위엔 여의주 희롱하는 쌍룡(雙龍) 대신에 두 마리 봉황새를 틀어 올렸다. / 어느 땐들 봉황이 울었으랴만 푸르른 하늘 밑 추석(甃石)을 밟고 가는 나의 그림자. 패옥(佩玉) 소리도 없었다. 품석(品石) 옆에서 정일품(正一品), 종구품(從九品) 어느 줄에도 나의 몸 둘 곳은 바이 없었다. 눈물이 속된 줄 모를 양이면 봉황새야 구천(九天)에 호곡(號哭)하리라.

한때는 영화를 누렸던 곳이지만 이제는 몰락한 고궁을 소재로 하여 우국(憂國)의 충정과 깊은 수심을 노래함으로써, 일제 말기의 암담한 현실 속에서 우리 민족이 겪어야 했던 절망과 비애감을 잘 그려낸 작품이다.

ⓒ 김선우, 「신(神)의 방(房)」

> 이런 돼지가 살았다지요 반들거리는 검은 털에 날렵한 주둥이를 가진, 유난히 흙의 온기를 좋아하여 흙이랑 노는 일을 제일로 즐거워했다는군요 기른다는 것이 실은 서로 길드는 것이어서 이 지방 사람들은 통시라는 거처를 마련했다지요 인간의 배변 장소와 돼지우리가 함께 있는 아주 재미난 방인 셈인데요 지붕을 덮지 않은 널찍한 호를 파고 지푸라기 조금 깔아 준 방 안에서 이 짐승은 눈비 맞고 흙과 똥과 뒹굴면서 비바람 햇볕을 고스란히 살 속에 아로새기게 되었다는데요 음식물 찌꺼기며 설거지물까지 버릴 것 없이 모아 둔 큰 독 속에서 한때 빛나던 것들이 제힘으로 다시 빛날 때 발효한 이 먹이를 돼지가 먹고 돼지의 배설물은 보리밭 거름으로 이쁜 보리들을 길렀다는데요 그래도 이 집승의 주식이 사람의 똥이었던 것은 생명은 생명에게 공양되는 법이라 행여 남아 있을 산 것들의 온기가 더럽고 하찮은 것으로 취급될까 두려운 때문이 아니었는지 몰라
>
> 나라의 높은 분이 보기에 미개하여 시멘트 네 포대씩 무상 지급한 때가 있었다는데요 문명국의 지표인 변소를 개량하라 다그쳤다는데요 흔적이나마 통시가 아직 남아 내 몸속의 방을 향해 손 내밀어 주는 것은, 똥 누고 먹는 일이 한가지로 행해지는 그곳을 신이 거주하는 장소라 여긴 하늘 가까운 섬사람들이 있었기 때문입니다

제주도의 전통적 배변 장소(변소)인 '통시'를 제재로 하여, 생명의 순환성에 대해 노래하고 있는 작품이다. 생태적 가치관과 편리성, 효율성을 추구하는 현대사회의 가치관을 대조하고 있어, 생태주의 시 또는 생명시라고 일컬어지고 있다.

2 내용에 따른 갈래

(1) 서정시(抒情詩)

개인의 주관적 정서를 표현한 시로 주관시라고도 한다. 좁은 의미에서의 서정시란 순수한 감정 체험을 나타내는 것이다. 언어의 의미 전달 기능보다는 읽는 이들에게 감동을 주는 순수시와 깊은 관련이 있다. 서정시는 개인적인 체험을 바탕으로 한다. 개인적인 체험이란 말을 바꿔 말하면 주관적임을 뜻한다. 시인의 눈을 통하여 관찰되는 사물, 시인의 영감에 의하여 감지되는 순간적인 감정이나 생각들이 하나의 모티프가 되어 나타나는 것이 서정시이다.

① **주정시(主情詩)**

감정(감각, 정서)을 주 내용으로 하는 시를 말한다.

㉠ 감각적인 시

> 꽃가루와 같이 부드러운 고양이의 털에
> 고운 봄의 향기가 어리우도다.
>
> 금방울과 같이 호동그란 고양이의 눈에
> 미친 봄의 불길이 흐르도다.
>
> 고요히 다물은 고양이의 입술에
> 포근한 봄 졸음이 떠돌아라
>
> 날카롭게 쭉 뻗은 고양이의 수염에
> 푸른 봄의 생기가 뛰놀아라.
>
> — 이장희, 「봄은 고양이로다」 —

이 시는 치밀한 관찰과 예리한 분석으로 고양이의 새로운 감각적 현상을 잘 표현한 작품으로 평가된다.
'고양이의 털 → 봄의 향기, 고양이의 눈 → 봄의 불길, 고양이의 입술 → 봄의 졸음, 고양이의 수염 → 봄의 생기'로 연상되는 전혀 다른 두 이미지의 조화와 합치를 통해 신선하고도 감각적인 시인의 시 세계를 엿볼 수 있다.

㉡ 정서적인 시

> 산산히 부서진 이름이여!
> 허공중에 헤어진 이름이여!
> 불러도 주인 없는 이름이여!
> 부르다가 내가 죽을 이름이여!
>
> 심중에 남아 있는 말 한마디는
> 끝끝내 마저 하지 못하였구나
> 사랑하던 그 사람이여!
> 사랑하던 그 사람이여!
>
> — 김소월, 「초혼」 중에서 —

전통 상례의 한 절차인 고복 의식을 소재로 한 「초혼」은 그 제목에서부터 전통성이 강하게 환기되는 작품이다. 작품의 소재뿐 아니라, 형식, 화자의 정서 등 다양한 측면에서 한국 문학의 전통성이 잘 살아 있다. 표면상으로는 사별한 임에 대한 그리움을 노래하고 있지만, 이를 확장해서 생각해 보면 이 시에서의 임은 잃어버린 조국이며, 임을 부르는 것은 상실된 조국을 되찾으려는 염원과 이상을 담고 있다고도 볼 수 있다.

② 주지시(主知詩)

지성(기지, 지혜, 예지)을 주 내용으로 한 모더니즘 시·초현실주의 시·심리주의 시와 같은 지적인 시를 말한다.

㉠ 모더니즘 시

> 낙엽은 폴란드 망명정부의 지폐
> 포화에 이지러진
> 도룬 시의 가을 하늘을 생각게 한다.
> 길은 한줄기 구겨진 넥타이처럼 풀어져
> 일광의 폭포 속으로 사라지고
> 조그만 담배 연기를 내뿜으며
> 새로 두시의 급행열차가 들을 달린다.
> 포플러 나무의 근골 사이로
> 공장의 지붕은 흰 이빨을 드러낸 채
> 한 가닥 구부러진 철책이 바람에 나부끼고
> 그 위에 샐로판지로 만든 구름이 하나
> 자욱한 풀벌레 소리 발길로 차며
> 호올로 황량한 생각 내릴 곳 없어
> 허공에 띄우는 돌팔매 하나,
> 기울어진 풍경의 장막 저 쪽에
> 고독한 반원을 긋고 잠기어 간다.
>
> — 김광균, 「추일서정」 —

이 시는 시각적 이미지를 독특한 비유를 통해 형상화시킨 이미지즘(imagism) 계열의 시이다. 이와 같은 회화적(繪畵的) 표현은 구체적 사물뿐만 아니라 관념이나 심리적 사상(事象)까지도 시각화된 이미지로 나타내고 있다. 특히 사실적 서경(敍景)의 표현보다 일상적 관념을 깨뜨리는 낯선 비유를 사용하고 있는 점에서 상상력의 비약과 지적인 인식을 요구하고 있다.

㉡ 초현실주의 시

> 가을속에는소리가없소
> 저렇게까지조용한세상은참없을것이오.
> 거울속에도내귀가있소
> 내말을못알아듣는딱한귀가두개나있소
>
> 가을속의나는왼손잡이요
> 내악수를받을줄모르는—악수를모르는왼손잡이요.
>
> — 이상, 「거울」 중에서 —

이 시는 형태상 띄어쓰기를 무시하고 단어나 구절을 붙여 쓰는 등, 전통적인 문장 기법을 거부하고 있다. 내용적으로는 일상적인 자아와 본래적인 자아 사이의 갈등, 즉 자의식의 세계를 드러내고 있다. 이 시는 거울을 매개로 두 개의 '나'를 설정하고 있다. 두 개의 '나', 즉 '거울 밖의 나'와 '거울 속의 나'는 두 개의 '나'를 가능하게 한 거울 때문에 서로 만나지 못한다. 이러한 공존과 대립 현상('거울 밖의 나'와 '거울 속의 나'의 공존과 대립)은 인간성의 교류가 차단된 현대인의 분열된 내면 의식을 상징하는 것으로 볼 수 있다.

③ **주의시(主意詩)**
의지(저항의지, 긍정, 창조, 의지)를 주 내용으로 쓴 시를 말한다.
㉠ 저항의지의 시

> 까마득한 날에
> 하늘이 처음 열리고
> 어데 닭 우는 소리 들렸으랴.
>
> 모든 산맥(山脈)들이
> 바다를 연모(戀慕)해 휘달릴 때에도
> 차마 이곳을 범(犯)하던 못하였으리라.
>
> 끊임없는 광음(光陰)을
> 부지런한 계절(季節)이 피어선 지고
> 큰 강물이 비로소 길을 열었다.
>
> 지금 눈 내리고
> 매화향기(梅花香氣) 홀로 아득하니
> 내 여기 가난한 노래의 씨를 뿌려라.
>
> 다시 천고(千古)의 뒤에
> 백마(白馬) 타고 오는 초인(超人)이 있어
> 이 광야(曠野)에서 목 놓아 부르게 하리라.
>
> — 이육사, 「광야」 —

이 시는 배경의 웅대함으로 처음부터 독자를 압도한다. 작품의 공간적 배경은 아득하게 넓은 평야, 시간적 배경은 천지가 처음 열리는 까마득한 태초에서부터 머나먼 미래로 이어지고 있다. 시간의 흐름에 따라 크게 나누어 보면 각각 1~3연이 과거를, 4연이 현재를, 5연이 미래를 노래하고 있다.

㉡ 생명 탐구에 대한 의지의 시

> 내 죽으면 한 개 바위가 되리라
> 아예 애련에 물들지 않고
> 희로에 움직이지 않고
> 비와 바람에 깎이는 대로
> 억년 비정의 함묵에
> 안으로 안으로만 채찍질하며

> 드디어 생명도 망각하고
> 흐르는 구름
> 머언 원뢰
> 꿈꾸어도 노래하지 않고
> 두 쪽으로 깨뜨려져도
> 소리하지 않는 바위가 되리라.
>
> — 유치환, 「바위」 —

이 시는 현실적인 삶의 평안이나 아스라한 꿈을 추구하며 살기보다는 그러한 것을 모두 초극하여 '생명도 망각'하고 '비정(非情)의 함묵(緘默)' 속에 살아갈 것임을 노래하고 있다. 시인은 고통스러운 삶으로부터 벗어난 절대적 경지를 추구하는데, 그 해결의 길을 일체의 생명적인 것에 대한 허무주의적 자각에서 찾았다. 이러한 허무주의적 의식과 바로 그 이면에 강렬한 생명에의 의지가 혼융되어 시적 긴장과 비장미(悲壯美)를 나타내고 있다.

④ **서사시(敍事詩)**

신들이나 영웅들의 일화를 운문체로 장중하고 웅대하게 서술한 장시(長詩)를 서사시라고 한다. 서정시가 주관적인 데 반해 서사시는 객관적이다. 아리스토텔레스는 서사시를 일컬어 희곡적 성질을 가지고 있다고 했다. 그러나 희곡보다 그 영역이 넓고, 많은 사건을 구성할 수 있으며, 시간상으로는 과거에 속하는 일이나 사건을 다루는 것이 서사시이다. 서사시는 원시적 서사시(primitive epic)와 문학적 서사시(literary epic)로 나누어지기도 한다. 원시적 서사시는 대개 영웅들의 일화나 전설이 구전되어 오다가 마지막에 하나의 서사시 형태로 굳어 버린 것이 많다. 반면 문학적 서사시는 작가가 분명하고, 같은 영웅들의 생애를 읊었다 할지라도 예술 의식이 뚜렷하고 창작성이 깃든 것이라고 할 수 있다. 우리나라의 서사시의 형성은 12, 13세기로 오세문(吳世文)의 「역대가(歷代歌)」, 이규보(李奎報)의 「동명왕편(東明王篇)」, 이승휴(李承休)의 『제왕운기(帝王韻記)』가 모두 이 시대에 창작된 것이다.

㉠ 전통 서사시

> | 王知慕漱妃 | 왕이 해모수의 왕비인 것을 알고 |
> | 仍以別室寘 | 이에 별궁에 두었다. |
> | 懷日生先蒙 | 해를 품고 주몽을 낳았으니 |
> | 是歲歲在癸 | 이 해가 계해년이었다. |
> | 骨表諒最奇 | 골상이 참으로 기이하고 |
> | 啼聲亦甚偉 | 우는 소리가 또한 심히 컸다. |
> | 初生卵如升 | 처음에 되만한 알을 낳으니 |
> | 觀者皆驚悸 | 보는 사람들이 깜짝 놀랐다. |
> | 王以爲不祥 | 왕이 상서롭지 못하다 |
> | 比豈人之類 | 이것이 어찌 사람의 종류인가 하고 |
> | 置之馬牧中 | 마구간 속에 두었더니 |
> | 群馬皆不履 | 여러 말들이 모두 밟지 않고 |

```
葉之深山中      깊은 산 속에 버렸더니
百獸皆擁衛      온갖 짐승이 모두 옹위하였다.
母姑擧而育      어미가 우선 받아서 기르니
經月言語始      한 달이 되면서 말하기 시작하였다.
自言蠅嗜目      스스로 말하되 파리가 눈을 빨아서
臥不能安睡      누워도 편안히 잘 수 없다 하였다.
母爲作弓矢      어머니가 활과 화살을 만들어 주니
其弓不虛掎      그 활이 빗나가는 법이 없었다.
                                    - 이규보, 「동명왕편」 -
```

「동명왕편」은 5언(五言) 282구(句)로 된 영웅 서사시이다. 이규보가 26세 때(1193) 고구려의 건국 신화인 주몽 신화를 노래한 것이다. 이 작품은 주몽의 영웅적 행적과 위업을 찬미한 작품인 만큼 주몽 신화의 내용을 고스란히 받아들여서 그 갈등의 폭을 넓히고 주몽의 영웅적 포부·의지·지혜 등을 더욱 부각시켰다.

ⓒ 현대 서사시

```
"아하, 무사히 건넜을까,
이 한밤에 남편은
두만강을 말없이 건넜을까,
저리 국경 강안을 경비하는
외투 쓴 검은 순사가
왔다-갔다-
오르명 내리명 분주히 하는데
발각도 안되고 무사히 건넜을까"
소금실이 밀수출 마차를 띄워 놓고
밤 새가며 속 태우는 젊은 아낙네
물레 젓는 손도 맥이 풀려서
파! 하고 붙는 어유 등잔만 바라본다.
북극의 겨울밤은 차차 깊어 가는데.
                        - 김동환, 「국경의 밤」 중에서 -
```

「국경의 밤」은 전체 3부 72장으로 이루어져 있는 김동환의 서사적 장시이다. 국경 지대인 두만강변의 작은 마을을 공간적 배경으로 하고 '현재-과거-현재'의 시간 구조를 채택하여, 밀수꾼 병남(丙南)과 그의 아내 순이, 그리고 순이의 첫사랑이었던 청년 사이에서 벌어지는 사건을 그리고 있다. 북국의 겨울밤이 주는 암울한 이미지를 통해 일제 식민 지배 아래에서 살아가는 우리 민족의 고통과 불안을 형상화했다는 점에 문학사적 의의가 있다.

⑤ 극시(劇詩)

운문으로 표현된 희곡 형태의 시로 세익스피어의 희곡이 대표적이다. 극시란 사전적 의미로 보면 극의 형식을 따오거나 극적인 수법을 사용하여 만든 시이다. 그러므로 극시는 희곡과 밀접한 관계가 있을 수밖에 없다. 극시는 무대에서 상연해서 극적 효과를 나타낼 수 있는 것과 그렇지 못하고 글로써 읽기에 적합한 것이 있다. 극시의 연원은 아리스토텔레스의 『시학』에서부터 시작된다. 그는 극시를 비극·희극·희비극으로 나누고 있다. 그렇다면 고대에 운문으로 쓴 극들이 다 극시라고 할 수 있다. 셰익스피어를 시인이라고 부른 것도 그가 운문으로 희곡을 썼기 때문이다. 문학이 운문과 산문으로 갈라지고, 근대에 와서는 산문 위주의 문학이 됨에 따라 극시도 희곡이란 이름으로 바뀌게 된 것이다.

제3절 현대시조(現代時調)

1 현대시조의 개념

우리 민족의 성정(性情)에 가장 알맞은 문학 양식인 시조를 민족시로 계승·발전시키기 위해, 고시조의 형식상의 제약을 탈피하여 현대인의 생활 감정을 다양하게 표현한 시조로, 대체로 갑오개혁(1894) 이후의 시조를 뜻한다.

2 현대시조의 특성

(1) 형식상(形式上)

① 고시조의 율격을 계승하였다.
② 음절수에서 파격을 보인다. → 3·4 내지 4·4의 기본 자수에서 벗어나는 경우가 많다.
③ 종장 제1구의 3음절은 변화시키지 않는 원칙을 따른다.
④ 시행의 배열이 자유롭다. → 장별 배행, 구별 배행(최남선이 최초로 시도했음)

> 이 몸이 죽고 죽어 일백 번 고쳐 죽어
> 백골이 진토 되어 넋이라도 있고 없고
> 님 향한 일편 단심 가실 줄이 이시랴
>
> — 정몽주, 「이 몸이 죽고 죽어」 —
>
> 손톱으로 툭 튀기면
> 쨍 하고 금이 갈 듯
> 새파랗게 고인 물이
> 만지면 출렁일 듯,
> 저렇게 청정무구(淸淨無垢)를
> 드리우고 있건만.
>
> — 이희승, 「벽공」 —

⑤ 고시조의 대부분은 제목이 없는 것에 반해 현대시조는 내용을 축약(縮約)·암시할 수 있는 제목을 반드시 붙이는 것이 상례이다. 고시조에서는 연시조의 경우 몇몇 작품에만 제목이 붙어 있을 뿐이다.

(2) 내용상(內容上)

① 복잡다기한 현대인의 생활을 반영하는 다양한 사상, 감정을 주제로 표현한다.
② 자아의 내면세계를 표현한다.
③ 참신하고 개성적인 느낌을 준다.
　어려운 한자어나 상투어를 피하고 가급적 고유어를 선택하며 표현과 주제를 생생하게 개별적인 것이 되게 한다.
④ 전문적인 창작 정신이 드러난다.
　고시조가 여러 계층의 사람들이 두루 불렀던 노래임에 비해, 현대시조는 전문적인 창작 정신에 의해 지어진 작품이다. 감각적 표현도 애용한다.

(3) 표현상(表現上)

① 다양한 표현 기교를 사용하여 개성적이고 참신한 이미지를 제시한다.
② 현대시의 표현기교를 원용하여 긴밀한 구조를 이루며 회화성을 중시한다.
③ 시어의 자연스러운 호흡을 중시한다.

구분	고시조	현대시조
성격	노래의 가사의 일종으로 발달 : 일정한 전문 작가가 없이 많은 사람들에 의해 지어짐	노래의 가사라는 면을 벗어나 명확히 시라는 의식 하에 쓰임 : 일정한 작가(시인)들이 지음
종류	평시조, 엇시조, 사설시조	평시조(단형 시조)가 대종을 이루며, 연시조가 성행
내용	① 유교적 이념에 의한 관념적인 주제 ② 일반적 상투적인 내용(충의, 회고, 절의 등) ③ 자연과 인생에 대한 풍류, 또는 달관을 노래함(江湖歌道) ④ 나라의 정치에 대한 내용이 많음	① 개성적이며 자아의 내면을 표현함 ② 사색적, 관조적임 ③ 이미지, 상징 등 현대시의 기법을 도입함 ④ 감각적이며 실제적인 내용 ⑤ 제재를 현실에서 많이 구함
형식	① 음악으로 부를 때 가곡창과 시조창으로 나뉨 ② 대부분이 단시조이면서 장별 배행시조임 ③ 한자어, 관념어의 사용 ④ 종장 첫 구에 상투적인 감탄사가 많음 ⑤ 표현상 음악적(청각적)임 ⑥ 제목이 대개 없음 ⑦ 대부분 작자 미상임	① 자유시에 가까울 정도로 파격을 하는 경우도 있음 ② 3연 6행(구별 배행)의 시조가 많음 ③ 연시조가 많음 ④ 순수한 우리말을 많이 사용함 ⑤ 표현상 회화적(시각적)임 ⑥ 제목이 반드시 있음 ⑦ 작가가 분명함

제 2 편 | 실전예상문제

01 다음 설명의 괄호 안에 공통으로 들어갈 말로 옳은 것은?

> 1926년 무렵부터 일부 문학인들 사이에서 우리의 옛 시 형식 중에서 가장 풍부한 전통 양식인 (   )를 현대적으로 되살리자는 움직임이 일어났다. 이는 (   )가 현대시의 일부로서 충분한 가능성이 있음을 의미한다.

① 한시
② 시조
③ 향가
④ 민요

01 시조는 고려 후기에서 조선 전기에 걸쳐 정제된 우리나라 고유의 정형시로 1920년대 후반에 국민 문학파가 민족주의 문학 운동의 하나로 시조 부흥을 주장하면서, 현대시로서의 가능성을 보여주었다. 최남선, 이광수, 이은상, 이병기, 정인보 등이 창작과 이론 면에서 이에 기여하였다.

02 김소월의 「진달래꽃」에 대한 설명으로 적절하지 <u>않은</u> 것은?

① 현대시이며 자유시이다.
② 민요의 3음보 율격을 바탕으로 한다.
③ 전통적이며 향토적인 분위기를 풍긴다.
④ 시적 대상을 관찰하여 세밀하게 묘사하고 있다.

02 「진달래꽃」은 이별의 상황을 가정하여, 그러한 상황이 빚은 정한과 화자의 자세를 표현하고 있다. 3음보의 전통적 율격을 가진 자유시로서 향토적 정서를 환기한다.
④ 관찰을 통한 세밀한 묘사는 찾아 볼 수 없다.

정답 01 ② 02 ④

03 〈보기 1〉을 〈보기 2〉와 같은 관점에서 해석한다고 할 때, 〈보기 1〉에 등장하는 인물들이 상징하는 의미로 적절하지 <u>않은</u> 것은?

> 보기 1
>
> 접동
> 접동
> 아우래비 접동
>
> 진두강 가람 가에 살던 누나는
> 진두강 앞마을에
> 와서 웁니다.
>
> 옛날, 우리나라
> 먼 뒤쪽의
> 진두강 가람 가에 살던 누나는
> 의붓어미 시샘에 죽었습니다.
>
> 누나라고 불러 보랴
> 오오 불설워
> 시새움에 몸이 죽은 우리 누나는
> 죽어서 접동새가 되었습니다.
>
> 아홉이나 남아 되던 오랩동생을
> 죽어서도 못 잊어 차마 못 잊어
> 야삼경 남 다 자는 밤이 깊으면
> 이 산 저 산 옮아가며 슬피 웁니다.
>
> — 김소월, 「접동새」 —

> 보기 2
>
> 김소월은 민족의 전통적인 정서인 한(恨)을 단순히 노래하는 것 같지만, 일제 강점하에서의 시인 내면의 상실 의식이 작품 안에 투영된 것으로 볼 수도 있다. 일제의 폭압 속에서 지식인들은 허무 의식과 슬픔을 가지고 있었다. 이러한 지식인들은 무지한 백성들의 아픔을 지켜보았지만, 현실에서 어떠한 대응도 할 수가 없어 무기력한 자세를 취할 수밖에 없었다.

① '의붓어미'는 우리 민족을 탄압하는 일제를 의미한다.
② '오랍동생'은 무지한 식민지 백성을 의미한다.
③ '누나'는 식민지시대의 무기력한 지식인이라고 할 수 있다.
④ '접동새'는 일제의 폭압 속에 사라진 민족 문화의 전통을 상징한다.

---

03 '접동새'는 현실의 아픔 속에서 어떠한 대응도 할 수 없었던 누이의 분신이다.
①·②·③의 '의붓어미'는 우리 민족을 탄압하던 일제를, '오랩동생'은 무지한 식민지 백성을 의미한다고 볼 수 있으며, 의붓어미에게 죽음을 당한 '누나'는 식민지 시대의 무기력한 지식인이라고 볼 수 있다.

정답 03 ④

04 정완영의 「조국」의 특징으로 적절하지 <u>않은</u> 것은?

① 예스러운 말투
② 구별 배행의 형식
③ 애상적인 정조
④ 미래에 대한 전망

> **04** 정완영의 「조국」은 현대시조로 조국을 상실한 화자의 애상적 정서를 드러낸 구별 배행 형식이다. 예스러운 말투로 민족 정한을 표출하고 있지만, 미래에 대한 전망은 들어가 있지 않다.

05 다음 중 한국시의 전통으로 볼 수 <u>없는</u> 것은?

① 이별의 정한
② 3음보의 율격
③ 기승전결식 구성
④ 전통적 여인상

> **05** 기승전결식 구성은 한시의 구성 방식으로, 한국시의 전통적 특징으로 볼 수 없다.
> ① 이별의 정한, ② 3음보의 율격, ④ 전통적 여인상은 모두 우리 시의 전통적 특징이라 할 수 있다.

06 다음 중 3음보 율격에 대한 설명으로 적절한 것은?

① 서술적인 요소가 많다.
② 주정적인 속성이 강하다.
③ 장시의 민요조에 주로 나타난다.
④ 교설적 성격을 띤다.

> **06** 3음보 율격은 우리 시의 전통적 율격으로 현대시에서는 민요시에 주로 나타난다.
> ① 서술적인 요소가 많다. → 서사시
> ② 주정적인 속성이 강하다. → 주정시
> ④ 교설적 성격을 띤다. → 교술시

정답 04 ④ 05 ③ 06 ③

07 고시조가 천편일률적으로 장별 배행으로 되어 있는데 반해 현대시조는 장별 배행, 구별 배행 등의 다양한 형태를 시도하고 있다. 또한 고시조의 주제는 절의, 회고, 서경, 안빈낙도, 풍류 등의 관념적인 것이 대부분이었음에 비해 현대시조의 주제는 개인적 정서와 생활에 밀착된 다양한 모습을 보이며 작가 역시 주로 전문 시조 작가에 의해 창작되고 있다.
④ 절의, 충성, 자연 등 관념적이고 추상적인 주제를 주로 다루는 것은 고시조의 특징이다.

08 개화시가와 신체시는 모두 개화기의 시대정신을 그대로 반영하였고, 전통과 인습의 타파와 서구 문화와 문물을 수용하였다. 한편 고시조가 3음보 또는 4음보 등의 구속을 받았다면 신체시는 새로운 형태로서 그러한 음보의 구속을 벗어났다는 점이 가장 중요한 차이점이다.

09 시사(詩史)적으로 볼 때 창가와 자유시 사이에 신체시가 위치한다. 창가가 전통적 가사의 율격에서 벗어나지 못한 반면, 신체시는 전통적 율격을 탈피하여 다양한 율격을 보이고 있다. 또한 고전시가와 현대시를 잇는 교량 역할을 한다는 점도 주목할 만하다.

10 형식상으로 한 연의 구성을 보면 자유시인 것 같으나 각 연이 동일한 형식을 반복하는 구조적 규칙성이 있다. 즉 새로운 정형시의 형태를 드러내고 있다. 하지만 7·5조, 4·4조가 부분적으로 들어 있어서 개화가사와 창가의 율조를 찾아볼 수 있다. 내용상으로는 개인의 정서를 노래하지 않고, 문명개화라는 사회 이념을 노래하고 있어서 자유시로 보기 어렵다.

07 다음 중 현대시조의 특징으로 볼 수 없는 것은?
① 현대시조는 장별 배행, 구별 배행 등의 다양한 형태를 시도하고 있다.
② 현대시조는 개인적 정서와 생활에 밀착된 다양한 모습을 보이고 있다.
③ 현대시조는 주로 전문 시조 작가에 의해 창작되고 있다.
④ 현대시조는 관념적이고 추상적인 주제를 주로 다루고 있다.

08 개화기 시가와 신체시의 공통점으로 볼 수 없는 것은?
① 개화기의 시대정신을 그대로 반영하였다.
② 전통과 인습의 타파를 주장하였다.
③ 서구 문화와 문물을 수용하였다.
④ 3음보 또는 4음보 등의 구속을 받았다.

09 창가와 대비한 신체시의 의의로 옳지 않은 것은?
① 창가와 자유시 사이에 신체시가 놓인다.
② 전통적 가사의 율격을 계승하고 있다.
③ 전통적 율격을 탈피하여 다양한 율격을 보이고 있다.
④ 고전시가와 현대시를 잇는 교량 역할을 한다.

10 신체시를 자유시로 볼 수 없는 이유가 아닌 것은?
① 동일한 형식을 반복하는 규칙성이 있다.
② 7·5조, 4·4조가 부분적으로 들어 있다.
③ 문명개화라는 사회 이념을 노래하고 있다.
④ 새로운 자유시의 형태를 드러내고 있다.

정답 07 ④ 08 ④ 09 ② 10 ④

11 다음 중 최남선의 문학사적 업적으로 볼 수 없는 것은?

① 시조 부흥 운동
② 최초의 자유시 창작
③ 근대문학의 선구자
④ 근대 수필의 개척

12 〈보기 1〉이 〈보기 2〉에서 설명한 형식을 취한 이유로 가장 적절한 것은?

— 보기 1 —

아세아에 대죠션이 ᄌ쥬독립 분명ᄒ다
(합가) 이야에야 이국ᄒ세 나라 위ᄒ 죽어 보세

분골ᄒ고 쇄신토록 츙군ᄒ고 이국ᄒ세
(합가) 우리 졍부 놉혀 주고 우리 군면 도와주세

깁흔 잠을 어셔 ᄭ여 부국강병(富國强兵) 진보ᄒ세
(합가) 놈의 쳔ᄃ 밧게 되니 후회막급 업시 ᄒ세

합심ᄒ고 일심 되야 셔셰동졈 막아 보세
(합가) ᄉ롱공샹 진력ᄒ야 사ᄅᆷ마다 ᄌ유ᄒ세

남녀 업시 입학ᄒ야 셰계 학식 비화 보자
(합가) 교휵ᄒ야 기화되고 ᄀ화ᄒ야 사ᄅᆷ되네
(후략)

— 이필균, 「애국하는 노래」 —

— 보기 2 —

「애국하는 노래」는 4음보의 전통 가사 형식이지만, 연의 구별로 변화를 주고, '합가'라는 부분을 넣어, 민요에서 볼 수 있는 선후창 형식으로 노래할 것을 염두에 두고 지은 작품이다.

① 시대 상황에 대한 대응 방법을 논리적으로 드러내기 위해서이다.
② 작품의 내용에 대한 대중의 동의와 공감을 유도하기 위해서이다.
③ 대중의 참여를 유도하여 민주주의적 가치를 전파하기 위해서이다.
④ 노래가 갖는 흥겨움을 통해 사람들을 즐겁게 해 주기 위해서이다.

---

11 최남선은 기존의 정형시에서 벗어나 근대적 자유시로 가는 과도기 형태의 시가인 신체시의 개척자이다. 또한 『심춘순례』, 『백두산근참기』, 『금강예찬』 등의 기행수필을 쓰기도 했다.
② 최초의 자유시는 주요한, 김억의 시대에 와서 창작되었다.

12 이필균의 「애국하는 노래」가 선후창의 형태를 취한 이유 중 하나는 작품 내용에 대한 대중의 화답을 통해 공감과 동의를 얻어 내려는 의도와 관련이 있다.

정답 11 ② 12 ②

13 다음 중 현대시조의 특성으로 볼 수 없는 것은?

① 고시조의 율격을 계승하였다.
② 3·4 내지 4·4의 기본 자수에서 벗어나는 경우가 많다.
③ 종장 첫 구의 3음절 규칙을 지키지 않는다.
④ 장별 배행뿐만 아니라 구별 배행 등을 시도하였다.

14 다음 중 극시(劇詩)에 대한 설명으로 옳지 않은 것은?

① 운문으로 표현된 희곡 형태의 시로 셰익스피어의 희곡이 대표적이다.
② 극의 형식을 따오거나 극적인 수법을 사용하여 만든 시이다.
③ 극적 효과를 내는 것이 원칙이므로 글로써 읽기에 적합하지 않다.
④ 근대에 와서는 희곡이란 이름으로 바뀌게 되었다.

15 김동환의 「국경의 밤」에 대한 설명으로 적절한 것을 모두 고른 것은?

― 보기 ―
ㄱ. 서사시로서 인물, 사건, 배경 등 서사의 요소를 갖추고 있다.
ㄴ. 주인공의 삶만을 그려서 우리 민족의 상황이 어떠한지 모른다.
ㄷ. 서술자를 설정하여 상황을 객관적으로 제시하지 못하고 주관적으로 그려냈다.
ㄹ. 작품 전체를 통해 일제 강점기 삼엄하던 시대 상황과 암울한 분위기를 알 수 있다.

① ㄱ, ㄴ
② ㄱ, ㄷ
③ ㄱ, ㄹ
④ ㄴ, ㄷ

---

13 현대시조도 종장 제1구의 3음절은 변화시키지 않는 원칙을 따른다.
① 현대시조도 고시조의 율격을 계승하였다.
② 전통시조와 달리 3·4 내지 4·4의 기본 자수에서 벗어나는 경우가 많다.
④ 장별 배행뿐만 아니라 구별 배행 등을 시도하였다.

14 극시는 무대에서 상연해서 극적 효과를 나타낼 수 있는 것과 그렇지 못하고 글로써 읽기에 적합한 것이 있다. 따라서 글로 읽기에 적합하지 않은 것은 아니다. 셰익스피어의 「햄릿」 같은 희곡이 대표적이며, 극의 형식을 갖추고 있기에 현대에 와서 '희곡'으로 명명되었다.

15 ㄴ. 공간적인 배경에 대한 시적 묘사를 통해 우리 민족의 상황이 어떠한지 알 수 있다.
ㄷ. 시적 화자가 상황을 비교적 객관적으로 제시하고 있다.

정답 13 ③ 14 ③ 15 ③

16 다음 중 주정시(主情詩)로 볼 수 있는 것은?

① 김소월, 「초혼」
② 이상, 「오감도」
③ 김광균, 「추일서정」
④ 김기림, 「바다와 나비」

16 김소월의 「초혼」은 사별의 아픔을 격정적으로 표출한 주정시이다.
② 이상의 「오감도」는 초현실주의 시에 해당한다.
③·④ 김광균의 「추일서정」과 김기림의 「바다와 나비」는 모더니즘 시로 주지시(主知詩)에 해당한다.

17 다음 중 좁은 의미의 서정시에 해당하는 것은?

① 1920년대 김소월의 민요시
② 1930년대 이상의 해체적 시
③ 1950년대 조향의 초현실주의 시
④ 1980년대 황지우 시의 몽타주 양식

17 오늘날의 '시'라는 명칭은 개인 서정시라는 과거에 비해 상대적으로 축소된 의미에서의 운문문학을 가리키는 용어가 되었다. 한국현대시사의 중심을 이루는 작품은 대체로 이러한 좁은 의미의 서정시를 의미하며 김소월, 한용운, 서정주 등의 대표시가 이에 해당하지만, 2000년대 탈서정적인 특성에 이르기까지 기존 서정시의 한계를 뛰어넘어 서정시를 변화시키는 다양한 양식의 시가 계속해서 등장하고 있다.

정답 16 ① 17 ①

훌륭한 가정만한 학교가 없고, 덕이 있는 부모만한 스승은 없다.

– 마하트마 간디 –

제 3 편

시의 표현 기법

제1장	수사법(修辭法)
제2장	해학과 풍자
제3장	그 외의 표현 기교
실전예상문제	

| 단원 개요 |

현대시의 형식적 측면을 살필 때 가장 중요한 것이 표현법이다. 이 단원은 현대시에 주로 사용되는 주요 표현 기교를 설명한다. 수사법은 글쓴이의 사상과 감정을 보다 효과적으로 나타내기 위한 표현 기교로, 비유법, 강조법, 변화법의 세 가지로 구분된다. 이 단원에서는 수사법을 예문과 함께 살피고, 해학과 풍자, 그 밖에 다양한 표현 기교를 작품 예시와 함께 살핀다.

| 출제 경향 및 수험 대책 |

수사법의 특징을 묻는 문제가 직접 출제될 수도 있고, 현대시에 나타난 수사법을 묻는 방식으로 출제가 되기도 한다. 또한 표현 기교를 직접 물을 수도 있지만, 일반적인 작품 감상 능력을 묻는 문제에서 선택지로 제시되는 경우가 많다.
주로 작품을 제시하고 해당 작품의 특징을 묻고 있기 때문에 개별 작품을 이해하기 위한 공부가 선행되어야 하고, 특정 표현 기교를 사용한 구체적 작품의 제목을 묻는 문제가 출제되는 경우도 많기 때문에 작품 하나하나를 감상할 때 어떤 표현 기교가 사용됐는지를 찾는 연습이 필요하다.

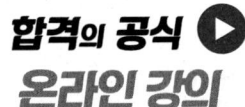

보다 깊이 있는 학습을 원하는 수험생들을 위한
시대에듀의 동영상 강의가 준비되어 있습니다.
www.sdedu.co.kr ➔ 회원가입(로그인) ➔ 강의 살펴보기

제 1 장 수사법(修辭法)

수사법은 글쓴이의 사상과 감정을 효과적으로 나타내기 위한 표현 기교로, 크게 비유법, 강조법, 변화법의 세 가지로 구분된다.

1 비유법(比喩法)

표현하고자 하는 사물이나 관념을 그것과 유사한 다른 사물이나 관념에 빗대어 더욱 생동감 있고 효과적으로 제시하는 표현 방법이다. 비유는 두 사물의 유사점을 바탕으로 이루어지는데, 표현하려는 대상을 원관념, 비교되는 매개물을 보조관념이라 한다.

> 직유법(直喩法), 은유법(隱喩法), 의인법(擬人法), 활유법(活喩法), 의성법(擬聲法), 의태법(擬態法), 풍유법(諷喩法), 대유법(代喩法), 중의법(重義法), 상징법(象徵法), 우화법(寓話法)

(1) 직유법

원관념을 보조관념에 직접적으로 연결시킨 수사법이다. 이를 '명유(明喩)'라고도 하는데, '찢긴 깃발처럼 허공을 향한 도시의 하늘'과 같이 '마치', '흡사', '~같이', '~처럼', '~양', '~듯' 등의 연결어를 사용하는 기교이다.

> - 구름에 달 가듯이 가는 나그네.
>   - 박목월, 「나그네」 중에서 -
> - 꽃의 둘레에는 밀물처럼 밀려오는 언어가 불꽃처럼 타다가 꺼져도…….
>   - 문덕수, 「꽃과 언어」 중에서 -
> - 한밤에 불 꺼진 재와 같이 나의 정열이 두 눈을 감고 조용할 때…….
>   - 양주동, 「조선의 맥박」 중에서 -
> - 길은 지금 긴 산허리에 걸려 있다. 밤중을 지난 무렵인지 죽은 듯이 고요한 속에서 짐승 같은 달의 숨소리가 손에 잡힐 듯이 들리며, 콩포기와 옥수수 잎새가 한층 달에 푸르게 젖었다. 산허리는 온통 메밀밭 이어서 피기 시작한 꽃이 소금을 뿌린 듯이 흐뭇한 달빛에 숨이 막힐 지경이다.
>   - 이효석, 「메밀꽃 필 무렵」 중에서 -

(2) 은유법

원관념과 보조관념을 직접적으로 연결시키지 않고 간접적으로 연결시키는 방법으로, '암유(暗喩)'라고도 한다. 전혀 다른 두 가지의 내용을 같은 성질로써 연결시키는데, "A(원관념)는 B(보조관념)다."의 형태로 나타난다. 두 관념의 밀도는 직유보다 강하다. "A like B"의 형태가 직유라면, "A is B"의 형태가 은유이다.

> - 소낙비를 그리는 너는 정열의 여인
>   - 김동명, 「파초」 중에서 -
> - 이것은 소리 없는 아우성. / 저 푸른 해원을 향하여 흔드는 / 영원한 노스탤지어의 손수건.
>   - 유치환, 「깃발」 중에서 -
> - 내 마음은 호수요, 그대 노 저어 오오.
>   - 김동명, 「내 마음은」 중에서 -

(3) 의인법

사람이 아닌 무생물이나 동식물에 인격적 요소를 부여하여 사람의 의지, 감정, 생각 등을 지니도록 하는 방법이다. 이는 대상을 인격화하여 존엄성 있게 나타내는 데에 그 의의가 있다. 이러한 표현은 고전소설에서도 찾아볼 수 있는데, 작품 전체가 의인화된 소설을 '의인체 소설'이라고 한다. 고전소설의 「장끼전」, 「별주부전」, 「서동지전」과 파리를 의인화한 춘원(春園) 이광수의 소설 「천안기」 등이 이에 해당된다.

> - 바다여 / 날이면 날마다 속삭이는 / 너의 수다스런 이야기에 지쳐 / 해안선의 바위는 / 베에토벤처럼 귀가 멀었다.
>   - 신석정, 「바다에게 주는 시」 중에서 -
> - 전나무, 잣나무들만이 대장부의 기세로 활개를 쭉쭉 뻗고…
>   - 정비석, 「산정무한」 중에서 -

(4) 활유법

무생물에 생물적 특성을 부여하여 살아 있는 생물처럼 나타내는 방법이다. 단순히 생물적 특성을 부여하여 나타내면 '활유법'이고, 인격적 속성을 부여하여 나타내면 '의인법'이다.

> - 청산이 깃을 친다.
>   - 박두진, 「해」 중에서 -
> - 어둠은 새를 낳고, 돌을 낳고, 꽃을 낳는다.
>   - 박남수, 「아침 이미지」 중에서 -

(5) 풍유법

표현하고자 하는 내용을 직접적으로 나타내지 않고, 그 내용을 다른 이야기나 속담, 격언, 문장 등을 통해 간접적으로 나타내려는 방법이다. 즉 내용을 속에 숨기고 그것을 뒤에서 암시하는 방법으로, 이를 '우의법(寓意法)' 또는 '우유법(寓喻法)'이라고도 한다. 풍유로 표현하기 위하여 도입된 비유는 문장 전체에 사용되기 때문에 그 본뜻은 추측할 수밖에 없다.

- 남의 잔치에 배 놓아라 감 놓아라 한다. (→ 쓸데없이 남의 일에 간섭한다.)
- 빈 수레가 더 요란하다. (→ 지식이 없고 교양이 부족한 사람이 더 아는 체 한다.)

(6) 대유법

직접 그 사물의 명칭을 쓰지 않고, 그 일부분으로써 혹은 그 사물의 특징으로써 전체를 나타내는 방법으로서 크게 '제유법'과 '환유법'으로 나눌 수 있다.

① 제유법

같은 종류의 사물 중에서 어느 한 부분으로써 전체를 알 수 있게 표현하는 방법이다.

- 저녁에 모여서 빵과 통조림(→ 가공식품)으로 끼니를 때우고 …
  – 전숙희, 「설」 중에서 –
- 괭이(→ 농기구)로 파고 호미(→ 농기구)론 풀을 매지요.
  – 김상용, 「남으로 창을 내겠소」 중에서 –
- 껍데기는 가라. / 한라에서 백두(→ 국토 전체)까지 / 향그러운 흙 가슴만 남고 / 그 모오든 쇠붙이는 가라.
  – 신동엽, 「껍데기는 가라」 중에서 –

② 환유법

표현하고자 하는 사물의 특징으로써 전체를 나타내는 방법이다.

- 사람을 바지저고리(→ 못난 사람)로 아느냐?
- 칼(→ 무력)로는 세계를 지배할 수 없으나, 펜(→ 지식)으로는 세계를 지배할 수 있다.
- 눈물 비친 흰 옷자락(→ 우리 민족)
  – 정완영, 「조국」 중에서 –
- 관[冠 → 사슴의 뿔]이 향기로운 너는 무척 높은 족속이었나 보다.
  – 노천명, 「사슴」 중에서 –

(7) 중의법

하나의 말을 가지고서 두 가지 이상의 의미를 나타내는 방법이다. 두 가지 의미란 단어가 지니고 있는 파생적인 의미나 유사성이 아니라, 전혀 다른 개념과 뜻을 재치 있게 함께 지니고 있는 것을 말한다.

- 명월(明月)이 만공산(滿空山)하니 쉬어간들 어떠리.
  → '명월'은 '황진이'의 기명(妓名)과 자연물인 '달'을 의미한다.
  – 황진이, 「청산리 벽계수야」 중에서 –

> - 동헌에 새 봄이 들어 이화춘풍 날 살렸네.
>   → '이화춘풍'은 '이몽룡'과 '봄바람'을 의미한다.
>
>   – 작자 미상, 「춘향가」 중에서 –
>
> - 수양산 바라보며 이제를 한하노라. / 주려 죽을진들 채미도 하난 것가. / 비록애 푸새엣 것인들 긔 뉘 따헤 낫다니.
>   → '수양산'은 중국의 '수양산'과 조선시대의 '수양대군'을 뜻하고, '채미'와 '푸새엣 것'은 '고사리'와 '수양대군의 녹'을 뜻한다.
>
>   – 성삼문, 「수양산 바라보며」 중에서 –

(8) 상징법

원관념은 겉으로 나타나지 않아 암시에만 그치고 보조관념만이 글에 나타나는 기법이다. 이는 은유법과 비슷하지만 원관념이 직접 나타나지 않는다는 점이 다르다. 그러나 원관념이 나타나 있지 않아도 그 표현만으로써 원관념을 짐작할 수 있다면 은유법이라고 할 수 있다.

① 관습적 상징

일정한 세월을 두고 사회적 관습에 의해 공인되고 널리 보편화된 상징을 말한다.

> '십자가'는 '기독교'를, '비둘기'는 '평화'를, '월계관'은 '승리'를 상징한다.

② 개인적 상징(창조적 상징)

관습적 상징을 시인의 독창적 의미로 변용시켜 문화적 효과를 얻는 상징을 말한다.

> 해야 솟아라, 말갛게 씻은 얼굴 고운 해야 솟아라. / 산 너머서 어둠을 살라 먹고, 산 너머서…
> → '해'는 이상, 광명, 화합된 세계를 의미한다.
>
>   – 박두진, 「해」 중에서 –

더 알아두기

상징과 은유

은유가 두 대상간의 유사성을 통한 유추적 결합을 추구하는 데 반해, 상징은 상관성이 먼 상징어를 연결함으로써 의미가 확대·심화되는 언어 사용 방법이다.

상징	은유
• 암시적, 다의적임 • 한편의 작품에서 반복적으로 나타남 – 작품 전체를 지배 • 상징 의미가 상징 뒤에 숨어 있음	• 비교, 유추적임 • 한 편의 작품에서 일회적으로 나타남 – 특정 부분과 관계 • 원관념과 보조관념의 관계가 명확함

2 강조법(强調法)

평범하고 일상적인 표현으로는 나타내고자 하는 뜻이나 이미지가 제대로 전달되지 않을 때, 뜻·이미지·인상을 뚜렷하게 나타내기 위하여 한층 더 강하고 절실하게 표현하는 기법이다.

> 과장법(誇張法), 반복법(反復法), 열거법(列擧法), 점층법(漸層法), 점강법(漸降法), 비교법(比較法), 대조법(對照法), 억양법(抑揚法), 예증법(例證法), 미화법(美化法), 연쇄법(連鎖法), 영탄법(泳嘆法), 현재법(現在法)

(1) 과장법

사물의 수량, 상태, 성질 또는 글의 내용을 실제보다 더 늘리거나 줄여서 표현하는 방법이다. "눈이 빠지도록 기다리고 있었다." 등의 표현이 과장에 해당하는데, 때로는 "눈물의 홍수"에서처럼 은유와 함께 나타내기도 한다. 과장법은 시적 감정의 진실성을 나타내는 데 효과적이다. 실제보다 더 크고 강하게 나타내는 것을 '향대과장(向大誇張)'이라고 하고, 더 작고 약하게 나타내는 것을 '향소과장(向小誇張)'이라고 한다.

> - 쥐꼬리만 한 월급 봉투, 간이 콩알만 해지다
>   → 향소과장
> - 모란이 지고 말면 그뿐, 내 한 해는 다 가고 말아 삼백 예순 날 하냥 섭섭해 우옵내다
>   → 향대과장
>   - 김영랑, 「모란이 피기까지는」 중에서 -

(2) 반복법

같은 단어나 구절, 문장을 반복시켜 뜻을 강조하는 방법이다. 이는 문장이 율조로써 흥을 돋우어 강조할 때에 사용되는 기교이다.

> - 잔디 / 잔디 / 금잔디 / 심심산천에 붙는 불은 / 가신 님 무덤가에 금잔디
>   - 김소월, 「금잔디」 중에서 -
> - 고향으로 돌아가자, 나의 고향으로 돌아가자.
>   - 이병기, 「고향으로 돌아가자」 중에서 -
> - 꿰매어도 꿰매어도 / 밤은 안 깊어.
>   - 방정환, 「가을밤」 중에서 -
> - 산에는 / 꽃 피네 / 꽃이 피네 / 갈 봄 여름 없이 / 꽃이 피네
>   - 김소월, 「산유화」 중에서 -

(3) 열거법

서로 비슷하거나 같은 계열의 구절이나 그 내용을 늘어놓음으로써 서술하는 내용을 강조하려는 수사법이다. 부분적으로는 각각 다른 자격과 표현 가치를 가진 어휘로써 전체 내용을 강조하는 수사법이다.

- 우리의 국토는 그대로 우리의 역사이며, 철학이며, 시이며, 정신입니다.
  - 최남선,「국토예찬」중에서 -
- 별 하나에 추억과, 별 하나에 사랑과, 별 하나에 동경과, 별 하나에 시와, 별 하나에 어머니, 어머니, (중략) 벌써 아기 어머니 된 계집애들의 이름과, 가난한 이웃 사람들의 이름과, 비둘기, 강아지, 토끼, 노새, 노루, '프랑시스 잼', '라이너 마리아 릴케'의 이런 시인의 이름을 불러 봅니다.
  - 윤동주,「별 헤는 밤」중에서 -

(4) 점층법

어떠한 글이 포함하고 있는 내용의 비중이나 정도를 한 단계씩 높여서 뜻을 점점 강하게, 높게, 깊게 층을 이루어 독자의 감정을 자연스럽게 절정으로 이끌어 올리는 표현 방법이다. 이 방법은 독자를 설득하여 감동시키는 데에 효과적이다.

- 잠을 자야 꿈을 꾸고 꿈을 꿔야 님을 보지.
- 신록은 먼저 나의 눈을 씻고, 나의 가슴을 씻고, 다음에 나의 마음의 모든 구석구석을 하나하나 씻어 낸다.
- 유교의 목적은 수신제가치국평천하(修身齊家治國平天下)에 있다.

(5) 점강법

점층법과 반대로 한 구절 한 구절의 내용이 작아지고 좁아지고 약해져서 고조된 감정으로부터 점점 가라앉게 하는 표현 방법이다.

- 천하를 다스리고자 하는 자는 먼저 그 나라를 다스리고 그 나라를 다스리고자 하는 자는 먼저 그 집을 가지런히 하여야 한다.
- 명예를 잃은 것은 모두를 잃은 것이요, 용기를 잃은 것은 많은 것을 잃은 것이요, 돈을 잃은 것은 아무 것도 안 잃는 것이다.

(6) 비교법

성질이 비슷한 두 가지의 사물이나 내용을 서로 비교하여 그 차이로서 어느 한쪽을 강조하는 방법이다. 흔히 '~만큼', '~보다', '~처럼', '~같이' 등의 비교격 조사를 사용한다.

- 너의 넋은 수녀보다도 더욱 외롭구나!
  - 김동명,「파초」중에서 -

- 봄날 뻐꾹새 노래가 이 목소리마냥 가슴 죄게 했을까?

  – W. 워즈워드, 「추수하는 아가씨」 중에서 –
- 아! 강낭콩꽃보다도 더 푸른 / 그 물결 위에 / 양귀비꽃보다도 더 붉은 / 그 마음 흘러라.

  – 변영로, 「논개」 중에서 –

더 알아두기

직유와 비교의 차이

비교법과 직유법을 혼동하는 경우가 있다. 직유법이 'A like B'의 형태라는 생각에서 '~같이', '~처럼' 등의 연결어만 있으면 직유로 생각하기 쉬운데, 예외의 경우가 있다.

① 영희는 순희처럼 예쁘다.
② 영희는 꽃처럼 예쁘다.

②는 '영희'를 '꽃'에 비유하였기 때문에 직유법이 성립된다. 그러나 ①은 '영희'를 '순희'에 비유한 것이 아니고 서로 대등한 자격으로서의 비교이다.

(7) 대조법

서로 반대되는 내용을 맞세워 강조하거나 선명한 인상을 주려는 방법이다. 장단(長短), 강약(強弱), 광협(廣狹) 등으로써 대조되는 내용의 단어나 구절을 대립시켜서 표현하는 방법이다.

- 지식을 전하는 책은 지식이 발달함에 따라서 잊히지만, 진실한 사상과 보편적인 감정을 표현하는 문학은 그 생명이 영구하다.
- 인생은 짧고 예술은 길다.
- 산천은 의구(依舊)하되 인걸은 간데 없다.
  → 세상사의 무상함과 불변의 자연과의 대조
- 푸른 산빛을 깨치고 단풍나무 숲을 향하여 난 작은 길을 걸어서 차마 떨치고 갔습니다.
  → 푸른 산빛(임이 있는 존재의 상황)과 단풍나무 숲(임이 없는 무의 상황)의 대조

(8) 억양법

칭찬하기 위하여 먼저 내려깎는다든지, 내려깎기 위하여 먼저 칭찬한다든지 하는 표현 방법을 말한다.

- 세상은 차다지만 나는 찬 줄을 모른다. 세상은 거칠다지만 나는 거친 줄을 모른다.
- 얼굴은 곱지만, 속이 얕다.
- 사람은 착하지만 변변치 못해.
- 한국의 주지시는 반낭만주의적 처지에서 '방법의 지각'을 가지려 했다는 것은 시사상(詩史上)의 획기적인 일이다. 그러나 방법의 기초가 되는 인생관과 세계관에 대한 인식이 없었다.

(9) 미화법

상대에게 불쾌감을 주지 않으려고 대상이나 내용을 의식적으로 미화시켜서 나타내는 방법이다. 현대 문학에서는 이러한 미화법이 미화로서만 그치는 것이 아니라, 작가의 의식화 작업 과정을 거쳐서 예술적 가치를 나타내고 있다.

> • 집 없는 천사 (천사 → 거지)
> • 양상군자 (梁上君子 → 도둑)
> • 우리는 그 백의의 천사들의 따뜻한 마음씨를 잊을 수가 없었다. (백의의 천사 → 간호사)
> • 십 년을 경영하여 초려 삼 간 지어 내니, / 한 간은 청풍이요, 한 간은 명월이라. / 강산은 들일 데 없으니, 둘러 두고 보리라. (초려 삼 간 → 청풍, 명월)

(10) 연쇄법

앞 구절의 말을 다시 다음 구절에 연결시켜 연쇄적으로 이어가는 방법이다. 강조를 위한 반복법과 다른 점은, 가락을 통해 글에 변화를 줌으로써 흥미를 일으키게 하는 데에 있다.

> • 맛있는 바나나, 바나나는 길어, 길면 기차, 기차는 빨라
>   - 구전 동요 -
> • 흰 눈은 내려, 내려서 쌓여, 내 슬픔 그 위에 고이 서리다.
>   - 김광균, 「설야」 중에서
> • 여기에 큰 나무가 한 그루 있는데, 그 나무를 톱으로 자르면 단면이 생기고, 그 단면에는 연륜이 나타난다. 이 연륜을 보면 나무의 자란 햇수와 그 나무의 길이까지도…….
>   - 최인욱, 「단편 소설의 특질」 중에서 -

3 변화법(變化法)

단조롭고 평범하게 흐르는 글에 다양한 변화를 주어 독자에게 읽고자 하는 의욕과 매력을 느끼도록 하는 표현 기법이다.

> 도치법(倒置法), 대구법(對句法), 설의법(設疑法), 인용법(引用法), 반어법(反語法), 역설법(逆說法), 생략법(省略法), 문답법(問答法), 명령법(命令法), 경구법(警句法), 돈호법(頓呼法)

(1) 도치법

문장상의 순서를 바꾸어서 내용을 강조하는 기교로서 '환서법'이라고도 한다. 문장의 순서는 '주어+목적어(보어)+서술어'의 형식으로 나타나는데, 이 순서가 바뀐 형태가 도치법이다. "단발머리를 나풀거리며 소녀가 막 달린다."에서 주어는 '소녀가'로서 '단발머리를' 앞에 와야 할 말인데 뒤에 왔다.

- 아아 누구던가. / 이렇게 슬프고도 애달픈 마음을 / 맨 처음 공중에 달 줄을 안 그는. (영탄법, 은유법)
  - 유치환, 「깃발」 중에서 -
- 나는 아직 기다리고 있을 테요, 찬란한 슬픔의 봄을. (역설법)
  - 김영랑, 「모란이 피기까지는」 중에서 -
- 이제 우리들은 부르노니 / 새벽을 / 이제 우리들은 외치노니 / 우뢰를 / 이제 우리들은 비노니 / 이 밤을 분쇄할 벽력을
  - 오상순, 「아시아의 여명」 중에서 -

(2) 대구법 중요

비슷한 가락을 병립시켜 대립의 흥미를 일으키는 기교이다. 이는 단순한 자수의 대립만이 아니라, 앞뒤의 내용이 비슷한 성격으로서 나타나야 한다. 고전 가사(歌辭)나 한시에서 많이 볼 수 있다. '대우법'이라고도 한다.

- 범은 죽어서 가죽을 남기고, 사람은 죽어서 이름을 남긴다.
- 이성은 투명하되 얼음과 같으며, 지혜는 날카로우나 갑 속에 든 칼이다. (은유법, 직유법, 억양법)
- 과전(瓜田)에 불납리(不納履)하고 이하(李下)에 부정관(不整冠)이라. (오이밭에서 신을 고쳐 신지 말고, 오얏나무 아래에서 갓을 고쳐 쓰지 말라.)

(3) 설의법 중요

처음에는 일반적인 서술문으로 표현해 나가다가 결론이나 단정 부분에서 의문 형식으로써 강조하는 방법이다. 반어적인 방법을 사용하여 좀 더 효과적으로 상대방을 납득시키려는 표현 형식이다. 내용상으로는 의문이 아니며, 누구나 충분히 알고 있어서 결론을 내릴 수 있는 것을 독자의 판단에 맡겨 스스로 결론을 내리도록 표현하는 기교이며 정말로 몰라서 의문을 나타내는 것은 설의법이 아니다.

- 한 치의 국토라도 빼앗길 수 있는가?
  - 이상화, 「빼앗긴 들에도 봄은 오는가」 중에서 -
- 어디 닭 우는 소리 들렸으랴.
  - 이육사, 「광야」 중에서 -
- 님 향한 일편단심이야 가실 줄이 이시랴?
  - 정몽주, 「단심가」 중에서 -
- 추운 겨울에 이렇게 따뜻하고 포근한 장관을 볼 때, 어찌 들어가 쉬고 싶은 생각이 없을 것인가?
  - 박대인, 「온돌」 중에서 -
- 애고, 이게 웬 말인가, 서방님이 오시다니? 몽중에 보던 임을 생시에 보단 말가?
  - 「춘향전」 중에서 -

(4) 인용법

자기의 이론을 증명하거나 주장을 강조하기 위하여 속담이나 격언, 다른 사람의 말을 인용하여 논지의 타당성을 뒷받침하는 기교로서 '인용법'이라고도 한다. 문장에 따옴표가 드러나 있는 명인(明引)과 따옴표가 드러나 있지 않은 암인(暗引)으로 나누기도 한다.

- "인간은 생각하는 갈대이다."라고 한 파스칼의 말은 인간 사유(人間思惟)의 본원성을 보인 말이다.
- 옛날부터 "시는 자연의 모방"이라 일컬었고 또 "연극은 인생을 거울에 비추어 보이는 일"이라고 말했다.
- 공자는 "나도 말이 없고자 한다(余歌無言)."라고 하였다. 대자연은 그대로 말없는 스승인 것이다.

(5) 반어법 중요

겉으로 표현할 내용과 속에 숨어 있는 내용을 서로 반대로 나타내어 독자에게 관심을 갖게 하는 기교이다. 겉으로는 칭찬하는 척하지만 사실은 꾸짖고, 겉으로는 꾸짖는 척하면서 칭찬하는 방법으로서 '아이러니(irony)'라고도 한다.

- '자네'라고? 말씀 좀 낮추시지.
- 규칙도 모르는 사람이 심판을 하였으니 시합이 오죽이나 공정했겠소.
- 밑수로 벼락부자가 된 위대한 교육자에게 자녀를 맡기면 훌륭한 인물이 될 것이다. (자녀를 버린다)
- 후기(後期)ㄴ지 바랐더니 이리 잘 되었소. [뒷날이라도 잘 되기를 바랐더니 이렇게 잘 되었다(실제로는 잘 되지 않았다).]
- 죽어도 아니 눈물 흘리오리다. (도치법)

(6) 역설법(Paradox, 모순 형용) 중요

표면적으로는 이치에 안 맞는 듯하나, 실은 그 속에 절실한 뜻이 담기도록 하는 수사 기교이다.

- 차가울수록 / 사모치는 정화(情火)

  – 정훈, 「동백」 중에서 –

- 나는 향기로운 님의 말소리에 귀먹고, 꽃다운 님의 얼굴에 눈멀었습니다. (중략) 아아, 님은 갔지마는 나는 님을 보내지 아니하였습니다.

  – 한용운, 「님의 침묵」 중에서 –

- 찬란한 슬픔의 봄을.

  – 김영랑, 「모란이 피기까지는」 중에서 –

- 이것은 소리 없는 아우성.

  – 유치환, 「깃발」 중에서 –

- 두 볼에 흐르는 빛이 / 정작으로 고와서 서러워라.

  – 조지훈, 「승무」 중에서 –

- 용서한다는 것은 최대의 악덕이다.

― 이상, 「19세기식」 중에서 ―

(7) 생략법

글의 간결성, 압축성, 긴밀성을 위하여 어구를 생략함으로써 여운을 남기는 기교이다. 그 생략된 부분은 독자의 판단이나 추측에 맡긴다.

- 캄캄하던 눈앞이 차차 밝아지며 거물거물 움직이는 것이 보이고, 귀가 뚫리며 요란한 음향이 전신을 쓸어 없앨 듯이 우렁차게 들렸다. 우렛소리가……. 바다 소리가…… 바퀴 소리가……

― 이효석, 「돈」 중에서 ―

- 글쎄 죽기 전에 이런 말을 했다지 않아? 자기가 죽거든 자기 입던 옷을 꼭 그대로 입혀서 묻어 달라고……

― 황순원, 「소나기」 중에서 ―

(8) 문답법

글 속의 어느 일부의 문장을 문답 형식을 빌려서 전개시켜 나가는 방법이다. 그러나 단순한 대화를 문답법이라고 하지 않는다. 알고 있는 사실이라도, 그것을 변화 있게 강조하기 위하여 자문자답(自問自答) 형식으로써 표현하는 방법이다.

- 아희야, 무릉(武陵)이 어디오, 나는 옌가 ᄒ노라.
- 그렇다면 그들의 관계는 무엇일까? 그것은 병립의 관계다.
- 연즉(然則), 차(此) 제국주의(帝國主義)에 저항(抵抗)하는 방법(方法)은 하(何)인가? 왈(曰) 민족주의(民族主義)를 분휘(奮揮)함이 시(是)이니라.
- 저 궁예가 미륵불의 현신이라고 자칭하였음은 무엇을 뜻하는 것일까? 미래불인 미륵을 숭상함은, 현세적, 실제적인 것을 단순하게 그것만으로써 생각하려는 사상적 태도는 아니었던 것이 분명하다.

(9) 돈호법

어떤 사물을 의인화하거나 대상의 이름을 불러서 주의를 환기시키는 방법이다. 편지글에서 이름을 부르거나, 연설문에서 '여러분!'하고 부르는 것도 이에 해당된다.

- 동포 여러분! 나 김구의 소원은 이것 하나밖에는 없다.

― 김구, 「백범일지」의 '나의 소원' 중에서

- 해야 솟아라, 해야 솟아라, 말갛게 씻은 얼굴 고운 해야 솟아라. 산 너머 산 너머서 어둠을 살라 먹고, 산 너머서 밤새도록 어둠을 살라 먹고, 이글이글 앳된 얼굴 고운 해야 솟아라.

― 박두진, 「해」 중에서 ―

제 2 장 해학과 풍자

1 해학 중요

(1) 개념

사회적 사건이나 현실을 우스꽝스럽게 표현하는 방법이다. 해학은 주어진 사실을 객관적으로 드러내지 않고 과장하거나 왜곡하거나 비꼬아서 우스꽝스럽게 표현해 웃음을 유발한다.

(2) 특징

비슷한 개념의 풍자가 특정 인물을 공격하려는 비판적인 의도가 담겨 있다면, **해학은 억압받는 대상을 주인공으로 내세우고 그를 향한 시선을 동정적으로 만들어 웃음을 유발한다.** 이는 선조들의 일상생활이 녹아있는 마당극이나 판소리, 소설 등에서 자주 드러나며, 웃음을 유발하는 해학적 표현을 통해 기쁜 상황은 더욱 유쾌하게 만들고, 슬픈 상황은 웃음으로 대체할 수 있도록 했다. 해학은 또 교훈적인 메시지를 은근히 숨기는 데도 쓰였으며 직접적인 표현보다 더 효과적으로 주제를 드러낸다.[1]

> 지름길 묻길래 대답했지요.
> 물 한 모금 달라기 샘물 떠 주고
> 그리고 인사하기 웃고 받았죠.
> 평양성에 해 안 뜬대두
> 난 모르오.
> 웃은 죄밖에.
>
> ― 김동환, 「웃은 죄」 ―

길을 묻는 나그네와 인사를 주고받은 여성 화자가 자신은 아무 잘못이 없음을 '웃은 죄밖에'라는 표현을 통해 감정을 표현하는 것조차 죄가 될 수 있는, 억압된 여성인권의 현실을 해학적으로 나타내고 있다.

---

[1] 다음 백과사전, '해학'

2 풍자

(1) 개념

풍자란 문학에서 **웃음을 통해 대상을 비꼬고 비판하는 표현 방식**이다. 문학은 인간이 삶에서 느끼는 소회뿐만 아니라 살면서 보고 듣고 겪게 되는 공동체적 화두에 대해서도 관심을 갖거나 비판한다. 사회적 차원에 대한 풍자는 대상을 직접 비판하지 않고 쉽게 알아차릴 수 없도록 돌려서 비판하는 특징을 갖는다. 풍자의 개념, 표현방식, 특징을 이해하여 풍자적 기법이 사용된 문학 작품이나 매체를 적극적으로 수용할 수 있다.

(2) 특징

풍자는 비판적 대상이 있다. 그 대상은 부정적 대상이다. 어떤 개인의 욕심, 어리석음, 위선적 면모 등을 깎아내리기도 하고 사회적 결함, 사회구조의 모순, 악덕, 사회악 등을 공격하기도 한다. 예를 들어 「춘향전」에서 사또와 아전들은 이몽룡이 나타나자 겁을 먹고 부리나케 도망간다. 평소 백성들을 수탈하며 겉치레와 위신을 세웠던 이들이 암행어사가 나타나자 체면을 다 떨어뜨리도록 묘사하여 그들의 횡포와 위선적 면모를 비판하는 것이다. 풍자는 웃음을 유발한다. 풍자의 웃음은 냉소적이고 의도를 숨긴 웃음이다. 풍자는 사회적 결함을 비판하며 개혁의지를 드러내는데 웃음을 드러낸다. 쉽게 말해 비꼬는 것이다. 이러한 특징은 대상에 대한 호감이나 연민을 바탕으로 하는 해학적 웃음과 대비하면 더욱 분명해진다. 풍자와 해학의 웃음은 현실을 드러낸다는 공통의 목적을 가지지만 그 대상과 대상에 대한 태도는 차이가 난다.

(3) 방식

풍자는 특정한 방법을 단독으로 또는 섞어서 나타난다. 대상을 우스꽝스럽게 묘사하거나 과장하여 웃기게 만들거나 우화 등의 방식으로 돌려 말하거나 반전 결말을 맺는 것이 그것이다.

① 현실을 냉소(冷笑)하기

> 갈대숲을 이륙하는 흰 새떼들이 / 자기들끼리 끼룩거리면서 / 자기들끼리 낄낄대면서 / 일렬 이열 삼렬 횡대로 자기들의 세상을 / 이 세상에서 떼어 메고 / 이 세상 밖 어디론가 날아간다
> — 황지우, 「새들도 세상을 뜨는구나」 —

자유롭게 날아가는 '새들'과 자유롭지 못한 '우리들'을 대비시켜 군사 정권 시절의 암울한 현실을 냉소적으로 풍자하고 있다.

② **대상의 희화화**

> 두터비 푸리를 물고 두험 우희 치두라 안자
> 건넌 山(산) 부라보니 백송골(白松鶻)이 써 잇거놀 가슴이 금즉ᄒ여 풀덕 쒸여 내둣다가 두험 아래 잣바지거고
> 모쳐라 놀랜 낼식만졍 에헐질 번 ᄒ괘라.
> — 사설시조, 「두터비 푸리를 물고」 —

힘없는 백성(푸리)에게는 강하면서도 강한 자(백송골)에게는 맥을 못 추는 양반 계급(두터비)의 비굴한 모습을 희화화하고 있다.

③ **돌려 말하기**

직설적으로 말하지 않고 살짝 돌려 말하여 전하고자 하는 바를 다 전하는 방식이다.

> 옛날 노론(老論)이 득세하여 판을 치는데, 남산골 소론(少論)의 샌님이 벼슬은 고사하고 끼니도 때우지 못했다. 그를 아끼는 선비가 보다 못해 충고하기를 노론(老論)에 들면 벼슬길에 나아가 지식과 덕행을 펼 수 있고, 우선 의식주로 선비의 체면을 세울 수 있지 않느냐고 하였다. 남산골샌님이 대답하기를, "<u>좋은 말씀이오. 노론이 되겠소마는, 나야 이왕 늦었으니 자식에게나 시켜 노론 애비가 될까 하오.</u>"하였다 한다. 그냥 웃어 넘길 수 없는 이야기이다.
> — 최태호, 「해학송」 중에서 —

밑줄 친 '나야 이왕 늦었으니 자식에게나 노론을 시켜 노론 애비가 될까' 한다는 부분은 '자신은 절대 노론이 되지 않겠다'는 속뜻을 우회적으로 돌려서 말한 것이다.

제3장 그 외의 표현 기교

1 자동기술법 중요

(1) 개념

인간 내면의 깊은 생각, 관념을 아무런 제재 없이 의식의 흐름에 따라 표출시키는 것이 인간의 진실에 가장 가까운 길이라 믿고, 꿈을 꾸는 자가 그 순간 그대로 스스로의 내면세계를 표출하듯이 무의식의 세계를 기술하는 기법이다.

(2) 배경

1920년대 초현실주의 시인인 앙드레 브르통, 폴 엘뤼아르, 로베르 데스노스, 루이 아라공, 필리프 수포 등은 최면상태에서 시를 쓰려고 애썼으며 검열이나 공식적인 발표를 시도하지 않은 채 자신들의 연쇄적인 정신적 연상을 기록했다. 이 시인들은 프로이트의 정신분석 이론의 영향을 받았으며, 이렇게 표출된 상징이나 이미지가 비록 의식에 반해서는 낯설거나 일치하지 않는 것처럼 보일지라도 사실상 인간의 무의식적인 심리 상태의 기록이므로 본래 예술적 의미를 가진다고 믿었다.

(3) 이상의 초현실주의 시 중요

> 때묻은빨래조각이한뭉텅이공중으로날라떨어진다.그것은흰비둘기의떼다.이손바닥만한조각하늘저편에전쟁이끝나고평화가왔다는선전이다.한무더기비둘기의떼가깃에묻은때를씻는다.이손바닥만한하늘이편에방망이로흰비둘기의떼를때려죽이는불결한전쟁이시작된다.공기에숯검정이가지저분하게묻으면흰비둘기의떼는또한번이손바닥만한하늘저편으로날아간다.
> — 이상, 「오감도 시제십이호(烏瞰圖 詩第十二號)」 중에서 —

이 시는 빨래터에서 풍경을 보고 노래한 시이다. 시의 첫 행에서 '때묻은빨래조각이한뭉텅이공중으로날라떨어진다'라는 구절 중 '공중으로'라는 말이 진술 형태라면 '공중에서'로 하면 더 온당한 것이다. 여기서 보면 이상은 이성적이고 논리적인 문장과 달리 모든 것이 유추적으로 결합되는 비논리의 흐름을 따르는 것을 알 수 있다.

2 감정이입과 객관적 상관물 종요

(1) 감정이입 종요

화자(話者)의 감정을 다른 생명체나 무생물체에 이입하는 것을 말한다. 즉, 화자의 감정을 다른 생명체나 무생물체를 통해 표현하는 것이다. 이런 점에서 화자의 감정 개입 없이 표현 대상의 특징을 마치 사람의 모습처럼 표현하는 수사법으로서의 의인법과는 분명히 구별된다.

> 귀또리 저 귀또리 어여쁘다 저 귀또리
> 어인 귀또리 지는 달 새는 밤의 긴소리 자른 소리 절절이 슬픈 소리 저 혼자 울어예어 사창에 여윈 잠을 살뜰히도 깨우는구나.
> 두어라 제 비록 미물이나 무인동방에 **내 뜻 알리는 저 뿐인가** 하노라.

위 시조의 '귀또리'는 화자의 외롭고도 슬픈 심정을 그대로 투영시키는 감정이입의 대상물이라 볼 수 있다.

(2) 객관적 상관물 종요

시적 화자의 감정을 표현하기 위해 사용된 사물이라는 점에서는 감정이입과 동일하지만, 화자가 느끼는 감정과 같지 않더라도 어떠한 감정을 불러일으킨다면 객관적 상관물에 해당한다. 즉 화자와 비슷한 감정을 느끼든 다른 감정을 느끼든, 화자가 자신의 감정을 표현하기 위해 자신의 감정을 간접적으로 담아내는 방식이 객관적 상관물이라고 할 수 있다.

> 펄펄 나는 저 **꾀꼬리** / 암수 서로 정답구나 / 외로워라 이내 몸은 / 누구와 함께 돌아갈꼬
> - 유리왕, 「황조가」 -

꾀꼬리는 화자가(유리왕) 헤어진 임을(치희) 생각게 하는 소재로 사용되었지만, 화자가 행복한 꾀꼬리의 감정과는 정반대의 심정을 느끼고 오히려 슬픔이 더 고조되고 있다.

3 언어유희와 주객전도 종요

(1) 언어유희 종요

① 개념
언어유희는 동음이의어나 발음이 유사한 어휘들을 이용한 재치 있는 말장난이다. 언어유희는 다음 몇 가지 방식으로 이루어진다.

② **종류**
　㉠ 동음이의어를 활용한 언어유희

> 양반이라고 하니까 노론(老論), 소론(少論), 호조(戶曹), 병조(兵曹), 옥당(玉堂)을 다 지내고 삼정승(三政丞), 육판서(六判書)를 다 지낸 퇴로 재상(宰相)으로 계신 양반인 줄 아지 마시오. 개잘량 양자에 개다리소반 반자 쓰는 양반이 나오신단 말이오.
> － 봉산탈춤 －

　양반을 조롱하기 위해 동음이의어를 이용한 언어유희를 활용하고 있다.

　㉡ 발음이 유사한 어휘를 이용한 언어유희

> 마구간에 들어가 <u>노새원님</u>을 끌어다가 등에 솔질을 쌀쌀 하여 말뚝이님 내가 타고…
> － 봉산탈춤 －

　'노생원님'과 발음이 비슷한 '노새'를 끌어와서 양반을 조롱하고 있다.

　㉢ 어순을 비정상적으로 배열하는 언어유희

> "어 추워라, 문 들어온다, 바람 닫아라. 물 마르다, 목 들여라."
> － 춘향전 －

　정상적인 어순을 뒤바꾸어 표현함으로써 웃음을 자아내고 있다.

(2) 주객전도 [중요]

시 속에서 말하는 주체와 그 대상이 되는 객체 간의 주술 관계가 서로 뒤바뀌어 표현된 경우이다.

> 공명(功名)도 날 씌우고, 부귀(富貴)도 날 씌우니 / 청풍명월(淸風明月) 외(外)에 엇던 벗이 잇스올고
> － 정극인, 「상춘곡」 중에서 －

자신이 부귀와 공명을 가까이 하지 않겠다는 뜻을 '공명도 부귀도 나를 꺼리니'와 같이 표현함으로써 주체인 자신과 객체인 부귀공명을 바꾸어 나타내고 있다.

4 불가능한 상황의 설정

불가능한 상황을 설정하여 시적 화자의 절실한 심정이나 의도를 강조하는 표현 기법을 뜻한다.

> 옥(玉)으로 연(蓮)ㅅ고즐 사교이다.
> 옥(玉)으로 연(蓮)ㅅ고즐 사교이다.
> 바회 우희 접듀(接主)ᄒ요이다.
> 그 고지 삼동(三同)이 퓌거시아
> 그 고지 삼동(三同)이 퓌거시아
> 유덕(有德)ᄒ신 님믈 여희ᄋ와지이다.
>
> – 고려가요 「정석가」 중에서 –

'옥으로 새긴 연꽃을 바위 위에 접붙여 꽃이 세 묶음이 피어야만'이라는, 일상에서 도저히 있을 수 없는 일이 일어나야 임과 이별하겠다는 모순된 상황을 설정하여 임에 대한 영원한 사랑을 드러낸다.

5 패러디(parody)[2]

(1) 개념

기성 작품의 내용이나 문체를 교묘히 모방하여 과장이나 풍자로서 재창조하는 것이다. 때로는 원작에 편승하여 자신의 의도를 효과적으로 표현하기 위해 이를 이용하기도 한다.

(2) 특징

① 엄밀한 의미에서 패러디는 문학적 수법에 대한 깊은 감식을 요하지 않는 벌레스크나 진지한 주제를 우습게만 처리해버리는 희문(travesty)과는 다르며, 문학 작품의 '수법'이나 '사상'에 있어서의 허점을 사정없이 폭로하나 그러기 위해서는 먼저 그 조롱의 대상이 되는 작품을 철저하게 이해해야 한다.

② 모방적 패러디는 원작과는 다른 패러디텍스트를 형성하지만 기본적으로 원작의 규범 또는 그것이 지향하는 가치에 일치성, 친밀성을 보인다. 다른 말로 친화적 패러디라고도 부른다.
　예 장정일의 「라디오와 같이 사랑을 끄고 켤 수 있다면」 등

③ 비판적 패러디는 원작의 규범이나 가치를 조롱, 비판하여 원작과는 다른 패러디텍스트를 형성하는 것을 의미한다. 원작의 규범, 지향 가치 등을 전도하여 새로운 의미와 가치를 창출·지향한다.
　예 오규원의 「꽃의 패러디」 등

---

[2] 다음 백과사전, '패러디'

④ 패스티시, 즉 혼성 모방적 패러디는 모더니즘 시대 이후 사용되는 창작 방식 중 하나이며, 타 분야의 이미지 혹은 모티프, 에피소드 등 그 자체를 훼손시키지 않은 채 그대로 사용하고 혼합하는 것을 의미한다. 이러한 과정에서 기존 텍스트가 가지는 의미는 상실되며, 작가의 주관적 각색을 통하여 새로운 의미로 재편성된다.

예) 유하의 「바람 부는 날이면 압구정동에 가야 한다」, 문병란의 「가난」 등

(3) 전개

고대 그리스의 한 무명시인은 최초의 패러디 작품 중 하나라고 할 수 있는 「개구리와 쥐의 전쟁 *Batrachomyomachia*」에서 호메로스의 서사시체를 흉내낸 바 있다. 세르반테스의 「돈 키호테 *Don Quixote*」는 기사도 로맨스 형식의 패러디이고, 셰익스피어는 「햄릿 *Hamlet*」의 연극 장면을 통해 크리스토퍼 말로의 고도로 극적인 기법을 흉내냈다. 미국에서는 19세기의 포, 휘트먼, 휘티어, 브렛 하트의 시들이 동시대 작가들에 의해 모방되었으며, 패러디 기법은 20세기가 되면서 『펀치 *Punch*』・『뉴요커 *The New Yorker*』와 같은 잡지를 통해 발전하기 시작했고, 패러디의 취급영역도 확대되었다.

> 내가 단추를 눌러 주기 전에는
> 그는 다만
> 하나의 라디오에 지나지 않았다.
>
> 내가 그의 단추를 눌러 주었을 때
> 그는 나에게로 와서
> 전파가 되었다.
>
> 내가 그의 단추를 눌러 준 것처럼
> 누가 와서 나의
> 굳어 버린 핏줄기와 황량한 가슴 속 버튼을 눌러 다오.
> 그에게로 가서 나도
> 그의 전파가 되고 싶다.
>
> 우리들은 모두
> 사랑이 되고 싶다.
> 끄고 싶을 때 끄고 켜고 싶을 때 켤 수 있는
> 라디오가 되고 싶다.
>
> ― 장정일, 「라디오와 같이 사랑을 끄고 켤 수만 있다면」 ―

패러디 기법을 사용하여 김춘수의 시 「꽃」을 소비적 사랑의 현실 세태를 비판하는 새로운 작품으로 재창조한 시이다.

6 낯설기 하기 기법

낯설게 하기(defamiliarization)는 러시아의 문학자이자 형식주의자인 빅토르 시클로프스키가 개념화한 예술 기법의 하나이다. 사람들이 매일 마주치는 일상적이고 친숙한 것보다 새롭고 낯선 대상으로부터 미학적 가치를 느낀다는 사실에 착안하여 실천적인 가치를 창조하는 이론으로 정착시킨 기법이다.

독일의 시인이자 극작가인 브레히트는 시를 매개로 한 사유의 방식을 구체적으로 고민했다. 흔히 '소격', '소외' 혹은 '생소화' 등으로 번역된다. 잘 알려진 사건이나 인물들을 작품 속에 작가가 낯설게 제시할 때, 독자는 "일단 그 사건이나 인물로부터 당연한 것, 익숙하게 알려진 것, 뻔한 것들을 없애고 그것에 관하여 놀랍고 호기심 어린 태도를 견지"하게 된다. 이러한 태도는 독자들이 익숙한 현실의 이면을 사유하게 하고, 사실적인 인식을 획득하는 데 도움이 될 수 있다.

> 동짓달 기나긴 밤 한 허리를 버혀 내어
> 춘풍 이불 아래 서리서리 넣었다가
> 임 오신 날 밤이어든 굽이굽이 펴리라.
>
> — 황진이, 「동짓달 기나긴 밤」 —

해당 시조에서 '기나긴 밤의 한 허리를 베어낸다'는 표현은 낯설게 하기의 표본이다. '밤'이라는 사물은 만질 수는 없지만 눈으로 보고 느낄 수는 있다. '밤'이라는 명사는 어두워질 때부터 동이 틀 무렵까지이다. 어두운 밤 전체를 하나의 옷이나 피륙으로 보고 '버혀 내'고, '넣고 펼 수 있는' 것으로 나타내었다. 중장 역시 '봄날 짧은 밤'이라 하지 않고 '춘풍 이불'이라는 시어를 도입하고 있다. 봄밤도 짧은데 춘풍은 더욱 말할 것도 없다. 즉 '춘풍'을 끌어들여 아주 짧은 봄밤이라는 의미를 더해 주고 있다.

제3편 실전예상문제

01 다음 시에서 '국토'를 비유적으로 표현한 시어가 아닌 것은?

> 봄은
> 남해에서도 북녘에서도
> 오지 않는다.
>
> 너그럽고
> 빛나는
> 봄의 그 눈짓은,
> 제주에서 두만까지
> 우리가 디딘
> 아름다운 논밭에서 움튼다.
>
> 겨울은,
> 바다와 대륙 밖에서
> 그 매운 눈보라를 몰고 왔지만
> 이제 올
> 너그러운 봄은, 삼천리 마을마다
> 우리들 가슴 속에서
> 움트리라.
>
> 움터서,
> 강산을 덮은 그 미움의 쇠붙이들
> 눈 녹이듯 흐물흐물
> 녹여 버리겠지.
>
> — 신동엽, 「봄은」 —

① 제주에서 두만
② 아름다운 논밭
③ 바다와 대륙
④ 삼천리 마을

01 '제주'는 한반도의 최남단 끝이고, '두만'은 한반도의 북쪽이므로 한반도 전체를 빗댄 표현이다. '아름다운 논밭, 삼천리 마을, 강산' 역시 아름다운 우리 국토를 빗댄 대유적 표현이다. '바다와 대륙'은 외세를 상징한다.

정답 01 ③

02 (1) 김수영의 「눈」에서는 문장 구조를 점점 확대시키는 방법으로 대상에 대한 화자의 태도를 강조하는 점층법을, (2) 정지용의 「바다 1」은 '오.오.오.오.오.'하는 감탄사를 반복하여 대상에서 느끼는 화자의 정서를 강조하고 있다.

03 낯설게 하기는 친숙하거나 인습화된 사물이나 관념을 특수화하고 낯설게 함으로써 새로운 느낌을 갖도록 표현하는 방법이다.
① 역설(paradox)은 겉으로 모순되지만 내적 진실을 내포하고 있는 표현이다.
② 패러디(parody)는 기성 작품의 내용이나 문체를 교묘히 모방하여 과장이나 풍자로서 재창조하는 것이다.
③ 몽타주(montage) 기법은 주로 시간이나 공간을 고정해 놓고, 동일 시간과 공간에서 다양한 사건과 행동을 모아 제시하는 기법이다.

정답 02 ① 03 ④

02 다음 시에서 각각 사용된 표현법으로 옳은 것은?

(1)
눈은 살아 있다.
떨어진 눈은 살아 있다.
마당 위에 떨어진 눈은 살아 있다.
　　　　　　　　　　　- 김수영, 「눈」 중에서 -

(2)
오.오.오.오.오. 소리치며 달려가니
오.오.오.오.오. 연달아서 몰아온다.
　　　　　　　　　　　- 정지용, 「바다 1」 중에서 -

① 점층법, 반복법
② 과장법, 의인법
③ 점층법, 은유법
④ 과장법, 은유법

03 다음 제시문에서 밑줄 친 '이것'이 설명하는 것은?

이것은 일종의 "시치미떼기 수법"으로 러시아 형식주의자들에 의해 처음으로 사용된 용어이다. 일상화되어 있는 우리의 지각이나 인식의 틀을 깨고 사물의 모습을 낯설게 하여 사물에게 본래의 모습을 찾아 주는 데 그 목적이 있다. 이것은 형식을 난해하게 하고 지각에 소요되는 시간을 연장시킴으로써 표현 대상이 예술적임을 의식적으로 경험하게 하는 양식인 셈이다. 이것은 궁극적으로 독자의 기대지평을 무너뜨려 새로운 양식을 태동시키게 된다. 의미심장한 내용을 작가가 모르는 체하며 이야기하는 수법이다.

① 역설(paradox)
② 패러디(parody)
③ 몽타주(montage) 기법
④ 낯설게 하기(defamiliarization)

04 다음 시에서 밑줄 친 ㉠에 사용된 표현 기법에 대한 설명으로 옳은 것은?

> 삶은 계란의 껍질이
> 벗겨지듯
> 묵은 사랑이
> 벗겨질 때
> 붉은 파밭의 푸른 새싹을 보아라.
> ㉠ 얻는다는 것은 곧 잃는 것이다.
> 　　　　　　 - 김수영, 「파밭 가에서」 중에서-

① 생명이 없는 사물을 마치 살아 있는 것처럼 나타내는 표현이다.
② 사물의 일부나 그 속성을 들어서 그 전체나 자체를 나타내는 표현이다.
③ 표현하려는 본뜻과는 반대되는 말을 함으로써 문장의 의미를 강화하는 표현이다.
④ 표현 구조상으로나 상식적으로는 모순되는 말이지만, 실질적 내용은 진리를 나타내고 있는 표현이다.

05 다음 중 수사법이 다른 하나는?

① 이것은 소리 없는 아우성
② 황홀한 비애
③ 찬란한 슬픔의 봄
④ 해설피 금빛 게으른 울음을 우는 곳

06 다음 중 비유법이 사용되지 않은 것은?

① 나를 날카롭게 가다듬겠습니다.
② 나를 담금질해 나가겠습니다.
③ ○○산 : 장엄하게 홀로 서서 우리 고장의 수호신이 되었습니다.
④ 규칙도 모르는 사람이 심판을 하였으니 시합이 오죽이나 공정했겠소.

---

04 역설이란 논리적으로 모순을 일으키지만 그 안에 진리가 함축되어 있는 표현이다. 문학 작품 등에서 주제를 강조하기 위해 사용하는 표현 기법으로, '이것은 소리 없는 아우성'(유치환, 「깃발」), '님은 갔지마는 나는 님을 보내지 아니하였습니다.'(한용운, 「님의 침묵」) 등이 이에 해당한다.

05 소의 울음을 해설피 금빛으로 표현하였으므로 공감각적 심상(청각의 시각화)이다.
①·②·③은 모두 겉으로 모순된 형식을 갖고 있는 역설법이다.

06 의도와는 반대로 표현하는 방식으로 전달했으므로 '반어법'이 사용되었다.
①·②는 나를 날카로운 쇠붙이에 비유했고, ③은 ○○산을 고장을 지키는 수호신으로 비유했다.

정답 04 ④ 05 ④ 06 ④

07 제시된 시는 오세영의 「유성」으로, 밤하늘의 아름다운 모습과 비유, 감각적 심상을 사용하여 생동감 있고 밝은 분위기를 느낄 수 있다.
① '별들이 부산하게 바자닌다'에서 의인법이 사용되었다.
② 밤하늘을 '운동장', 별똥별을 '빗나간 야구공'으로 표현하는 은유법이 사용되었다.

07 다음 시에 대한 설명으로 틀린 것은?

> 밤하늘은
> 별들의 운동장
> 오늘따라 별들 부산하게 바자닌다.
> 운동회를 벌였나
> 아득히 들리는 함성.
> 먼 곳에서 아슴푸레 빈 우레 소리 들리더니
> 빗나간 야구공 하나
> 쨍그랑
> 유리창을 깨고
> 또르르 지구로 떨어져 구른다.

① 의인법을 사용하였다.
② 은유법을 사용하였다.
③ 무겁고 어두운 분위기가 느껴진다.
④ 밤하늘의 아름다운 모습을 나타내고 있다.

08 이 시의 '님은 갔지마는 나는 님을 보내지 아니 하였습니다'라는 시구는 상식적으로 말이 안 되는 역설적인 표현이다. '임'이 갔으면 '나'는 어찌할 수 없이 '임'을 보낸 것이지만, 아마도 화자는 떠나간 '임'을 자신의 마음속에서 보내지 아니하였기에 이렇게 표현한 것이다.

08 다음 시에 사용된 주된 표현법은 무엇인가?

> 그러나 이별을 쓸데없는 눈물의 원천을 만들고 마는 것은 스스로 사랑을 깨치는 것인 줄 아는 까닭에, 걷잡을 수 없는 슬픔의 힘을 옮겨서 새 희망의 정수박이에 들어부었습니다.
> 우리는 만날 때에 떠날 것을 염려하는 것과 같이, 떠날 때에 다시 만날 것을 믿습니다.
> 아아, 님은 갔지마는 나는 님을 보내지 아니하였습니다. 제 곡조를 못 이기는 사랑의 노래는 님의 침묵을 휩싸고 돕니다.
> – 한용운, 「님의 침묵」 중에서 –

① 의인법
② 은유법
③ 반어법
④ 역설법

정답 07 ③ 08 ④

09 다음 시에 사용된 표현 기법으로 옳은 것은?

> 내 마음은 촛불이요,
> 그대 저 문을 닫아 주오.
> 나는 그대의 비단 옷자락에 떨며, 고요히
> 최후의 한 방울도 남김없이 타오리다.
> — 김동명,「내 마음은」중에서 —

① 은유법, 감정이입
② 은유법, 의식의 흐름
③ 반어법, 주객전도
④ 역설법, 패러디

09 이 시에서 '내 마음은 촛불이요'는 시인이 자신의 감정을 '촛불'에 옮겨 넣어서 사랑의 정열을 즐겁게 타오르는 모습으로 형상화했다. 의식의 흐름, 반어법, 주객전도, 역설법, 패러디는 사용되지 않았다.

10 '풍자'에 대한 이해로 가장 적절한 것은?

① '풍자'의 '풍'은 본래 유희 정신을 추구하는 노래들을 일컬었다.
② 풍자는 부정적인 요소가 많은 시대일수록 더 활성화되는 경향이 있다.
③ 풍자의 주된 의도는 부정적인 성격을 지닌 독자를 교정하려는 데 있다.
④ 풍자가 실패한다면 그것은 현실의 부정적 요소를 과장되게 표현하기 때문이다.

10 풍자는 현실 생활의 부정적 요소를 폭로하고자 하는 욕망으로부터 발생하기 때문에 현실에 부정적인 요소가 많을수록 더 활성화된다고 할 수 있다.
① '풍(諷)'은 '빗대(어 간하)다'의 의미이고 '자(刺)'는 '찌르다', '가시', '침', '꾸짖다', '헐뜯다' 등의 의미이다.
③ 풍자의 주된 의도는 부정적인 대상을 공격하려는 데 있다.
④ 풍자가 실패한다면 방식이 진부하여 날카로움을 주지 못했기 때문일 것이다.

정답 09 ① 10 ②

11 다음 시에 사용된 주된 표현 기법은 무엇인가?

> …… 활자(活字)는 반짝거리면서 하늘 아래에서
> 간간이
> 자유를 말하는데,
> 나의 영(靈)은 죽어 있는 것이 아니냐.
> (중략)
> 그대의 정의도 우리들의 섬세(纖細)도
> 행동(行動)이 죽음에서 나오는
> 이 욕된 교외(郊外)에서는
> 어제도 오늘도 내일도 마음에 들지 않어라.
>
> 그대는 반짝거리면서 하늘 아래에서
> 간간이
> 자유를 말하는데
> 우스워라 나의 영(靈)은 죽어 있는 것이 아니냐.
> 　　　　　　　　　－ 김수영, 「사령(死靈)」 중에서 －

① 의인법
② 은유법
③ 반어법
④ 역설법

11 이 시의 화자는 반짝거리는 활자를 보고 있다. 아마 책을 읽고 있는 듯하다. 그 책에는 자유에 대해서 쓰여 있는데, 그에 대해 화자는 '자신의 영혼이 죽어 있다'고 고백한다. 아마 화자는 지금 자유를 추구하지 못하고 있는 것이리라. 그래서 마지막 '우스워라'는 반어가 된다. 자신의 영혼이 죽어 있는 이 상황은 결코 화자에게 우스운 것이 아니다. 아마 큰 죄책감, 부끄러움이 드는 상황일 것이기 때문이다.

12 다음 제시문에 사용된 수사법이 사용된 것은 무엇인가?

> 나는 안중근이 될 것이다. 결코 이완용이 되지는 않을 것이다.

① 안개가 <u>날갯짓</u>하며 산을 오르고 있다.
② <u>수양산</u> 바라보며 이제를 한하노라
　주려 죽을진들 채미(採薇)도 하는 것가
　비록애 푸새엣 것인들 긔 뉘 땅에 낫다니
③ 머슴 방 등잔불 아래
　나는 대길이 아저씨한테 <u>가갸거겨</u> 배웠지요.
④ 나는 <u>황금의</u> 칼에 베어진 꽃과 같이
　향기롭고 애처로운 그대의 당년을 회상한다.

12 사물의 부분이나 특징을 통해 전체를 대표하는 것을 대유법이라고 한다. 사람 이름인 '안중근(= 애국지사), 이완용(= 매국노)'도 대유법에 해당한다.
① 무생물에 생명성을 부여한 활유법
② 실제 수양산과 수양대군이라는 이중적인 의미를 내포한 중의법
④ 왜구의 침략을 비유한 은유법

정답　11 ③　12 ③

13 다음 시에 사용된 표현 방법에 대한 설명으로 적절한 것은?

> 나무들이 / 샤워하고 있다.
> 저것 봐 / 저것 봐
> 진달래는 분홍 거품이 / 조팝나무는 하얀 거품이
> 연산홍은 빨강 거품이 / 보글보글 일고 있잖아.
>   - 정현정, 「나무들의 목욕」 -

① 부분으로 전체를 대표하여 표현하였다.
② 사람이 아닌 것을 사람에 빗대어 표현하였다.
③ 시인이 전달하고자 하는 내용과 반대로 표현하였다.
④ 문장 안에서 언어의 배열 순서를 바꾸어 표현하였다.

13 나무들이 샤워를 하고 있다는 표현에서 의인법이 사용된 것을 알 수 있다.
① 부분으로 전체를 대표하여 표현하는 대유법, ③ 시인이 전달하고자 하는 내용과 반대로 표현하는 반어법, ④ 문장 안에서 언어의 배열 순서를 바꾸어 표현하는 도치법은 사용되지 않았다.

14 다음 〈보기〉에서 사용된 표현 방법에 대한 설명으로 적절한 것은?

> 보기
> • 그는 명성을 얻어 갔다. 처음에는 마음, 다음엔 지방, 그리고 전국으로, 결국 세계에까지.
> • 노랗던 싹이 연두빛으로 변하나 했더니, 벌써 초록에서 진한 초록으로 바뀌고 있다.

① 작은 것에서 큰 것으로 확대하여 표현하였다.
② 사람이 아닌 것을 사람에 빗대어 표현하였다.
③ 시인이 전달하고자 하는 내용과 표현이 모순되었다.
④ 추상적인 대상을 구체적인 사물로 표현하였다.

14 〈보기〉에서는 점점 확대가 이루어지는 점층법이 사용된 것을 알 수 있다.
② 사람이 아닌 것을 사람에 빗대어 표현하는 것은 의인법이다.
③ 시인이 전달하고자 하는 내용과 표현이 모순되게 표현하는 것은 역설법이다.
④ 추상적인 대상을 구체적인 사물로 표현하는 것은 상징법이다.

정답 13 ② 14 ①

15 다음 〈보기〉에서 사용된 표현 방법으로 적절한 것은?

> 보기
> • 범은 죽어서 가죽을 남기고, 사람은 죽어서 이름을 남긴다.
> • 꽃은 안개와 같고, 사람은 구름과 같다.

① 역설법
② 비유법
③ 의인법
④ 대구법

15 〈보기〉에서는 비슷하거나 동일한 어구를 짝을 맞추어 형식상 대칭을 이루게 하여 강조하는 대구법을 사용하고 있다.
① 역설법은 겉으로는 모순되지만 진실이 내재된 것을 표현하는 방법이다.
② 비유법은 어떤 것을 유사한 다른 대상에 빗대어 표현하는 방법이다.
③ 의인법은 사람이 아닌 것을 사람인 것처럼 표현하는 방법이다.

16 다음 시에서 밑줄 친 부분에 사용된 표현 방법에 대한 설명으로 적절한 것은?

> 진주 남강 맑다 해도
> 오명 가명
> 신새벽이나 밤빛에 보는 것을,
> 울엄매의 마음은 어떠했을꼬,
> <u>달빛 받은 옹기전의 옹기들같이</u>
> <u>말없이 글썽이고 반짝이던 것인가.</u>

① 감정이입법
② 자연물의 주관적 변용
③ 주객전도
④ 추상적 대상의 구체화

16 '말없이 글썽이고 반짝이는 '옹기'에는 화자 자신의 감정이 이입되어 있다.
② 자연물의 주관적 변용은 작가가 자연물을 주관적으로 변용하여 낯설고 새로운 느낌을 들게 하는 표현법이다.
③ 주객전도는 주체와 객체를 바꾸어 표현하는 방법이다.
④ 추상적 대상의 구체화는 추상적인 관념 따위를 구체적인 사물로 치환하여 표현하는 방법이다.

정답 15 ④ 16 ①

17 다음 시의 밑줄 친 ㉠에 대한 설명으로 적절한 것은?

> 翩翩黃鳥　펄펄 나는 ㉠꾀꼬리는
> 雌雄相依　암수 다정히 노니는데,
> 念我之獨　외로울사 이 내 몸은
> 誰其與歸　뉘와 함께 돌아가리.

① 시적 화자의 과거를 회상하는 감정이입물
② 시적 화자의 그리움을 환기하는 객관적 상관물
③ 시적 화자의 아픔을 깨닫게 하는 객관적 상관물
④ 시적 화자의 감정이 이입된 감정이입물

17 밑줄 친 꾀꼬리는 암수 서로 정다운 모습을 띠고 있어 이별한 화자의 처지와 대조된다. 따라서 정답은 ③이다.
① 시적 화자의 과거를 회상하는 감정이입물은 아니다.
② 시적 화자의 그리움을 환기하는 객관적 상관물도 아니다.
④ 시적 화자의 감정이 이입된 감정이입물이라고 볼 수 없다.

18 다음 시에 사용된 표현법으로 옳지 <u>않은</u> 것은?

> 그러나 이별을 쓸데없는 눈물의 원천을 만들고 마는 것은 스스로 사랑을 깨치는 것인 줄 아는 까닭에, 걷잡을 수 없는 슬픔의 힘을 옮겨서 새 희망의 정수박이에 들어부었습니다.
> 우리는 만날 때에 떠날 것을 염려하는 것과 같이, 떠날 때에 다시 만날 것을 믿습니다.
> 아아, 님은 갔지마는 나는 님을 보내지 아니하였습니다.
> 제 곡조를 못 이기는 사랑의 노래는 님의 침묵을 휩싸고 돕니다.
> 　　　　　　　- 한용운, 「님의 침묵」 중에서 -

① 역설법
② 비유법
③ 의인법
④ 대구법

18 이 시의 '님은 갔지마는 나는 님을 보내지 아니하였습니다'라는 시구는 상식적으로 말이 안 되는 역설적인 표현이다. '새 희망의 정수박이'는 'A의 B' 형식의 은유(비유)이다. '만날 때에 떠날 것을'과 '떠날 때에 다시 만날 것을'은 대구를 이루고 있다. 한편 이 시에서 사람이 아닌 것을 사람으로 표현한 의인법은 사용되지 않았다.

정답　17 ③　18 ③

19 다음 시에 사용된 표현법으로 옳은 것은?

> 시체 냉동실은 고요하다.
> 끌어모은 것들을 다 빼앗기고
> (큰 도적에게 큰 슬픔 있으리라)
> 누워 있는 알거지의 빈 손,
> 죽어서야 짐 벗은 인간은
> 냉동실에 알몸거지로 누워 있는데
>
> 흑싸리를 던질지 홍싸리 껍질을 던질지
> 동전만한 눈알을 굴리며 고뇌하는 화투꾼들,
> 그들은 죽음의 밤에도 킬킬대며
> 잔돈 긁는 재미에 취해 있다.
> — 최승호, 「세속 도시의 즐거움 2」 중에서 —

① 역설법
② 반어법
③ 의인법
④ 대구법

---

19 이 시의 화자는 진심은 없어진 세속적인 삶을 냉담하게 보고 있다. 따라서 이 시의 제목인 「세속 도시의 즐거움」은 반어적이다. 이 시는 결코 세속 도시의 즐거움을 보여 주고 있는 것이 아니라, 세속 도시의 아픔과 슬픔을 보여 주고 있는 것이다.
① 역설법, ③ 의인법, ④ 대구법은 사용되지 않았다.

정답 19 ②

제 4 편

비유와 상징

제1장	비유(比喩)
제2장	상징(象徵)
실전예상문제	

| 단원 개요 |

이 단원에서는 비유의 개념을 밝히고 비유가 만들어지는 원리를 설명한다. 비유에 관한 여러 이론가들의 견해와 비유의 조건을 분석하고, 다양한 비유의 종류를 예를 들어 보임으로써 다양한 비유의 세계로 안내한다. 또한 비유와 다른 방식인 상징의 특징도 밝히고 있다. 상징의 다양한 종류와 상징에 대한 여러 이론가들의 입장, 신화와 상징의 관계를 분석하여 상징을 쉽게 이해할 수 있도록 돕는다. 또한 평가영역 개정에 따라 새롭게 문화와 상징에 대해서도 설명을 추가하였다.

| 출제 경향 및 수험 대책 |

주로 비유와 상징에 대한 여러 이론가들의 입장을 묻는 문제가 출제된다. 또한 비유의 종류인 병치 은유와 치환 은유를 구별하는 문제가 나오기도 한다. 상징을 직접 출제할 수도 있고, 상징과 비슷한 우의(寓意), 알레고리 등에 관해 물을 수도 있다. 비유와 상징을 말한 이론가는 무척 많다. 이론가들이 말한 주요 내용을 암기하고, 각 이론가별 입장의 차이를 알아두어야 한다. 또한 비유의 종류에 대해 이해하고, 작품에 사용된 비유와 상징을 구별하거나 찾아낼 수 있도록 많은 연습을 해야 한다. 여기에 더하여 새롭게 추가된 문화와 상징의 관계, 한국시에 나타난 문화적 상징과 그 의의 등에 대해서도 정확하고 면밀한 학습이 필요하다.

보다 깊이 있는 학습을 원하는 수험생들을 위한
시대에듀의 동영상 강의가 준비되어 있습니다.
www.sdedu.co.kr ➔ 회원가입(로그인) ➔ 강의 살펴보기

제 1 장 | 비유(比喩)

제1절 비유의 이해 중요

1 개념(概念)

표현(表現)하고자 하는 사물이나 관념(원관념)을 그것과 유사하거나 관련성이 있는 다른 사물이나 관념(보조관념)에 빗대어 표현하는 방법으로 두 사물이나 관념 사이의 유사성(類似性)을 유추에 의해 연결시킴으로써 표현하고자 하는 사물이나 관념에 함축적이고 복합적인 연상을 불러일으키는 기법을 비유라 한다.

2 원리(原理)

비유는 유사성과 함께 유추한 대상의 의미를 다른 대상에 전이시켜 새로운 의미 형성으로 만들기 때문에 '전이된 말'이라고 부른다. 예를 들어, '산허리'는 산의 중간 부분을 가리키는 말에 인간의 신체 중 중간에 해당하는 '허리'를 전이시켜 '산허리'로 표현함으로써 신선함을 주고 있다.

> 사내는 작은 가방을 들고 일어선다. 견고한 지퍼의 모습으로
> 그의 입은 가지런한 이빨을 단 한번 열어보인다.
> 플랫폼 쪽으로 걸어가던 사내가
> 마주 걸어오던 몇몇 청년들과 부딪친다.
> 어떤 결의를 애써 감출 때 그렇듯이
> 청년은 톱밥같이 쓸쓸해 보인다
> 조치원이라 쓴 네온 간판 밑을 사내가 통과하고 있다.
> 나는 그때 크고 검은 한 마리 새를 본다. 틀림없이
> 사내는 땅 위를 천천히 날고 있다. 시간은 0시
> 눈이 내린다.
>
> — 기형도, 「조치원」 중에서 —

기형도는 위의 시 「조치원」에서 상처와 좌절로 낙향하는 '청년'의 형상을 '톱밥'으로 표현했는데, 방황하는 청년과 공중에 흩날리는 톱밥의 유사성을 포착하여 두 사물을 연결시킨 것이다.

3 비유에 대한 여러 견해

(1) 리처즈의 견해 중요

① 원관념과 보조관념의 상이성이 크면 클수록 긴장도가 커지며, 긴장도가 클수록 좋은 비유가 된다.
② 비유가 표현하고자 하는 주된 요소, 곧 기본적인 생각을 '주지'라고 명명하고, 주지를 구체화하거나 변용 전달하는데 사용되는 말을 '매체'라 명명하였다.
③ 주지와 매체의 상호작용관계는 비유의 본질이 될 뿐만 아니라 그 성격도 결정한다.

(2) K. 버크의 견해

K. 버크는 그의 글에서 비유의 중요 유형으로 은유(隱喩), 아이러니와 함께 환유와 제유를 들고 있다. 그에 따르면, 우리 자신의 현실이 이들 네 유형의 비유에 집약, 응축되어 있다는 것이다.

4 비유의 조건

(1) 시인의 직감(直感)과 내면적 체험이 언어 속에 형상화되고 단순화되어야 한다.

(2) 원관념과 보조관념 사이에 유추가 이루어질 수 있는 유사성이 있어야 한다.

(3) 참신하고 독창적이어야 하며, 온당하고 합리적이어야 한다.

(4) 남용되어서는 안 된다.

제2절 비유의 종류(種類)[1]

1 직유(直喻)

(1) 직유의 개념

표현하고자 하는 대상을 유사성이 있는 다른 대상에 빗대어 표현하는 수사법이다. 흔히 'B 같은 A'라는 구조로 나타내며 '-같은'과 비슷한 기능을 하는 '-처럼, -인양, -듯이, -같이' 등이 사용되기도 한다. 일상의 언어생활에서 가장 폭넓게 쓰이는 기본적인 비유법으로서 고전작품으로부터 현대문장에 이르기까지 널리 애용된다.

(2) 직유의 예시

① 고전 작품에 나타난 예로는 "2월(二月) 보로매 아으 노피 켜 놓은 등(燈)불 답구나. 만인(萬人) 비추실 모습이샷다. 아으 동동(動動)다리", "물 밑 홍운을 헤앗고 큰 실오리 같은 줄기 붉기 더욱 기이하며 기운이 진홍 같은 것이 차차 나, 손바닥 넓이 같은 것이 그믐밤에 보는 숯불 같더라. 차차 나오더니 그 위로 작은 회오리밤 같은 것이 붉기 호박구슬 같고, 맑고 통랑하기는 호박보다 더 곱더라(「동명일기」)." 같은 글에서 찾을 수 있다.

② 현대 문장에 나타난 예로는 "새악시 볼에 떠도는 부끄럼같이 / 시의 가슴에 살포시 젖는 물결같이 / 보드레한 에메랄드 얇게 흐르는 / 실비단 하늘을 바라보고 싶다(김영랑, 「돌담에 속삭이는 햇발같이」).", "호수에 안개끼어 자욱한 밤에 / 말없이 재넘는 초승달처럼 / 그렇게 가오리다 / 임께서 부르시면……(신석정, 「임께서 부르시면」)" 같은 시 작품을 들 수 있다.

③ 또한 "밤중을 지난 무렵인지 죽은 듯이 고요한 속에서 짐승 같은 달의 숨소리가 손에 잡힐 듯이 들리며 콩포기와 옥수수 잎새가 한층 달에 푸르게 젖었다. 산허리는 온통 메밀밭이어서 피기 시작한 꽃이 소금을 뿌린 듯이 흐뭇한 달빛에 숨이 막힐 지경이다(이효석, 「메밀꽃 필 무렵」).", "육신이 흐느적 흐느적 피로했을 때만 정신이 은화(銀貨)처럼 맑소(이상, 「날개」)." 같은 산문에서 발견할 수 있다.

(3) 직유의 특징

"달덩이처럼 고운 얼굴", "호수같이 맑은 하늘" 같은 표현은 일반화되어 신선한 느낌을 주지 못한다. 이처럼 직유법은 보조관념의 참신성이 보장되어야만 생명력을 얻는 표현이 되므로 끊임없이 새로운 보조관념을 찾는 노력이 필요하다.

---

[1] 한국민족문화대백과사전, '비유', 한국학중앙연구원

2 은유(隱喩)

(1) 은유의 개념
표현하고자 하는 대상을 다른 대상에 빗대서 표현하는 수사법을 말한다. 직유(直喩)와 대조되는 용어로서, 암유(暗喩)라 불리기도 한다. 직유가 'A는 B와 같다'나 'B 같은 A'와 같은 형식으로 표현하고자 하는 대상 A를 다른 대상 B에 동등하게 비유하는 것이라면, 은유는 'A는 B이다'나 'B인 A'와 같이 A를 B로 대치해 버리는 비유법이다. 즉, 은유는 표현하고자 하는 것, 곧 원관념(tenor)과 비유되는 것, 곧 보조관념(vehicle)을 동일시하여 다루는 기법이다.

(2) 은유에 대한 여러 이론 중요
① 비교이론
"얼굴은 귀신 같지만, 마음은 부처님 같다."라고 하면 직유이지만, "얼굴은 귀신이지만, 마음은 부처이다."라고 하면 은유이다. 이러한 이유 때문에 전통적인 견해에서는 은유는 생략된 직유, 곧 직유의 생략형이라고 보았던 것이다. 결국 직유의 형식에서 '같다, 처럼, 듯하다, 인 양' 등과 같은 비교어가 생략, 발전된 것이 은유라는 것인데, 이러한 견해를 비교이론이라고 한다.

② 대치이론
이와 관련된 다른 견해는 대치이론인데, 이 견해에서는 은유적 표현은 그와 동등한 글자 그대로의 표현 대신에 쓰이는 것이라고 본다. 가령 'A는 B이다'와 같은 형식으로 되어 있는 "철수는 돌이다."라는 표현은 'A는 C이다'와 같은 형식으로 되어 있는 "철수는 어리석다."와 같은 문자 그대로의 표현 대신 쓰인 것이라는 것이다.

③ 상호작용이론
그러나 은유가 두 개념 간의 단순한 대치나 생략이 아니라 직유보다 더 강한 밀착관계를 보이며, 그리하여 두 개념 간의 상호작용에 의한 의미의 변질이 일어난다는 견해도 있는데, 이를 상호작용이론이라고 한다. 즉, 은유로 말미암아 원래 지니고 있던 관념끼리 상호작용을 일으켜 지금까지의 관념과는 다른 새로운 관념이 탄생한다는 것이다.

(3) 사은유(死隱喩)
일상용어 가운데에도 은유에 의하여 성립된 단어 표현이 많다. 이처럼 이미 굳어져 발생 당시의 신선감이나 생명감을 상실한 은유를 사은유(死隱喩, dead metaphor)라고 한다. '꿈(희망)'·'소(우직한 사람)'·'찰거머리(들러붙어 괴롭히는 사람)' 등이 그 예일 것이다.

(4) 은유의 예시
① 김광균(金光均)의 「데생」이라는 시의 일부분인 "구름은 보랏빛 색지 위에 / 마구 칠한 한 다발 장미"에서는 '구름'을 '장미'로 은유하고 있으며, 피천득(皮千得)의 「수필(隨筆)」에서 따온 "수필은 청자연적(靑瓷硯滴)이다. / 수필은 난(蘭)이요, 학(鶴)이요, 청초하고 몸맵시 날렵한 여인이다."에서는 '수필'을 '청자연적·난·학·여인'에다가 은유하고 있다. 이와 같은 은유에서 우리는 지금까지의 관념에서는 찾아볼 수 없었던 신선한 생명감과 기교적인 긴축미를 쉽게 확인할 수 있다.

② 시조집 『청구영언』에 실린 "나비야 청산가자 범나비 너도 가자 / 가다가 저물거든 꽃에 들어 자고 가자 / 꽃에서 푸대접하거든 잎에서나 자고 가자."라는 시조작품에서는 '남자'를 '나비'에, '여자'를 '꽃'에 은유하여 남녀 간의 애정을 노래하고 있는데, 이처럼 원관념은 한마디도 나타내지 않고 보조 관념만 표면에 나타내어 원관념을 유추하게 하는 은유를 암시적 은유라고도 한다.

(5) 은유의 특징
이상에서 본 바와 같이 은유적 표현은 지금까지의 고정관념을 헐어버리고 새로운 기능을 부여해주는 중요한 구실을 담당하기도 하며, 기교적인 긴축미와 참신성·생동감을 불어넣어 주는 구실을 담당하기도 하여 우리의 언어생활을 풍요롭게 한다.

3 대유(代喩)

(1) 대유의 개념
사물의 일부분이나 특징으로 그 자체나 전체를 나타내는 수사법을 말한다. 대유법을 곧 환유법(換喩法)이라고 하는 경우도 있지만, 일반적으로 대유법은 환유법과 제유법(提喩法)을 포괄하는 용어로 사용되고 있다.

(2) 대유의 종류
① **환유법**
  ㉠ 환유의 개념
   환유법은 나타내고자 하는 관념이나 사물을, 그것과 공간적으로나 논리적으로 인접한 다른 관념이나 사물을 지칭하는 말로써 대신하는 비유법이다.
  ㉡ 환유의 예시
   공간적인 인접성에 바탕을 둔 환유법의 대표적인 예로서 흔히 지적되는 것은 도구나 장구(裝具)로써 그것을 사용하는 인물을 대신 나타내는 표현을 들 수 있다. '삽'과 '왕관'이라는 표현을 이용하여 각기 '평민'과 '왕'을 대신하게 하는 것이 그 구체적인 예이다. 또한, 용기로써 그 용기에 담긴 내용물을 나타내는 것[예 "한 잔 마셨다."에서 '잔'이 그 용기의 내용물인 '음료수'나 '술'을 대신하는 것]이나, 건물로써 그 건물에 거주하고 있는 인물을 나타내는 것[예 "백악관에서 중대 정책을 고려중이다."라는 언어표현에서 '백악관'이 '미국 대통령'을 대신 나타내는 것), 그리고 의복으로써 그 옷을 입은 사람을 나타내는 것[예 '백의민족(白衣民族)의 소원은 통일'에서 '백의민족'이 '한(韓)민족'을 대신하는 것] 등이 모두 공간적 인접성에 바탕을 둔 환유법들이다.

② **제유법**
  ㉠ 제유의 개념
   제유법은 어떤 사물의 부분 또는 특수성을 나타내는 단어로써 그 사물의 전체 또는 일반성을 대신한다는 점에서 환유법과 구별되는 비유법이다.

ⓒ 제유의 예시
  예를 들어, "빵이 아니면 죽음을 달라."에서 '빵'이 나타내고 있는 것은 '식량' 전체이다. 또한, '칼'로써 '무기' 전체를 대신하게 하는 것도 제유법의 예이다.
ⓒ 제유의 특징
  한편, 부분을 전체로 전환시키는 것과는 반대로 전체로써 부분을 나타내는 방법도 제유법이라고 할 때가 있지만, 일반적으로는 부분으로써 전체를 나타내는 것에 국한하여 제유법이라고 한다.

4 의인(擬人)

(1) 의인법의 개념

인간이 아닌 사물이나 관념에 인격을 부여해서 인간적인 요소를 지니게 하는 표현법으로 작자의 감정을 이입시키거나 정서를 투사(投射)하는 기법이다. 엄밀히는 생명이 없는 무생물을 생명이 있는 것으로 표현하는 활유법(活喩法)의 하위 부류이지만, 의인법과 활유법의 구별이 엄격하게 그어지는 것은 아니므로, 대개 활유법과 같은 개념으로 사용되고 있다.

(2) 의인법의 예시

의인법의 예를 든다면, "조국을 언제 떠났노 / 파초의 꿈은 가련하다."(김동명, 「파초」)나 "모든 산맥들이 / 바다를 연모해 휘달릴 때에도"(이육사, 「광야」) 등을 들 수 있는데, 여기서 각기 '파초'와 '산맥들'이 생명화되고 인격화되어 있음을 볼 수 있다. 이와 같이, 의인법은 한 문장 속에서 인격이 없는 대상에다가 인격을 부여하여 표현하는 경우 이외에 「토끼전」・「장끼전」・「이솝 우화」 등에서처럼 한 작품 전체가 의인화된 것도 있다.

(3) 의인법의 특징

의인법은 고대의 활물론(活物論) 및 범신적(凡神的) 자연관에서 비롯된 것인데, 이러한 이유로 특히 신화・전설・민담・우화・동화 등에 많이 나타난다.

5 풍유(諷喩)

(1) 풍유의 개념

원관념을 완전히 뒤에 숨기고 보조관념만으로 뒤에 숨겨진 본래 의미를 암시하는 방법으로 이면에 숨겨진 의미가 풍자적, 우의적(寓意的) 성격을 지니고 있다. 이 표현법은 비유가 일보 전진한 것으로서 표면상으로는 엉뚱한 다른 말인 듯하면서 그 말 속에 어떤 뜻을 담게 하는 수사법이다.

(2) 풍유의 예시

'뱁새가 황새 따라가다 가랑이가 찢어진다.'나 '개구리 올챙이적 생각을 못한다.', '빈 수레가 더 요란하다.' 등과 같이 교훈을 주는 속담이나 격언은 거의 대부분 이 표현법에 속한다. 한 편의 글 전체가 의인화(擬人化)의 수법을 이용하여 풍자 내지는 교훈의 성격을 보이는 우화(寓話) 역시 풍유법에 속한다. 「토끼전」, 「장끼전」, 「이솝 우화」 등이 이에 속하는데, 이 경우는 한 편의 글 전체가 풍유의 기법으로 쓰인 것이라 할 수 있다.

(3) 풍유의 특징

① 풍유는 표현된 것의 이면에 어떤 우의(寓意, Allegory)가 감춰져 있기 때문에 풍자소설이나 풍자시 등에서처럼 심각하게 현실을 폭로하거나 신랄한 시상(詩想)을 전개하는 데 있어서 없어서는 안 될 중요한 방법이다.

② 풍유법은 대개 의인화의 과정을 거치지만, 숨겨진 원관념이 있고 그 원관념에 날카로운 풍자적 의미를 담고 있다는 점에서 단지 무생물의 생명화 내지는 생물의 인격화 그 자체로 끝나고 마는 의인법과는 다르다. 성공적인 풍유를 위해서는 무엇보다도 비유되는 보조관념이 흥미 있는 것이라야 하고, 이 흥미에 비례해서 그 안에 담겨진 풍자적 의미에 공감될 수 있도록 해야 한다.

제3절 치환과 병치[2]

> (a) 나의 사랑은 붉은 장미꽃과 같다.
> (b) 사랑은 붉은 장미이다.

문법적으로 보면 (a)는 직유이고 (b)는 은유이다. 그런데 휠라이트(P. Wheelwright)에 따르면 비유의 본질적 성격은 이런 문법적 형태의 어떤 규칙에 있는 것이 아니고 두 사물 사이에 야기된 의미론적 변용의 질에 있다. 비유에 있어 중요한 것은 환상적이든 실제적이든 사물들이 상상력의 작용에 의하여 변동되는 정신적 깊이라고 말한다. 이에 따라 비유의 의미론적 변용작용은 확대와 종합이라는 두 가지 원리라고 하면서 치환과 병치라는 비유의 두 양상을 제시하였다.

---

[2] 박동규·김준오, 『현대시론』, 한국방송통신대학교 출판부

1 옮겨놓기-치환 은유 (중요)

(1) 치환 은유의 특징

① 비유가 단순히 유추에 의한 유사성의 발견이나 말의 효과적 전달을 위한 장식이거나 새로운 말의 창조라는 수사학적 논리로는 미흡한 것이며 차라리 비유의 현대적 논의에서 보여주고 있는 언어의 상호작용이나 긴장관계에서 그 가능성의 단서를 발견케 되는 것이다.

② 동일성이니 유추적이니 하는 사고나 상상의 범주에서 이해하려는 비유의 기능이란 결코 시어법의 전유물이 아니라 산문을 포함한 일반적 어법에서도 가능한 것이기 때문이다.

③ 비유의 본질은 어떤 사물을 드러내기 위해 그와 유사한 다른 사물을 비교하여 설명하는 어법이다. 비교를 위해서는 먼저 설명하려는 대상이 있어야 하고 그것과 빗대어 볼 보조대상도 있어야 한다. 그리하여 두 사물 간의 유사성이나 이질성을 통하여 대상을 보다 확실히 하는 것이다.

④ 그러나 아리스토텔레스는 비유를 의미의 전이로 설명했고 이러한 의미의 이동을 대치론으로 설명하기도 한다. 이 대치론의 맥락에 치환 은유, 즉 옮겨놓기 은유가 있다. **치환 은유란 두 사물 간의 비교가 아니라 A라는 사물의 의미가 B라는 사물에 의해 자리바꿈되는 것을 뜻한다. 따라서 형태상으로 보면 'A는 B이다'라는 구문이 성립한다.**

(2) 치환 은유의 예시

> 이상은
> 아름다운 꽃다발을 가득 실은
> 쌍두마차였습니다.
>
> 현실은
> 갈가리 찢겨진 두개의
> 장송의 만가였습니다.
>
> 아하! 내 청춘은
> 이 두 바위 틈에 난
> 고민의 싹이었습니다.
>
> — 김용호, 「싹」 —

이 시는 옮겨놓기의 일반적 전형이라 할 수 있다. 제목이나 관념 자체가 일상적인 데다 이를 해명하는 유추의 매체도 현실에서 선택한 옮겨놓기의 형태다. 첫 연에서는 이상은 쌍두마차, 둘째 연에서는 현실은 만가, 셋째 연에서는 매체 상호 간에 어떤 유사성을 토대로 해서 그 의미를 전환시키는 것이다. 그리고 이때 유사성이란 모호하고 불확실한 것과 잘 알려져 있거나 보다 확실한 것의 종합으로 나타나는 것이다.

(3) 치환 은유의 특징

이상, 현실, 청춘이란 구체적인 형태가 없는 모호한 관념의 세계다. 그러나 쌍두마차, 만가, 싹은 구체적으로 실감할 수 있는 사물들이다. 이와 같이 모호하고 불확실한 원관념이 상대적으로 구체적이고 이미 잘 알려진 여러 개의 보조관념으로 전이되어 의미의 변용 내지 확대를 가져온다. 그러나 원관념과 보조관념의 결합도 물론 동일성을 근거로 하고 있는 것이며 이 동일성은 단순한 외형상의 근사한 특질이라기보다 정신적이고 정서적이며 가치적인 동일성이다.

2 마주놓기-병치 은유

(1) 병치 은유에 대한 여러 견해 중요

① 휠라이트

휠라이트는 시에서 은유의 진수는 의미의 옮겨놓기가 아니라 병치, 즉 마주놓기의 관계에서만 보다 철저히 밝혀질 수 있음을 지적하고 있다. 그는 치환과 병치 은유를 'epiphor'와 'diaphor'로 표기한다. 여기서 'phor'가 의미론적 전환을 뜻하며 접두사인 'epi'는 포개어짐, 'dia'는 '통과한다'는 의미일 때 치환과 병치의 근본적 속성을 확인케 된다. 그는 의미론적 전이가 신선한 방법으로 어떤 경험, 실제적이거나 상상적인 것의 특수성을 통과함으로써 새로운 의미를 획득하는 것으로 설명한 것이다.

② 사르트르

이것은 치환에서처럼 어느 한쪽으로의 합침이 아니라 서로 각각 긴장 상태를 유지하면서 또 다른 효과 또는 의미나 정서를 자아내게 하는 방법이다. 이것은 예술의 형식 가운데 비대상 음악과 추상 회화가 추구하는 의미의 공간이라 할 수 있다. 이들은 수단으로서의 리듬이나 선 혹은 색채가 거의 완벽하게 목적으로서의 대상으로 간주된다. 사르트르에 따르면 이처럼 시는 수단으로서의 언어가 아니라 사물로서의 언어를 특질로 한다.

(2) 병치 은유의 예시

① 이형기, 「폭포」

> 그대 아는가
> 나의 등판을
> 어깨에서 허리까지 길게 내리친
> 시퍼런 칼자욱을 아는가.
>
> 질주하는 전율과
> 전율 끝에 단말마(斷末魔)를 꿈꾸는
> 벼랑의 직립(直立)
> 그 위에 다시 벼랑은 솟는다.

이 시는 '시퍼런 칼자국', '질주하는 전율', '벼랑의 직립'이 병치되면서 전체적으로 폭포를 비유하고 있다. 병치 은유의 본질은 모방적인 인자(因子)가 배제된 채 이질적인 사물들이 이렇게 대치하여 무질서하게 병치됨으로써 의미나 정서의 충돌을 느끼게 하며, 새로운 의미를 창조하는 데 있다. 한편 병치 은유의 진가는 이처럼 시 속에서 새롭게 고안된 배열, 곧 병치의 형식에 의해서만 드러나는 어떤 다양한 특수성의 세계 인식에 있다.

② 김종삼, 「주름간 대리석」

> 한 모퉁이는 달빛 드는 낡은 구조의
> 대리석, 그 마당(사원) 한 구석
> 잎사귀가 한 잎 두 잎 내려앉는다.

이 시는 마당을 무대로 하여 두 개의 상반된 상황을 제시하고 있다. 하나는 마당 한 모퉁이에 '달빛 드는 낡은 구조의 대리석'이고 다른 하나는 마당 한 구석에 내려앉는 한 잎 두 잎의 잎사귀이다. 이처럼 마당 모퉁이와 마당 구석이 대칭된 자리에 대리석과 낙엽이 당돌하게 마주보고 있는 것이다. 따라서 이것은 유사성이나 동일성으로 옮겨보기 되어 있는 상태가 아니라 전혀 이질적인 사물들이 마주보기 되어 있는 상태이다. 이러한 병치의 상황은 치환 은유처럼 한 사물을 쉽게 설명하려는 의도가 아니라 새로운 분위기나 의미를 창조하려는 데 목적이 있다.

(3) 병치 은유의 특징

결론적으로 치환 은유가 시 속에서 맡는 역할은 의미(significance)를 제시함에 있고 병치 은유의 역할은 존재(presence)를 창조함에 있다 할 수 있다. 따라서 이상적 시어의 은유적 어법은 치환과 병치, 양자를 동시에 조화하는 것이라 할 수 있다.

제2장 상징(象徵)

제1절 상징에 대한 이해

1 개념

어떤 사물이나 관념이 그 자체의 의미를 유지하면서 다른 사물이나 관념을 대표하는 표현 기법으로 암시성과 다의성(多義性)을 본령으로 한다.

2 상징과 기호(記號)

상징(symbol)	기호(sign)
① 본질을 나타냄	① 현상을 나타냄
② 복합적 관념을 함축함	② 단일한 관념을 지시함
③ 개인적 상상력을 필요로 함	③ 관습적 상상력을 필요로 함
④ 예 유치환의 「깃발」, 이상의 「날개」	④ 예 적신호 → 정지, 청신호 → 보행

3 상징과 은유

은유는 두 대상 간의 유사성을 통한 유추적 결합을 추구하는 데 반하여 상징은 상관성이 먼 상징어를 연결함으로써 의미가 확대, 심화되는 언어 사용의 방법이다.

상징(symbol)	은유(metaphor)
① 암시적, 다의적임	① 비교, 유추적임
② 한 편의 작품에서 반복적으로 나타남 → 작품 전체를 지배	② 한 편의 작품에서 1회적으로 나타남 → 특정 부분과 관계
③ 상징 의미가 상징 뒤에 숨어 있음	③ 원관념과 보조관념의 관계가 명확함

제2절　상징의 유형[3]

1 상징에 대한 여러 견해 (중요)

(1) 휠러(P. Wheeler)

휠러(P. Wheeler)는 상징을 '문학적 상징과 언어적 상징'으로 나누었다. 문학적 상징이 하나의 작품 속에서 암시성과 아울러 다양한 의미를 내포하는 것과는 달리 언어적 상징은 언어 그 자체가 사물을 지시하고 있는 가장 일반적인 의미의 상징이라 할 수 있다.

(2) 랭거(S. Langer)

랭거는 '추리적 상징과 비추리적 상징'으로 나누었다. 추리적 상징은 과학적 정확성과 확실성을 요구하는 논리적 문장에서 사용되는 언어적 상징이며, 비추리적 상징은 반이성적이고 비논리적인 문장에서 사용되는 문학적 상징을 말한다.

(3) 휠라이트(P. Weelwright)

① 휠라이트는 '긴장 상징과 약속 상징'으로 나누었다. 약속 상징은 인위적인 약속에 의한 상징이라는 점에 비추어 볼 때 언어적 상징이고, 긴장 상징이 문학적 상징이 된다.
② 그는 또한 언어의 긴장감의 정도에 따라 상징을 협의상징과 장력상징으로 나누기도 했다. 협의상징은 사회나 조직 내에서 불리는 의미가 한정된 상징을 말하고, 장력상징은 개인의 내적 특성이 가미된 상징을 말한다.
　㉠ 협의상징의 특징
　　공중적(公衆的) 정확성을 가진다. 때문에 상징과 그 의미가 필연적이지 않더라도 어느 기호가 사회나 집단 내에서 협의상징으로 사용된다면 개인이 이를 다른 의미로 자의적으로 해석하기는 쉽지 않다. 또한 상징으로 선정된 이유가 분명히 해명되지 않기 때문에 협의상징은 자의적이고 우연적이다.
　㉡ 장력상징의 특징
　　필연적으로 의미가 조작되고, 그 의미는 개인이 상상력으로 만들어 낸 것이기 때문에 다의성, 애매성을 갖는다는 특징이 있다. 때문에 상징의 의미를 찾기 위해 상상력이나 연상작용의 폭과 깊이가 확보된다.

(4) 카시러(E. Cassirer)

상징을 세계 인식의 차원에서 인간적 특성을 해명하는 중요한 열쇠로 보았다. 또한 상징을 인간과 동물을 구별케 하는 적실한 요건으로 설명하며, 여기에 동원되는 상상력을 실제적 상상력이라고 명명했다.

---

[3] 조태일, 『시창작을 위한 시론』, 나남, 145~168p.

(5) 어번(W. Urban)

모든 상징은 그 무엇을 표시하지만, 이원적 언급을 갖고 진실과 허구 쌍방을 포함하며, 이원적으로 타당하다.

(6) 하이데거(M. Heidegger)

진리란 은폐된 것, 덮개가 씌워진 것을 나타나게 하여 제시하는 것이라고 하였다. 상징을 해석하는 일은 허위의 장막을 제거하는 일이다. 즉 덧씌워진 덮개를 벗겨서 감춰진 의미를 밝음 속에 드러내는 것이다.

2 문학적 상징의 종류

일반적으로 문학적 상징은 세 가지 유형으로 구분되는데 개인적 상징, 대중적 상징, 원형적 상징 등이 그것이다.

(1) 개인적 상징

개인적 상징(personal symbol)은 하나의 작품에서만 의미를 갖는 단일한 상징이며, 한 개인의 독창적 체험에 의한 특별한 의미를 지니게 되는 상징을 말한다. 이것은 일반적 관습에 의한 보편성을 얻지 못하지만 시인의 창조적이고 개성적인 인식으로서 사물과 세계에 대한 새로운 의미를 보여준다.

(2) 대중적 상징

대중적 상징(public symbol)은 공중적 상징, 인습적 상징, 제도적 상징 등 다양한 명칭으로 불리는데 이는 오랜 시간 동안 특수한 문화를 배경으로 하여 사용된 상징을 의미한다. 따라서 대중적 상징은 시인이 개성적이고 독창적으로 사용하는 상징이 아니라 그와 같은 문화권이나 풍습, 환경 속에 공유하면서 보편성을 띠는 상징이다. 즉, 인습적이고 관습적인 문화·의미권적 상징이라 할 수 있다. 예를 들어 소나무가 절개를, 비둘기가 평화를 의미한다든지, 까치소리가 반가운 소식을, 연꽃이 불교를, 십자가가 기독교를 의미하는 것들이 모두 대중적 상징들이다. 이 외에도 매, 난, 국, 죽으로 선비의 기품과 지조와 절개를 의미한다든지 한국적 풍류의 조건으로 꽃, 달, 술, 벗 등을 통해 시적 의미를 확보한다든지 하는 것은 이러한 대중적 상징이 오랜 문학적·문화적 전통에서 나온 것임을 나타낸다.

(3) 원형적 상징

원형(原形)은 인류의 가슴 속 깊이 의식이 인류 전체에 유사하거나 공통적으로 동일한 것이라는 전제 아래 논의되는 것이다. 따라서 원형은 신화·종교·문학·역사·풍속 등에서 수없이 되풀이되어 나타나는 이미지, 화소(話素), 테마가 되는 것이다. 중요한 것은 이들이 똑같은 모습으로 되풀이되거나 막연하게 나타나는 것이 아니라 조금씩 변모된 형태로 반복되어 드러난다는 사실이다. 이처럼 변모된 형태로 드러난 원형의 모습이 인류 전체에 동일한 의미로서 보편성을 띠는 상징을 원형적 상징(archetypal symbol)이라고 할 수 있는데 이는 논리나 합리성을 떠나 초월적인 힘으로 독자에게 정서적 반응을 일으키게 한다. 이것은 원형이 갖는 의미가 그것을 만들어낸 인간들의 영원한 표상으로 인간의 의식 속에 공통적으로 자리해 있기 때문이다. 따라서 원형적 상징은 인류 전체가 공유하는 의식의 표상이라는 점에서 논리를 초월한 세계의 표상으로 수없이 반복되어 오늘날까지 강한 영향력을 지니고 있는데 문학에서는 프레이저(J. G. Frazer. 1854~1941)의 방대한 저서 『황금가지(The Golden Bough)』와 융(C. G. Jung. 1875~1961)을 중심으로 한 심층심리학 연구가 이루어짐에 따라 문예 비평에서 중요한 개념의 하나로 간주되었다.

3 상징에 대한 여러 이론 중요

(1) 프레이저(J. G. Frazer. 1854~1941)

프레이저의 저서 『황금가지』는 인류의 무수한 신화를 추적하여 주술과 종교의 근원을 탐구한 것으로서 세계 각지의 신화, 전설, 민담들을 집대성해 놓은 것이다. 여기에서 프레이저는 신화란 제의(祭儀)가 이야기의 형태를 취한 것이며, 세계 여러 나라의 신화들은 서로 공통적인 요소를 많이 가지고 있다고 밝히면서 모든 민족의 신화들을 서로 잇는 상관관계에 대하여 깊이 검토해 보았다. 즉, 프레이저는 인류에게 공통적이며 동일한 의미를 나타내는 원형의 존재를 신화와 제의를 통해 기술하였는데, 그에 의하면 원형은 여러 가지 제식(祭式)을 통하여 한 세대에서 다음 세대로 물려주는 사회적 현상이라는 것이다.

(2) 융(C. G. Jung. 1875~1961)

융은 그의 심층 심리학에서 원형의 존재를 인간의 정신구조에서 찾고 있다. 그는 인류의 가장 근본적인 경험은 무의식중에 과거로부터 전수된다고 보고 인류에 의해 태고시대로부터 유전되어 온 보편적인 심성을 집단무의식(collective unconsciousness)이라고 불렀다.

① 원형은 원초적인 심상이기 때문에 선험적인 것으로 집단무의식 속에 존재한다.
② 원형은 결코 고대의 쓸모없는 잔존물이나 유물이 아니다.
③ 원형은 살아있는 실제이며, 거기에서 신령사상이 형성되고 지배적 표현이 나오는 것이다.
④ 원형은 본능의 활동 영역에 속하며, 그런 의미에서 그것은 심리적 형태의 유전적 형식을 나타낸다.

4 알레고리 (중요)

(1) 알레고리의 정의

상징과 비슷한 성격을 갖는 알레고리(allegory)는 우리말로 우유(寓喩) 혹은 풍유(諷諭)라고 번역되는데 그리스어의 어원인 'allegorein'의 뜻은 '다른 것을 말한다'는 것이다. 상징이 다른 어떤 것을 대신한다는 점을 생각할 때 알레고리와 상징은 비슷하다. 형태 또한 상징처럼 원관념을 숨기고 보조관념만 내세우고 있는 은유의 형태이기 때문에 브룩스와 워렌은 『시의 이해』에서 알레고리를 때때로 '확대된 은유'라고 보았던 것이다. 그러나 알레고리는 상징의 암시성과는 달리 지시하는 대상이 거의 정확성을 갖는다는 것이다. 즉 상징이 숨겨진 원관념의 암시성과 다양성으로 인하여 여러 의미들을 내포하는 반면에 알레고리는 숨기고 있는 원관념과 드러난 보조관념이 거의 일대일의 지시적인 관계를 갖는다.

(2) 알레고리의 특성

알레고리는 보통 도덕적이고 교훈적인 내용이 포함된다. 이러한 성격은 신화에서 유래되었다. 즉 신화에서 나타내고자 하는 비의는 직접적인 표현이 아닌 비유를 통해 본래의 뜻을 숨기면서 암시하는 것이다. 따라서 암시된 의미는 무생물이나 동물에 인격을 부여하는 형식 속에 내포되는데, 알레고리의 이러한 성격은 의인법과도 연관되기 마련이다. 오늘날 알레고리는 현실과 밀접하게 관련되면서 삶의 가치를 드러내거나 부조리한 현실을 비판 풍자하는 속성을 지닌다.

5 신화와 원형[4]

'원형'은 인간의 원시적 사고에 그 뿌리를 두고 있으며, 인간의 원시적인 사고가 집약된 형태가 바로 신화이다. 그리하여 원형을 이야기하는 자리에서는 반드시 신화가 문제가 된다. 또한 원형을 문제 삼는 시론을 우리는 신화 비평이라 일컫는다. 이런 이유에서 원형 비평은 신화를 전제한다.

(1) 신화

① 신화의 개념

'신화'는 한 공동 사회가 그 주신(主神), 조상, 자연 현상의 힘과 맺은 일종의 사회계약이라고 볼 수 있다. 신화를 알레고리로 보는 도덕론자와 신화의 이야기를 재현하는 시인은 서로 반대의 위치에 있다. 시인의 임무는 해석이 아니라 재현 또는 재창조이다. 시인은 신화의 원형을 그대로 옮겨 놓되 새로운 소도구를 마련한다. 세계적으로 신화의 원형은 대체로 동일 또는 유사하므로 세계 문학의 원형은 동일한 맥락을 이루는 것이다.

---

[4] 김용권, 「신화비평」, 『월간문학』, 월간문학 출판부

② 신화와 문학
제의학파에 속하는 프레이저(J. G. Frazer. 1854~1941)는 『황금가지』5)에서 진화론적 인류학에 공헌하였을 뿐만 아니라 신화와 제의에 관한 지식을 넓혀 주었다. 또한 문학을 낳는 창조적 예술가들에게 영향을 끼쳤으며 제의, 신화, 꿈 그리고 문학들 간의 상호 유사성을 보여주었고, 신화가 인간 문화의 폭넓은 이해에 중요한 몫을 다하게 된다는 점을 강조하였다.

(2) 원형

① 원형의 개념
원형은 인간 특유의 성품들을 형성하는 것이다. 여기에서 문화라든가 인종, 사회적·역사적 특수성, 남녀의 구별, 지역의 차별성 없이 시간과 공간을 초월하여 인간의 집단무의식 속에 잠재하며 모든 인류에게 보편적 의미로 나타난다.

② 원형의 다양한 이미지
개인적 의미나 정서를 초월하여 인간에게 공통적이며 보편적 의미를 띠는 이미지들을 원형적 이미지라고 한다. 융에 따르면, '물'은 무의식의 가장 일반적이며 보편적인 상징이다. 강이나 바다도 여기에 포함되며 이들은 창조의 신비, 생과 죽음, 정화, 부활, 풍요와 성장, 모든 생명의 어머니, 무한대의 시간, 영혼의 신비성, 영원성 등을 상징한다. 귀에린(Guerin)의 『문학비평 입문(A Introduction to Literary Criticism)』6)에서 원형적 이미지의 예들을 다음과 같이 제시하고 있다.

㉠ 태양의 이미지 : 창조적 에너지이며 자연의 법칙이다. 어둠이 무지, 미지 등을 의미하는 것과는 반대로 의식, 계몽, 지혜, 영적인 비전 등을 암시하며 달과 지구가 여성, 모성 등을 의미하는 것과는 달리 부성의 원리이며 시간과 생명의 항행을 의미한다. 또한 불과 밀접한 관계를 맺으며 열성, 열정, 열기 등과도 연결된다. 일출이 탄생과 창조, 계몽을 의미하는 것과는 반대로 일몰은 죽음을 의미한다.

㉡ 흑색의 이미지 : 무의식, 혼돈(카오스), 죽음 등을 의미하고 어두움과 연관되어 무지, 몽매함을 나타내며 혹은 악마, 고통, 우수 등을 의미한다.

㉢ 붉은 색의 이미지 : 피, 희생, 정열, 혼란 등을 의미한다.

㉣ 녹색의 이미지 : 성장이나 희망, 감각 등을 암시한다.

㉤ 원의 이미지 : 원은 전일성(全一性), 통합, 생명의 근원으로서의 우주 등을 의미한다. 또한 의식과 무의식의 융합을 나타내는데 이는 동양의 음양과도 연결되며 양을 의미하는 의식, 생, 열, 빛과 음을 의미하는 어두움, 죽음, 냉의 결합을 의미한다.

㉥ 바람의 이미지 : 영감, 개념, 영혼, 정신 등을 의미한다.

㉦ 배의 이미지 : 소우주, 시간과 공간을 지나는 인류의 항해를 의미한다.

㉧ 정원의 이미지 : 낙원, 순진무구, 여성의 순수한 아름다움, 비옥 등을 의미한다.

㉨ 사막의 이미지 : 영혼의 메마름, 허무, 죽음, 절망 등을 의미한다.

---

5) 터부의 근원을 파헤치며 신앙의 원형을 밝혀낸 이 책은 1890년 처음 출간된 후 1906년부터 1915년 사이에 총 12권으로 완간되었다.
6) 문학 비평의 여러 방법을 4개의 작품을 가지고 각각 비평하여, 각 비평 형식을 알게 해주는 비평 입문서이다.

③ 원형적 모티프

'모티프(motif)[7]'는 흔히 화소(話素)라고 번역하는데 이것은 '잊히지 않는 이야기의 알맹이'를 말한다. 한 작품에서 나타날 수도 있고 한 작가 또는 한 시대, 한 장르에서 나타날 수도 있다. 우리 설화에 자주 반복되는 이별한 임, 서양 동화에 자주 나오는 요술 할멈과 미녀 이야기 등은 민족 설화의 모티프들이며 두견, 접동새, 소쩍새 등은 동양 시에 자주 나오는 한(恨)의 정서를 상징하는 모티프이다. 따라서 하나의 이미지, 하나의 사건, 혹은 행동이 모티프가 될 수 있으며 이 모티프는 사람으로 하여금 행동을 일으키게 하는 요인인 동기나 동기부여와는 구별된다.

(3) 원형에 대한 여러 이론들[8]

① 휠라이트의 견해

㉠ 상, 하의 원형

'위'는 이룬다는 의미와 결합되며, 위대함, 숭고함, 탁월성을 내포한다. 이런 의미를 내포하는 여러 이미지들은 그 자체의 관념과 결합되고, 때로는 군주의 왕권이나 명령의 의미와도 연결되는 것이다. '위'의 의미와 결합되는 이미지들인 〈비상하는 새〉, 〈공중으로 쏘는 화살〉 등은 성취의 욕구나 신분 상승을 의미하고 마침내 선의 의미 속에 놓이게 된다. 그러나 아래로의 이미지는 하강, 추락, 상실 등 위로의 의미와는 정반대의 의미를 가지게 된다.

㉡ 피의 원형

시에 두드러지게 나타나는 원형 중의 하나가 피일 것이다. 원형적 상징으로서 피는 긴장적(tensive)이며, 역설적(paradoxical)인 특성을 나타낸다.

ⓐ 선과 악의 두 요소로 구성되며, 선의 관념일 때는 명료하지만 악의 관념일 때는 명료하지가 않다.

ⓑ 긍정적인 면에서 생을 함축하지만 사회학적으로는 불길한 의미와 결합된다. 전자의 경우는 〈힘〉의 상징을 나타내고, 후자의 경우로는 〈죽음〉의 상징으로 나타난다.

ⓒ 피는 처녀성의 상실, 여성의 월경과 관련하여 한편에서는 금기로 다른 편에서는 상징으로 나타나는 것이다.

ⓓ 자연적 논리에 따르면 피는 무서운 형벌을 의미한다. 사람들은 피를 섞어 어떤 맹세를 하며 이러한 의식은 한 형제가 됨을 의미하게 된다. 따라서 맹세의 파기는 두 사람의 혈연을 더럽히게 되며, 피를 흘림으로서 그 혈연관계를 더럽힘으로 하나의 형벌이 되어 나타난다.

ⓔ 피는 죽음, 탄생, 사춘기(초경), 결혼 등의 육체적 양상, 전쟁, 건강, 힘 같은 일반적인 관념과 결합됨으로써 의식과 원시관념의 공동경계를 함축하고 있다. 죽음이면서 바로 재생인 동시성으로 나타나며 이것은 모든 사건을 전환적 사태로 인식함을 뜻한다.

---

[7] 형식주의 비평에서 사용하는 말로 신화, 민담 따위에서 공통적으로 발견되는 이야기 요소이다. 예를 들어 콩쥐팥쥐의 모티프는 '어머니의 죽음-계모와 이복자매의 등장-아버지의 부재와 계모의 구박-초현실적 존재의 등장과 조력-구원'이다.
[8] 강영환, 『시창작법 강의』

ⓒ 빛의 원형
빛은 유추적으로 다음과 같은 세 가지 특성을 제시할 수 있다.
  ⓐ 빛은 〈견성(見性)〉을 나타낸다. 곧 어둠을 추방하여 사물을 명료하게 하며, 이런 특성은 은유적 단계에서 지적 공간화를 상징한다.
  ⓑ 빛은 신화적 단계에선 시각적 실체로 정의되지 않는다. 이 단계에서 빛과 열은 〈혼용된 개념〉으로 나타난다. 따라서 빛은 지적 명료성의 상징이며 동시에 불은 은유적 내포가 된다.
  ⓒ 빛은 우리의 상상력을 자극하는 물질로서 〈불의 특성〉을 환기한다. 고대로부터 불은 공포의 대상이었다. 이것은 극적인 신속함과 결합된 광도, 위용, 집중, 연소의 이미지 때문이다.

ⓔ 말의 원형
인간의 특성은 말을 통하여 서로 의사소통을 이루며, 이런 인간 존재의 의미는 여러 가지 윤리적 감성으로 드러난다. '말'이란 이성이며, 이것은 윤리적 판단에 의미를 주는 〈존재의 당위성, 정당성〉을 상징하는 청각적 이미지이다. 청각적 이미지는 〈양심의 소리〉 같은 말로 제시되며, 〈신명〉 같은 말 속에 나타난다.

ⓜ 물의 원형
'물'은 정화한다는 특성과 생명을 유지시킨다는 특성과 결합되어 보편적인 호소력을 구현한다. 곧 〈순수〉와 〈새 생명〉을 상징한다는 말이다. 세례 의식을 상기해 보면 더욱 명료해질 것이다. 이때 '물'은 '죄를 씻어버리고 새로운 정신적 생의 시작'을 상징하게 된다. 곧 생명의 물이 된다. '태아가 느끼는 양수'가 대표적이며 시인들은 그것을 하나의 강한 은유로 받아들이고 있다.

ⓑ 새의 원형
'새'는 '창공을 마음대로 난다'는 의미에서 자유로움, 현실로부터 탈피, 속박으로부터 벗어남을 상징한다. 하늘을 향한 꿈은 인간의 심연에 자리하고 있는 영원한 숙제인 것이다. 그러기에 지상을 떠나 날고 싶은 욕망은 바로 현실 세계로부터 벗어남을 의미하며, 새는 그것을 충족시켜 주는 상징인 것이다. 천상병 시인의 「새」 연작은 그것을 쉽게 깨우쳐 주고 있다.

② 귀에린9)의 모티프
귀에린은 원형적 모티프 중에서 가장 기본이 되는 것으로 첫째로 '창조의 원리'를 들었다. 이는 우주, 자연, 인간이 어떻게 하여 존재하게 되었는가에 대한 물음으로 모든 신화의 모태가 되는 원형이다. 두 번째로는 '불사의 원리'를 들고 있다. 이 원리는 다시 '시간으로부터 도피'와 '시간으로서의 신비로운 침잠'으로 나뉜다. 세 번째는 '영웅의 원리'가 있다. 이것은 변형과 구출의 원형으로서 탐색, 통과제의, 속제양의 원형적 주제로 나누어진다.

㉠ 물에 대한 원형
원형 중에서 가장 쉽게 만날 수 있는 원형이 바로 물의 원형이다. 물은 창조의 신비나, '탄생-죽음-부활'의 순환구조를 드러내거나, 정화의 구현, 비옥한 대지와 성장, 무의식의 이미지나 상징적 의미를 드러내고 있다. 바다로 표현되는 물의 원형은 모든 생명의 어머니, 정신적 신비, 무한, 죽음과 재생, 무시간성과 영원성, 무의식을 원형적 이미지로 간직하고 있으며, 일정한 형태를 지니고 흐르는 강물은 그 흐름의 과정을 죽음과 재생으로 대별된다. 또한 강물은 시간이 영원으로 흘러 들어감을 의미하거나, 생의 원활의 전환적 국면을 나타내며, 신성의 모습을 보여주는 것이다.

---

9) '귀에린'(Guerin. Wilfred L.)은 우주, 자연, 인간이 어떻게 세계에 존재하게 되었는가를 중심으로 원형의 주제를 파악했다.

ⓒ 태양에 대한 원형

　태양은 절대적인 생명의 상징을 가지고 사라지지 않는 절대 무변의 원형으로 다가온다. 그것은 물과 하늘의 밀착으로 창조력, 자연의 법칙, 사고, 계몽, 지혜, 정신적 비전을 나타내는 의식 상태를 나타내기도 한다. 달과 지구가 어머니의 원형인 반면 태양은 아버지 또는 왕을 상징하거나, 시간과 인생의 경과를 보여주기도 한다. 태양 중에서도 떠오르는 태양은 탄생, 창조, 계몽을 드러내지만 지는 태양은 죽음의 이미지와 맞닿아 있다.

ⓒ 원(圓)에 대한 원형

　우주의 상징으로서 원은 많은 의미를 부여받고 있다. 그것은 전체성, 통일성, 무한으로서의 신, 원시적 형식의 삶, 의식과 무의식의 결합이며, 나아가 중국 철학예술의 음양(陰陽)의 원리에까지 그 모습은 나타난다. 양(陽)은 남성요소, 의식, 생, 빛, 따뜻함을 내용으로 하고 있으며, 음(陰)은 여성요소, 무의식, 죽음, 어둠, 차가움을 내포하고 있다.

ⓔ 여성에 대한 원형

　융[10]의 아니마(anima)[11]에 대한 논의를 포함하여 여성에 대한 원형은 아주 다양하게 나타나는 게 특징이다. 위대한 어머니는 착한 어머니 상이나, 대지인 어머니로서의 탄생, 따뜻함, 보호, 비옥, 생장, 풍요, 무의식을 드러내며 고통스런 어머니는 마녀, 여자 요술사로서의 공포, 위험, 죽음을 의미하며 영혼의 친구로서의 어머니 상은 공주, 미인으로서의 영감, 정신적 충만을 나타낸다.

ⓜ 바람에 대한 원형

　끊임없이 불어오는 바람은 호흡의 상징으로서의 영감, 인식, 영혼, 정신의 의미를 담고 있다.

ⓑ 배에 대한 원형

　강이나 바다를 가로질러 항해하는 배는 하나의 소우주를 드러낸다. 또한 시간과 공포를 통과하는 인류의 항해로서의 의미를 간직하고 있다.

③ 프라이(N. Frye)의 순환적 상징

　프라이[12]는 원형적 국면을 제시하고 그에 상응하는 문학적 유형으로 주로 계절적 순환의 국면을 들고 있다.

㉠ 봄에 관한 원형

　하루의 국면에서는 새벽에 해당하며 인생의 국면에서는 탄생에 해당된다. 영웅의 탄생신화, 부활신화, 세계의 창조 신화, 어둠의 힘이 파멸되는 신화, 겨울과 죽음이 물러가는 신화의 세계이며, 아버지와 어머니가 주인공이다. 문학적 유형으로는 기사담(romance)이 원형이며 대체로 음송시(dithyrdnabic)와 광상시(rhapsodic)[13]의 원형이 되고 있다.

㉡ 여름에 대한 원형

　하루의 국면에서는 정오(절정)에 해당되며 인생의 국면에서는 결혼, 혹은 승리에 해당한다. 찬미의 신화, 성스러운 결혼의 신화, 낙원으로 들어가는 신화의 세계이며, 신랑과 신부가 주인공이다. 문학적 유형으로는 희극의 원형이며, 목가시, 전원시의 원형이다.

---

10) 카를 융(Carl Jung) : 분석심리학의 기초를 세웠고 외향성·내향성 성격, 원형, 집단무의식 등의 개념을 제시하고 발전시켰다.
11) 남성의 무의식 인격의 여성적 측면을 의미한다. 반대로 여성의 무의식 인격의 남성적인 면을 의미하는 것은 아니무스(animus)이다.
12) 프라이(N. Frye)는 신화가 가지고 있는 구조를 '원형'이라고 말하고, 문학 작품을 신화적 원형으로 비평하였다.
13) 특정한 형식에 구속되지 않는 자유로움이 강조된 시를 말한다.

ⓒ 가을에 대한 원형

나뭇잎이 떨어지고 해가 짧아지는 가을은 결실의 의미를 갖고 있음에도 하루의 국면에서는 일몰에 해당하며, 인생의 국면에서는 죽음(노쇠)에 해당된다. 전락의 신화, 신의 죽음에 대한 신화, 격렬한 죽음과 희생의 신화, 영웅이 고립되는 신화의 세계이며, 배반자와 마녀가 주인공들이다. 문학적 유형으로는 비극의 원형이며, 비가(悲歌)의 원형이다.

ⓔ 겨울에 대한 원형

겨울은 하루의 국면에서는 밤에 해당하며 인생의 국면에서는 사멸에 해당한다. 따라서 사멸시키는 힘들이 승리하는 신화, 홍수의 신화, 혼돈으로서의 회귀신화, 영웅의 패배신화의 세계이며, 사람을 잡아먹는 귀신, 마녀가 주인공들이다. 문학적 유형으로는 풍자의 원형이다.

제3절 문화와 상징[14]

1 문화와 상징의 관계

(1) 문화적 상징은 수많은 변용의 과정과 의식적인 발전 과정을 거쳐 사회에 수용되면서 일종의 집단적 이미지를 형성하게 된다.

(2) 일정한 제도나 문화권 내에서 통용되는 상징은 그 공동체에 속한 사람들의 정체성과 밀접하게 연관되면서 공동체 내부의 소통과 통합을 강화하는 기능을 가진다.

(3) 이는 한 사회의 구성원에게 신성한 힘과 마력으로 작용함으로써 그 사회를 하나의 정서적·이념적 공동체로 만든다.

(4) 에리히 프롬은 십자가가 상징하는 바가 기독교 사회와 회교 사회에서 각각 다르듯이, 상징의 뜻은 그 형성 풍토와 문화적 토대에 밀착되어 있음을 가리켜 '상징적 방언'이라고 규정하였다.

2 한국시에 나타난 문화적 상징

(1) 일제 강점기와 1970~80년대 정치적 암흑기에 쓰인 시의 상징들이 당대 역사를 살아가는 구성원들의 의식을 반영하고 희망을 은밀하게 표현하는 소통의 역할을 한 것으로 이해할 수 있으며, 억압적인 현실일수록 시적 문맥이 더욱 더 상징적이거나 초언어적인 문법으로 상징화될 가능성이 있다고 볼 수 있다.

---

[14] 최동호·이숭원·고형진·유성호 외, 『현대시론』, 서정시학

(2) 정치적인 주제의식을 가진 작품이 반드시 동일한 의미로만 해석되지는 않는데, 상징이 갖는 다의성이 시어를 단 하나의 의미로 환원시키지 않기 때문이다. 예를 들어 한용운의 「님의 침묵」에서 임은 일제 강점기에 상실된 조국일 수도 있고, 작가가 가열차게 좇고자 했던 절대적 진리일 수도 있는 것이다.

(3) 따라서 작품의 내적 문맥뿐만 아니라 당대의 사회와 문화의 문맥까지 고려하여 상징의 의미를 해석하고 평가해야 그 작품의 문학사적 이해와 위상에 대한 적절한 평가가 이루어질 수 있다.

3 문화적 상징의 사례

(1) 이육사, 「절정」

> 매운 계절(季節)의 채찍에 갈겨
> 마침내 북방(北方)으로 휩쓸려 오다
>
> 하늘도 그만 지쳐 끝난 고원(高原)
> 서릿발 칼날진 그 위에 서다
>
> 어디다 무릎을 꿇어야 하나.
> 한 발 재겨 디딜 곳조차 없다.
>
> 이러매 눈 감아 생각해 볼밖에
> 겨울은 강철로 된 무지갠가 보다.
>
> — 이육사, 「절정」 —

① 이육사는 「절정」에서 '무지개'라는 자연물이 갖는 원형 상징을 바탕으로 일제에 대한 저항의 의지와 미래에 대한 희망을 제시하고 있다.
② 매운 추위가 지나가면 봄이 찾아올 것이라는 상상은 채찍처럼 그리고 서릿발 칼날처럼 폭력적으로 다가오는 일제 강점기의 조국일지라도 광복(光復)이라는 봄을 막지는 못할 것이라는 시인의 소망과 의지가 투사된 의미로 전환된다.
③ 봄을 맞기 위해 시인은 「광야」에서 희망을 잉태한 노래의 씨를 뿌리는데 이는 곧 자연의 순리처럼 광복의 노래로 개화할 것이며, 반드시 그 노래를 부를 초인이 올 것이라는 의지적 기다림이 반영되어 있다.

(2) 윤동주, 「십자가」

> 종소리도 들려오지 않는데
> 휘파람이나 불며 서성거리다가
>
> 괴로웠던 사나이,
> 행복한 예수 그리스도에게
> 처럼
> 십자가가 허락된다면
>
> 모가지를 드리우고
> 꽃처럼 피어나는 피를
> 어두워 가는 하늘 밑에
> 조용히 흘리겠습니다.
>
> — 윤동주, 「십자가」 중에서 —

① 윤동주는 자신의 시 「십자가」에서 그리스도와 십자가라는 종교적 상징을 통해 예수의 구원과 희생의 이미지를 드러내고, 이를 통해 시대와 민족을 구원할 시인의 이미지를 만들어 내고 있다.

② 윤동주는 「십자가」의 전반부 "첨탑이 저렇게 높은데 어떻게 올라갈 수 있을까요" 부분에서 서성이는 화자와 높은 첨탑 사이에 이상과 현실의 내적 갈등을 보여주지만, 곧 "꽃처럼 피어나는 피를 흘리오리다" 부분에서 스스로 예수 그리스도처럼 희생을 통해 민족과 역사를 구원하겠다는 메시지를 식민지 시대의 독자들에게 보여주고 있다.

(3) 고정희, 「이 시대의 아벨」

> 음탕한 왕족들로 가득한 소돔과 고모라야.
> 너희 식탁과 아벨을 바꿨느냐
> 너희 침상과 아벨을 바꿨느냐
> 너희 교회당과 아벨을 바꿨느냐
> 독야청청 담벼락과 아벨을 바꿨느냐
> 회칠한 무덤들, 이 독사의 무리들아
> 너희 아벨은 어디에 있느냐
>
> 하느님은 민중 아벨의 죽음,
> 상품으로 팔아넘길 수 있는
> 육신과 지식을 갖지 못하고,
> 억압받고 착취당하며 소외받는 그늘에서
> 널브러져 신음하고 있는 아벨의 참상 앞에서
> 오열하고 함께 고통 받고 계신다.
>
> — 고정희, 「이 시대의 아벨」 중에서 —

고정희는 「이 시대의 아벨」에서 1980년대 초의 당대 사회를 구약성경에 등장하는 상징적 인물인 아벨을 죽인 어둠의 시대로 인식하고 있다. 종교적 상징인 선과 악의 대비, 즉 아벨로 표상되는 죄없이 핍박당하는 자와 '너희'로 지칭되는 '독사의 무리'의 도덕적 대립을 통해 당대 정치의 부정과 악의를 상징하고자 했다.

4 문화적 상징의 의의

D. M. 라스무센은 『상징과 해석』에서 사회, 정치적 상징이 지닌 변혁적 가능성에 주목하고 있다. 그에 따르면 유토피아적 상징체계는 반성적 의식을 강화하고 가능한 미래 세계의 의미와 윤곽을 제시함으로써 집단의식을 고양시키고 미래를 향해 스스로를 투사할 수 있게 한다. 뿐만 아니라 상징은 군집성을 지닌 의사집단을 변혁의 주체로 변화시킬 수 있는 힘을 지닌다고 한다. 이는 상징이 개인의 언어를 넘어서는 거대한 무의식의 에너지를 갖고 있기 때문이다. 즉 이육사의 시에서 식민지 시대 '강철로 된 무지개'란 도달할 수 없는, 혹은 힘든 소망의 세계를 의미할 수 있었는데, 이는 '백마 타고 오는 초인'의 이미지처럼 낭만적인 꿈과 동경을 바탕으로 한 민족의 염원으로 극복될 수 있게 된다. 다시 말해 시인과 독자는 정치적 억압을 경험하고 문화적 상징을 공유하면서 희망의 메시지를 소통하고 있는 것이다.

제4편 실전예상문제

01 '비유'는 원관념과 보조관념이 유사성으로 연결이기 때문에 유추가 가능한 반면, '상징'은 작가의 무한한 상상력을 바탕으로 하기 때문에 원관념과 보조관념을 연결짓기가 어려운 특성이 있다.

01 다음 중 괄호 안에 들어갈 말을 순서대로 짝지은 것은?

(㉠)은(는) 함축성이 아무리 강한 경우에도 그 상상력의 뿌리에 대한 유추가 가능하다. 그러나 (㉡)은(는) 대체로 실체가 잡히지 않는데. 그 동기 자체가 우리 자신의 의식이 뿌리를 내린 광막한 영역을 거느리고 있기 때문이다.

	㉠	㉡
①	지각	비유
②	상징	지각
③	상징	비유
④	비유	상징

02 리처즈는 비유가 표현하고자 하는 주된 요소, 곧 기본적인 생각을 '주지'라고 명명하고, 주지를 구체화하거나 변용 전달하는데 사용되는 말을 '매체'라 명명하였다.

02 비유가 표현하고자 하는 주된 요소, 기본적인 생각을 일컫는 리처즈의 용어는?

① 주지
② 매체
③ 상징
④ 종개념

정답 01 ④ 02 ①

03 비유를 이루는 두 개의 요소가 서로 대등하게 작용하는 상태를 유지하는 경우를 P. 휠라이트는 어떤 용어로 설명했는가?

① 단일 비유
② 확충 비유
③ 병치 비유
④ 죽은 비유

03 휠라이트는 시에서 은유의 진수는 의미의 옮겨놓기가 아니라 병치, 즉 마주놓기의 관계에서만 보다 철저히 밝혀질 수 있음을 지적하고 있다.

04 K. 버크가 말한 비유의 네 가지 중요 유형에 속하는 것은?

① 의인법
② 직유
③ 환유
④ 알레고리

04 K. 버크는 그의 글에서 비유의 중요 유형으로 은유(隱喩), 아이러니와 함께 환유와 제유를 들고 있다. 그에 따르면, 우리 자신의 현실이 이들 네 유형의 비유에 집약, 응축되어 있다는 것이다.

05 부분으로 전체를 나타내거나 전체를 부분으로 대치시키는 비유법은?

① 은유
② 직유
③ 제유
④ 아이러니

05 제유는 대유법의 하위 범주로, 전체를 그 전체의 일부분으로 혹은 일부분을 그 전체로 표현하는 것이다. 즉 어떤 사물의 부분 또는 특수성을 나타내는 단어로써 그 사물의 전체 또는 일반성을 대신하는 비유를 말한다.

06 숨기고 있는 주지와 드러난 매체가 거의 일대일의 지시적인 관계를 맺고 있어 지시하는 대상을 단일하고 노골적으로 드러내는 수사법은?

① 아이러니
② 알레고리
③ 제유
④ 환유

06 알레고리는 상징의 암시성과는 달리 지시하는 대상이 거의 정확성을 갖는다는 것이다. 즉 상징이 숨겨진 원관념의 암시성과 다양성으로 인하여 여러 의미들을 내포하는 반면에 알레고리는 숨기고 있는 원관념과 드러난 보조관념이 거의 일대일의 지시적인 관계를 갖는다.

정답 03 ③ 04 ③ 05 ③ 06 ②

07 상징은 그 형성 풍토나 문화적 토대에 밀착되어 있는데 에리히 프롬은 이를 '상징적 방언'이라고 규정한 바 있다.

07 상징의 뜻이 형성 풍토와 문화적 토대에 밀착되어 있음을 설명하며 '상징적 방언'이란 용어를 규정한 사람은?
① E. 프롬
② W. 어번
③ C. 브룩스
④ R. 세몬

08 알레고리는 의미를 은유적으로 전하는 표현 양식으로 우의·풍유를 말한다. 그리스어로 'Allos(다른)'와 'Agoreuo(말하기)'가 합성된 '알레고리아(Allegoria, 다른 것으로 말하기)'에서 유래했으며, 구체적인 대상을 이용하여 추상적인 개념을 표현하는 형식이다.

08 괄호 안에 공통으로 들어갈 문학 용어로 옳은 것은?

> 상징과 비슷한 성격을 갖는 (   )는 우리말로 우유(寓喻) 혹은 풍유(諷諭)라고 번역되는데 그 어원인 'allegorein'의 뜻은 '다른 것을 말한다'는 것이다. 상징이 다른 어떤 것을 대신한다는 점을 생각할 때 (   )와 상징은 비슷하다.

① 알레고리
② 패러독스
③ 아이러니
④ 컬렉티브

09 알레고리와 상징은 비슷하다. 형태 또한 상징처럼 원관념을 숨기고 보조관념만 내세우고 있는 은유의 형태이기 때문에 브룩스와 워렌은 『시의 이해』에서 알레고리를 때때로 '확대된 은유'라고 보았다.

09 다음 중 괄호 안에 들어갈 문학 이론가를 순서대로 짝지은 것은?

> 알레고리는 상징처럼 원관념을 숨기고 보조관념만 내세우고 있는 은유의 형태이기 때문에 (㉠)와(과) (㉡)은(는) 『시의 이해』에서 알레고리를 때때로 '확대된 은유'라고 보았던 것이다.

	㉠	㉡
①	프롬	리처즈
②	브룩스	워렌
③	휠라이트	버크
④	프레이저	세몬

정답 07 ① 08 ① 09 ②

10 『황금가지』라는 저서를 통해 인류의 무수한 신화를 추적하여 주술과 종교의 근원을 탐구하고, 세계 각지의 신화, 전설, 민담들을 집대성해 놓은 사람은?

① C. G. 융
② C. 브룩스
③ J. G. 프레이저
④ P. 휠라이트

10 프레이저는 자신의 저서 『황금가지』에서 신화란 제의(祭儀)가 이야기의 형태를 취한 것이며, 세계 여러 나라의 신화들은 서로 공통적인 요소를 많이 가지고 있다고 밝히면서 모든 민족의 신화들을 서로 잇고 있는 상관관계에 대하여 깊이 검토해 보였다.

11 다음 중 '원형적 상징'에 대한 설명으로 옳지 않은 것은?

① 인류 전체에 동일한 의미로서 보편성을 띤다.
② 인간들의 영원한 표상으로 인간의 의식 속에 공통적으로 자리해 있다.
③ 심층심리학 연구가 이루어지면서 중요한 개념으로 자리잡았다.
④ 인습적이고 관습적인 문화·의미권적 상징이라 할 수 있다.

11 같은 문화권이나 풍습, 환경 속에 공유하면서 보편성을 띠는 상징으로, 인습적이고 관습적인 문화·의미권적 상징이라 할 수 있은 것은 '대중적 상징'이다.

12 원형적 상징을 문예비평에서 중요한 개념으로 자리 잡게 한 두 사람은 누구인가?

① 랭거, 리처즈
② 브룩스, 휠러
③ 휠라이트, 버크
④ 프레이저, 융

12 원형적 상징은 프레이저(J. G. Frazer, 1854~1941)의 방대한 저서 『황금가지(The Golden Bough)』와 융(C. G. Jung, 1875~1961)을 중심으로 한 심층심리학 연구가 이루어짐에 따라 문예 비평에서 중요한 개념의 하나로 간주되게 되었다.

13 다음 중 은유에 대한 여러 이론 중 성격이 다른 하나는?

① 두 개념 간의 단순한 대치나 생략이 아니라 강한 밀착관계를 보인다.
② 두 개념 간의 상호작용에 의한 의미의 변질이 일어난다.
③ 지금까지의 관념과는 다른 새로운 관념이 탄생한다.
④ 글자 그대로의 표현 대신에 쓰이는 것이다.

13 은유에 대한 '상호작용이론'은 은유가 두 개념 간의 단순한 대치나 생략이 아니라 직유보다 더 강한 밀착관계를 보이며, 두 개념 간의 상호작용에 의한 의미의 변질이 일어난다는 견해이다. 은유적 표현이 그와 동등한 글자 그대로의 표현 대신에 쓰이는 것이라고 본 것은 '대치이론'이다.

정답 10 ③ 11 ④ 12 ④ 13 ④

14 리처즈는 비유의 원리를 주지와 매체의 상호작용 관계로 설명하면서 주지와 매체 사이의 상이성이 크면 클수록 시적 긴장도가 높아져 좋은 비유가 된다고 한 바 있다.

14 다음 설명에서 괄호 안에 들어갈 가장 적절한 용어는?

> 이육사 시의 "겨울은 강철로 된 무지개"(「절정」)와 기형도 시의 "하늘에는 벌써 튀밥 같은 별들이 떴다"(「위험한 가계・1969」)라는 표현은 매우 참신한 시적 비유인데, "겨울"과 "무지개", "튀밥"과 "별"은 (   )이 두드러져 보이는 대상이기 때문이다.

① 함축성
② 상이성
③ 유사성
④ 비물질성

15 곽재구의 「사평역에서」는 "불빛"이 지는 원형 상징적 의미를 충실하게 드러냈다. 원형 상징에서 '빛'은 정신적이며 영적 특성을, '불'은 창조와 희망을 상징하는데, 이 시에서는 '불빛'을 매개로 개인적 삶에 대한 반성적 성찰을 하면서 이를 통해 서로에 대한 정서적 공감을 바탕으로 불확실한 미래에 대한 희망을 제시하고 있다.

15 다음 중 원형상징을 잘 활용한 작품은?

① 서정주, 「국화 옆에서」
② 곽재구, 「사평역에서」
③ 한용운, 「군말」
④ 기형도, 「조치원」

정답 14 ② 15 ②

16 다음 시에 나타난 비유의 원리를 가장 적절히 해명할 수 있는 것은?

> 오늘 낮, 차들이 오고 가는 큰길 버스 정류장에
> 10원짜리 동전 하나가
> 길바닥에 떨어져 뒹굴고 있었다.
>
> 육중한 버스가 멎고 떠날 때
> 차바퀴에 깔리던 동전 하나
> 누구 하나 허리 굽혀
> 줍지도 않던
> 테두리에 녹이 슨 동전 한 닢
>
> 저녁에 집에 오니 석간이 배달되고
> 그 신문 하단에 1단짜리 기사
> 눈에 띌 듯 띄지 않던
> 버스 안내양의 조그만 기사
>
> 만원 버스에 시달리던 그 소녀가
> 승강대에 떨어져 숨졌다 한다.
>   - 김명수, 「동전 한 닢」 전문 -

① 단일 비유
② 치환 비유
③ 병치 비유
④ 확충 비유

16 이 작품에서는 10원짜리 동전 한 닢과 버스 안내양이 1:1로 병치되어 있다. 언뜻 보기에는 이질적인 두 대상이지만, 두 대상 모두 누구 하나 관심을 갖지 않는다는 점에서 동일성이 있다. 즉 동전 한 닢을 버스 안내양으로 전이시키는 신선한 방법으로 새로운 의미를 획득하는 '병치 비유'인 것이다.

정답 16 ③

17 아리스토텔레스는 『시학』에서 비유를 크게 네 개의 유형으로 나누며, 네 번째 유비관계에 의한 전용을 말하면서, 표준의미에서 거리가 먼 비유, 곧 전이의 정도가 심하면 심할수록 그 비유는 기능적이 된다고 말했다. 즉 비유의 질은 전이의 폭에 의해 결정된다고 할 수 있다.

18 병치 비유의 대표작으로는 「주름간 대리석」과 「동전 한닢」이 대표적이다. 김종삼의 「주름간 대리석」은 '달빛 드는 낡은 구조의 대리석'과 마당한 구석에 내려앉는 '한잎 두잎의 잎사귀'를 일대일로 병치하고 있고, 「동전 한닢」은 10원짜리 동전과 버스 안내양을 일대일로 병치하고 있다.

19 P. 휠라이트는 언어의 긴장감의 정도에 따라서 상징을 크게 두 유형으로 구분했다. 그 하나가 협의상징이며, 다른 하나가 장력상징이다. 본래 상징의 의미는 사회적 관습에 따라 어느 정도 정착되어 간다. 협의상징이란 한 사회나 조직에서 되풀이되어 사용되어 온 것으로 그 의미해석의 테두리가 정해져 있는 것을 가리킨다. 카시러(E. Cassirer)는 상징과 기호를 구별하였다.

정답 17 ② 18 ① 19 ④

---

17 다음 설명에서 괄호 안에 들어갈 적절한 용어는?

> 표준 의미에서 거리가 먼 비유, 곧 (　)의 정도가 심하면 심할수록 그 비유가 기능적일 수 있다는 점이다. '책상다리'에서 우리는 (　) 내지 '낯설게 만들기'의 개념조차 자극받지 못한다. 그러나 '하나님' → '놋쇠 항아리'의 (　)을(를) 통해서는 신선한 충격을 얻는다. 따라서 비유의 질은 (　)의 폭에 의해 결정된다는 이야기가 가능하다.

① 압축
② 전이
③ 자의성
④ 동일성

18 다음 중 병치 비유가 잘 드러난 시끼리 묶은 것은?

① 김종삼의 「주름간 대리석」, 김명수의 「동전 한닢」
② 유치환의 「깃발」, 김명수의 「동전 한닢」
③ 김광섭의 「산」, 김종삼의 「한 마리의 새」
④ 유치환의 「깃발」, 김종삼의 「주름간 대리석」

19 다음 중 상징에 대해 논의한 이론가와 그 내용이 바르게 짝지어지지 않은 것은?

① P. 리쾨르 – 상징 해석의 두 입장을 '해석학의 갈등'으로 규정하고 둘 간의 변증법적 대립을 통해 지양, 극복이 이루어져야 한다고 보았다.
② E. 프롬 – 상징의 뜻이 그 형성 풍토나 문화적 토대에 밀착되어 있는 상징적 방언으로 나타난다고 보았다.
③ R. 세몬 – 지속이나 변화를 의식의 문제로 보고 유기적 기억생물학으로서 상징적 시간을 설명했다.
④ E. 카시러 – 협의상징과 장력상징을 구분하여 상징의 이원성에 주목하였다.

20 다음 시에서 원형적 상징의 의미로 해석될 수 있는 시어는?

> 매운 계절(季節)의 채찍에 갈겨
> 마침내 북방(北方)으로 휩쓸려 오다
>
> 하늘도 그만 지쳐 끝난 고원(高原)
> 서릿발 칼날 진 그 위에 서다
>
> 어디다 무릎을 꿇어야 하나.
> 한 발 재겨 디딜 곳조차 없다.
>
> 이러매 눈 감아 생각해 볼밖에
> 겨울은 강철로 된 무지갠가 보다.
>
> － 이육사, 「절정」 －

① 북방(北方)
② 고원(高原)
③ 무릎
④ 무지개

20 이육사의 「절정」에서는 '무지개'라는 원형 상징을 바탕으로 일제에 대한 저항의 의지와 미래에 대한 희망을 제시하고 있다.
① '북방(北方)'은 수평적 한계상황을 상징한다.
② '고원(高原)'은 수직적 한계상황을 상징한다.
③ '무릎'은 간절한 소망과 기원을 상징한다.

정답 20 ④

교육은 우리 자신의 무지를 점차 발견해 가는 과정이다.

– 윌 듀란트 –

제 5 편

아이러니(Irony)와 역설(Paradox)

제1장	아이러니와 역설의 구별
제2장	아이러니
제3장	역설
실전예상문제	

| 단원 개요 |

이 단원에서는 아이러니와 역설에 대해 설명한다. 아이러니의 정신과 어원을 밝히고, 아이러니의 원리에 대해 표면적 자아와 이면적 자아를 바탕으로 분석한다. 또한 아이러니의 유형과 기능을 분류하고, 아이러니와 관련된 여러 이론가들의 주장에 대해서도 밝히고 있다. 한편 아이러니와 구별이 필요한 역설에 대해서도 설명하면서 역설의 개념과 종류, 그리고 역설의 효과에 대해서도 서술한다.

| 출제 경향 및 수험 대책 |

아이러니에서 사용되는 용어에 대해 묻거나 아이러니를 종류별로 분류하고 해당 작품을 묻는 문제가 출제되고 있다. 또한 아이러니에 대한 여러 이론가들의 주장을 묻는 문제 역시 단골 출제되는 중요 유형이다. 역설에 대해서는 심층적 역설과 표층적 역설의 차이를 확인하거나, 작품을 제시하고 역설 표현을 찾는 문제를 출제하는 경향이 많이 나타난다.
아이러니와 역설을 구별하는 훈련이 되어 있어야 하고, 아이러니 또는 역설에 대해 말한 여러 이론가들의 주장을 낱낱이 확인하여 암기하여 한다. 또한 일상생활에서 문학 작품을 감상하며 작품과 가까워지는 노력을 하고, 직접 아이러니와 역설을 찾아내는 연습을 통해 아이러니와 역설의 효과를 체득하여야 한다.

보다 깊이 있는 학습을 원하는 수험생들을 위한
시대에듀의 동영상 강의가 준비되어 있습니다.
www.sdedu.co.kr ➜ 회원가입(로그인) ➜ 강의 살펴보기

제 1 장 | 아이러니와 역설의 구별

1 아이러니와 역설 구별의 애매성

아이러니와 역설(패러독스)의 구별은 아주 애매하다. 이 두 개념이 서로 비슷한 의미 지향을 보여주고 이 용어를 사용한 각 시대의 문인들이 개념 규정을 명확히 하지 않은 채 혼용하여 사용하여 왔기 때문이다. 서로 모순되는 의미, 상반하는 가치를 제시한다는 점에서 패러독스는 아이러니와 동일하다. 그러나 엄밀한 관점에서는 다르다. 패러독스는 언어 진술 그 자체에 모순이 있지만 아이러니는 진술된 언어와 그것에 의해서 지시된 대상 혹은 숨겨진 의미 사이에 모순이 있기 때문이다. 그래서 관습적으로 패러독스는 아이러니의 하위 개념 혹은 한 특성으로 간주되기도 했다. 그러나 아이러니가 수사학적 개념인 '말의 아이러니'라는 범주를 벗어나 플롯, 성격 등 근본적인 문학관에까지 확산된 데 비해 패러독스는 진술의 영역에서 크게 벗어나지 못한 것이 사실이다.

2 패러독스와 아이러니 혼동의 배경

(1) 신비평가들, 클리언스나 브룩스가 명확한 개념 규정 없이 이들 용어를 사용했기 때문이다. 브룩스는 「아이러니와 아이러닉한 시」라는 논문에서 아이러니를 보다 원초적이고 순수한 개념으로 환원시키려는 노력을 보여주긴 했어도 그의 논문 「역설의 언어」에서 그는 역설의 정확한 개념 규정 내지 아이러니와의 차이점에 대해 전혀 언급을 않은 채 같은 뜻으로 사용했다.

(2) 클리언스와 브룩스를 포함한 신비평가들의 시에 대한 기본 태도가 리처즈의 아이러니의 개념에서 크게 다르지 않았기 때문이다. 리처즈의 아이러니는 '모순의 조화(심리학적 측면에서)'를 본질로 함에 비해서 브룩스의 패러독스는 '모순의 초월(존재론적 측면에서)'을 본질로 한다고 말할 수 있다.

제 2 장 아이러니

1 아이러니의 정신

언어는 우리가 이질적인 두 사물을 연결하는 유사성을 지각하거나 반대로 유사한 두 사물을 분리시키는 차이성을 지각하는 데 기여한다. 언어의 이 두 가지 양상은 시에서 각기 '비유적 비교'와 '반어적 대조'의 형식을 취한다.[1]

(1) 비유의 특징

유사성의 발견은 언어의 중요한 기능이다. 여기서 비유의 시가 탄생되는 것이다. 서로 다른 사물들 사이에서 동일성을 찾아내는 것은 성숙한 마음(현실의 복잡성을 관조할 수 있는 마음)의 전형적 직분이다.

> 물 먹는 소 목덜미에
> 할머니 손이 얹혀졌다
> 이 하루도
> 함께 지났다고
> 서로 발잔등이 부었다고
> 서로 적막하다고.
>
> — 김종삼, 「묵화」 —

'소'에게는 하루 종일 멍에를 쓰고 써레나 쟁기를 끌었을 목덜미가 있고, 할머니에게는 굳은살이 박이고 주름진 손이 있다. 즉, 육체적으로 힘겹고 정신적으로 적막한 하루의 삶을 함께하는 유사성이 지각된다.

(2) 아이러니의 특징

아이러니는 유사성이 관습적으로 지속되고 있는 상황들 속에서 그 유사성의 부정으로부터 출발한다. 유사성의 부정은 자아와 세계의 차이성에 대한 관심의 집중 현상이다. 아이러니는 '거리'의 정신이며 객관적 정신이다. 여기서 '거리'는 자아와 세계 사이의 외적 거리인 동시에 분열된 자아들 사이의 내적 거리도 포함한다. 이런 점에서 아이러니는 비서정적 성격을 본질로 한다.

---

[1] 비유와 아이러니는 서로 대립되면서 시어의 이중적 토대가 되고 중요한 시적 장치가 된다.

> 거울속에는소리가없소
> 저렇게까지조용한세상은참없을것이오
>
> 거울속에도내게귀가있소
> 내말을못알아듣는딱한귀가두개나있소
>
> 거울속의나는왼손잡이오
> 내악수를받을줄모르는—악수를모르는왼손잡이요.
>
> — 이상, 「거울」 중에서 —

1930년대 이상의 지성은 자신마저 분석하는 철저한 아이러니 정신에 입각해 있으며, 그리하여 자의식이 넘쳐흐르는 자아분열을 전형적으로 보이고 있다. '거울 속의 나'와 '거울 밖의 나'로 자신을 분리시키는 이상의 자의식은 아이러니 정신의 한 극점이다.

(3) 아이러니의 정신

아이러니의 정신은 실제의 세계를 분석하고 비판하는 산문정신이며, 원래가 서사적 비전이다. 이것은 대상에 대한 이화작용의 소외효과를 창조하며 비판적 기능을 나타낸다.

> 학생들의 교복이
> 자율화된 시대
> 운전기사 강씨네는
> 차고에 딸린 두 칸짜리
> 연탄 방에 산다.
> 마누라는 안집의 빨래를 해주지만
> 밥은 따로 해 먹는다.
> 미스터 강은 레코드 로얄을 끈다.
>
> — 김광규, 「이대(二代)」 중에서 —

이 작품이 환기하는 소외감은 말할 필요 없이 산업사회에 극심하게 나타난 계층 간의 갈등에서 비롯된 것이다. 이런 점에서 상충, 대조를 본질로 하는 아이러니는 거의 필연적으로 현대의 산업사회에서 가장 잘 대응하는 문학적 장치가 되는 것이다.

2 아이러니의 어원

(1) 아이러니의 유래

문학적 장치로서 아이러니는 '변장'(dissimulation)의 뜻을 가리키는 희랍어 '에이로네이아(eironeia)'에서 유래했다. 어원적 의미로 보면 아이러니는 변장의 기술이다. 남을 기만하는 변장의 기술이라는 뜻은 아리스토텔레스의 「윤리학」에 나타나 있다. 아리스토텔레스는 여기서 세 가지 타입의 인간성을 제시하고 있다. 허풍선이처럼 자기를 실제 이상의 존재인 것처럼 가장하는 인간과 이와 반대로 자신을 실제보다 낮추어 말하는 인간 그리고 이 양자 사이에 존재하는 중용의 인간, 곧 자기를 있는 그대로 말하는 진실한 인간이 그것이다. 윤리적 가치 기준은 '진실성'에 있으므로 앞의 두 인물은 다 같이 기만적인 인물로 처리될 수밖에 없다. 자신과 사물을 과장하거나 과소하게 말하는 것은 모두 변장의 부도덕한 행위가 된다. 그러나 문학에서 중요시되고 문제가 되는 것은 이 두 기만적 인물이다.

(2) 에이런(Eiron)과 알라존(Alazon)

고대 희극은 아리스토텔레스가 분류한 두 가지 타입의 인물에 각각 '에이런(Eiron)'과 '알라존(Alazon)'이란 이름을 부여하여 주인공으로 채택했다. '에이런'은 약자이지만 겸손하고 현명하다. '알라존'은 강자이지만 자만스럽고 우둔하다. 이 양자의 대결에서 관객의 예상을 뒤엎고 약자인 '에이런'이 강자인 '알라존'을 물리쳐 승리한다. 이렇게 패배할 듯 보이는 인물이 오히려 승리하게 되고, 표면에 드러난 의미가 숨겨진 의미에 의해서 전도되는 그리스 희극의 본질로부터 그 주인공 '에이런'의 이름에 어원을 둔 '에이러네이아(eironeia)'라는 말이 생겨났고, 이게 '아이러니'로 이어진 것이다.

3 아이러니의 원리 중요

(1) 표면적 자아와 이면적 자아

아이러니의 시에는 두 개의 퍼소나[2], 즉 두 개의 시점이 등장한다. '에이런'의 시점과 '알라존'의 시점이 그것이다. 원칙적으로 '알라존'은 표면에 나타나고 '에이런'은 뒤에 숨어 있다.

표면에 나타난 퍼소나, 즉 '알라존'은 시인이 전적으로 공감하지 않은 사상과 시점을 가진 목소리를 낸다. 그것은 시인이 실제로 지니고 있지 않은 태도를 가장한 것이다. 이런 분리의식은 독자도 공유한다. 이런 점에서 아이러니는 이중성과 복합성으로서 '종합'의 원리를 지니고 있으면서도 동시에 '분리, 단절'의 원리를 지니고 있다고 볼 수 있다.

(2) 퍼소나의 이중성과 공시성

이처럼 아이러니의 시에는 무엇보다도 두 개의 시점이 필수적이다. 아이러니는 대립되는 두 개의 퍼소나가 공존하는 동시성을 요구한다. 그리고 이런 이중성과 공시성은 '속임수에 의한 비판'이다. 다시 말

---

[2] 가면을 뜻하는 라틴어 퍼소난도(personando)에서 유래한 연극 용어로, 뚜렷한 인물 혹은 개성을 가리킨다.

하면 표면에 나타난 퍼소나의 시점을 가면으로 하여 이면에 숨은 퍼소나(이것은 시인의 시점과 동일시된다)가 현실을 비판하는 것이 아이러니이다.

> 이 세상은 나의 자유투성이입니다. 사랑이란 말을 팔아서 공순이의 옷을 벗기는 자유, 시대라는 말을 팔아서 여대생의 옷을 벗기는 자유, 꿈을 팔아서 편안을 사는 자유, 편한 것이 좋아 편한 것을 좋아하는 자유, 쓴 것보다 달콤한 게 역시 달콤한 자유, 쓴 것도 커피 정도면 알맞게 맛있는 자유.
>
> 세상에는 사랑스런 자유가 참 많습니다. 당신도 혹 자유를 사랑하신다면 좀 드릴 수는 있습니다만.
> — 오규원, 「이 시대의 순수시」 중에서 —

이 작품에서는 시인의 시점과 공유하는 '에이런'은 표면에 나타나지 않고 감추어져 있다. '에이런'은 "공순이의 옷을 벗기는", "여대생의 옷을 벗기는", "꿈을 팔아서 편안을 사는", "편한 것을 좋아하는" 그 모든 사이비 자유를 진정한 자유로 오인하고 있는 표면적 화자, 곧 '알라존'을 가면으로 쓰고 있다. 그래서 이 작품의 어조가 반어적임을 쉽게 간파할 수 있다.

(3) 퍼소나를 통해 본 어조의 복합성

난해한 시를 많이 접해 온 독자라면 김명수의 「하급반 교과서」에서 서술의 단순성, 평이성, 간결성에 우선 흥미를 느낄 것이다. 그러나 이 작품은 역설적으로 그 단순성 속에 모호성을 감추고 있다. 그러면 이 작품의 모호성은 무엇인가? 그것은 바로 아이러니이다. 이것은 시인이 설정한 어조의 복합성에 근거한다. 어조의 복합성은 첫 연의 퍼소나와 이와 전혀 대립되는 둘째 연의 퍼소나를 설정한 점이다.

> 아이들이 큰소리로 책을 읽는다.
> 나는 물끄러미 그 소리를 듣고 있다.
> 청아한 목소리로 꾸밈없는 목소리로
> "아니다 아니다"라고 읽으니
> "아니다 아니다" 따라서 읽는다.
> "그렇다 그렇다!"라고 읽으니
> "그렇다 그렇다" 따라서 읽는다.
> 외기도 좋아라 하급반 교과서
> 활자도 커다랗고 읽기에도 좋아라
> 목소리 하나도 흐트러지지 않고
> 한 아이가 읽는 대로 따라 읽는다.
>
> 이 봄날 쓸쓸한 우리들의 책읽기여
> 우리나라 아이들의 목청들이여.
>
> — 김명수, 「하급반 교과서」 중에서 —

첫 연의 화자는 알라존이다. 알라존의 밝고 명랑한 어조가 첫 연을 지배한다.

> 외기도 좋아라 하급반 교과서
> 활자도 커다랗고 읽기에도 좋아라
> 목소리 하나도 흐트러지지 않고
> 한 아이가 읽는 대로 따라 읽는다

이 화자는 감각적인 세계 속에서만 살고 있는, 논리성이 부족한 어린이와 같다. 그의 시점은 철저하게 바보스럽다. 이 순진무구한 얼간이는 분명히 비도덕적인 현실의 구조를 제대로 파악하지 못하고 있다. 그러나 둘째 연에 오면 이 얼간이는 온데간데없고 별안간 지적으로 성숙한 성인이 나타난다.

> 이 봄날 쓸쓸한 우리들의 책읽기여
> 우리나라 아이들의 목청들이여.

그의 어조는 첫 연과 대조적으로 어둡고 감상적이다. 어조의 이런 '하강'이 아이러니의 공식이다. 아이러니의 공식인 '어조의 하강(anti-climax)'은 보잘 것 없는 것이 중요한 것을 이을 때, 그러니까 끝에 나타나는 지적이고 정서적인 위축이다. 이런 하강이 고의적인 경우 희극적이고 풍자적인 효과가 발생한다. 이 퍼소나는 첫 연의 퍼소나와 대조적으로 성인의 시선으로 세계를 바라보는 에이런의 역할, 곧 시인의 대리 역할을 수행하고 있다. 퍼소나의 이런 극적 전환이 이 작품을 명백한 아이러니가 되게 한다.

4 아이러니의 유형 중요

상충되는 두 개의 시점, 그러니까 두 개의 화자가 공존하는 것이 아이러니의 기본 원리이지만 비평가에 따라 아이러니의 개념은 다양하게 정의되고 이런 다양한 정의 자체는 아이러니의 분류가 된다.

(1) 언어적 아이러니

수사학적 아이러니로 하나의 진술 속에 상반하거나 반대되는 의미들이 함축되어 있는 경우이다. 가장 일반적인 의미의 아이러니이다. '표현된 것'과 '의미된 것'의 상충에서 오는 시적 긴장이 언어적 아이러니이다. 바꾸어 말하면 이면에 숨겨진 참뜻과 대조되는 발언이 언어적 아이러니라 할 수 있다.

> 북천이 맑다커늘 우장 없이 길을 가니
> 산에는 눈이 오고 들에는 찬비로다
> 오늘은 찬비 맞았으니 얼어잘까 하노라
>
> — 임제, 「한우가」 —

여기서 '찬비'는 중의법으로 사용된 이미지다. 글자 그대로의 찬비이면서 화자가 사랑하는 기생 '한우'를 가리킨다. 따라서 "찬비 맞았으니 얼어잘까 하노라"의 "얼어잘까"는 '뜨겁게 잘까'라는 속마음과 반대되게 표현한 것이다. 그러나 아이러니는 대개, 특히 현대시에서는 풍자의 한 방법으로 채용되고 있다.

(2) 낭만적 아이러니

낭만적 아이러니는 현실과 이상, 유한한 것과 무한한 것, 유한아와 절대아, 자연과 감성 등 이원론적 대립의식에서 발생한 것이다. 19세기 독일의 관념론에서 활발히 논의된 개념으로 문화적 속물주의에 대한 예술적 반항으로서 일어난 낭만적 아이러니는 문학에서도 보편성과 개성, 객관성과 주관성, 내용과 형식, 창조와 파괴, 감성과 이성 따위의 서로 모순된 요소들의 복합체로 존재하고, 이들 대립적인 존재를 지양해서 고차원적인 종합을 추구한다고 생각한 것이다.

> 이것은 소리 없는 아우성.
> 저 푸른 해원을 향하여 흔드는
> 영원한 노스탤지어의 손수건.
> 순정은 물결같이 바람에 나부끼고
> 오로지 맑고 곧은 이념의 푯대 끝에
> 애수는 백로처럼 날개를 펴다.
> 아아 누구던가.
> 이렇게 슬프고도 애달픈 마음을
> 맨 처음 공중에 달 줄을 안 그는.
>
> — 유치환, 「깃발」 —

「깃발」의 시적 화자는 매우 강렬한 어조로 이상 세계의 동경을 보여주다가 별안간 어조를 바꾸어 "아아 누구던가 / 이렇게 슬프고도 애달픈 마음을 / 맨 처음 공중에 달 줄을 안 그는"하고 환멸의 비애 속에 빠진다. 이상 세계의 열렬한 동경은 시적 화자의 한계의식에서 사실상 언제나 환멸로 귀결되기 마련이다. 말하자면 동정 자체가 환멸이다. 그러나 바로 이 점에서 시적 화자는 알라존이 아니라 에이런이다. 왜냐하면 그는 이상 세계의 동경에만 빠져 있는 알라존을 씁쓸하게 비웃고 슬퍼하고 있기 때문이다. 그러면서도 유한한 인간이기에 이상 세계를 무한히 동경하게 마련인 알라존의 어리석음을 그는 객체로서 비웃고 슬퍼할 뿐만 아니라 자신의 내부에 그 본질로서 간직하고 있다. 동경과 환멸이 변증법적으로 서로를 영원화함으로써 「깃발」은 인간 존재의 모순성을 '결과적 확실성'으로 보여준다. 이런 이중적이고 모순된 인간의 존재성 때문에 아이러니는 미학적 가치이기 이전에 존재론적 가치를 띠고 있다.

(3) 내적 아이러니

겸손한 아이러니는 우리에게 보다 친밀감과 실재감을 준다. 이것은 적과의 근본적 유사성을 지니고 있고 이 적을 필요로 하고 이 적에게 빚지고 있으면서 이 적의 밖에서 적을 바라보는 관찰자인 동시에 또한 자기 내부에 그 적을 지니고 있어 자신이 적과 동질적인 것이라는 감각에 의존한다. 인간은 자의식적 존재다. 그는 타인뿐만 아니라 자기 자신마저 대상화하는 존재다. 다시 말하면 「깃발」에서 두 개의 자아란 동일한 시적 자아의 양면이다. 따라서 겸손한 아이러니는 존재론적으로 필수적임을 그리고 이것이 현대 문명인이 진정한 자아를 재발견하는 실마리가 됨을 알 수 있다.

> 가벼운 교통사고를 세 번 겪고 난 뒤 나는 겁쟁이가 되었습니다. 시속 80킬로만 가까워져도 앞 좌석의 등받이를 움켜 쥐고 언제 팬티를 갈아 입었는지 어떤지를 확인하기 위하여 재빨리 눈동자를 굴립니다.
> 산 자도 아닌 죽은 자의 죽고 난 뒤의 부끄러움, 죽고 난 뒤의 팬티가 깨끗한지 아닌지에 왜 신경이 쓰이는지 그게 뭐가 중요하다고 신경이 쓰이는지 정말 우습기만 합니다. 세상이 우스운 일로 가득하니 그것이라고 아니 우스울 이유가 없기는 하지만.
>
> — 오규원, 「죽고 난 뒤의 팬티」 —

이 작품은 도시 소시민의 어리석음을 풍자한 것이다. 첫 연의 화자는 바로 이런 전형적 도시 소시민이다. 자신이 죽고 난 뒤의 팬티가 깨끗한지 아닌지 걱정이 되는 그의 불안은 결국 하잘 것 없고 무의미한 것이다. 둘째 연의 화자는 이런 첫 연의 화자를 비웃고 있는 지적 관찰자다. 그러나 이 두 상반된 화자는 동일한 화자의 양면이다. 첫 연의 적이 바로 자기 자신의 한 분신이다.

지적 관찰자가 비지적 관찰자의 탈을 쓰고 세계를 비판하는 아이러니를 '외적 아이러니'라고 한다면 낭만적 아이러니나 겸손한 아이러니에서는 화자가 바로 자신을 비판하는 내적 아이러니가 된다. 외적 아이러니에서는 어리석음이 외부세계에 있다면 내적 아이러니는 그 어리석음이 자신의 내부에 있다. 즉, 내면적 자아와 외면적 자아의 충돌이 내적 아이러니이다.

(4) 구조적 아이러니(상황적 아이러니)

구조적 아이러니는 지금까지의 아이러니와 다른 차원의 개념을 가진 것이다. 이것은 신비평에서 논의되는 아이러니로서 단적으로 말하면 현대시의 미적 기준인 복합성을 가리킨다. 다시 말하면 한 작품에서 상충, 대조되는 요소들의 종합과 조화의 상태가 구조적 아이러니이다. 아이러니의 시에서 서로 상충, 대조되는 두 시점이나 태도가 공존하듯이 현대시에서는 포괄의 원리(리처즈)란 이름으로, 또는 텐션(테이트), 앰비규어티(엠프슨), 비순수(워렌) 등의 이름으로 복합성을 미적 가치로 내세운다. 상충, 대립되는 요소의 수용을 아이러니로 넓게 해석한다면 아리스토텔레스가 연민의 공포의 상반된 감정을 결합한 형식이라고 정의한 비극작품을 비롯하여 갈등을 포함한 모든 문학에 아이러니의 요소가 내포되어 있다고 말할 수 있다.

구조적 아이러니의 중요한 한 유형은 플롯의 역전 또는 반전, 주인공의 행위가 그가 의도한 것과는 정반대의 결과를 낳는 경우, 주인공은 모르고 있으나 독자는 알고 있는 경우 등을 가리키는 극적 아이러니이다.

> 나 대낮에 꿈길인 듯 따라갔네
> 점심시간이 벌써 끝난 것도
> 사무실로 돌아갈 일도 모두 잊은 채
> 희고 아름다운 그녀 다리만 쫓아갔네
> 도시의 생지옥 같은 번화가를 헤치고
> 붉고 푸른 불이 날름거리는 횡단보도와
> 하늘을 오를 듯한 육교를 건너
> 나 대낮에 여우에 홀린 듯이 따라갔네
> 어느덧 그녀의 흰 다리는 버스를 타고 강을 건너

> 공동묘지 같은 변두리 아파트 단지로 들어섰네
> 나 대낮에 꼬리 감춘 여우가 사는 듯한
> 그녀의 어둑한 아파트 구멍으로 따라 들어갔네
> 그 동네는 바로 내가 사는 동네
> 바로 내가 사는 아파트!
> 그녀는 나의 호실 맞은편에 살고 있었고
> 문을 열고 들어서며 경계하듯 나를 쳐다봤다
> 나 대낮에 꿈길인 듯 따라 갔네
> 낯선 그녀의 희고 아름다운 다리를.
>
> — 장정일, 「아파트 묘지」 —

이 작품 역시 도시의 일상적 삶을 제재로 한 도시시(또는 일상시)이다. 화자가 점심시간 잠시 회사에서 나왔다가 종아리가 희고 아름다운 아가씨를 발견하고 그녀의 뒤를 정신없이 쫓아가는 일상적 사건을 서술하고 있다. 여기서 아가씨의 그 희고 아름다운 종아리는 성적 분위기를 자아내는 일종의 원시주의를 함축한다. 시인이 여우의 변신 모티프를 차용한 것도 이 때문이다. 이 원시주의는 화자의 행위에서 극명하게 나타나 있듯이 무미건조한 도시 세속 문명의 삶에 생명력을 불어넣고 있다. 다시 말하면 이 도시시는 신선하고 발랄한 새로운 서정을 창출해 내고 있다. 이 새로운 도시적 서정은 그러나 무엇보다 화자가 뒤쫓아간 여인이 뜻밖에 같은 아파트에 살고 있음을 발견한 극적 아이러니로 환기되면서 오늘날 도시적 삶의 의미를 더욱 효과적으로 심화시키고 있다.

5 아이러니의 기능

아이러니가 상반되는 두 개의 시점을 갖추고 있다는 것은 궁극적으로 사물을 다면적으로 관찰하는 폭넓은 시야라는 의미로 확대된다. 이런 점에서 아이러니는 '형이상학적' 기능과 '심리학적' 기능으로 분류된다.

(1) 형이상학적 기능

형이상학적 기능이란 제시된 리얼리티의 관찰에 작용되는 것이다. 즉, 아이러니는 버크의 정의처럼 진리를 발견하고 이것을 기술하는 역할이다. 프라이의 경우 인생을 있는 그대로 정확히 포착하는 리얼리즘과 냉혹한 관찰에서 아이러니는 출발한다. 아이러니의 이런 진리인식의 기능은 실제로는 잘 알면서도 표면상 무지를 가장하는 '소크라테스적' 아이러니에 이미 내재하고 있다. 중요한 것은 아이러니가 앞에서 말한 것처럼 에이런과 알라존, 진술된 것과 이면에 숨은 참뜻 사이의 상충·대조라는 이중성을 띠고 있다는 사실이다. 아이러니의 본질인 변장성이란 이중성이며, 이중성은 복잡성이다. 이런 점에서 아이러니의 복합성은 인생의 폭넓은 인식이라고 할 수 있다. 사물과 현실을 여러 시각에서 보면 볼수록 사물과 현실의 리얼리티에 우리는 도달할 수 있는 것이다. 아이러니의 복합성을 극단적으로 확대하면, 아이러니란 모든 인생관과 세계관의 수용이다.

(2) 심리학적 기능

심리학적 기능이란 시인과 독자 사이의 관계에 작용한다. 이것은 시를 정교하게 다듬어진 사물이나 인공물, 또는 시인과 독자라는 두 문명인이 일시적으로 맺는 '계약'으로 인식케 하는 기능이다. 여기서 시인과 독자는 다 같이 세련된 문명인이 된다. 독자로 하여금 지각을 원활하게 하는 것이 아이러니가 지닌 가장 가치 있는 특징 중의 하나가 된다. 독자는 아이러니의 시에서 두 개의 시점을 분석해야 하며, 이면에 숨겨진 것(의미된 것)과 표면에 오도된 것(표현된 것)의 이중의미를 끊임없이 꼬치꼬치 캐어야 한다. 그래서 아이러니의 시에서 독자와 시인 사이에 긴장이 조성된다. 아이러니의 시는 '기지'의 싸움이며, 이 싸움에서 궁극적 승리는 독자와 시인 쪽이 각기 어느 편에 대한 승리가 아니라 제3의 가정적 인물, 즉 알라존에 대한 승리다. 그리하여 아이러니의 시에서는 시인과 독자의 지성이 요청되며, 영리한 독자는 두 개의 (또는 그 이상의) 상충된 어조를 발견해야 하고, 그 이중적이고 복합적인 어조를 느껴야 한다.

6 아이러니와 관련한 여러 이론가 중요

(1) 리처즈
① 아리스토텔레스의 카타르시스 이론과 콜리지의 상상력설에 기초하여 자신의 아이러니에 대한 이론을 구체화한 바 있다.
② 콜리지의 상상력의 본질을 모순하는 두 가지 가치의 조화에서 찾는 것에 주목한다.
③ 모든 훌륭한 시는 구조적으로 아이러니를 내포한다고 말하면서 그것을 **포괄의 시(현대에 바람직한 형태의 시)**라고 명명했다.

(2) 브룩스
아이러니컬한 진술이란 표면적으로 나타난 의미와 어긋나는 의미를 말한다. 또한 아이러니컬한 사건이나 상황은 기대한 것과 실현된 것, 또는 기대와 그 실제, 행위와 보수 사이에 모순, 충돌이 생기는 사건이며 상황이다. 진술의 아이러니이건 사건의 아이러니이건 양자 모두에는 대립의 요소가 개입한다. 아이러니의 어느 형태든 다 같이 시 속에 나타난다. 한편 브룩스는 자신의 저서인 『현대시와 전통』에서 좋은 시의 구조적 특징으로 '기능적 비유'와 '위트', '아이러니' 등을 들었다. 랜섬의 방법에 불만을 품었던 브룩스는 시가 지닌 구조적 특징을 명쾌하게 파악할 장치가 필요하다고 판단했고, 자신의 비평적 표준을 연역해 내는 방법을 영시에서 택해 영시 속의 표준이 될 만한 시작 경향을 제시했다.

(3) D. C. 뮈케
아이러니의 중요 요소로는 순진성 또는 무지의 요소, 실제와 외관의 대조, 희극적인 요소, 거리의 요소, 극적 요소, 심미적 요소를 들 수 있다.

(4) 휠러

① 표면적 진술과 실제 의미의 두 요소는 대조적으로 서로 맞서 작용한다.
② 아이러니를 이루는 두 요소를 인식하는 독자의 감각은 동시 작용의 성격을 지닌다.
③ 아이러니의 문법이나 명백한 기호체계는 존재하지 않는다.
④ 언제나 오해되거나 지나치게 축어적으로 이해될 가능성을 내포한다.
⑤ 축어역과 함축성의 줄다리기 과정을 거쳐야 아이러니를 제대로 이해할 수 있다.
⑥ 아이러니를 쓰는 목적은 비평적인 데 있다. 비평에는 동정과 친절이 내포되어야 한다.
⑦ 아이러니는 언제나 정서적 거리를 두고 있어 냉정한 측면을 지닌다.
⑧ 아이러니의 성격규명을 위해 반대어를 생각할 수 있지만 소득을 얻을 수는 없다. 그 본질은 어떤 말로도 의역하기 어렵다.
⑨ 아이러니는 동치성을 요체로 하기 때문에 그 자체로 있으려 한다.
⑩ 아이러니의 속성을 시점의 문제라고 보고 그 예를 랜섬의 작품(「자네트 깨우기 *Janet Waking*」)에서 구했다.
⑪ 모순과 충돌에서 빚어지는 역학과 이것을 수용해서 새로운 의미차원을 개척하는 독자의 상호작용이 아이러니 근본특질이다.

(5) 웨인 부스

① 독자는 부조화를 인식하여 축어적 의미를 배제해야 한다. 해석이나 설명은 항상 선별적이다.
② 결단이 뒤따르기 마련이며 결단은 작자의 지적 능력이나 신념에 관계된다.
③ 모든 도그마의 붕괴에 의해 세계가 자체로서 지닌 필연적인 무, 혹은 부정을 인식함에 의해서 확고한 것이 지닌 절대성으로부터 자유를 획득한 어떤 것이다(아이러니를 세계를 바라보는 관점으로 이해함).
④ 아이러니는 모순 충돌하는 두 정신세계를 이용한 세계와 인간의식의 한 방식이다.

제3장 역설

1 역설의 개념

역설의 paradox는 'para(초월)+doxa(의견)'의 합성어다. 이것은 아이러니와 함께 고대 그리스에서 수사학의 용어로 이미 사용되어 왔으며, 19세기 낭만주의 시대에는 아이러니와 혼동되어 사용되었고, 20세기 신비평가인 브룩스(C.Brooks)가 "시의 언어는 역설의 언어이다."라고 하여 현대시의 구조원리로 내세우기까지 했다. 노자의 "바른 말은 얼른 보기에 반대인 것처럼 보인다."라는 진술은 역설의 주목되는 정의로 볼 수 있다. 역설은 자기모순이거나 자기모순처럼 보이는 한 짝의 관념들, 언어들, 이미지들, 태도들을 시인이 제시할 때 발생한다. 휠라이트(P. Wheelwright)는 이 역설을 크게 세 가지 종류로 분류한다. 표층적 역설, 심층적 역설 그리고 구조적 역설, 곧 시적 역설이 그것이다.

2 역설의 종류 중요

(1) 표층적 역설

모순어법(oxymoron)이 바로 표층적 역설에 해당한다. 모순어법은 일상 언어용법에서는 모순되는 두 용어의 결합형태, 곧 수식어와 피수식어 사이의 모순이다.

> • 나는 아직 기다리고 있을 테요, 찬란한 슬픔의 봄을
>
>   – 김영랑, 「모란이 피기까지는」 중에서 –
>
> • 이것은 소리 없는 아우성
>
>   – 유치환, 「깃발」 중에서 –

우리가 흔히 사용하는 '즐거운 비명'처럼 '찬란한 슬픔'이나 '소리 없는 아우성'과 같은 표현은 수식어와 피수식어가 모순관계로 결합되어 있는 역설의 한 형태이다. 이런 모순어법은 우리의 일상적 지각이나 상식을 파괴함으로써 보다 효과적인 진리표현의 수단이 되고 있다.

(2) 심층적 역설

심층적 역설은 종교적 진리와 같이 신비스럽고 초월적인 진리를 나타내는 데 주로 채용되는 역설이다. "도를 도라 하면 도가 아니다."라는 노자의 진술 자체는 벌써 역설이다. 가장 많이 인용되고 있는 색즉시공, 공즉시색의 구절처럼 특히 불교는 진리의 효과적인 전달을 위해 역설을 채용하고 있다. 만해 한용운의 시에서 많은 역설을 볼 수 있는 것은 결코 놀라운 일이 아니다.

> 님은 갔습니다. 아아 사랑하는 나의 님은 갔습니다.
> 푸른 산빛을 깨치고 단풍나무 숲을 향하여 난 작은 길을 걸어서 차마 떨치고 갔습니다.
> 황금의 꽃같이 굳고 빛나던 옛 맹서는 차디찬 티끌이 되어서 한숨의 미풍에 날아갔습니다.
> 날카로운 첫 키스의 추억은 나의 운명의 지침을 돌려놓고, 뒷걸음 쳐서, 사라졌습니다.
> 나는 향기로운 님의 말소리에 귀먹고 꽃다운 님의 얼굴에 눈멀었습니다.
> 사랑도 사람의 일이라, 만날 때에 미리 떠날 것을 염려하고 경계하지 아니한 것은 아니지만, 이별은 뜻밖의 일이 되고 놀란 가슴은 새로운 슬픔에 터집니다.
> 그러나 이별을 쓸데없는 눈물의 원천으로 만들고 마는 것은 스스로 사랑을 깨치는 것인 줄 아는 까닭에, 걷잡을 수 없는 슬픔의 힘을 옮겨서 새 희망의 정수박이에 들어부었습니다.
> 우리는 만날 때에 떠날 것을 염려하는 것과 같이, 떠날 때에 다시 만날 것을 믿습니다.
> 아아 님은 갔지마는 나는 님을 보내지 아니하였습니다.
> 제 곡조를 못 이기는 사랑의 노래는 님의 침묵을 휩싸고 돕니다.
>
> — 한용운, 「님의 침묵」 —

운명의 전환으로 일대 역전이 일어나기까지 화자는 임과 이별한 슬픔을 노래하고 있다. 그는 임에 대한 깊은 사랑을 '향기로운 님의 말소리에 귀먹고 꽃다운 님의 얼굴에 눈멀었습니다'라는 역설로 표현하고 있다. 사랑하는 임의 말소리를 '잘' 듣고, 임의 얼굴을 '잘' 보아야 하는 데도 화자는 자신이 임의 말에 '귀먹고' 임의 모습에 '눈멀었습니다'라고 표현하고 있다. 더구나 작품의 종말에 가서 '아아 님은 갔지마는 나는 님을 보내지 아니하였습니다'라는 진술은 그 운명의 전환을 가져오는 화자의 놀라운 태도를 매우 효과적으로 표현한 역설이 되고 있다. 이런 역설은 스스로 움직이는 것은 산 것이요, 스스로 움직이지 못하고 고요한 것은 죽은 것이다. 움직이면서 고요하고 고요하면서도 움직이는 것은 제 생명을 제가 파지한 것이다. '움직임이 곧 고요함이요, 고요함이 곧 움직임이 되는 것은 생사를 초월한 것이다'라는 만해 한용운의 선사상에서도 확실히 볼 수 있으며, 불교의 언어가 바로 역설임을 반영하고 있다. 임과 같은 초월적 존재나 선의 경지나 종교적 진리는 상징이나 역설로밖에 표현될 수 없는 것이다.

(3) 시적 역설

시적 역설은 시에서 가장 특징적인 역설의 유형이다. 표층적 역설이 시행에 나타나는 부분적 역설이라 하면 이것은 시의 구조 전체에 나타나는 역설이다. 시적 역설은 진술 자체가 앞뒤 모순되는 것이 아니라 진술과 이것이 가리키는 상황 사이에 명백한 모순이 나타나는 경우다. 물론 이 모순은 모순으로 끝나는 것이 아니라 진리를 함축하고 있는 것이다. 이런 점에서 역설이 아이러니와 혼동된다. 그래서 브룩스는 역설이 아이러니를 동반한다고 했다.

브룩스에게 내포로 사용되는 시의 언어가 바로 역설이다. 그러니까 그는 역설을 넓은 의미로 사용하고 있다. 그는 과학적인 언어와 대립되는 내포로서의 시어만이 시적 진리를 나타낼 수 있다고 했다. 그에게 역설은 단순히 재치 있는 언어가 아니라 모순된 세계를 드러내는데 가장 효과적인 인식 방법이다. 김소월의 많은 시들은 표면상 평이하고 단순한 진술을 하고 있음에도 불구하고 시적 역설의 기교를 구사함으로써 복잡성을 획득한다.

> 먼 훗날 당신이 찾으시면
> 그때에 내 말이 "잊었노라"
>
> 당신이 속으로 나무라면
> "무척 그리다가 잊었노라"
>
> 그래도 당신이 나무라면
> 믿기지 않아서 "잊었노라"
>
> 오늘도 어제도 아니 잊고
> 먼 훗날 그때에 "잊었노라"
>
> — 김소월, 「먼 훗날」 —

먼 훗날의 미래에 나타날 상황을 미래시제가 아닌, '잊었노라'의 과거시제를 사용한 것 자체가 역설적이다. 그러나 보다 주목되는 것은 이 작품 전체에 깔려 있는 역설적 상황이다. 임이 부재하는 '어제'와 '오늘'에는 임을 잊지 않고 있다가 임이 찾아올 때는 도리어 이미 임을 잊어버리겠다는 화자의 태도는 분명히 모순이다. 그러나 우리는 이 모순을 통해서 화자의 간절한 그리움의 내적 진실을 한층 더 실감하게 된다.

> 일부일처제같이
> 조그만 세상 속에
> 벙어리 장갑만큼
> 작은 사랑
>
> 해인이와 왕인이가 있고
> 그 옆 방바닥에 엎드려
> 책을 읽고 있는
> 나
>
> 그림 엽서같이
> 목가적이다
>
> 부부싸움 끝에 쫓겨나
> 골목 밖 가로등 밑에서
> 우리집 등불을 훔쳐볼 때
>
> — 김승희, 「그림 엽서」 —

이 작품 역시 역설적 상황의 설정을 통해 뭉클한 감동으로써 독자를 사로잡는다. 보통사람들의 그 행복하고 '목가적인' 가정의 모습이 마지막 연에 제시된 것처럼 화자가 부부싸움 끝에 쫓겨나 가족 몰래 환한 자기 집 방안을 훔쳐볼 때 비로소 발견되는 역설에 의하여 여간 실감나게 느껴지지 않는다.

만약 우리가 조금이라도 관심을 가지고 눈여겨본다면 우리는 인생 도처에서 많은 모순을 발견할 것이다. 모순이 인간의 본질일 수도 있을 것이다. 다시 말하면 모순이 진리를 인식하고 진리를 드러내는 수단이 아니라 모순 그 자체가 진리가 되는 경우를 우리는 재발견하게 될 것이다.

3 역설의 효과

직유, 은유, 상징은 원관념과 보조관념이 이질적 양상을 보이긴 하지만 유사점이 존재한다. 그러나 역설은 완전히 상대적이고 모순된다. 그러니 A와 B와의 거리는 극과 극의 거리다. 역설은 두 개의 모순되는 충동을 병치시킴으로써 양자의 지양에 의해 초월적 의미를 창출하는 세계 인식의 방법이라 할 수 있다. 즉, A와 B 사이의 상상력의 거리를 통해서 C라는 초월적 의미를 창출하는 변증법적 세계 인식 방법이다. 이러한 역설은 현대시를 해명하는 데 일정 부분 실마리를 주는 중요한 기능을 담당한다.

4 아리스토텔레스의 논리학

(1) 모순율

A를 하나의 명제로 할 때 "A는 A가 아니다"라고 말하는 것은 앞뒤가 맞지 않는 말이며, A의 내용이 무엇이든 그 말은 항상 옳지 않다. 따라서, "'A는 A가 아니다'일 수는 없다"는 항상 옳은 명제, 즉 논리적 진리의 하나로 된다. 이 진리를 모순율이라고 한다. 또, "모순이 있는 것을 주장해서는 안 된다"라는 금칙(禁則)의 의미로서 모순율이라는 말을 사용하며, 이것을 논리학의 근본규칙의 하나로 본다.

(2) 동일률

전통적인 논리학의 한 원리로, "A는 A이다."와 같이 표현되는 명제이다. 논리적 연계(連繫)를 나타내는 말(copula)로서의 '이다'라는 표현이 가지는 논리적 기능이 다양하고, A의 범위 또한 불확실하므로 동일률은 다소 애매성을 가진다. 'A=A', 'A⊃A', 'A≡A' 등으로 표현된다.

(3) 배중률

어떤 것 A와 그의 부정 비(非)A 사이에 제3의 중간적인 존재를 인정하지 않는 원리로, 동일률·모순율과 더불어 고전논리학의 3대 원리를 구성한다. 기호논리학에서는 명제 논리의 동어반복(tautology) 'p∨~p'를 가리킨다. 또한 명제의 진릿값으로서 참과 거짓 두 가지만을 인정하고, 그 밖의 제3의 진릿값을 인정하지 않는 주장을 나타낸다.

제5편 | 실전예상문제

01 리처즈는 낭만주의를 계승하여 아이러니를 문학의 본질적 차원으로 승격시키고, 시의 역사를 아이러니를 배제하는 '배제의 시'에서 아이러니를 포함하는 '포괄의 시'로 이행하는 과정으로 설명함으로써 아이러니를 포함하는 것을 현대시의 필수적인 조건으로 내세웠다.

01 다음 중 '포괄의 시'에 대한 설명에 해당하는 것은?

① 신비평의 대가인 브룩스가 제시한 개념이다.
② 표면에 드러난 의미로 아이러니가 충분히 전달된다.
③ 산문적 언어의 용법에 가깝다.
④ 시에 아이러니를 포함하는 것이 현대시의 필수적 조건이 된다.

02 극적 아이러니는 비극이나 희극에서 주로 사용된 것으로 주인공이 기대한 것과 그에게 실제로 이루어진 것 사이의 차이에 의해 긴장감이 고조되는 상황을 의미한다. 이는 기대와 결과의 불일치, 상황과 행동의 불일치에서 아이러니 효과를 얻으므로 상황적 아이러니라고도 한다.
윤동주의 「십자가」에서는 '괴로웠지만 행복했던 예수 그리스도'에서 볼 수 있듯이 역설이 사용되었다.
①・②・③ 소포클레스의 「오이디푸스」, 현진건의 「운수 좋은 날」, 장정일의 「아파트 묘지」에서는 극적 아이러니가 사용되었다.

02 다음 중 극적 아이러니가 드러난 작품으로 보기 어려운 것은?

① 소포클레스, 「오이디푸스」
② 현진건, 「운수 좋은 날」
③ 장정일, 「아파트 묘지」
④ 윤동주, 「십자가」

03 D. C. 뮈케는 아이러니의 중요 요소로 순진성 또는 무지의 요소, 실제와 외관의 대조, 희극적인 요소, 거리의 요소, 극적 요소, 심미적 요소를 들었다.

03 다음 중 D. C. 뮈케가 언급한 아이러니의 중요 요소에 해당하지 않는 것은?

① 판단력 또는 자각의 요소
② 실제와 외관의 대조
③ 희극적인 요소
④ 거리의 요소

정답 01 ④ 02 ④ 03 ①

04 다음 중 상황적 아이러니의 특성과 거리가 먼 것은?
① 주역보다 관객들이 더 많은 것을 알고 있다.
② 등장인물이 적절하거나 슬기롭게 대처해야 할 일을 그 반대로 한다.
③ 등장인물과 상황이 반어적 효과를 위해서 패러디처럼 비교 또는 대조된다.
④ 등장인물이 소화해 낸 그의 역할과 연극이 나타내어 주는 것 사이에 명백한 일치가 빚어진다.

05 다음 중 P. 휠라이트가 언급한 표층 역설의 예와 거리가 먼 것은?
① 차가운 불
② 병든 건강
③ 색즉시공 공즉시색
④ 사랑의 증오

06 다음 설명에서 괄호 안에 들어갈 내용이 올바르게 짝지어진 것은?

> 본래 아이러니의 개념은 그리스의 연극, 특히 희극에서 빚어진 것인데, 그 희극에 (㉠)(이)란 인물이 등장한다. 그는 겉보기에 적대 인물로 등장하는 (㉡)보다 훨씬 약하지만 실제로 알고 보면 (㉡)보다 훨씬 영리하다. 연극의 막이 오르고 어느 단계에 이르기까지 (㉠)은(는) (㉡)에 의해 수세로 몰리지만 마침내 그는 꾀를 내어 오만하고 고집이 센 (㉡)을(를) 꺾고 승리한다. 다시 말해서 (㉠)은(는) 표면상 약자이며 괴롭힘을 당하지만, 그러한 가운데서 스스로를 감추고 무지를 가장함으로써 결과적으로는 과장된 허풍선이인 (㉡)을(를) 놀리고 골탕먹인다.

	㉠	㉡
①	에이런	알라존
②	알라존	에이런
③	에이런	보몰로초스
④	아그로이코스	알라존

04 상황적 아이러니의 유형은 플롯의 역전 또는 반전, 주인공의 행위가 그가 의도한 것과는 정반대의 결과를 낳는 경우, 주인공은 모르고 있으나 독자는 알고 있는 경우 등이 있다.

05 모순어법(oxymoron)이 표층적 역설에 해당한다. 모순어법은 일상 언어용법에서는 모순되는 두 용어의 결합형태, 곧 수식어와 피수식어 사이의 모순이다.
③ '색즉시공 공즉시색'은 물질적인 세계와 평등・무차별한 공(空)의 세계가 다르지 않음을 뜻하는 심층적 역설이다.

06 고대 희극은 아리스토텔레스가 분류한 두 가지 타입의 인물에 각각 '에이런(Eiron)'과 '알라존(Alazon)'이란 이름을 부여하여 주인공으로 채택했다. '에이런'은 약자이지만 겸손하고 현명하다. '알라존'은 강자이지만 자만스럽고 우둔하다. 이 양자의 대결에서 관객의 예상을 뒤엎고 약자인 '에이런'이 강자인 '알라존'을 물리쳐 승리한다.

정답 04 ④ 05 ③ 06 ①

07 웨인 부스는 아이러니에 대해 '독자는 부조화를 인식하여 축어적 의미를 배제해야 한다. 해석이나 설명은 항상 선별적이다. 결단이 뒤따르기 마련이며 결단은 작자의 지적 능력이나 신념에 관계된다.'고 말했다.

07 다음 중 웨인 부스가 말한 아이러니의 기본 특질에 해당하지 않는 것은?

① 축어적 의미의 배제
② 선별적 해석, 설명
③ 작자의 의도된 계산
④ 단일 초점과 비동시적 작용성

08 ①·②·③은 모두 심층적 역설의 예이지만 ④는 역설에 해당하지 않는다.

08 다음 중 역설의 예에 해당하지 않는 것은?

① 만족을 얻고 보면 얻은 것은 불만족이오 만족은 의연히 앞에 있다.
② 타고 남은 재가 다시 기름이 됩니다.
③ 논개여 나에게 울음과 웃음을 동시에 주는 사랑하는 논개여
④ 지리한 장마 끝에 서풍에 몰려가는 무서운 검은 구름

09 시에서 활용되는 구조적 차원의 역설은 시적 역설이다. 시적 역설은 진술 자체가 앞뒤 모순되는 것이 아니라 진술과 이것이 가리키는 상황 사이에 명백한 모순이 나타나는 경우다.

09 다음 중 휠라이트가 분류한 역설의 세 가지 유형에 대한 설명으로 적절하지 않은 것은?

① 표층 역설의 대표적인 예로 모순어법을 들 수 있다.
② 모순어법에는 '차가운 불', '병든 건강', '사랑의 증오' 등이 해당된다.
③ 심층 역설은 주로 시에서 활용되는 구조적 차원의 역설을 뜻한다.
④ '진술과 암시의 상호 작용에 의한 경우'는 이미지 속에 깔려 있는 암시를 발판으로 한다.

정답 07 ④ 08 ④ 09 ③

10 다음 예문에서 설명하는 책의 제목은?

> C. 브룩스가 1939년에 출간한 이 책은 신비평가로서 활약하기 시작한 브룩스의 초기 시론의 집약판이다. 이 책에서 브룩스는 좋은 시의 구조적 특징으로 '기능적 비유'와 '위트', '아이러니' 등을 들었다. 랜섬의 방법에 불만을 품었던 브룩스는 시가 지닌 구조적 특징을 명쾌하게 파악할 장치가 필요하다고 판단했고, 자신의 비평적 표준을 연역해 내는 방법을 영시에서 택해 영시 속의 표준이 될 만한 시작 경향을 제시했다.

① 『잘 빚어진 항아리』
② 『시와 과학』
③ 『시의 이해』
④ 『현대시와 전통』

10 브룩스의 저서인 『현대시와 전통』에서 전통이란 영시 속의 표준이 될 만한 시작경향을 가리키고, 현대시란 그와 신비평가들이 추구해 온 시 자체의 구조적 특징 내지 표준을 가리키고 있다. 그리고 그는 이 책에서 좋은 시의 구조적 특징으로 '기능적 비유'와 '위트', '아이러니' 등을 들었다.

11 다음 밑줄 친 부분과 연관지을 수 있는 문학적 특성은?

> 이육사 시의 "겨울은 강철로 된 무지개"(「절정」)와 기형도 시의 "하늘에는 벌써 튀밥 같은 별들이 떴다"(「위험한 가계·1969」)라는 표현은 매우 참신한 시적 비유인데, "겨울"과 "무지개", "튀밥"과 "별"은 상이성이 두드러져 보이는 대상이기 때문이다.

① 함축
② 역설
③ 유추
④ 상상

11 역설은 우리의 일상적 지각이나 상식을 파괴하는 '상이성'을 통해 효과적인 진리표현의 수단이 되고 있다. "겨울"과 "무지개", "튀밥"과 "별" 역시 이와 같은 상이성을 통해 표현의 효과를 높이고 있다.

정답 10 ④ 11 ②

12 제시된 작품은 장정일의 「아파트 묘지」로, 결과가 예상한 것 혹은 알맞은 것과 다른 상황으로 흘러가는 상황적 아이러니가 사용되었다. '희고 아름다운 다리', '꿈길인 듯 따라갔네' 등의 아름답고 환상적인 표현이 오히려 도시의 무정성과 비정성이라는 부정적 현실을 부각한다.

13 ①·②·③은 역설적 표현이다. 그러나 ④에서는 시적 대상에게 할 말을 다하지 못한 화자의 안타까움만이 드러나고 있다.

정답 12 ① 13 ④

12 다음 제시된 부분에 사용된 아이러니로 옳은 것은?

> 나 대낮에 꿈길인 듯 따라갔네
> 점심시간이 벌써 끝난 것도
> 사무실로 돌아갈 일도 모두 잊은 채
> 희고 아름다운 그녀 다리만 쫓아갔네
> 도시의 생지옥 같은 번화가를 헤치고
> 붉고 푸른 불이 날름거리는 횡단보도와
> 하늘을 오를 듯한 육교를 건너
> 나 대낮에 여우에 홀린 듯이 따라갔네
> 어느덧 그녀의 흰 다리는 버스를 타고 강을 건너
> 공동묘지 같은 변두리 아파트 단지로 들어섰네
> 나 대낮에 꼬리 감춘 여우가 사는 듯한
> 그녀의 어둑한 아파트 구멍으로 따라 들어갔네
> 그 동네는 바로 내가 사는 동네
> 바로 내가 사는 아파트!
> 그녀는 나의 호실 맞은편에 살고 있었고
> 문을 열고 들어서며 경계하듯 나를 쳐다봤다
> 나 대낮에 꿈길인 듯 따라갔네
> 낯선 그녀의 희고 아름다운 다리를.

① 상황적 아이러니
② 언어적 아이러니
③ 내재적 아이러니
④ 낭만적 아이러니

13 다음 중 역설적 표현이 사용되지 않은 것은?

① 겨울은 강철로 된 무지갠가 보다.
② 괴로웠던 사나이, / 행복한 예수 그리스도에게 / 처럼
③ 우리들의 사랑을 위하여서는 이별이, 이별이 있어야 하네.
④ 심중에 남아있는 말 한 마디는 / 끝끝내 마저 하지 못하였구나.

14 다음 중 밑줄 친 ㉠과 가장 유사한 표현 방식을 보여 주는 것은?

> 연꽃 같은 발꿈치로 가이없는 바다를 밟고, 옥 같은 손으로 끝없는 하늘을 만지면서, 떨어지는 날을 곱게 단장하는 저녁놀은 누구의 시(詩)입니까.
> ㉠타고 남은 재가 다시 기름이 됩니다. 그칠 줄을 모르고 타는 나의 가슴은 누구의 밤을 지키는 약한 등불입니까.

① 아무도 그날의 신음 소리를 듣지 못했다
　모두 병들었는데 아무도 아프지 않았다
　　　　　　　　　　　　- 이성복, 「그날」 -

② 풀이 눕는다.
　바람보다도 더 빨리 눕는다.
　바람보다도 더 빨리 울고
　바람보다도 먼저 일어난다.
　　　　　　　　　　　　- 김수영, 「풀」 -

③ 넓은 벌 동쪽 끝으로
　옛이야기 지줄대는 실개천이 휘돌아 나가고,
　얼룩배기 황소가
　해설피 금빛 게으른 울음을 우는 곳,
　　　　　　　　　　　　- 정지용, 「향수」 -

④ 나는 떠난다. 청동(靑銅)의 표면에서
　일제히 날아가는 진폭(振幅)의 새가 되어
　광막한 하나의 울음이 되어
　하나의 소리가 되어.
　　　　　　　　　　　　- 박남수, 「종소리」 -

14 제시된 작품은 한용운의 「알 수 없어요」의 일부이다. '타고 남은 재가 다시 기름이 된다'는 것은 불교의 윤회설과 관련이 있는 발상이며 역설적 표현이다. 이성복의 「그날」에서도 역설적 표현을 보여 주고 있다. 김수영의 「풀」은 풀의 역동성을 의인법으로, 정지용의 「향수」는 공감적 표현으로 고향의 감각적 풍경을, 박남수의 「종소리」는 종소리를 의인화하여 자유를 향한 지향을 보여주었다.

정답 14 ①

15 리처즈는 훌륭한 시는 구조적으로 아이러니를 내포한다고 말하면서, 그것을 '포괄의 시'라고 명명하였다. 그리고 아이러니가 없는 시, 즉 '배제의 시'와는 구분하였다.

15 신비평가인 I. A. 리처즈가 도입한 용어이며, 모든 훌륭한 시는 구조적으로 아이러니를 내포하는데, 이때 아이러니의 활용을 통해 인간의 마음속에 내재하는 모순된 충동들을 해소시키는 하나의 방법으로서 시의 의의를 긍정적으로 강조하기 위한 용어는 어느 것인가?

① 아이러니의 시
② 포괄의 시
③ 배제의 시
④ 형이상학적 시

16 역설은 근본적으로 아이러니와 달라서 말에 의존하는 면이 강하다. 거기에는 또한 청중 내지 관객에 해당되는 제3자의 역할이 그렇게 중요한 위치를 차지하지도 않는다.

16 다음 중 역설이 아이러니와 다른 점을 제대로 지적한 것은?

① 작품 내에서 상반되거나 이질적인 요소를 전제로 하고 그것의 문맥화를 통해 이루어진다.
② 사건이 개입되고 모순·충돌하는 상황이 벌어질 수 있다.
③ 제3자의 역할이 그렇게 중요한 위치를 차지하지 않는다.
④ 극적 구조의 형성이 가능하다.

17 모순어법은 역설 중 가장 단순한 형태로, 수식어와 피수식어의 모순에서 비롯된 역설을 말한다. 예를 들어 '찬란한 슬픔의 봄'이라고 할 때, '찬란한'이라는 수식어와 '슬픔'이라는 피수식어의 불일치로 인한 모순어법이 발생함을 확인할 수 있다.

17 가장 단순한 형태의 역설로, 일상생활에서 반대의 뜻을 가진 두 말을 결합시키는 식의 모순된 진술을 일컫는 개념은 어느 것인가?

① 모순어법
② 심층 역설
③ 상황적 역설
④ 진술과 암시의 상호 작용에 의한 역설

정답 15 ② 16 ③ 17 ①

18 D. C. 뮈케가 말한 아이러니의 중요 요소에 해당되지 <u>않는</u> 것은 어느 것인가?

① 거리의 요소
② 순진성, 혹은 무지의 요소
③ 비극적 요소
④ 심미적 요소

18 뮈케는 아이러니의 중요 요소로 (i) 순진성 또는 무지의 요소, (ii) 실제와 외관의 대조, (iii) 희극적인 요소, (iv) 거리의 요소, (v) 극적 요소, (vi) 심미적 요소 등 여섯 가지를 들었다.

19 다음 중 장정일의 「아파트 묘지」의 문학적 특성에 대한 설명으로 가장 적절하지 <u>않은</u> 것은?

① 도시의 풍경을 환상적인 시어로 수식하여 도시의 무정성, 폭력성을 부각한다.
② 기대한 것과 실제로 드러난 것이 반대되는 '상황적 아이러니'를 사용하고 있다.
③ 아파트를 묘지로 표현하여 대단위 주택단지 공급을 문제 삼고 있다.
④ 이웃 간의 단절이 심각한 당대의 사회문화적 상황을 반영하고 있다.

19 장정일의 「아파트 묘지」는 이웃 간의 단절이 심각한 도시의 현실을 문제 삼고 있는 작품으로, 아파트를 묘지로 표현한 것은 생명성 없고 절망적인 도시의 풍경을 드러내기 위해서이다. 작품 전체적으로 아름답고 환상적인 표현이 사용되어 오히려 도시의 무정성과 비정성이라는 부정적 현실을 부각하는 상황적 아이러니가 사용되었다.

정답 18 ③ 19 ③

교육이란 사람이 학교에서 배운 것을 잊어버린 후에 남은 것을 말한다.

– 알버트 아인슈타인 –

제 6 편

운율(韻律)

제1장	운율의 이해
제2장	율격 확립의 노력
제3장	운(韻, rhyme) 자질의 도입과 훈련
제4장	운율의 형성
제5장	운율의 특성
제6장	운율과 현대시
실전예상문제	

| 단원 개요 |

이 단원에서는 운율의 기본 개념을 먼저 밝히며 운율에 대한 여러 이론가들의 입장을 소개하고, 운율을 형성하는 여러 방법들을 분석한다. 운율에 따라 시의 종류가 결정되는 원리를 밝히고, 형태의 현대적 인식을 설명하면서 H. 리드의 시의 형태와 '단시'와 '장시'에 대해 서술한다. 또한 평가영역 개정에 따라 율격 확립의 노력, 운 자질의 도입과 훈련 등이 새롭게 추가되었다.

| 출제 경향 및 수험 대책 |

운율의 종류를 묻는 문제가 출제되는 경향이 많다. 외형률과 내재율의 구별, 특히 외형률 중에서도 음수율과 음보율 그리고 두운, 요운, 각운 등에 대해 구체적으로 묻는다. 또한 해당 작품을 직접 제시하고 표현상의 특징을 물으면서 선택지의 일부로 운율을 묻는 간접적인 문제도 많이 출제되고 있다. 다른 부분과 마찬가지로 운율을 설명한 여러 이론가들에 대해서도 자주 묻고 있다.

운율의 종류를 묻는 문제에 대처하기 위해 외형률과 내재율을 확실히 구별해야 한다. 또한 정형률의 종류를 알아야 문제를 해결할 수 있기 때문에 여러 정형률에 대해 숙지해야 하며, 문학 작품을 읽으며 운율 사용 여부와 어떤 방식이 사용되었는지를 살펴보는 방식으로 공부를 해 나가야 한다.

또한 율격 확립의 노력에서 언급된 한국시의 운율 체계에 대한 구조적인 이해, 운 자질의 도입과 훈련 등에 대해서도 면밀한 학습이 필요하다.

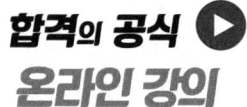

보다 깊이 있는 학습을 원하는 수험생들을 위한
시대에듀의 동영상 강의가 준비되어 있습니다.
www.sdedu.co.kr ➔ 회원가입(로그인) ➔ 강의 살펴보기

제1장 운율의 이해

1 운율의 기본개념

운율은 일정한 박자와 반복 및 형태를 지니며 시의 본질에서 나오는 시간적 구조라고 할 수 있다. 어떤 식으로든 운율은 시에 반드시 필요한 본질적인 요소이다. 산문도 운율을 가지고 있지만 시보다는 훨씬 덜 규칙적이다.

2 운율에 대한 여러 입장 중요

(1) 에드거 앨런 포는 시를 가리켜 "미의 운율적 창조"라고 한 바 있다. 이 말에는 시는 운율에 의해 그 성패가 결정된다는 생각이 담겨 있다. 모든 예술은 미적인 차원을 구축하는 일을 과제로 하는데, 시의 경우 미는 운율로써 가능하다는 것이다. 그런데 이러한 운율은 형식적인 것만을 의미하는 것은 아니다. 의미 구조를 떠난 시의 운율은 존재하지 않기 때문이다.

(2) 예술론에서는 리듬의 속성을 짝맞춤과 조화감으로 생각한다. 짝맞춤이란 운율이 단독으로 성립될 수 없고 반복이든 대칭이든 두 번 이상 되풀이되는 과정에서 이루어지는 속성을 말하고, 조화감이란 일종의 질서의식인데 다음에 무엇이 올 것인가를 예측할 수 있는 심리적 기대가 충족될 때 얻어지는 안정감을 말한다.

(3) 프랠은 "운율은 보거나 들을 수 있는 것이라기보다는 차라리 느껴지는 것"이라 했다.

(4) 엘리엇은 시의 음악성을 말하면서 "첫째, 내가 상기시켜 두고자 하는 것은 시의 음악성이 의미에서 독립된 것이 아니라는 점이다. 그렇지 않다면 우리는 감을 잡을 수 없는 훌륭한 음악미의 시를 보유할 수도 있을 것이다. 하지만 이제까지 나는 그런 시를 전혀 본적이 없다."라고 하며 시의 음악성을 강조했다.

제 2 장 율격 확립의 노력

시조와 같은 대표적인 정형률에 대해서도 운율에 대한 논의가 엇갈려 왔기 때문에 한국시의 운율을 규정할 수 있는 기본적인 원리가 무엇인지는 끊임없는 논란의 대상이었다. 따라서 현대시의 운율에 대한 본격적인 논의를 위해서는 한국시의 운율 체계에 대한 구조적 이해가 필요하다.

1 음수율에서 음보율로

한국시의 운율 체계를 이론적으로 확립하려는 노력	• 1920년대 시조 부흥 운동과 관련되어 시작(시조 형식과 창작 방법을 구체적으로 검토하는 과정에서 운율의 원리를 추론하게 됨) • 조윤제는 고시조의 음절수를 통계적으로 추출하여 3·4·4·4(3) / 3·4·4·4(3) / 3·5·4·3의 음수율을 제시 • 조윤제가 제시한 모형은 오랫동안 시조의 규범으로 작동하며 시 교육과 창작 방법에 큰 영향을 줌
1950년대 말부터 음수율에 대한 반론 시작	• 정병욱, 이능우 등이 음수율의 부자연스러운 틀에 대한 대안으로 음보율을 제시(한국시의 율격은 일본 시처럼 엄격한 음절수에 제한을 받지 않고 시간적 등장성을 기준으로 한다는 것) • 1970년대에는 조동일, 예창해, 김흥규 등이 단순 음보율이라는 개념으로 한국시의 율격을 설명(한국시의 음보는 영미시처럼 강약, 고저, 장단 등의 요소와 결합된 복합 율격이 아니라 단순히 한 율행이 몇 음보로 구성된 단순 율격을 지닌다는 주장) • 음절수를 일정하게 제한하지 않는 음보율은 한국시 특유의 자연스러운 율격을 설명하기에 적절하여 이후 적극적으로 수용됨
음수율과 음보율을 절충한 이론이 제시됨	• 음수율과 음보율을 절충한 이론이 제시됨(음보율로는 시조보다 훨씬 복잡하고 다양한 현대시의 율격을 설명하기 어렵다는 이유) • "뒤가 가벼운 3보격/뒤가 무거운 3보격" (조동일) • "후장 3보격/후단 3보격/" (오세영) • "층량 3보격" (성기옥) • "율마디" (조창환) • 음량이 일정치 않은 음보를 나누기 위해 다양한 시도들이 있었으나, 음보율을 대체할 만한 강력한 설득력을 지니지는 못함
음보율	• 음보율은 한 호흡의 마디 안에서 음절수가 유동적인 한국시의 자연스러운 율격을 포용할 수 있으며 각 음보 특유의 정서적, 시대적 특성을 추출하기에 유리 • 4음보는 4대부 계층의 지배적 질서와 안정감과 합치하여 조선시대 가사나 시조의 율격으로 작용 • 3음보는 서민계층의 서정적 민요에서 흔히 볼 수 있으며 유동적인 리듬이어서 사회적 변동기에 많이 나타난다고 함

2 현대시에 나타난 음보율

현대시에서도 음보율에 의한 율격의 원리는 정서적 상태와 밀접한 관련을 보인다.

2음보	• 가장 단순하고 기본적인 리듬 • 경쾌하고 활달한 정서에 적합
3음보	• 우리의 미의식과 결부된 고유 리듬 • 서정적이고 부드러운 정서에 적합
4음보	• 중국 문화의 영향으로 성립된 리듬 • 장중하고 안정된 정서에 적합

(1) 박두진, 「해」

> 해야 / 솟아라. ∥ 해야 / 솟아라. ∥ 말갛게 / 씻은 얼굴 / 고운 해야 / 솟아라. ∥ 산 넘어 / 선 넘어서 ∥ 어둠을 / 살라먹고, ∥ 산 넘어서 / 밤새도록 ∥ 어둠을 / 살라먹고, / 이글이글 / 앳된 얼굴 ∥ 고운 해야 / 솟아라. ∥
>
> — 박두진, 「해」 중에서 —

① 박두진의 「해」는 산문시의 형태를 취하고 있지만, 내재한 운율을 분석해보면 2음보 율격이 규칙적으로 반복되고 있다.
② 2음보 율격의 경쾌하고 힘찬 리듬감과 산문시의 길고 오랜 호흡이 더해져 역동성을 더한 경우이다.
③ 특히 특정 어휘인 "해야, 솟아라"를 단순하고 반복적으로 사용하여 거침없이 읽히며 속도감이 느껴지는 힘찬 시가 되었다.

(2) 서정주, 「귀촉도」

> 눈물 / 아롱아롱 ∥
> 피리 불고 / 가신 임의 / 밟으신 길은 ∥
> 진달래 / 꽃비 오는 / 서역 삼만리 ∥
> 흰 옷깃 / 여며 여며 / 가옵신 임의 ∥
> 다시 오진 / 못하는 / 파촉 삼만리 ∥
>
> 신이나 / 삼아줄 걸 / 슬픈 사연의 ∥
> 올올이 / 아로새긴 / 육날 메투리. ∥
> 은장도 / 푸른 날로 / 이냥 베어서 ∥
> 부질없는 / 이 머리털 / 엮어 드릴 걸. ∥
>
> — 서정주, 「귀촉도」 중에서 —

① 서정주의 「귀촉도」에서 3음보의 규칙적인 반복은 못 다한 사랑에 대한 미련보다는 떠나는 임을 정성스럽게 보내고 싶어 하는 화자의 심리와 상통한다. 특히 아름다움에 대한 지향이 슬픔의 정서보다 강한 상태이기 때문에 이 시는 규칙적으로 반복되는 3음보의 유려한 선율을 살려내고 있다.
② 이 시가 리듬의 파격을 피하고 규칙적인 반복을 선택한 것은 아름다운 만가(輓歌)를 지향했기 때문이다. 즉 "흰 옷깃∥여며 여며"에서 "여며"의 의도적인 반복은 안정된 운율을 통해 시적 아름다움을 완성하려는 의도를 반영한다.

(3) 신경림, 「목계장터」

> 하늘은 / 날더러 / 구름이 / 되라 하고∥
> 땅은 / 날더러 / 바람이 / 되라 하네∥
> 청룡 흑룡 / 흩어져 / 비 개인 / 나루∥
> 잡초나 / 일깨우는 / 잔바람이 / 되라네∥
> 뱃길이라 / 서울 사흘 / 목계 나루에∥
> 아흐레 / 나흘 찾아 / 박가분 파는∥
> 가을볕도 / 서러운 / 방물장수 / 되라네∥
> 산은 / 날더러 / 들꽃이 / 되라 하고∥
> 강은 / 날더러 / 잔돌이 / 되라 하네∥
>
> — 신경림, 「목계장터」 중에서 —

① 신경림의 「목계장터」에서는 4음보 율격이 끊임없이 반복되며 광막하게 이어지는 장돌뱅이의 발걸음과 일치한다.
② 화자의 발걸음은 떠돌이로서의 모진 숙명을 감내해야 하는 무거운 것이어서 2음보의 단순하고 경쾌한 율격보다는 4음보의 급하지 않고 느릿한 율격과 어울린다.
③ 시인은 규칙적인 리듬과 후렴, 반복적 어구를 통해 보편적인 정서에 대한 호응을 꾀하고 있으며 이를 통해 공동체가 교감할 수 있는 시(詩)를 의도한 것이다.

제 3 장 | 운(韻, rhyme) 자질의 도입과 훈련

1 운(韻, rhyme) 자질의 도입

운이란 한시나 영시에서 많이 볼 수 있는 것으로 소리의 반복이다. 압운이라고도 불리는 이 리듬은 각운, 두운, 자음운, 모음운 등으로 다시 세분된다. 그러나 우리의 고전시가나 현대시의 경우 한시나 영시에서처럼 엄격한 규칙성의 운을 찾아볼 수 없다.

> 꽃가루와 같이 보드러운 고양이의 털에
> 고운 봄의 향기가 어리우도다.
> 금방울과 같이 호동그린 고양이의 눈에
> 미친 봄의 불길이 흐르도다.
>
> — 이장희, 「봄은 고양이로소이다」 중에서 —

위 시에서 밑줄 표시된 음절의 소리는 단순한 소리의 반복일 뿐 영시나 한시처럼 음절 강조가 없는 소리의 반복이다. 이 반복된 소리들은 악센트가 없기 때문에 진정한 의미의 압운이라고 볼 수 없다. 더구나 우리의 언어 구조에서 한 문장이나 문절의 끝 음절의 음상이 빈약하다. 이는 압운이 실패하는 가장 큰 이유이다.[1]

2 운(韻, rhyme) 자질의 훈련

다음 작품들은 이런 압운적 자질을 가지고 있는 대표적인 시라고 할 수 있다.

서정주, 「귀촉도」	신이나 삼아줄 걸 슬픈 사연의 올올이 아로새긴 육날 메투리
송욱, 「쥬리에트에게」	밤하늘에 부딪힌 번개불이니 바위에 부서지는 바다를 간다.
홍희표, 「섬에 누워」	섬이 날 가두고 회오리 바람으로 날 가두고 원산도 앞에는 삽시도 삽시도 앞에는 녹도 파도가 날 가두고 피 몽둥이 바람으로 날 가두고

---

1) 김완진, 『어학도(語學徒)가 본 시의 언어』, 심상(心象)

김소월, 「꿈길」	물 구슬의 봄새벽 아득한 길 하늘이며 들 사이에 넓은 숲 젖은 향기 불긋한 잎 위의 길 실 그물의 바람 비쳐 젖은 숲 나는 걸어가노라 이러한 길 밤 저녁의 그늘진 그대의 꿈 흔들리는 다리 위 무지개 길 바람조차 가을 봄 걷히는 꿈

위의 시 중 서정주의 「귀촉도」와 송욱의 「쥬리에트에게」에서는 두운이, 홍희표의 「섬에 누워」와 김소월의 「꿈길」에서는 압운이 사용되었다. 우리 시의 운은 서구시나 한시의 경우처럼 다양하진 않으며 단조롭다. 대체로 단순한 소리의 반복이거나 동어 반복 정도로 나타나는 것이 일반적이지만, 교착어인 한국어의 특성상 빈번하게 사용되는 형태소의 운율적 기능을 인정하고 활용하는 것이 한국시의 운율을 보다 풍부하게 하는 방안이 될 수 있을 것이다.

제4장 운율의 형성

비어즐리는 운율론에서 문제되는 것이 소리의 질감 곧 음색의 문제, 소리 배합 곧 동질음의 이용, 음성 패턴 곧 율격과 리듬 자체의 문제라고 보았다.

1 운율의 외재적 단면

(1) 음색, 음상의 이용
소리는 제 나름대로의 어떤 성질을 가지고 있으며, 고저장단을 통해 운율감이 조성될 수 있다.

① 호음조
유성음 ㄴ, ㄹ, ㅁ, ㅇ과 무성음 ㅎ, 모음과 모음 사이에 발음되는 ㅂ, ㄷ, ㅈ 등을 통해 거기에 다른 모음들을 의도적으로 배합(配合)시키는 것이다. 김영랑의 시구 '보드레한 에메랄드 얇게 흐르는'과 같은 것이 좋은 예이다.

② 불협화음
'ㅎ'이나 'ㅅ, ㅆ, ㅋ' 등의 자음과 'ㅢ, ㅟ, ㅔ' 등의 모음은 배합(配合)하기에 따라서 불협화음에 해당하는 소리가 나온다.
최남선의 「해에게서 소년에게」와 김영랑의 「동백잎에 빛나는 마음」 등은 시의 음색, 음상을 가지는 좋은 보기가 된다.

(2) 음위율, 압운(押韻)의 문제
① 음위율
시의 리듬은 일정한 자리에 같은 음이나 비슷한 소리를 배열하여도 얻어진다. 소리의 위치 선정으로 빚어지는 운율이라고 하여 이것을 음위율(音位律)이라 한다. 음위율에서 가장 보편적인 자리를 차지하는 것이 압운이다.

② 압운
한시에서는 율시와 그 특수형인 절구에서 반드시 압운이 쓰인다.

> 金樽美酒 千人血(금준미주 천인혈)
> 금빛의 아름다운 잔에 담긴 가주(佳酒)는 천 백성의 피요,
> 玉盤佳肴 萬姓膏(옥반가효 만성고)
> 옥쟁반에 담긴 맛있는 고기는 만 백성의 기름을 짠 것이니,
> 燭淚落時 民淚落(촉루락시 민루락)
> 촛농 떨어질 때 백성 눈물 떨어지고,
> 歌聲高處 怨聲高(가성고처 원성고)
> 풍악 소리 높은 곳에 원성 소리 높더라.

한자의 독음에서 중성과 종성과 성조가 맞는 글자를 압운이라고 하는데, 한시를 지을 때는 짝수행의 마지막 글자들에 압운이 되도록 한다. 이 시에서 기름 고(膏)와 높을 고(高)가 압운으로 쓰였다.

③ 압운의 종류

압운은 위치에 따라 두운, 각운, 요운으로 나눌 수 있다.

㉠ 두운(頭韻)

두운(alliteration)은 다양한 단어의 첫 자리 소리의 반복이거나 혹은 그 단어들 속에 들어있는 자음의 반복을 말한다. 두운은 시에 있어서, 특히 영시에서 독특한 효과를 자아내고 있지만 오늘날에 와서는 일부 시인들에 의해서만 활용되고 있을 뿐 외면되고 있는 실정이다.

㉡ 각운(脚韻)

각운(end rhyme)은 가장 흔한 압운으로서 시행 끝 강음절의 모음과 자음이 반복되는 현상을 말한다. 한시에서는 압운이 매우 까다롭지만 절구(4행시), 율시(8행시), 배율(12행시) 모두 대개는 우수구(偶數句) 말미의 자에 통운되는 운자를 써서 압운한다.

㉢ 요운(腰韻)

요운(internal rhyme)은 중간운이라고도 하는데, 하나 이상의 압운어가 시행 안에 있을 때를 말한다. 즉, 시의 음악적 효과를 높이기 위해서 시행 가운데에 특정한 낱말을 넣어 이 말이 시행의 끝부분과 운을 이루도록 하는 운을 말한다.

(3) 소리의 패턴, 音步(음보)와 律格(율격)[2]

① 율격

고저, 장단, 강약의 규칙적 반복이다. 율격의 형태는 순수음절 율격과 복합음절 율격의 두 가지로 크게 나뉜다.

㉠ 순수음절 율격

우리가 흔히 부르는 음수율, 즉 음절 계산의 리듬이다. 이 음수율은 고려속요, 경기체가, 시조, 가사, 민요 등의 고전시가나 현대시의 운율 연구에서 지배적 방법이 되어 왔다.

(a) 살어리 살어리 랏다
 청산에 살어리 랏다

(b) 원순문 인로시 공로사륙
 이정언 진한림 쌍운주필

(c) 고인도 날 못보고 나도 고인 못 봬
 고인을 못 봬도 가던 길 앞에 있네
 가던 길 앞에 있거든 아니 가고 어찌할고

(d) 아리랑 아리랑 아라리요
 아리랑 고개를 넘어간다

---

[2] 박동규·김준오, 『현대시론』, 한국방송통신대학교 출판부

(e) 나 보기가 역겨워
    가실 때에는
    말없이 고이 보내
    드리 오리다

ⓐ는 고려속요로 3·3·2조, ⓑ는 경기체가로 3·3·4조, ⓒ는 시조로 3·4조, ⓓ는 민요로 3·3·4조, ⓔ는 현대시로 7·5조이다. 그러나 이런 음절 계산으로 장르의 특징이나 미적 가치를 충분히 분석할 수 없다. 더구나 우리 시가의 한 행을 이루는 음절수는 고정적이 아니고 가변적이고 다양하기 때문에 단순히 음절수에 의한 리듬보다도 박자 개념에 의한 시간적 등장성[3]으로 파악하는 것이 더욱 타당할 것이다.

ⓒ **복합음절 율격**

음절수와 더불어 어떤 형태의 운율적 자질이 규칙화된 리듬이다. 이것은 다시 고저율과 강약률과 장단율로 세분화된다. 고저율은 음성률, 성조율격이라고 불린다. 이것은 소리의 고저가 규칙적으로 교체·반복되는 율격으로 주로 한시에 사용되어 왔다. 강약률은 영시에서 주로 볼 수 있는 것으로 악센트 있는 강한 음절과 악센트 없는 약한 음절의 교체가 규칙적으로 반복되는 리듬의 패턴이다. 장단율은 장단의 소리가 규칙적으로 반복되는 리듬, 즉 소리의 지속 시간의 양에 의하여 결정되는 리듬이다. 이것은 고대 희랍이나 로마어에서 볼 수 있는 리듬이다. 우리말에 있어서 음운적 자질이 가장 잘 판별되는 경우는 바로 이 장단이다. 비교적 명확하고 단순한 이 장단의 음운 자질이 현대시의 율격 형성에 관여할 가능성이 크다고 기대된다.

② **음보**

음보란 음절이 모인 것 또는 행을 이루는 단위로 정의할 수 있다. 그리고 **음보율**이란 이 음보의 수에 의해서 결정되는 리듬이다. 그러나 우리 시가의 음보는 간단히 정의되지 않는다. 음보에 대한 정의는 구구하거나 모호하기 짝이 없다. 문법적 어구나 논리적 휴지로, 롯츠의 개념인 colon처럼 응집력이 있는 구절, 심지어 주관적 자의로 설정한다. 그러나 이런 정의의 혼란은 시간적 등장성과 우리말의 음절수에 의하여 어느 정도 극복할 수 있다. 우리나라의 시가는 대체로 3음보율과 4음보율로 나뉘며 단순한 동요와 같은 형태에서는 2음보율이 나타나기도 한다. 고려 속요와 경기체가에서는 3음보율이 주류를 이루며 이것이 현대의 김소월, 김억, 김동환 등에 의해 민요조의 율격으로 이어지고 있다. 그리고 시조와 가사, 판소리에서는 4음보율이 주로 나타난다.

(a) 얇은 사(紗) / 하이얀 고깔은
    고이 접어서 / 나빌레라.

(b) 산에는 / 꽃피네
    꽃이 피네
    갈 봄 / 여름 없이
    꽃이 피네.

---

[3] 음보율에서 각 음보(소리마디)가 동일한 시간량으로 낭송되는 것을 '시간적 등장성'이라고 한다. 예를 들어서 박목월의 「청노루」에서 '느릅나무 / 속잎 피어나는 / 열두 굽이를'의 경우 3음보로 되어 있고, 각 마디는 '4자 / 6자 / 5자'로 되어 있다. 그러나 이를 낭송하는 시간은 같다고 보는데, 이를 시간적 등장성이라고 하는 것이다.

> (c) 늦은 아침 / 다된 후에 / 눈부비고 / 일어나면
> 짓적고도 / 어렵도다 / 다리꼭지 / 쏙쏙나고
> 젖통이가 / 벌건하며 / 허리통이 / 석자이요
> 이마털은 / 부헝이고 / 치마끈이 / 넉자이라
> 뒷통수에 / 새집짓고 / 코구멍에 / 끄름앉아

(a)는 조지훈의 「승무」로 4음보 율격이, (b)는 김소월의 「산유화」로 3음보 율격, (c)는 조선 후기 「계녀가사」로 역시 4음보의 규칙적인 율격이 사용되었다.

2 또 다른 조화감각

(1) 반복(反復)과 병렬(並列)

일반적으로 시에 있어서의 병렬(parallelism)은 한 쌍의 서로 다른 구절·행·운문들이 대응하는 상태라고 정의된다. 이러한 병렬은 민요·한시·고전시가·현대시를 포함하는 서정장르를 논의함에 있어 주요 개념으로 사용되어 왔다. 반복과 병렬은 시 일반의 특징이자 시적 규범으로 작용하고 있는데, 여기서 반복이란 말 그대로 '동일한 요소의 연속'을 의미하며, 모든 시에 공통적으로 나타나는 요소이다. 이러한 반복의 원리가 패턴에 비중을 두게 되면 병렬의 근거가 생긴다. 병렬이란 넓은 의미의 반복에 포함되는 것이지만, 이것의 단적인 특징은 반드시 둘 이상의 쌍으로 구성되며 상응 개념 내지 대조 현상을 요구한다는 점에서 반복과는 변별된다. 또한 병렬은 반드시 행을 그 기본단위로 한다는 점에서 반복과 구분되는 특성을 가지고 있다.

> 가을날 노랗게 물들인 은행잎이
> 바람에 흔들려 휘날리듯이
> 그렇게 가오리다
> 임께서 부르시면…
>
> 호수에 안개 끼어 자욱한 밤에
> 말없이 재 넘는 초승달처럼
> 그렇게 가오리다
> 임께서 부르시면…
>
> 포근히 풀린 봄 하늘 아래
> 굽이굽이 하늘가에 흐르는 물처럼
> 그렇게 가오리다
> 임께서 부르시면…

> 파란 하늘에 백로가 노래하고
> 이른 봄 잔디밭에 스며드는 햇볕처럼
> 그렇게 가오리다
> 임께서 부르시면…
>
>   - 신석정,「임께서 부르시면」-

신석정의「임께서 부르시면」은 각 연의 두 줄을 반복하고 있지만 각 연의 첫째 행과 둘째 행은 대조 내지 대응의 원리에 의한 병렬의 성격을 띤다.

(2) 통사(統辭)와 구두점(句讀點)

시의 리듬은 언어를 통해 빚어지는데, 언어를 독특하게 운용하는 사용법은 통사와 문체상의 검토를 거칠 필요가 있다. 특히 통사의 문제가 중요한 해사체[4]의 시에서 쉼표, 마침표 등 작품에 쓰인 구두점은 리듬의 문제와 긴밀히 관여한다. 이러한 부호는 그 사용 부위에 따라 우리의 읽기를 쉽게 하거나 멈추게 하고, 이를 통해 감정의 물결을 조정한다. 그리하여 직접적으로는 문장과 문체의 호흡을 통제·관리하고, 나아가 작품의 리듬에 결정적 영향을 미친다. 또한 경우에 따라서는 작품 전체의 탄력감이나 정서 환기를 좌우할 수도 있는 것이다.

> **더 알아두기**
>
> **H. 리드,『영국 산문론』** 중요
> 논리적이건 기계적이건 간에 '구두점'은 일반적 운율 감각에 종속되는 법이다. 그러나 또한 그것은 스스로 운율을 결정짓기도 한다. 그러나 '구두점'을 이렇게 구사하는 일은 아주 드문 일로 존 던이라든가 브라운, 밀턴, 러스킨, 페이터 등 슬기를 지닌 예술가들의 징표가 되는 것이다.

> 어느 사이에 나는 아내도 없고, 또,
> 아내와 같이 살던 집도 없어지고,
> 그리고 살뜰한 부모며 동생들과도 멀리 떨어져서,
> 그 어느 바람 세인 쓸쓸한 거리 끝에 헤매이었다.
> 바로 날도 저물어서,
> 바람은 더욱 세게 불고, 추위는 점점 더해 오는데,
> 나는 어느 목수네 집 헌 삿을 깐,
> 한 방에 들어서 쥔을 붙이었다.
> 이리하여 나는 이 습내 나는 춥고, 누긋한 방에서,
> 낮이나 밤이나 나는 나 혼자도 너무 많은 것같이 생각하며,
> 딜옹배기에 북덕불이라도 담겨 오면,

---

[4] 1930년대 이상 시에서 볼 수 있는 일종의 '형식적 자포자기'의 현상을 가리킨다. 이것은 현대에 있어 예술의 위기 또는 언어위기의 징후를 기술한 것이다.

> 이것을 안고 손을 쬐며 재 우에 뜻 없이 글자를 쓰기도 하며,
> 또 문밖에 나가지두 않구 자리에 누워서,
> 머리에 손깍지 베개를 하고 굴기도 하면서,
> 나는 내 슬픔이며 어리석음이며를 소처럼 연하여 쌔김질하는 것이었다.
> 내 가슴이 꽉 메어 올 적이며,
> 내 눈에 뜨거운 것이 핑 괴일 적이며,
> 또 내 스스로 화끈 낯이 붉도록 부끄러울 적이며,
> 나는 내 슬픔과 어리석음에 눌리어 죽을 수밖에 없는 것을 느끼는 것이었다.
> 그러나 잠시 뒤에 나는 고개를 들어,
> 허연 문창을 바라보든가 또 눈을 떠서 높은 천장을 쳐다보는 것인데,
> 이때 나는 내 뜻이며 힘으로, 나를 이끌어 가는 것이 힘든 일인 것을 생각하고,
> 이것들보다 더 크고, 높은 것이 있어서, 나를 마음대로 굴려가는 것을 생각하는 것인데,
> 이렇게 하여 여러 날이 지나는 동안에,
> 내 어지러운 마음에는 슬픔이며, 한탄이며, 가라앉을 것은 차츰 앙금이 되어 가라앉고,
> 외로운 생각만이 드는 때쯤 해서는,
> 더러 나줏손에 쌀랑쌀랑 싸락눈이 와서 문창을 치기도 하는 때도 있는데,
> 나는 이런 저녁에는 화로를 더욱 다가 끼며, 무릎을 꿇어보며,
> 어느 먼 산 뒷옆에 바우 섶에 따로 외로이 서서,
> 어두워 오는데 하이야니 눈을 맞을, 그 마른 잎새에는,
> 쌀랑쌀랑 소리도 나며 눈을 맞을,
> 그 드물다는 굳고 정한 갈매나무라는 나무를 생각하는 것이었다.
> — 백석, 「남신의주 유동 박시봉방」 —

백석의 시인 「남신의주 유동 박시봉방」에서는 거의 모든 행에서 쉼표를 빈번하게 사용하고 있는 것을 눈여겨볼 만하다. 화자의 '참을 수 없는 슬픔이며 어리석음'을 쉼표 하나하나에 담아 운율을 형성하고 있다.

(3) 호흡이나 템포

무카로브스키(Mukarovsky)가 지적한 것처럼 '템포의 변화'는 어의적 중요성의 단계적 변화를 초래할 수 있으며, 의미의 감정적 색조를 표현할 수도 있다. 이를 정확하게 계량화하거나 표준화하기는 어렵지만 적당한 속도의 낭독을 통해 시에서 형상화된 내용이 일정한 시간적 질서 속에서 전개되어 나가는 것을 경험하는 일은 시 작품의 고유한 분위기와 예술성을 음미하는 데 중요한 역할을 한다.

3 내재적 운율

시의 가락이 겉으로 드러나지 않고, 시를 읽어 가는 동안에 독자의 마음 속에서 느껴지는 주관적·정서적인 가락으로서 행이나 연, 문체, 또는 작품 전체의 의미와 관련되어 있는 리듬이다. 즉 시인이 드러내고자 하는 주제 의식과 밀접한 관계를 맺고 형성되는 주관적 운율로서 시속에 흐르는 시인 특유의 맥박과 호흡이라 할 수 있다. 거의 모든 자유시의 운율은 내재적 운율이라 생각할 수 있다.

(1) 김영랑, 「동백잎에 빛나는 마음」

> 내 마음의 어딘 듯 한 편에 끝없는 / 강물이 흐르네
> 돋쳐 오르는 아침 날빛이 빤질한 / 은결을 돋오네
> 가슴엔 듯 눈엔 듯 또 핏줄엔 듯
> 마음이 도론도론 숨어 있는 곳
> 내 마음의 어딘 듯 한 편에 끝없는 / 강물이 흐르네

이 시에서 시인의 내면적 호흡은 외면적으로 형식화한 것으로 의미를 낳게 하는 음의 연속임을 알 수 있다. 그러한 음은 음악성을 보인 언어 음색미에서 오는 운(韻) 글자나 구, 행의 길이에서 오는 율(律)을 형성한다. 또, 현대시의 내재율은 의미율을 형성하여 의미구조의 움직임, 상징, 암시 등 정서의 움직임 등에 의해 결정된다. 그것은 내용 단락을 형성한다.

(2) 한용운, 「알 수 없어요」

> 바람도 없는 공중에 수직(垂直)의 파문(波紋)을 내며 고요히 떨어지는 오동잎은 누구의 발자취입니까.
> 지리한 장마끝에 서풍에 몰려가는 무서운 검은 구름의 터진 틈으로 언뜻언뜻 보이는 푸른하늘은 누구의 얼굴입니까.
> 꽃도 없는 깊은 나무에 푸른 이끼를 거쳐서 옛 탑 위의 고요한 하늘을 스치는 알 수 없는 향기는 누구의 입김입니까.
> 근원은 알지도 못할 곳에서 나서 돌부리를 울리고 가늘게 흐르는 작은 시내는 구비구비 누구의 노래입니까.
> 연꽃 같은 발꿈치로 가이 없는 바다를 밟고 옥 같은 손으로 끝없는 하늘을 만지면서 떨어지는 해를 곱게 단장하는 저녁놀은 누구의 시입니까.
> 타고 남은 재가 다시 기름이 됩니다. 그칠 줄을 모르고 타는 나의 가슴은 누구의 밤을 지키는 약한 등불입니까.

형식상 내용단락을 구분지을 수 있는 6행으로 이루어진 전연 자유시이다. 그러나 이 시처럼 현대시는 시의 운율을 시의 내면기조 속에 내재율화하게 된다.

(3) 서정주, 「무등을 보며」

> 가난이야 한낱 남루에 지나지 않는다.
> 저 눈부신 햇빛 속에 갈맷빛의 등성이를 드러내고 서 있는
> 여름 산 같은
> 우리들의 타고난 살결 타고난 마음씨까지야 다 가릴 수 있으랴.
>
> 청산이 그 무릎 아래 지란을 기르듯
> 우리는 우리 새끼들을 기를 수밖엔 없다.
>
> 목숨이 가다가다 농울쳐 휘어드는
> 오후의 때가 오거든
> 내외들이여 그대들도
> 더러는 앉고
> 더러는 차라리 그 곁에 누워라.
>
> 지어미는 지아비를 물끄러미 우러러보고
> 지아비는 지어미의 이마라도 짚어라.
>
> 어느 가시덤풀 쑥구렁에 놓일지라도
> 우리는 늘 玉돌같이 호젓이 묻혔다고 생각할 일이요
> 청태라도 자욱이 끼일 일인 것이다.

위에 인용한 시는 우리도 무등산을 닮아 어려움에 굽히지 말고 생명을 지켜 가자는 뛰어난 작품인데, 이 시에는 외형상 리듬이 없는 것 같지만 속살로 흐르는 시인 특유의 맥동과 호흡이 살아 있음을 알 수 있다. 이것이 곧 자유시에서 필요로 하는 내재율이다.

제 5 장 운율의 특성

1 형태와 리듬

(1) 운율과 형태

형태란 하나의 종합, 지양 상태를 말한다. 우리는 예술 활동의 기본요소를 형식 또는 소재, 제재(아리스토텔레스는 이것을 돌이라 했다) 그리고 내용 곧 작가의 사상을 손꼽는다.

(2) 행(行)과 연(聯)

행은 운율의 속성을 계측할 수 있는 독립단위이다. 행은 바로 운율론의 한 단위인 율격에 해당된다. 연은 행의 상위개념인 동시에 종합개념이기도 하다.

2 운율에 따른 시의 종류

(1) 정형시

전통적이고 보편적인 율격을 가진 시라 할 수 있다. 지금까지 정형시는 일정한 외형률을 가지며, 3·4 혹은 4·4조나 7·5조가 곧 외형률이라 생각해 왔다. 그러나 음수율은 우리나라 시의 정형적인 율격이 될 수 없다는 것은 이미 밝혀졌다. 그러므로 정형률은 음보율로 파악되어야 한다. 그리고 정형률은 일정한 율격의 단순한 반복이라 할 수 없다. 어떤 율격이 시간적으로 오랫동안, 공간적으로 널리 수용되어 전통적인 율격이 되었을 때, 이를 정형률이라 할 수 있다. 마치 시조가 조선조 500년 동안은 물론 지금까지 지어지고 있으며, 작가 및 향유층이 임금으로부터 서민에 이르기까지 광범위하였기 때문에 시조는 정형시이고 시조의 형식인 '4음보격 3행'은 보편적 리듬이 되는 것과 같다. 우리나라 고전시가 중에서는 시조 외에 향가와 경기체가만이 정형시라 할 수 있다.

(2) 자유시

개성적인 율격을 가진 시를 뜻한다. 지금까지 자유시는 내재율을 가지며, 이 내재율은 밖으로는 드러나지 않으나 시의 내면에 흐르는 율격이라고 하거나 '강물이 유유히 흐르는 듯한 리듬'이라 하였다. 그래서 이러한 내재율에 대한 모호한 정의는 우리 시를 이해하고 창작하는 데 많은 혼란을 초래하였다. 내재율은 내면에만 흐르는 율격이라고는 할 수 없다. 내재율은 각각의 시에 있어 그 시인의 독특한 리듬이라 할 수 있으므로 이는 개성적인 리듬을 자유로이 구사한 시가 바로 자유시이다. 그래서 자유시는 일정한 순환 리듬을 지닌 자유시와 비순환 리듬을 지닌 자유시로 나눌 수 있다.

김소월의 「진달래꽃」은 7·5조로 된 3음보격의 시라 할 수 있으나, 시 전체적으로 볼 때 일정한 틀이 없다. 그 당시 7·5조로 된 3음보격의 시가 어느 정도 지어졌으나 '3음보격 2행 4연'이란 일정한 틀을 가진 시가 시간상, 공간상 보편화되지 못했기 때문에 「진달래꽃」은 정형시가 될 수 없다. 이러한 시는 일정한 리듬을 지닌 자유시, 순환 리듬을 가진 자유시라 할 수 있다. 김동명의 「파초(芭蕉)」는 일정한 틀도 없고, 일정한 리듬도 없다. 그러나 소리 내어 읽어 보면 부분 부분의 리듬이 살아난다. 3음보격이나 4음보격이 더러 나타나고 있으나, 이런 리듬이 순환되지 못하고 있다. 따라서 이러한 시는 일정한 리듬을 지니지 않는 자유시, 즉 비순환 리듬을 가진 자유시라 할 수 있다. 이런 시들에는 시인 나름대로의 개성적인 리듬이 나타나 있다.

(3) 산문시

말 그대로 산문으로 된 시이다. 산문으로 되었다는 것은 줄글처럼 토씨나 어미와 같은 문법적 요소를 하나도 빠뜨리지 않고 있음을 뜻한다. 연 구분이나 띄어쓰기가 문제되는 것은 아니다. 연 구분은 할 수도 있고, 안 할 수도 있으며, 띄어쓰기도 해도 되고 안 해도 상관없다. 중요한 것은 산문의 형태를 취했다는 점이다. 산문시가 산문의 형태를 취했다 하더라도 단순한 산문은 아니다. 왜냐하면 시로서의 형상화가 이루어져 있기 때문이다. 만약 시적 형상화를 이루지 못한다면 산문에 지나지 않는다. 오늘날 산문시는 대개 띄어쓰기와 연 구분을 하지 아니하는 경향이 있다.

3 형태의 현대적 인식

(1) H. 리드의 시의 형태 중요

① 유기적 형태
예술작품이 그 자체의 고유한 법칙을 가지고 독창적으로 빚어져 있으며, 구조와 내용 서로가 하나의 생기를 가진 통일체로서 융합된 경우 그 결과로서의 형태는 유기적이라고 기술되어도 무방하다.

② 추상적 형태
유기적 형태가 제자리를 굳힌 다음 한 패턴으로 반복되는 가운데 예술가의 의도가 이미 창조적 행동을 낳을 만한 그 나름의 다이너미즘[동력(動力)]을 잃어버리고 기성복식 구조에 내용을 두드려 맞추려는 입장을 취하면 그 결과로서의 형태는 추상적이라고 기술되어도 무방할 것이다.

(2) H. 리드의 단시와 장시 중요

리드는 시를 마음의 긴장이 유지되고 처음부터 끝까지 단숨에 읽어 내릴 수 있는 단시와, 복합구성의 원칙에 의해 쓰여, 읽는 동안 연속감을 주고 마지막에 총체적 통일감을 심어주는 장시로 나누어 설명하였다. '단시'는 서정 소곡과 단가 등을 가리키며, 우리 마음의 긴장이 유지되고 처음부터 끝까지 단숨에 읽어 내리는 일이 가능하다. 반면, 장시는 단테의 『신곡』, 밀턴의 『실낙원』, 엘리엇의 「황무지」 등을 가리키며, 근본적으로 복합 구성의 원칙에 의해 쓰인다.

제6장 운율과 현대시

1 서정적 자아의 태도가 운율에 미치는 영향

서정적 자아의 태도와 목소리는 시의 운율 형성에 아주 중요한 역할을 한다. 서정적 자아의 목소리나 태도가 저음이거나 부정적이면 발랄하고 생기 있는 운율은 형성되지 못한다.

2 현대시에 계승된 전통 율격

우리의 전통적 정형률은 시조가 일반적이다. 시조는 3·4(4·4)조의 자수율을 기조로 한 4음보의 정형률을 지녔다. 이러한 전통적 정형률은 김억, 김소월 등의 시에 이어졌고, 그 이후의 1920년대 낭만파 시인이나 1930년대의 시문학파, 1940년대의 청록파 시인들에 이어졌다.
서정주의 「꽃밭의 독백」을 예로 들어 보자.

> 노래가 낫기는 그중 나아도
> 구름까지 갔다간 되돌아 오고,
> 네 발굽을 쳐 달려간 말은
> 바닷가에 가 멎어 버렸다.
> 활로 잡은 산돼지, 매로 잡은 산새들에도
> 이제는 벌써 입맛을 잃었다.
> 꽃아. 아침마다 개벽하는 꽃아,
> 네가 좋기는 제일 좋아도,
> 물 낯바닥에 얼굴이나 비취는
> 헤엄도 모르는 아이와 같이
> 나는 네 닫힌 문에 기대섰을 뿐이다.
> 문 열어라 꽃아. 문 열어라 꽃아.
> 벼락과 해일만이 길일지라도
> 문 열어라 꽃아. 문 열어라 꽃아.
>
> — 서정주, 「꽃밭의 독백」 —

이 시는 7·5조의 전통적 율격을 바탕으로 쓰여진 시이다. 7·5조의 운율은 3·4(4·4)의 변형으로 우리의 전통적 운율이다. 고전시가 중 고려가요나 경기체가는 3음보 또는 4음보의 율격을, 시조와 가사는 4음보의 율격을 지녔다. 이 시가 7·5조를 기조로 하고 있다는 점에서 여전히 전통적 정형률을 계승하고 있다고 할 수 있다.

제 6 편 | 실전예상문제

01 각운(脚韻)은 시가에서, 구나 행의 끝에 규칙적으로 같은 운의 글자를 다는 것을 말한다. 이 시에서도 '길', '숲', '꿈' 등이 마지막 구절에 반복됨으로써 규칙적인 율격을 형성하고 있다.

01 다음 시에서 두드러진 운율적 특성은?

> 물구슬의 봄새벽 아득한 길 / 하늘이며 들 사이에 넓은 숲 / 젖은 향기 붉읏한 잎 위의 길 / 실 그물의 바람 비쳐 젖은 숲 / 나는 걸어가노라 이러한 길 / 밤저녁의 그늘진 그대의 꿈 / 흔들리는 다리 위 무지개 길 / 바람조차 가을 봄 걷히는 꿈
> — 김소월, 「꿈길」 —

① 두운
② 요운
③ 각운
④ 두운, 요운

02 리드는 『영국 산문론』에서 논리적이건 기계적이건 간에 '구두점'은 일반적 운율 감각에 종속되는 법이라고 말하였다.

02 다음 설명에서 괄호 안에 공통으로 들어갈 운율의 요소는?

> 논리적이건 기계적이건 간에 (　　)은 일반적 운율 감각에 종속되는 법이다. 그러나 또한 그것은 스스로 운율을 결정짓기도 한다. 그러나 (　　)을 이렇게 구사하는 일은 아주 드문 일로 던이라든가 브라운, 밀턴, 러스킨, 페이터 등 슬기를 지닌 예술가들의 징표가 되는 것이다.
> — H. 리드, 『영국 산문론』 —

① 병렬
② 음상
③ 압운
④ 구두점

정답 01 ③ 02 ④

03 다음 설명에서 괄호 안에 공통으로 들어갈 가장 적절한 용어는?

> 자음 가운데는 유난히 그 울림이 좋다든가 보드라운 가락을 빚어낼 수 있는 것이 있다. 우리 한국어에서는 'ㄴ, ㄹ, ㅁ, ㅎ'과 모음과 모음 사이에 발음되는 'ㅂ'이나 'ㄷ, ㅈ' 등이 그에 해당된다. 이런 자음의 속성을 이용하고 거기에 다른 모음들을 의도적으로 배합시키면 ( )이(가) 이루어진다. ( )(이)란 우리에게 즐겁고 부드럽게 느껴지는 느낌의 말씨를 가리킨다.

① 폐색음
② 호음조
③ 음상
④ 다중조직

03 호음조는 'ㄴ, ㄹ, ㅁ, ㅎ'과 모음과 모음 사이에 발음되는 'ㅂ'이나 'ㄷ, ㅈ' 등을 통해 거기에 다른 모음들은 의도적으로 배합(配合)시키는 것이다. 김영랑의 시구 '보드레한 에메랄드 얇게 흐르는'과 같은 것이 좋은 예이다.

04 다음 시에서 찾아볼 수 있는 운율적 특성은?

> 밤하늘에 부딪친 번갯불이니
> 바위에 부서지는 바다를 간다.
>   – 송욱, 「쥬리에트에게」 중에서 –

① 두운
② 요운
③ 각운
④ 요운과 각운

04 시가에서 구나 행의 첫머리에 규칙적으로 같은 운의 글자를 다는 일을 '두운'이라고 한다. '밤하늘, 부딪친, 번갯불, 바위, 부서지는, 바다' 같은 시어의 첫음절에서 'ㅂ'이 지속해서 반복됨으로써 규칙적인 율격을 형성한다.

정답 03 ② 04 ①

05 김소월의 시는 민요조의 전통적인 율격인 3음보와 7·5의 음수율을 사용한 주정적, 서정적인 경향의 시이다. 교설적이고 서술적이라고 볼 수 없다.

05 다음 시에 대한 설명으로 적절하지 <u>않은</u> 것은?

> 그립은 우리 님의 맑은 노래는
> 언제나 제 가슴에 젖어 있어요
>
> 긴 날을 문 밖에서 서서 들어도
> 그립은 우리 님의 고운 노래는
> 해지고 저물도록 귀에 들려요
> 밤들고 잠들도록 귀에 들려요
>   - 김소월, 「님의 노래」 중에서 -

① 음수율로는 7·5조로 해석된다.
② 음보율로는 3음보로 볼 수 있다.
③ 교설적이고 서술적인 면을 지니고 있다.
④ 주정적이고 서정적인 특성이 잘 드러난다.

06 리드에 따르면 장시는 단테의 『신곡』, 밀턴의 『실낙원』, 엘리엇의 「황무지」 등을 가리키며, 근본적으로 복합구성의 원칙에 의해 쓰인다.

06 다음 시들에 대한 공통적인 설명으로 적절한 것은?

> 단테의 『신곡』, 밀턴의 『실낙원』, 엘리엇의 「황무지」

① 복합구성의 원칙
② 말의 음악성
③ 구두점의 파격적 사용
④ 서정 소곡

07 음보란 음절이 모인 것 또는 행을 이루는 단위로 '동일한 음량 또는 시간적 길이'로 정의할 수 있다. 그리고 음보율이란 이 음보의 수에 의해서 결정되는 리듬이다.

07 다음 중 음보에 대한 설명에 해당하는 것은?

① 일정한 음운이 특정한 자리에 반복적으로 출현하는 압운과 관계가 깊다.
② 한 편의 시에서 동일한 음량, 혹은 시간적 길이를 지닌 소리군이 규칙적으로 반복됨으로써 형성되는 율격을 의미한다.
③ 고저장단의 규칙적 반복에 의해서 형성되는 평측법을 가리킨다.
④ 시행 분절 시 통사적 단위를 의식적으로 무시하고 운율을 배분하여 리듬감을 유발한다.

정답 05 ③ 06 ① 07 ②

08 다음 설명에서 괄호 안에 공통으로 들어갈 가장 적절한 용어는?

> 무카로브스키가 지적한 것처럼 "( )의 변화는 어의적 중요성의 단계적 변화"를 초래할 수 있으며, "의미의 감정적 색조를 표현"할 수도 있다. ( )은(는) 한 편의 작품을 읽는 데 걸리는 시간과도 밀접한 관련이 있다. 이를 정확하게 계량화하거나 표준화하기는 어렵지만, 적정한 낭독의 ( )을(를) 통해 시에서 형상화된 내용이 일정한 시간적 질서 속에서 전개되어 나가는 것을 경험하는 일은 시 작품의 고유한 분위기와 예술성을 음미하는 데 중요한 역할을 한다.

① 템포
② 음운
③ 음상
④ 성조

08 무카로브스키는 '템포'의 변화는 어의적 중요성의 단계적 변화와 의미의 감정적 색조를 표현할 수 있게 하고, 시 작품의 고유한 분위기와 예술성을 음미하는 데 중요한 역할을 한다고 말했다.

09 다음 중 장시에 대한 설명에 해당하는 것은?

① 한국 현대시의 주된 경향이다.
② 주로 서정 소곡을 가리킨다.
③ 복합구성의 원칙을 보여주며 건축성이 두드러진다.
④ 서정적인 언어와 말의 음악성이 중요하다.

09 리드는 시를 마음의 긴장이 유지되고 처음부터 끝까지 단숨에 읽어 내릴 수 있는 단시와, 복합구성의 원칙에 의해 씌어 읽는 동안 연속감을 주고 마지막에 총체적 통일감을 심어주는 장시로 나누어 설명하였다.

10 일정한 간격을 띄우고 지속적으로 반복하여 일어나는 현상을 일컫는 용어는?

① 자의성(恣意性)
② 주기성(週期性)
③ 지속성(持續性)
④ 등장성(等張性)

10 우리가 리듬 또는 운율이라고 하는 경우, 그것은 주기성을 띠고 나타나는 여러 현상들을 가리킨다. 아침에 해가 뜨고 저녁에 해가 진다. 그것이 반복되면 한 계절이 가고 다른 계절이 온다. 그런 가운데 해(年)가 가고 또 하나의 해가 오는 계절의 반복이 이루어진다. 이런 것들의 반복이 바로 주기성이다.

정답 08 ① 09 ③ 10 ②

11 박두진의 「청산도」는 시어의 반복과 격정적 템포, 음성상징어 등을 통해 운율을 형성하고 있다. 한편 산문시이기 때문에 비교적 긴 호흡으로 시상이 전개되는 특징을 보인다.

11 다음 작품에 대한 〈보기〉의 설명에서 옳지 <u>않은</u> 것은?

> 산아, 우뚝 솟은 푸른 산아. 철철철 흐르듯 짙푸른 산아. 숱한 나무들, 무성히 우거진 산마루에 금빛 기름진 햇살은 내려오고 둥둥 산을 넘어 흰구름 건넌 자리 씻기는 하늘 사슴도 안오고 바람도 안불고, 너멋골 골짜기서 울어 오는 뻐꾸기…….
>
> 산아, 푸른 산아. 네 가슴 향기로운 풀밭에 엎드리면 나는 가슴이 울어라. 흐르는 골짜기 스며드는 물소리에 내사 줄줄줄 가슴이 울어라. 아득히 가버린 것 잊어버린 하늘과 아른아른 오지 않는 보고 싶은 하늘에 어쩌면 만나도질 볼이 고운 사람이 난 혼자 그리워라. 가슴으로 그리워라.
>
> — 박두진, 「청산도」 중에서 —

보기
㉠ 시어의 반복을 통해 운율감을 조성하고 있다.
㉡ 격앙된 목소리를 통해 대상에 대한 간절한 그리움을 드러내고 있다.
㉢ 음성상징어(의성어, 의태어)를 통해 생동감 넘치는 표현을 하고 있다.
㉣ 산문의 형식이지만 짧은 호흡으로 시상을 전개하고 있다.

① ㉠
② ㉡
③ ㉢
④ ㉣

정답 11 ④

12 다음 중 정형 시조(평시조)에 대한 설명으로 옳은 것은?

① 통상 한 행 3음보로 구성되어 있다.
② 기본 음수율은 '3·4·3·4 / 3·4·3·4 / 3·5·4·3'이다.
③ 전체가 2행(2장)으로 구성되어 있다.
④ 초장 첫 구(句)의 음절수는 3음절로 고정되어 있다.

12 우리 고유의 시가양식인 시조는 보통 4음보를 한 행으로 한 3행의 틀을 가지는 경우로 파악되어 왔다. 시조는 '3·4·3·4 / 3·4·3·4 / 3·5·4·3'으로 결정되어 있다. 특히 시조의 특성 가운데 하나가, 종장 첫 구의 음절수는 3음절로 고정되어 있는 것이다.

13 다음 중 운율의 외재적 단면에 해당되지 않는 것은?

① 음보(音步)
② 압운법(押韻法)
③ 음상(音相)
④ 통사(統辭)와 구두점(句讀點)의 활용

13 외재적 운율로는 음성 상징(음상)의 문제, 압운법, 음보, 율격 등이 해당된다. 통사(統辭)와 구두점(句讀點)의 활용 등은 또 다른 조화 감각으로 볼 수 있다.

14 다음 중 시의 운율감각의 형성과 관련이 없는 것은?

① 반복과 병렬
② 압운법의 활용
③ 이미지의 구성
④ 행과 연의 배열

14 시의 운율 감각을 형성하는 것은 음색과 동질음에 의한 소리 배합, 율격과 리듬의 음성 패턴들이라 할 수 있다. 압운법의 활용은 동질음을 형성함으로써 운율감을 주며, 반복과 병렬이나 행과 연의 배열은 리듬을 살림으로써 운율감을 준다. 이미지의 구성은 내용적인 측면에 해당하므로 직접적인 관련성이 떨어진다.

15 다음 중 4음보 율격의 특성에 해당하는 것은?

① 안정과 질서를 대변하는 율격이다.
② 민요와 고려속요에 대체로 많이 쓰였다.
③ 서민계층의 세계관과 감성의 표현에 적합하다.
④ 주정적인 속성, 즉 서정시로서의 단면이 강하다.

15 3음보는 민요와 고려속요에 대체로 많이 쓰인다. 서민계층의 세계관과 감성의 표현에 적합하며, 주정적인 속성, 즉 서정시로서의 단면이 강하다. 반면 4음보는 장중한 맛을 지닌 율격으로서 인위적이고 교술적인 리듬이다. 안정과 질서를 대변하는 율격으로서 유장한 흐름을 특징으로 한다.

정답 12 ② 13 ④ 14 ③ 15 ①

16 박두진의 「해」는 표면적으로 산문시의 형태를 취하고 있지만, 내재한 운율을 분석해보면 2음보 율격이 규칙적으로 반복되고 있다.

16 **다음 시에 대한 설명으로 옳지 않은 것은?**

> 해야 솟아라. 해야 솟아라. 말갛게 씻은 얼굴 고운 해야 솟아라. 산 넘어 산 넘어서 어둠을 살라먹고, 산 넘어서 밤새도록 어둠을 살라먹고, 이글이글 앳된 얼굴 고운 해야 솟아라.

① 표면적으로 산문시의 형태를 취하고 있다.
② 3음보의 율격이 규칙적으로 반복되고 있다.
③ 산문시의 유장한 호흡이 역동성을 더한다.
④ 단순하고 반복적인 어휘로 빠른 호흡이 느껴진다.

17 신경림은 「목계장터」에서 전래 민요의 가락과 정서를 적극적으로 수용하여 공동체가 교감할 수 있는 시를 의도하였으며, 4음보의 규칙적인 리듬과 후렴, 반복적 어구를 통해 보편적인 정서에 대한 호응을 꾀하고 있다.

17 **다음 시에 대한 설명으로 옳지 않은 것은?**

> 하늘은 날더러 구름이 되라 하고
> 땅은 날더러 바람이 되라 하네
> 청룡 흑룡 흩어져 비 개인 나루
> 잡초나 일깨우는 잔바람이 되라네
> 뱃길이라 서울 사흘 목계 나루에
> 아흐레 나흘 찾아 박가분 파는
> 가을볕도 서러운 방물장수 되라네
> 산은 날더러 들꽃이 되라 하고
> 강은 날더러 잔돌이 되라 하네
>
> – 신경림, 「목계장터」 중에서 –

① 3음보의 민요 가락을 계승한 규칙적인 리듬을 갖고 있다.
② 정착과 방랑이라는 공동체의 숙명을 그리고 있다.
③ 대립적 심상의 시어들을 통해 시상을 전개하고 있다.
④ 반복적 어구를 통해 보편적인 정서를 노래하고 있다.

정답 16 ② 17 ①

제 7 편

시의 이미지

| 제1장 | 현대시와 이미지 |
| 제2장 | 이미지의 유형 |
| 실전예상문제 |

| 단원 개요 |

현대시에서 이미지가 차지하는 비중은 매우 높다. 이 단원에서는 이미지의 개념을 밝히고, 이미지에 대한 여러 견해를 소개한다. 문학 용어로서의 이미지의 특징과 감각적인 이미지의 종류를 개별 작품을 예로 들어 설명하고, 이미지의 유형을 정신적 이미지, 비유적 이미지, 상징적 이미지로 나누어 서술한다.

| 출제 경향 및 수험 대책 |

이미지에 대한 여러 이론가들의 주장을 묻는 문제가 자주 출제되는 편이다. 또한 개별 작품에 나타난 이미지의 종류를 직접 묻는 방식이 출제되거나, 표현상의 특징을 물으면서 이미지를 포함시키는 경우도 많다. 이미지의 종류와 각각 이미지의 특징을 직접 묻는 문제가 출제될 수도 있다.

이론가들에 대해 묻는 문제를 대비하기 위해 이론가별 주요 특징을 파악하여 암기하는 것이 요령이다. 또한 개별 작품에서 이미지의 종류를 묻는 문제를 해결하기 위해 이미지의 종류를 이해하고, 이를 작품에 적용할 수 있는 연습도 해야 할 것이다. 이미지의 종류와 특징을 직접 물을 수도 있으므로 개념을 익히고 암기해야 한다.

보다 깊이 있는 학습을 원하는 수험생들을 위한
시대에듀의 동영상 강의가 준비되어 있습니다.
www.sdedu.co.kr ➜ 회원가입(로그인) ➜ 강의 살펴보기

제 1 장 현대시와 이미지

이미지(심상)는 원래 시어의 중요한 특질 가운데 하나이다. 리듬과 함께 시의 대표적 구성 원리인 이미지는 언제나 우리의 감각에 호소하고 사물에 대한 감각적 경험을 불러일으킨다. 과거의 시가 운율을 중시하는 음악적이면서도 외형적인 정형의 시였다면 현대시는 이미지를 중시하는 회화적인 시라는 데 그 특징이 있다고 할 수 있다.

제1절 이미지의 이해

1 이미지의 개념

이미지(image)란 마음속에 그리는 사물의 감각적 형상이라고 한다. 즉 신체적 지각에 의해 산출된 감각을 마음속에 다시금 재생시켜 놓은 것이다. 이미지란 인간의 사상이나 감정을 관념화하고 추상화하는 데서 오는 우리들 의식의 원초적인 불화를 극복하고 언어의 사물화, 언어의 구체화를 통하여 세계와의 영원한 조화를 시도하려는 노력의 일단이라고 할 수 있다. 최근의 비평은 시의 본질적 구성요소로서 그리고 시의 의미와 구조와 효과를 분석하는 중요한 단서로서 이미지를 더욱 강조하고 있다.

2 이미지에 대한 여러 견해 중요

(1) 루이스(C. D. Lewis)
① 루이스는 "가장 단순하게 말하여 그것은 말로 만들어진 그림이다."라고 하였다.
② 한 개의 형용사, 한 개의 은유, 한 개의 직유로 이미지를 만들어 낼 수 있다. 또는 이미지는 표면상으로는 순전히 묘사적이지만 우리의 상상에 외적 현실의 정확한 반영 이상의 어떤 것을 전달하는 어구나 구절로 제시될 수도 있다.
③ 이미지는 하나의 형용사로도 만들 수 있고, 은유나 직유 등 비유에 의해서, 혹은 묘사적 어구나 구절로 만들 수 있다. 그리고 그들 이미지는 독자의 상상력을 자극하여 어떤 영상을 떠올리게 한다.

(2) 셸리(P. B. Shelly)
① 셸리는 "시인의 언어는 이미지이다. 그것은 그 이전에는 포착하지 못했던 사물들의 관계를 밝히고 그 포착된 것을 영구히 고착시킨다."라고 하였다.
② 셸리는 특히 시에서의 이미지가 중요함을 강조하였다. '이전에는 포착하지 못했던 사물들의 관계'를 밝히는 것이 이미지라고 한다면, 관념적이며 추상적이던 것이 이미지에 의하여 비로소 구체적으로 형상화되었음을 강조하는 것이 된다.

(3) 에즈라 파운드(E. Pound)
① 에즈라 파운드는 그의 저서 『독서론』에서 시의 언어를 'Melopoeia, Phanopoeia, Logopoeia'라는 세 종류의 특별한 용어를 만들어 구분하여 설명한 바 있다.
② Melopoeia가 음악적인 것으로서 리듬에 주력한다면, Phanopoeia는 회화적인 시의 세계로 이미지를 중시하고, Logopoeia는 논리적인 시로서 '언어와 언어 사이의 지성의 무도'라고 일컬을 수 있을 만큼 현대인의 복잡한 체험 내용을 형상화한 시라는 것이다.
③ 에즈라 파운드의 말은 근대에서 현대로 넘어오면서 리듬 중심에서 이미지 중심으로, 이미지 중심에서 의미 중심으로, 점차 그 역점이 전이되고 있는 시의 특성을 시사하는 뜻 깊은 분류라 하겠다.
④ 에즈라 파운드에 의하면 Phanopoeia는 시각적 영상, 즉 시의 의미가 독자의 마음속에 묘사해 내는 회화적 정경을 의미한다. 그런데 현대시에서는 단순히 회화적 정경뿐 아니라, 의미가 나타내는 논리 즉 사고의 형태까지도 이미지의 영역 속에 포함시키고 있다.

(4) 러스킨(J. Ruskin)
① 러스킨은 "상상력의 암시 없이 시가 생산될 수 없다."고 하였다.
② 러스킨의 말은 시는 독자에게 직설적으로 의미를 전달하는 것을 목표로 삼지 않아야 한다는 것, 시는 독자의 상상력에 자극을 주어서 현실적으로 존재하지 않는 것까지 연상하게 하고 공감하게 하는 예술이라는 것을 설명하고 있다.
③ 상상력의 소산이 바로 이미지이다. 그리고 상상력은 어디까지나 경험의 집합에 의하여 암시되는 것이 특징이다.

3 문학 용어로서의 이미지의 특징

(1) 이미지는 축자적 묘사(蓄字的 描寫)에 의하건, 인유에 의하건, 또는 비유에 사용된 유추에 의하건, 한 편의 시나 기타 문학 작품 속에서 언급되는 감각, 지각의 모든 대상과 특질을 가리킨다.

> 여울에 몰린 은어떼
>
> 삐비꽃 손들이 둘레를 짜면
> 달무리가 비잉빙 돈다.
>
> 가아웅 가아웅 수우워얼 래에
> 목을 빼면 설음이 솟고…
>
> 백장미 밭에
> 공작이 취했다.
>
> 뛰자 뛰자 뛰어나 보자
> 강강술래
>
> 뇌누리에 테이프가 감긴다.
> 열두발 상모가 마구 돈다.
>
> 달빛이 배이면 술보다 독한 것.
>
> 기폭이 찢어진다.
> 갈대가 스러진다.
>
> 강강술래.
> 강강술래.
>
> — 이동주, 「강강술래」 —

한 편의 시나 문학 작품 속에서 언급되는 감각, 지각의 모든 대상과 특질을 이미지라고 할 때, 위의 시에서 감각적 대상인 '강강술래'라는 춤과 감각적 특질인 '여울에 몰린 은어떼'는 이미지가 된다. 뿐만 아니라 강강술래의 춤을 추는 모든 모습의 형용, '백장미 밭에 공작이 취했다', '삐비꽃 손들', '달무리가 비잉비잉 돈다', '목을 빼면 설음이 솟고', '깃폭이 찢어진다', '갈대가 스러진다' 역시 이미지이다. 이 시는 '뛰자 뛰자 뛰어나 보자'라고 하는 시적 화자의 직접적인 참가의 발언을 제외하면 시의 전체 행이 모두 이미지로 구성되어 있다고 할 수 있다.

(2) 현재 가장 일반적으로 적용되고 있는 이미지의 개념은 비유적 언어, 특히 은유와 직유의 보조관념이라고 정리할 수 있다.

> 짐승보다
> 사람이 더 무서운 날
> 사람 가운데서도
> 아는 사람이 더
> 섬뜩한 날
>
> 사람을 피해서
> 차라리 짐승이라도 만나고 싶어
> 혼자 찾은 오솔길 풀섶에
> 반짝, 덧니를 드러내고 웃는
> 아지 못할
> 가을 풀꽃 하나.
>
> - 나태주, 「가을 들꽃」 -

나태주의 시에서 드러내고 있는 '가을 풀꽃'의 이미지는 '반짝 덧니를 드러내고 웃는 아지 못할' 여인이다. 짐승보다 사람이, 모르는 사람보다 아는 사람이 차라리 더 무서워 산으로 숨어 들어가는 시인의 마음에 안위와 평화를 주는 가을 풀꽃, 이름도 모르는 시골 소녀와 같은 작은 꽃의 이미지는 신선하고 간결하다.

(3) 시인에 의해 의도적으로 파편화·분자화된 이미지의 구조화가 이루어지기도 한다.

> 낡은 아코뎡은 대화를 관뒀습니다.
>
> ———여보세요?
>
> 「뽄뽄다리아」
> 「마주르카」
> 「디젤 엔진」에 피는 들국화
>
> ———왜 그러십니까?
>
> 모래밭에서
> 수화기(受話器)
> 여인의 허벅지
> 낙지 까아만 그림자

> 비둘기와 소녀들의 랑데—부우
> 그 위에
> 손을 흔드는 파아란 깃폭들
>
> 나비는
> 기중기(起重機)의
> 허리에 붙어서
> 푸른 바다의 층계를 헤아린다.
>
> — 조향, 「바다의 층계(層階)」 —

해당 시를 보면 서로 전혀 어울리지 않는 이미지들이 결합되어 나타나고 있는데, 이는 즉 아무 연관성이 없는 낯선 사물들을 결합시키고 있는 것이다. 흔히 초현실주의나 해체주의적 입장에서 구성된 시들의 경우에 이런 방식의 구조가 등장하는 예를 발견할 수 있다.

4 이미지의 기능 (중요)

이미지는 독자에게 감각적 인상을 불러일으켜 추상적인 관념을 구체적으로 형상화함으로써 사물을 보다 생생하게 전달하며, 사물의 인상과 영상을 더욱 뚜렷이 하는 기능을 한다.

> ① 표현의 구체성을 높인다.
> ② 표현의 독창성을 살린다.
> ③ 정서를 환기하는 장치가 된다.
> ④ 주제를 추적하는 지표가 된다.
> ⑤ 경험을 구체적으로 재생한다.
> ⑥ 감각적 인상을 재현한다.
> ⑦ 추상적 관념을 구체화한다.

(1) 프라이(N. Frye)

심상이 제재를 명확하게 드러내고, 독자의 내면세계를 자극하며, 독자의 반응을 유도하여 시를 정서와 연결하는 구실을 한다고 보았다.

(2) 루이스(C. Day Lewis)

심상이 일상적인 언어를 통해서는 맛볼 수 없는 신선미를 빚어내고 시어에 탄력과 긴축미를 부여하여 강렬성을 가져오며, 정서를 환기하는 구실을 한다고 설명했다.

제2장 이미지의 유형

제1절 정신적 이미지(Mental Image)

1 정신적 이미지의 개념

정신적 이미지란 언어에 의해서 우리 마음속에 떠오르는 감각적 이미지이다. 이것은 시각적, 청각적, 후각적, 미각적, 촉각적, 기관적(器管的) 그리고 근육 감각적 이미지 등으로 나뉜다.

2 정신적 이미지의 예시

> 한 송이의 국화꽃을 피우기 위해
> 봄부터 소쩍새는
> 그렇게 울었나 보다.
>
> 한 송이의 국화꽃을 피우기 위해
> 천둥은 먹구름 속에서
> 또 그렇게 울었나 보다.
>
> 그립고 아쉬움에 가슴 조이던
> 머언 먼 젊음의 뒤안길에서
> 인제는 돌아와 거울 앞에 선
> 내 누님같이 생긴 꽃이여.
>
> 노오란 네 꽃잎이 피려고
> 간밤엔 무서리가 저리 내리고
> 내게는 잠도 오지 않았나 보다.
>
> — 서정주, 「국화 옆에서」 —

「국화 옆에서」라는 시를 보면, 첫 연에는 '소쩍새 울음 소리'라는 청각적 이미지가 나타나 있고, 둘째 연에도 '천둥소리'라는 청각적 이미지가 나타나 있으며, 셋째 연에는 '거울 앞에 선 내 누님'이라는 시각적 이미지가 그려졌고, 넷째 연에는 '무서리'라는 시각적인 이미지와 '잠도 오지 않는 나의 불면'이라는 내면적인 체험이 나타나 있는데, 문제는 이것들이 따로 떨어져 있지 않고 전체적인 시의 주제 아래 유기적으로 통일되어 있다는 점이다. 즉, 국화에 빗대어 생명의 탄생 과정의 어려움을 노래한 이 시의 주제는 곧 각 연의 구체적인 이미지 속에 용해되어 있고, 이들이 유기적인 연관을 맺어서 비로소 뛰어난 한 편의 시를 이룬다.

3 정신적 이미지의 종류

(1) 시각적 이미지

색채, 명암, 모양, 움직임 등 눈을 통해 떠올리는 이미지를 의미한다.

> 구름은
> 보랏빛 색지 위에
> 마구 칠한 한 다발 장미
>
> 목장의 깃발도 능금나무도
> 부을면 꺼질 듯이 외로운 들길
>
> — 김광균,「데생」중에서 —

노을 속에 흩어져 한 다발 장미처럼 보이는 구름을 표현한 부분으로, 시각적 심상을 통해 저녁 풍경을 잘 살리고 있다.

(2) 청각적 이미지

소리의 감각에 호소하는 이미지를 말한다. 음성상징어를 활용하기도 한다.

> 금잔디 사이 할미꽃도 피었고 삐이삐이 배, 뱃종! 뱃종! 멧새들도 우는데, 봄볕 포근한 무덤에 주검들이 누웠네.
>
> — 박두진,「묘지송」중에서 —

멧새의 울음소리를 통한 의성어의 효과적인 활용으로 주검에 생명감과 활기를 불어넣고 있다.

(3) 미각적 이미지

맛의 감각을 이용한 이미지로 맛이나 맛을 보는 행위를 통해 나타나는 이미지이다.

> 찢긴 나래에 맥이 풀려
> 그리운 꽃밭을 찾아갈 수 없는 슬픔에
> 물고 있는 맨드라미조차 소태 맛이다.
>
> — 윤곤강,「나비」중에서 —

'소태 맛'은 매우 쓴맛으로, 쓰디쓴 미각적 이미지를 통해 나비의 안타깝고 절망적인 기분을 떠올리게 한다.

(4) 후각적 이미지

냄새, 향기의 감각을 이용한 이미지를 의미한다. 미각적 심상과 함께 나타나는 경우가 많다.

> 배나무 접을 잘하는 주정을 하면 토방돌을 뽑는 오리치를 잘 놓는 먼 섬에 반디젓 담그러 가기를 좋아하는 삼춘 삼춘 엄매 사춘 누이 사춘 동생들이 그득히들 할머니 할아버지가 있는 안간에들 모여서 방안에서는 <u>새 옷의 내음새</u>가 나고 또 <u>인절미 송구떡 콩가루차떡의 내음새</u>도 나고 끼때의 두부와 콩나물과 볶은 잔디와 고사리와 도야지 비계는 모두 선득선득하니 찬 것들이다.
> — 백석, 「여우난 곬족」 —

새 옷과 풍성하게 장만된 음식물이 주는 명절 특유의 느낌을 후각적 심상으로 나타내고 있다.

(5) 촉각적 이미지

피부에 닿는 느낌을 통해 나타나는 이미지를 말한다. 촉각적 심상은 신체의 부분들과 결합되어 근육감각적 심상을 형성하기도 한다.

> 나는 한 마리 어린 짐승,
> 젊은 아버지의 <u>서느런 옷자락</u>에
> <u>열로 상기한 볼을 말없이 부비는 것</u>이었다.
> — 김종길, 「성탄제」 중에서 —

화자는 열병에 걸렸던 어린 시절, 마치 해열제 같았던 아버지의 옷자락을 피부에 와 닿던 서늘한 느낌으로 기억하고 있다.

(6) 공감각적 이미지

두 종류 이상의 감각이 결합되어 이루어진 이미지, 즉 감각이 전이되어 표현된 것이다.

> 해와 하늘빛이
> 문둥이는 서러워
>
> 보리밭에 달 뜨면
> 애기 하나 먹고
>
> <u>꽃처럼 붉은 울음</u>을 밤새 울었다.
> — 서정주, 「문둥이」 —

청각(울음)을 시각화(붉은)한 공감각적 표현으로, '붉은'이라는 시어는 매우 서럽게 우는 듯한 느낌으로 문둥이의 설움과 한을 환기시킨다.

제2절 비유적 이미지

1 비유적 이미지의 개념(Figurative Image)

비유적 이미지란 주로 비유적 양식으로서의 이미지를 말하는데 대체로 이미지가 비유의 형식을 띠고 나타나는 경우를 말한다. 비유어 또는 비유적 이미지는 두 개의 사물이나 관념이 서로 격리되어 있는 것을 한데 갖다 붙이고자 하는 욕망에 의해, 즉 동일화(identification)의 욕망에 의해 만들어진 수사법 중 하나다. 즉 비유적 이미지는 두 대상의 비교를 통해 관념들을 진술하고 전달하는 것을 뜻하며, 이 비교되는 이미지가 비유적 이미지인 것이다.

2 비유적 이미지의 예시

> 당신의 불꽃 속으로
> 나의 눈송이가
> 뛰어듭니다.
>
> 당신의 불꽃은
> 나의 눈송이를
> 자취도 없이 품어줍니다.
>
> — 김현승, 「절대신앙」 —

이 시에는 보시다시피 '불꽃'과 '눈송이'란 두 개의 시각적 이미지가 등장한다. 그러나 그것들은 그냥 불꽃, 그냥 눈송이가 아니다. '절대신앙'이란 제목을 통해 쉽게 유추할 수 있듯이, '불꽃'은 신앙의 대상인 절대자의 비유이고, '눈송이'는 화자 자신의 비유이다. 그러므로 우리가 이 시를 읽을 때는 먼저 '불꽃'과 '눈송이'란 이미지가 갖는 비유적 의미부터 이해해야 한다. 그러한 이해의 바탕 위에서만 우리는 시인이 노래하고 있는 '절대신앙'의 내용에 보다 깊이 있게 접근할 수 있다.

제3절 상징적 이미지

1 상징적 이미지의 개념

상징(symbol)은 '짜 맞춘다'의 뜻을 가진 희랍어의 동사 'symballein'에서 유래했다. 그리고 희랍어의 명사인 'symbolon'은 부호, 증표(token), 기호(sign)라는 뜻을 가지고 있다. 이런 어원적 의미로 보면, 상징은 기호로서 다른 어떤 것을 대신하는 기능을 수행한다. 이것이 상징의 가장 기본적이고도 일반적인 의미이다. 상징에는 십자가가 기독교를 상징한다든가, 비둘기가 평화를 상징하는 것 같은 인습적 상징(conventional symbol)도 있지만 작가 자신의 개인적 상징(private symbol)도 있다. 현대시에서 상징적 이미지는 비유적 이미지와 더불어 큰 비중을 차지하는 표현 기교로 널리 쓰이고 있다.

2 상징적 이미지의 예시

꿈을 아느냐 네게 물으면
플라타너스
너의 머리는 어느덧 파아란 하늘에 젖어 있다.

너는 사모할 줄을 모르나
플라타너스
너는 네게 있는 것으로 그늘을 늘인다.

먼 길을 올 제
홀로 되어 외로울 제
플라타너스
너는 그 길을 나와 같이 걸었다.

이제 너의 뿌리 깊이
영혼을 불어넣고 가도 좋으련만
플라타너스
너는 나와 함께 신이 아니다!

수고론 우리의 길이 다하는 어느 날
플라타너스
너를 맞아 줄 검은 흙이 어느 먼 곳에 따로이 있느냐?

> 나는 오직 너를 지켜 네 이웃이 되고 싶을 뿐
> 그곳은 아름다운 별과 나의 사랑하는 창이 열린 길이다.
>
>   - 김현승, 「플라타너스」 -

일반적으로 플라타너스는 '우리에게 친숙한 가로수'의 의미를 지닌다. 그러나 이 작품에서 '플라타너스'는 '영원한 반려자', '삶의 동반자'라는 상징적 의미를 가진다. 문학에서는 일상어의 객관적, 지시적 의미에 함축적, 정서적 의미를 더하여 독자들이 다양하게 해석할 수 있다.

(1) 「공무도하가」에서의 '물'의 이미지

> 임아, 그 물을 건너지 마오.
> 임은 끝내 그 물을 건너셨네.
> 물에 빠져 돌아가시니
> 가신 임을 어찌할꼬.
>
>   - 백수광부의 처, 「공무도하가」 -

물에 휩쓸려 남편이 죽었으니, 물이란 곧 남편과의 사별을 가져온 사물이다. 이때 물의 이미지는 당연히 '이별, 죽음', 좀 더 일반화하면 '삶의 부정적 이미지'이다.

(2) 다음 시조에서의 '못'의 이미지

> 압 못세 든 고기드라 네 와 든다 뉘 너를 모라다가 너커늘 든다
> 북해 청소(北海淸沼)를 어듸 두고 이 못세 와 든다
> 들고도 못 나는 정(情)이야 네오 내오 다르냐
>
>   - 작자 미상, 「압 못세 든 고기드라」 -

이 시조는 어느 궁녀가 대궐에서 벗어날 수 없는 자신의 신세를 한탄한 내용이다. 그런데 누가 잡아다 놓았는지는 모르지만 북해의 맑은 물에서 놀아야 할 물고기들이 앞뜰의 못에 가두어져 있다. 그러므로 이때의 '못'은 자유로운 세계와 단절된 공간으로서 화자의 생활 공간과 동질적 관계에 있는 부정적 이미지임을 알 수 있다.

(3) 「동동」에서의 '불'의 이미지

> 二月(이월) 보로매
> 아으 노피 현
> 燈(등)불 다호라.
> 萬人(만인) 비취실 즈지샷다.
> 아으 動動(동동)다리
>
> — 고려가요 「동동」 중에서 —

위에서의 '높이 켠 등불'은 높은 곳에 켜 놓은 등불 정도의 의미를 가진다. 이것이 다음 구절에서 '만인을 비추실 모습'으로 부연 설명되고 있다. '등불'은 일반적으로 '광명, 인도자, 지도자' 등의 뜻을 연상시키지만, 이 시에서는 '높이 매달려 있는 것', 그리고 '많은 사람을 비추는 모습 → 뭇사람을 깨우쳐 주는 모습'으로 제시되어 있다는 사실에 유의해야 한다. 따라서 등불의 상징적 이미지는 '높고 훌륭한(고매한) 인격(인품, 정신)'이라 할 수 있다.

제7편 실전예상문제

01 시에서의 이미지를 '말로 만들어진 그림'으로 정의한 이는 누구인가?

① C. D. 루이스
② C. 브룩스
③ J. C. 랜섬
④ P. N. 퍼뱅크

01 C. D. 루이스는 "그러면 우리는 시의 이미지를 무엇으로 이해하는가. 가장 단순한 어법대로라면 그것은 말로 만들어진 그림이다."라고 했다.

02 시의 언어를 'Melopoeia, Phanopoeia, Logopoeia'라는 세 종류의 특별한 용어를 만들어 구분한 이론가는?

① 에즈라 파운드
② 에즈워드
③ 루이스
④ 프라이

02 에즈라 파운드(E. Pound)는 그의 저서 『독서론』에서 'Melopoeia'가 음악적인 것으로서 리듬에 주력한다면, 'Phanopoeia'는 회화적인 시의 세계로 이미지를 중시하고, 'Logopoeia'는 논리적인 시로서 '언어와 언어 사이의 지성의 무도'라고 일컬을 수 있을 만큼 현대인의 복잡한 체험 내용을 형상화한 시라는 것이다.

정답 01 ① 02 ①

03 이 시는 고향에 대한 그리움을 회고적 기법으로 처리한 정지용의 「향수」로, 감각적 단어를 사용하였지만 격정적이지는 않다.
② 후렴구를 중심으로 나열된 정경들이 유기적으로 결합했다.
③ 소박한 누이와 어머니, 고단한 아버지 등 고향 사람들의 삶을 엿볼 수 있다.
④ 토속적인 심상에 의해 고향의 모습들을 나열하고 있다.

03 다음 시의 특징으로 옳지 않은 것은?

> 넓은 벌 동쪽 끝으로
> 옛이야기 지줄대는 실개천이 휘돌아 나가고,
> 얼룩백이 황소가
> 해설피 금빛 게으른 울음을 우는 곳,
> – 그곳이 참하 꿈엔들 잊힐리야.
>
> 질화로에 재가 식어지면
> 뷔인 밭에 밤바람 소리 말을 달리고,
> 엷은 졸음에 겨운 늙으신 아버지가
> 짚벼개를 돋아 고이시는 곳,
> – 그곳이 참하 꿈엔들 잊힐리야.
>
> 흙에서 자란 내 마음
> 파아란 하늘빛이 그립어
> 함부로 쏜 화살을 찾으려
> 풀섶 이슬에 함추름 휘적시던 곳,
> – 그곳이 참하 꿈엔들 잊힐리야.
>
> (중략)

① 감각적인 단어를 사용하여 어린 시절의 회상을 격정적으로 읊고 있다.
② 후렴구의 반복으로 나열된 정경들을 유기적으로 결합했다.
③ 소박하면서도 고단한 고향 사람들의 삶을 엿볼 수 있다.
④ 토속적인 심상에 의해 고향의 모습들을 병렬로 전개하고 있다.

정답 03 ①

04 다음 시의 이미지를 드러내는 방식이 밑줄 친 ㉠과 가장 유사한 것은?

> 질화로에 재가 식어지면
> ㉠뷔인 밭에 밤바람 소리 말을 달리고
> 엷은 졸음에 겨운 늙으신 아버지가
> 짚벼개를 돋아 고이시는 곳,
> ─ 그곳이 참하 꿈엔들 잊힐리야.

① 그 위에 셀로판지로 만든 구름이 하나, / 자욱한 풀벌레 소리 발길로 차며
② 순이, 벌레 우는 고풍한 뜰에 / 달빛이 밀물처럼 밀려왔구나.
③ 온 몸에 햇볕을 받고 깃발은 부르짖고 있다. / 보라, 얼마나 눈부신 절대의 표백인가.
④ 매운 계절의 채찍에 갈겨 / 마침내 북방으로 휩쓸려 오다.

04 밑줄 친 ㉠은 청각인 '밤바람 소리'를 말을 달리는 모습으로 시각화한 공감각적 표현을 사용하였다. '풀벌레 소리 발길로 차며' 역시 청각을 시각화한 표현이다.
② 청각적 심상, 비유적 심상이 사용되었다.
③ 시각의 청각화가 사용되었다.
④ 미각의 촉각화가 사용되었다.

05 다음 제시문 중 밑줄 친 부분에 나타난 감각의 전이는?

> 니가 베어 문 농염한 비명 속에
> 벗어 버린 허물을 잡고
> 태양을 만지러 가네.
> ─ 국카스텐, 「붉은 밭」(노래) 중에서 ─

① 시각의 촉각화
② 촉각의 청각화
③ 촉각의 시각화
④ 청각의 촉각화

05 '비명'이라는 청각적 심상을 '베어 물다'로 촉각화하고 있다. 따라서 '청각의 촉각화'로 감각을 전이했다.

정답 04 ① 05 ④

06 '풀벌레 소리 발길로 차며'는 '풀벌레 소리'인 청각을 '발길로 차며'라고 촉각화한 '청각의 촉각화'이다. ② '흔들리는 종소리의 동그라미', ③ '꽃처럼 붉은 울음', ④ '분수처럼 흩어지는 푸른 종소리'는 모두 '청각의 시각화'이다.

07 [A]에서는 '내 방에 품긴 향내' 등에서 후각적 이미지가 나타나고, [B]에서는 '막걸리 맛' 등에서 미각적 이미지가 나타난다.

06 다음 중에서 감각의 전이(轉移)의 방향이 <u>다른</u> 것은?

① 풀벌레 소리 발길로 차며
② 흔들리는 종소리의 동그라미
③ 꽃처럼 붉은 울음
④ 분수처럼 흩어지는 푸른 종소리

07 다음 각각의 시에 나타난 주된 이미지를 바르게 묶은 것은?

[A]
초 한 대 —
내 방에 품긴 향내를 맡는다.

광명의 제단이 무너지기 전
나는 깨끗한 제물을 보았다.

염소의 갈비뼈 같은 그의 몸
그의 생명인 심지(心志)

— 윤동주, 「초 한 대」 중에서 —

[B]
어디든 멀찌감치 통한다는
길 옆
주막

그
수없이 입술이 닿은
이 빠진 낡은 사발에
나도 입술을 댄다.

흡사
정처럼 옮아 오는
막걸리 맛

— 김용호, 「주막에서」 중에서 —

	[A]	[B]
①	후각적 이미지	청각적 이미지
②	청각적 이미지	후각적 이미지
③	후각적 이미지	미각적 이미지
④	미각적 이미지	후각적 이미지

정답 06 ① 07 ③

08 다음 시에 사용된 감각적 이미지로 옳은 것은?

> 해와 하늘빛이
> 문둥이는 서러워
>
> 보리밭에 달 뜨면
> 애기 하나 먹고
>
> 꽃처럼 붉은 울음을 밤새 울었다.
> ― 서정주, 「문둥이」 ―

① 시각의 청각화
② 촉각의 후각화
③ 시각의 미각화
④ 청각의 시각화

08 서정주의 「문둥이」는 시적 대상이 문둥이로 살며 겪어야 했던 사회적 편견과 차별을 감각적으로 형상화한 시이다. 즉 피 같은 울음을 토할 수밖에 없었던 화자의 처지를 '꽃처럼 붉은 울음을 밤새 울었다'로 표현하면서 청각적 이미지인 '울음'을 '꽃처럼 붉은'과 같은 시각적 이미지로 나타냈으므로 청각의 시각화가 사용되었다고 볼 수 있다.

09 다음 중 이미지의 종류로 볼 수 없는 것은?
① 비유적 이미지
② 추상적 이미지
③ 지각 이미지
④ 상징적 이미지

09 이미지의 종류는 세 가지인데 지각 이미지, 비유적 이미지, 상징적 이미지이다.

10 다음 중 C. 데이 루이스가 이미지의 효과로 언급한 내용이 아닌 것은?
① 강렬성
② 파편성
③ 신선미
④ 환기력

10 C. 데이 루이스는 심상이 일상적인 언어를 통해서는 맛볼 수 없는 신선미를 빚어내게 하고 시어에 탄력과 긴축미를 부여하여 강렬성을 가져오며, 정서를 환기시키는 구실을 한다고 설명했다.

정답 08 ④ 09 ② 10 ②

11 지각 이미지의 근거 내지 기준이 되는 것은 여러 감각 기관이다. 예문의 시는 시각을 청각화시킨 공감각적 이미지이다.

11 다음 구절에서 활용된 이미지의 감각적 특성으로 적절한 것은?

> 분수처럼 흩어지는 푸른 종소리
>   - 김광균, 「외인촌」 중에서 -

① 시각
② 청각
③ 촉각
④ 공감각

12 때로는 시인에 의해 의도적으로 파편화·분자화된 이미지의 구조화가 이루어지기도 하는데, 흔히 초현실주의나 해체주의적 입장에서 구성된 시들의 경우에 이런 방식의 구조가 등장하는 예를 발견할 수 있다. 전후 초현실주의 시인 가운데 한 사람인 조향의 「바다의 층계」도 이런 작품에 해당한다.

12 다음 중 시인에 의해 의도적으로 파편화·분자화된 이미지의 구조화를 이루고 있는 작품이라 할 수 있는 것은?

① 정지용, 「유리창」
② 조향, 「바다의 층계」
③ 박인환, 「목마와 숙녀」
④ 조이스 킬머, 「나무들」

정답 11 ④ 12 ②

13 다음 중 이미지의 기능에 대한 설명으로 적절하지 <u>않은</u> 것은?

① 구체적인 관념을 추상화한다.
② 표현의 독창성을 살린다.
③ 감각적인 인상을 재현한다.
④ 정서 환기의 장치가 된다.

- 표현의 구체성을 높인다.
- 표현의 독창성을 살린다.
- 정서를 환기하는 장치가 된다.
- 주제를 추적하는 지표가 된다.
- 경험을 구체적으로 재생한다.
- 감각적 인상을 재현한다.
- 추상적 관념을 구체화한다.

13 이미지는 독자에게 감각적 인상을 불러일으켜 추상적인 관념을 구체적으로 형상화함으로써 사물을 보다 생생하게 전달하며, 사물의 인상과 영상을 더욱 뚜렷이 하는 기능을 한다.
[문제 하단의 해설 참조]

14 다음 중 상징적 이미지에 대한 설명으로 옳지 <u>않은</u> 것은?

① 상징적 이미지에서는 감각적 체험이 문제되지 않는다.
② 상징적 이미지는 그 주지가 완전히 해결되고 해명된다.
③ 상징적 이미지의 외형적 특성은 반복·유형적인 데 있다.
④ 상징적 이미지의 근본 속성은 그 뿌리가 좀 더 원초적이며 집단적인 데 있다.

14 상징적 이미지는 주지가 완전해 해결되고 해명된다고 볼 수 없다. 주지의 어느 부분을 끝내 미명(未明)의 상태로 묻어둔 채 제시된다.

정답 13 ① 14 ②

우리 인생의 가장 큰 영광은 결코 넘어지지 않는 데 있는 것이 아니라
넘어질 때마다 일어서는 데 있다.

- 넬슨 만델라 -

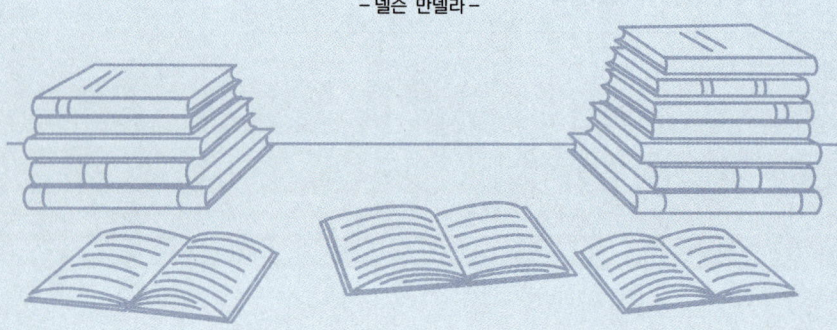

제 8 편

시의 재료(材料)와 시어(詩語)

| 제1장 | 시의 소재와 주제 |
| 제2장 | 시의 언어(言語) |
| 실전예상문제 |

| 단원 개요 |

이 단원에서는 시의 재료로서 시의 소재와 주제를 설명한다. 먼저 소재의 개념과 종류를 설명하며, 소재의 종류를 중심 소재와 부분 소재, 내적 소재와 외적 소재로 분류하고, 시의 주제에서는 주제를 파악하는 방법과 주제의 종류에 대해 개별 작품을 들어 설명한다. 시어를 과학 언어와 비교하여 차이점을 밝히고, 시어의 특성과 시어에 관한 여러 이론가들의 주장을 소개한다. 또한 시어의 기능을 분석하고, 시어를 통해 실현된 시적 개성과 문체를 여러 작품을 들어 설명한다.

| 출제 경향 및 수험 대책 |

시의 요소나 주제, 소재 등에 대해 개념을 직접 묻는 문제가 출제되고, 개별 작품에 나타난 시어의 함축적 의미와 상징성을 이해하는 문제들이 주로 출제되는 편이다. 작품을 직접 예로 들어 해당 작품의 주제를 직접 묻기도 하고, 시의 제목만 주고 주제와 연결짓는 방식의 문제가 출제될 수도 있다.

시의 구성 요소나 주제, 소재 등을 묻는 문제를 해결하기 위해 기본 개념을 숙지하는 것이 중요하다. 또한 개별 작품에 나타난 시어의 의미를 이해하는 연습을 통해 시어의 상징적 의미와 함축적 의미를 묻는 문제에 대비하여야 한다. 또한 주제를 찾는 문제에 대비하기 위해 평소 시적 화자의 정서를 중심으로 내용을 파악하는 연습을 많이 해야 할 것이다.

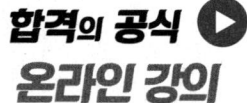

보다 깊이 있는 학습을 원하는 수험생들을 위한
시대에듀의 동영상 강의가 준비되어 있습니다.
www.sdedu.co.kr ➜ 회원가입(로그인) ➜ 강의 살펴보기

제1장 시의 소재와 주제

1 시의 소재

(1) 소재의 개념

소재는 보통 형태를 가진 것만을 말하지만, 형태가 없더라도 시의 의미를 만들어가는 역할을 하는 재료라고 판단이 되면 소재라고 할 수 있다. 그러므로 시인이 선택하는 소재는 아무런 제한이 없으며, 이 세상의 모든 사물과 현상이 시의 소재가 된다. 다시 말해 시인이 시적 감흥을 받는 모든 것은 시의 소재가 될 수 있는 것이다. 그런데 시에서 시인은 이 소재를 자신의 생각과 눈으로 해석·평가하여 새롭게 그려 낸다. 즉, 소재는 시에서 시인의 정서 및 상상력과 결합하여 주제 형성에 일정한 역할을 한다.

> 내 마음 속 우리 임의 고운 눈썹을
> 즈믄 밤의 꿈으로 맑게 씻어서
> 하늘에다 옮기어 심어 놨더니
> 동지 섣달 나르는 매서운 새가
> 그걸 알고 시늉하며 비끼어 가네.
>
> — 서정주, 「동천」 중에서 —

서정주의 「동천」은 임을 향한 사랑이라는 고전적인 주제를 초승달이라는 소재에 비유하여 절묘하게 표현함으로써 보편적인 아름다움을 획득했다.

(2) 소재의 종류

① **중심소재와 부분소재**

소재를 편의상 제재라고도 한다. 이 경우는 중심소재가 제목과 연결되어 주제를 드러내기 때문이다. 그리고 중심소재와 다른 부분소재들은 각 연이나 행간에 흩어져서 중심소재로 모아지는 낱낱의 소재들을 말한다.

> 이것은 소리 없는 아우성.
> 저 푸른 해원을 향하여 흔드는
> 영원한 노스탤지어의 손수건.
> 순정은 물결같이 바람에 나부끼고
> 오로지 맑고 곧은 이념의 푯대 끝에
> 애수는 백로처럼 날개를 펴다.
> 아아, 누구던가.
> 이렇게 슬프고 애달픈 마음을
> 맨 처음 공중에 달 줄을 안 그는.
>
> — 유치환, 「깃발」 —

비유의 원리에서 보면 원관념인 '깃발'을 드러내기 위하여 동원된 보조관념의 이미지들이 은유체계를 완성하고 있다. 즉, 부분소재인 '아우성', '순정', '손수건', '백로', '마음'이라는 이미지들이 모여 중심소재인 '깃발(소리 없는, 애달픈)'에 대한 그리움 또는 연민을 드러내고 있다는 뜻이다.

② 외적소재와 내적소재
  ㉠ 외적소재
    시인 자신의 독창성이 거의 없는 소재를 말한다. 예컨대 역사적 사실이나 신화, 민담 등 항간에 널리 유포되어 독자들에게 낯익은 소재들이다. 어떻게 보면 텍스트의 재해석이라고 볼 수 있다.
  ㉡ 내적소재
    온전히 시인의 상상력에 의해서 창조된 소재를 말한다. 그러니까 텍스트의 재해석이 아닌 완전한 창작으로서의 소재이다.

2 시의 주제 중요

(1) 주제의 이해
  ① 주제의 개념
    시의 주제란 한 편의 시 속에 형상화된 중심 생각이나 사상(思想), 정서(情緒) 등을 말한다.
  ② 주제의 특성
    그런데 소설과는 달리 시의 주제에서 가장 중요한 것은 정서(情緖)이다. 정서는 시적 상황 속에서 드러나는 시적 자아의 내적 반응 혹은 심적 상태를 말한다. 실제의 현실이건 관념적 현실이건 간에 현실의 어떤 상황 속에서 생각하고 느끼는 모든 것들이 시적 자아의 정서적 여과장치를 거쳐 독특한 정서로 표출된다.
  ③ 주제 파악 방법
    그러므로 우리는 한 편의 시에서 시적 자아가 어떤 정서적 상태(심적 상태)를 보이는가를 유심히 관찰해봄으로써 시의 주제를 찾아낼 수 있다.

(2) 주제의 종류
① **평화로운 시대와 자연 친화**
평화의 시대엔 자연 친화를 노래한 시가 많다. 경기체가, 시조나 가사, 그리고 평민들의 문학인 고려 속요나 민요에서도 감정이입을 통한 자연의 송영(頌詠)과 자연 속의 일상생활을 진솔하게 표현하고 있다.

② **내우외환의 시대와 충군, 애국**
고전 시가 작품 중 사대부 계층이 창작한 것에는 특히 군왕에 대한 충성과 애국심을 노래한 것이 많다. 고려의 길재, 원천석, 정몽주 등의 회고가(懷古歌)류나 조선 초기 충의가 및 절의가와 같은 시조, 연군(戀君)의 정을 읊은 정철의 가사 및 임진왜란 때의 박인로의 전쟁 가사류에는 이러한 충정이 잘 드러나 있다. 또 「용비어천가」 등의 악장도 뚜렷한 국가 의식을 확보하기 위한 문학이었다.

③ **1920년대 시와 잃어버린 조국**
3·1 운동이라는 전 민족적 독립 의지의 표현과, 실패 후의 허탈감 속에서 형성된 것이 많다.
예 이상화의 「빼앗긴 들에도 봄은 오는가」, 김소월과 한용운의 시에서 표상되고 있는 '가버린 임(조국)'

④ **1930년대 시와 문명 비판**
근대화된 사회 현실에 대한 묘사와 문명 비판이 중심 주제로 나타난다. 1931년 만주 사변 발발 이후 본격화된 일제의 공업화 정책과 경성(京城)의 급격한 도시화 현상 및 그로 인한 도시인의 생활양식 변화로 인해 표면화된 것이다.
예 김기림의 「기상도」, 오장환의 「수부(首府)」

이처럼 시의 주제는 시대 및 사회의 변천에 따라 다양하게 변화해 왔다. 비교적 평화롭던 시대에는 자연의 아름다움이나 전원생활의 즐거움을, 내우외환(內憂外患)의 시대에는 우국충절을, 일제 강점기에는 잃어버린 조국에 대한 그리움이 주제로 등장하였다. 즉, 시의 주제에는 그 시대의 사회상이 반영된다.

(3) 주제의 구성요소
① **정서(감정)**
정서는 시어로부터 느낄 수 있는 시적 자아의 감정이다. 즉 기쁨이나 슬픔, 노여움, 쓸쓸함, 사랑스러움, 두려움 등의 모든 감정이 어떤 시적 상황에 부딪혀 더욱 분화되어 나타나는 섬세한 느낌을 말한다. 시에서 나타내고자 하는 주제는 이런 정서(감정)에 의해 흔히 드러난다.

② **사상(뜻)**
시는 시인(혹은 시적 자아)의 주관적 감정만으로 이루어지는 것은 아니다. 거기에는 개인의 사상이 담겨 있다. 그래서 시를 읽고 시인(시적 자아)의 고귀한 뜻과 사상에 감동을 받을 수 있다. 고전 시가에서는 시 작품의 사상성을 중요하게 생각했지만 현대시로 넘어오면서 차츰 시의 사상성(뜻)이 부차적인 요소로 취급되고, 정서가 주된 요소로 자리 잡게 되었다.

> 성북동 산에 번지가 새로 생기면서
> 본래 살던 성북동 비둘기만이 번지가 없어졌다.
> 새벽부터 돌 깨는 산울림에 떨다가
> 가슴에 금이 갔다.
> 그래도 성북동 비둘기는
> 하느님의 광장 같은 새파란 아침 하늘에
> 성북동 주민에게 축복의 메시지나 전하듯
> 성북동 하늘을 한 바퀴 휘 돈다.
>
> — 김광섭, 「성북동 비둘기」 중에서 —

비둘기를 소재로 하고는 있지만 사실은 인간이 사랑과 평화를 상실했음을 비판한 것이다. 즉, 시인이 본래 말하고자 한 바는 인간이 처해 있는 비정한 현실이고, 인간이 사랑과 평화를 저버리고 살아가는 사실에 대한 슬픔의 감정을 드러내고자 한 것이다. 따라서 이 시의 '비둘기'는 주제를 함축하고 있는 비유적 장치에 해당한다.

제 2 장 | 시의 언어(言語)

제1절 시어의 이해 중요

1 시어의 개념

시의 언어란 '시에서 사용하는 언어', 즉 '시적인 방법으로 사용된 한 무리의 말'을 뜻하며, 시어(詩語) 또는 시적 언어라고도 한다. 시의 언어는 일상어(日常語)와는 다르나, 그것은 기능상의 이질성에서 유래하는 것이지 특별히 시에 쓰이는 말이 따로 있는 것은 아니다.

(1) 시의 언어와 과학의 언어 비교

시어(poetic language)	일상어, 과학의 언어
① 언어의 함축성에 의존한다.	① 언어의 개념 표시에 의존한다.
② 간접적, 개인적이다.	② 직접적, 비개인적이다.
③ 지시적 의미보다 정서적으로 사용된다.	③ 논리적, 객관적이다.
④ 객관적 사실보다는 표현을 중시하여 시의 감동을 높인다.	④ 어떤 사실을 정확히 알리는 지시적 기능이 중요하다.

(2) I. A. 리처즈가 말한 언어의 유형

I. A. 리처즈에 따르면 언어는 크게 두 유형으로 나뉜다. '정서적 용법에 의한 언어' 즉 시의 언어와, '과학적 용법에 의한 언어'가 그것이다. 시의 언어는 관련 대상을 효과적으로 지시하는 것을 목적으로 하지 않는다. 시의 언어에서 문제가 되는 것은 관련 대상의 적절한 지시가 아니라 충동과 태도를 효과적으로 조정하는 일인데, 이것을 의사진술이라고 명명한다.

(3) 테이트가 말한 좋은 시의 요건

시적 언어의 특질은 내연적 기능을 살리는 것으로 나타날 때가 많지만, 외연적 의미를 무시해서는 안 된다. 외연적 의미와 내연적 의미가 시의 문맥 속에서 적절히 조화될 때 좋은 시가 된다. 테이트에 따르면 외연과 내연, 서로 반대 방향으로 향하는 힘 사이의 '긴장'이 좋은 시의 요건이 된다.

2 시어의 특성

시의 언어는 시에서 사용되는 언어로 일상어이면서도 일상어 속에 용해될 수 없는 풍부하고 다양한 정서적 의미와 독자성을 갖는 언어이다.

(1) 함축성

함축적 의미는 그 단어를 듣거나 읽을 때 지시적 의미와는 별도로 연상되는 의미이다. 함축적 의미는 어떤 특정한 정서나 감정이나 태도를 수반한다. 글의 내용을 표현하는 과정에서 필자는 단어의 함축적 의미를 고려하면서 단어를 선택해야 한다.

> 나의 시는
> 할아버지 기침 소리에 묻어 나오는
> 소금기의 하얀 바람이다.
> 육지로 건어물 장사를 떠났던
> 당신의 젊은 시절
> 그 바람은
> 언제나 당신을 따라 나섰다.
>
>   - 왕양용, 「나의 시 3」 중에서 -

함축적 의미는 느낌·정서·인상 등을 나타내는 데 효과적이다. 위 시에서 화자는 바람 소리에서 시를 연상하고 있다.

(2) 애매성

① 개념

함축적 의미의 언어가 사용되는 시에서 상징적인 의미 이외의 암시성을 수반하거나 동시에 둘 이상의 의미를 드러낼 수 있는 애매성을 지닌다.

> 산에는 / 꽃 피네 / 꽃이 피네.
> 갈 봄 / 여름 없이 / 꽃이 피네.
> 산에 / 산에 / 피는 꽃은
> 저만치 / 혼자서 / 피어 있네.
>
>   - 김소월, 「산유화」 중에서 -

이 시에서 '저만치'는 '저기, 저쪽(거리)', '저와 같은 (정황)' 등의 해설이 가능하며, '거리'로 해석하는 경우에도 '인간과 자연과의 거리', '현실과 이상과의 거리', '인간과 자신과의 거리' 등 그 의미의 확산이 다양하다. 그러므로 이처럼 여러 가지 뜻으로 해석되는 시어의 의미를 바르게 이해하려면 그 시의 주제를 고려해야 한다. 즉 '저만치'는 '산유화' 전편에 흐르는 '고독'이라는 정감과 관련하여 해석해야 한다.

② 애매성에 대한 여러 입장 중요
  ㉠ 웰렉(Welllek, R)과 워렌(Warren, A)
    시어의 애매성(Ambiguity)은 언어의 시적 기능을 살피면서 도출했던 자의성의 개념과 시적 언어의 구조성을 살피면서 도출하던 복합기호적 특징, 곧 웰렉(Welllek, R)과 워렌(Warren, A)이 지적한 의미의 애매모호성이라는 개념에 의해 드러난다.
  ㉡ 엠프슨(Empson William)
    엠프슨(Empson William)의 비평용어 애매성은 일반적으로 둘 이상의 의미를 가지는 경우에 일컫는 말이지만, 엠프슨은 넓은 뜻에서 한 언어가 양자택일의 반응을 줄 수 있는 여지가 있는, 그 언어의 뉘앙스를 애매성이라고 부른다. 모호성이 미학적인 근거에서 설명된다면 애매성은 어학적인 근거에서 해명되어야 할 것이다.
  ㉢ 애매(曖昧)의 7형(形)(Seven Types Ambiguity)
    엠프슨은 애매성을 일곱 타입으로 나누어 '애매(曖昧)의 7형(形)(Seven Types Ambiguity)'이라고 하고 다음과 같이 설명하고 있다.

> - 한 단어, 또는 한 문법 구조가 동시에 다양하게 작용하는 경우
> - 둘 이상의 의미가 한 단어 또는 한 구문 속에 용해되어 있는 경우
> - 두 개의 관념이 문맥상 어느 것에도 다 알맞기 때문에 결부되어, 한 단어로써 동시에 표현되어 있는 경우
> - 표현된 둘 이상의 뜻이 서로 모순되면서 결부되어, 작자의 한층 복잡한 정신상태가 드러난 경우
> - 어떤 관념을 작가가 써 나가면서 발견하거나 어떤 때는 부분적으로밖에는 나타날 수 없는 경우, 예를 들면 직유가 사용된 경우 어느 의미도 정확하게 들어맞지 않고 벌여 놓은 두 의미의 하나에서 다른 것으로 이동하여 직유는 양자의 중간에 머물고 있는 경우
> - 어떤 표현이 동의이어(同意異語)의 반복에 의하여, 모순에 의하여, 서로 어긋난 표현에 의하여 어떤 의미도 나타내지 않는 경우 독자는 자기 나름대로 표현을 다시 창조하지 않으면 안 되나 대부분의 경우 모순을 내포하기 쉽다.
> - 한 단어가 가지는 두 의미가 문맥상 끝까지 대립되는 경우에는 작가의 정신에 분열이 있음을 보여 준다.

(3) 상징성(象徵)
  ① 개념
    어떤 관념이나 의미와 같이 눈으로는 볼 수 없는 정신적 내용을 구체적인 사물이나 양식으로 나타낸 것이다.

> 산과 산이 마주 향하고 믿음이 없는 얼굴과 얼굴이 마주 향한 항시 어두움 속에서 꼭 한 번은 천둥 같은 화산(火山)이 일어날 것을 알면서 요런 자세(姿勢)로 꽃이 되어야 쓰는가.
>
> 저어 서로 응시하는 쌀쌀한 풍경, 아름다운 풍토는 이미 고구려(高句麗) 같은 정신도 신라(新羅) 같은 이야기도 없는가. 별들이 차지한 하늘은 끝끝내 하나인데 …… 우리 무엇에 불안한 얼굴의 의미(意味)는 여기에 있었던가.
>
> 모든 유혈(流血)은 꿈같이 가고 지금도 나무 하나 안심하고 서 있지 못할 광장(廣場). 아직도 정맥은 끊어진 채 휴식(休息)인가, 야위어가는 이야기뿐인가.
>
> — 박봉우의 「휴전선」 중에서 —

이데올로기의 첨예한 대립과 적대감을 극복하고 진정으로 민족이 하나가 되는 통일의 그날을 갈망하는 시인의 절규를 노래한 시로 이 시에서 '꽃'은 불안전한 상황, 곧 일시적인 평화를 상징한다.

② 유형

전통적, 사회적으로 이미 정해진 관습적 상징(기호적, 제도적 상징), 시의 문맥 가운데서 정해지는 문화적 상징(창조적, 개인적 상징)이 있다.

(4) 시어의 사물성 **중요**

① 개념

시인이 언어를 사용하여 한 편의 시를 만들 때 마치 목수가 나무를 사용하여 책상이나 의자 등을 만드는 것과 같이 하나의 사물로서 접근한다. 책상이 만들어지기 위해서는 나무, 못, 아교풀과 그 외 여러 가지 사물이 필요하다. 시를 책상이라는 구조물에 비유한다면 언어는 바로 이를 이루는 구성요소, 즉 사물들에 해당한다. 즉 일상에서 사용하는 언어가 시에서는 하나의 사물이 되어야 한다는 뜻이다.

> 능구렁이 우는 으슬비 저녁
> 음습한 울타리 밑으로 피어오르는
> 예쁜 꽃 하나 보았다
>
> 밝은 햇빛 아래서는 살지 못하는
> 긴 혀를 빼물고 곧추서는 살모사 같은
> 뱀버섯,
> 붉은 말을 보았다
>
> — 박찬, 「말」 —

시인의 언어는 바로 위 시가 전달해 주는 의미와 같다. 음습한 울타리 밑으로 피어오르는 꽃이며 뱀버섯과 같은 붉은 말인 것이다. 일상의 언어체계와는 전혀 다르면서 하나의 사물로서 살아 있는 모습을 하고 있다.

② **사물성에 관한 여러 입장** 중요
  ⊙ 사르트르의 견해
    사르트르는 산문가와 시인을 '언어를 이용하는 사람'과 '언어한테 봉사하는 사람'으로 구분하고 있다. 실제로 산문가는 의미를 전달하기 위해 언어라는 도구를 이용하고 있다. 그러한 도구적 언어는 '어머니'가 '모친'으로 바뀔 수 있듯이 다른 말로 대체될 수 있다. 그러나 시인은 언어를 자기목적적인 사물로 보기 때문에 그것을 도구로서 이용할 수 없다. 이용은커녕 오히려 반대로 언어가 그 속에 간직하고 있는 온갖 장점과 미질(美質)과 가치요소를 최대한으로 발휘하여 훌륭한 시를 이룰 수 있도록 봉사적인 자세로 언어를 다룬다.
  ⓒ R. 야콥슨의 견해
    R. 야콥슨(Roman Jakobson)은 언어의 시적 기능을 '언어가 메시지 자체를 지향할 때 드러나는 것'이라고 말하고 있다. 여기서 우리는 야콥슨의 견해도 시의 언어를 사물로 보는 것임을 알 수 있게 된다. 언어의 사물성은 시어가 갖는 또 하나의 중요한 특성인 것이다.
③ **객관적 상관물** 중요
  ⊙ 시작(詩作)에서 표현하고자 하는 어떤 정서나 사상을 그대로 나타낼 수 없으므로, 그것을 나타내주는 어떤 사물, 정황, 혹은 일련의 사건을 통해 표현해야 한다. 이러한 사물, 정황 사건을 '객관적 상관물'이라 한다.
  ⓒ 엘리엇의 「햄릿과 그의 문제들」이라는 에세이에서 우연히 소개된 이 용어가 그 이후 문학비평에서 사용되기 시작했다.
  ⓒ 예술 형식으로 정서를 표현하는 유일한 방법은 객관적 상관물을 발견하는 것, 즉 '특별한 정서의 공식이 되어야 하는, 사물의 한 장면이나 상황, 사건의 한 연쇄를 발견하는 것'이며 이것은 독자로부터 똑같은 정서를 불러일으킬 수 있다고 한다.
  ⓔ 엘리엇의 공식화는 흔히 시인의 실제적인 시작(詩作) 방법을 왜곡했다는 비판을 받았는데, 그 이유는 어느 대상이나 상황 그 자체는 어떤 정서를 위한 공식이 아니고, 그것의 정서적 의미와 효과를 계기로 시인에게 포착되는 방법에 따라 달라지기 때문이다.
④ **맥클리시의 시론**
  ⊙ 존재론적 시 또는 시의 존재론상의 의의를 밝혔다.
  ⓒ 시란 하나의 감각적 실체이고, 시어란 그 자체가 살아 움직이는 제3의 실체가 된다.
  ⓒ 한 언어가 외부 대상을 지시하면 그 대상은 기호에 의해 한정되어 버리기 때문에 시의 언어는 외부의 대상을 명명하지 않는다. 즉 사물로서의 언어가 시를 이루는 것이다.

3 시어의 기능

(1) 형식적 기능

① **운율의 형성**
  일상어가 시어로 다듬어지는 과정에서 음악적 자질을 갖게 되므로 시어는 운율의 형성에 기여한다.

> 그립다
> 말을 할까
> 하니 그리워
>
> 그냥 갈까
> 그래도
> 다시 더 한 번
>
> 앞산에 까마귀, 들에 까마귀,
> 서산에 해진다고
> 지저귑니다.
>
> — 김소월, 「가는 길」 중에서 —

조사 '에'의 사용과 '그립다, 할까, 갈까' 등의 간결한 서술어를 반복하여 사용함으로써 일정한 율격을 형성하고 있다.

② **회상의 매개체**

> 낙타는 어린 시절 선생님처럼 늙었다.
> 나도 따뜻한 봄볕을 등에 지고
> 금잔디 위에서 낙타를 본다.
>
> 내가 여읜 동심의 옛이야기가
> 여기저기 / 떨어져 있음직한 동물원의 오후
>
> — 이한직, 「낙타」 중에서 —

시적 화자가 동물원에서 '낙타'를 보고 어린 시절의 선생님을 떠올리면서 잃어버린 동심의 세계를 그리워하고 있다.

③ **무엇인가를 떠올리게 하는 매개체**

> 산이 저문다 / 노을이 잠긴다
> 저녁 밥상에 애기가 없다.
> 애기 앉던 방석에 한 쌍의 은수저
> 은수저 끝에 눈물이 고인다
>
> 한밤중에 바람이 분다
> 바람 속에서 애기가 웃는다
> 애기는 방 속을 들여다본다
> 들창을 열었다 다시 닫는다.
>
> — 김광균, 「은수저」 중에서 —

죽은 아기에 대한 '아버지의 그리움과 슬픔'이 매우 절제된 언어로 간결하게 그려진 시이다.

(2) 내용적 기능

① 심상의 형성
시어를 읽음으로써 연상되는 구체적인 이미지를 파악하도록 한다.

> 한 송이의 국화꽃을 피우기 위해
> 봄부터 소쩍새는
> 그렇게 울었나 보다.
>
> 한 송이의 국화꽃을 피우기 위해
> 천둥은 먹구름 속에서
> 또 그렇게 울었나 보다.
>
> 그립고 아쉬움에 가슴 조이던
> 머언 먼 젊음의 뒤안길에서
> 인제는 돌아와 거울 앞에 선
> 내 누님같이 생긴 꽃이여.
>
> 노오란 네 꽃잎이 피려고
> 간밤엔 무서리가 저리 내리고
> 내게는 잠도 오지 않았나 보다.
>
> — 서정주, 「국화 옆에서」 —

이 시를 보면, 첫 연에는 '소쩍새 울음소리'라는 청각적 이미지, 둘째 연에도 '천둥소리'라는 청각적 이미지, 셋째 연에는 '거울 앞에 선 내 누님'이라는 시각적 이미지, 넷째 연에는 '무서리'라는 시각적인 이미지가 그려졌고, 잠도 오지 않는 나의 불면이라는 내면적인 체험이 나타나 있다.

② 어조와 시적 분위기 조성
시적 화자의 목소리와 말투로 화자의 태도와 기분, 마음의 움직임을 가리키며, 시에서 풍기는 전체적인 느낌과 분위기를 결정하는 중요한 요인이 된다.

> 마지막 우러른 태양이
> 두 동공의 해바라기처럼 박힌 채로
> 내 어느 불의(不意)의 짐승처럼 무찔리기로
>
> 오오, 나의 세상의 거룩한 일월(日月)에
> 또한 무슨 회한(悔恨)인들 남길쏘냐.
>
> — 유치환, 「일월」 중에서 —

불의와 악에 대한 타협 없는 증오와 대결 의식을 나타내는 시어 사용으로 강인한 남성적 어조가 두드러진다.

③ **주제의 형성**

시인이 독자에게 전달하고자 하는 중심 생각이나 감정을 말한다.

> 성북동 산에 번지가 새로 생기면서
> 본래 살던 성북동 비둘기만이 번지가 없어졌다.
> 새벽부터 돌 깨는 산울림에 떨다가
> 가슴에 금이 갔다.
> 그래도 성북동 비둘기는
> 하느님의 광장 같은 새파란 아침 하늘에
> 성북동 주민에게 축복의 메시지나 전하듯
> 성북동 하늘을 한바퀴 휘 돈다.
>
> — 김광섭, 「성북동 비둘기」 중에서 —

시적 화자는 자연파괴와 인간문명에 대한 비판이라는 주제를 말하기 위해 둥지를 잃고 소외된 비둘기의 상황을 설정하고 '성북동', '번지', '돌 깨는 산울림', '금' 등의 시어를 사용하였다.

④ **정서의 환기**

시어의 함축적 의미나 시어가 만드는 이미지 등이 어우러짐으로써 시는 독자들의 감정을 자극하고 대상에 대한 그리움, 상실감, 애절함, 소망 등의 정서를 환기시킨다.

> 모란이 피기까지는
> 나는 아직 나의 봄을 기다리고 있을 테요
> 모란이 뚝뚝 떨어져 버린 날
> 나는 비로소 봄을 여읜 설움에 잠길 테요.
> 오월 어느 날 그 하루 무덥던 날
> 떨어져 누운 꽃잎마저 시들어 버리고는
> 천지에 모란은 자취도 없어지고
> 뻗쳐 오르던 내 보람 서운케 무너졌으니
> 모란이 지고 말면 그뿐 내 한 해는 다 가고 말아
> 삼백 예순 날 하냥 섭섭해 우옵내다.
> 모란이 피기까지는
> 나는 아직 기다리고 있을 테요, 찬란한 슬픔의 봄을.
>
> — 김영랑, 「모란이 피기까지는」 —

'모란'은 '희망', '보람', '이상'을 상징하는 슬픔'이라는 함축적이고, 역설적인 의미로 쓰이고 있다. 이렇게 '모란'은 정서적 분위기를 수반하면서 내포적이고 함축적이다.

제2절 시적 개성과 문체

전통적인 7·5조의 운율을 보여주는 김소월의 시나, 평북 방언을 중심으로 정감 어린 산문시적 회고체의 시형을 보여 주는 백석의 시는 물론, 서정적 울림이 큰 반복적인 운율을 바탕으로 체험적 진정성의 세계를 보여 주는 문태준이나, 주로 개인적인 의식 세계를 분열적이고 모순적인 어법으로 보여 주는 이상에 이르기까지, 동서고금을 막론하고 시인들은 그들 나름의 문체가 있다. 시의 문체는 상상력과 결합해서 새로운 시적 공간을 창출해 내는 데 기여한다. 그것이 서정적 공간인지, 아니면 분열적이거나 해체적 공간인지, 환상적 공간인지, 현실적 공간인지는 시인의 문체와 상상력의 유기적 결합의 양상에 따라 달라진다.[1]

1 문체의 다양한 양상

(1) 김소월, 「진달래꽃」

> 나 보기가 역겨워
> 가실 때에는
> 말없이 고이 보내 드리우리다.
>
> 영변의 약산
> 진달래꽃
> 아름 따다 가실 길에 뿌리우리다.
>
> 가시는 걸음 걸음
> 놓인 그 꽃을
> 사뿐히 즈려 밟고 가시옵소서.
>
> 나보기가 역겨워
> 가실 때에는
> 죽어도 아니 눈물 흘리우리다.

김소월의 대표작으로, 3음보의 전통적인 율격에 맞추어 이별하는 여인의 정과 한을 표현하고 있다. 기본적으로 이별의 슬픔에서 출발하지만, 이별을 '비애'의 감정과 '인고'의 태도로만 받아들이지는 않는다. '죽어도 아니 눈물 흘리겠다'는 강인한 다짐은 한국문학에 면면히 흐르는 독특한 정서를 작가가 계승하여 제시하고 있는 것이다.

---

[1] 박남희, 「좋은 시의 조건 10가지」, 『우리시』, 우리글

(2) 백석, 「고향」

> 나는 북관(北關)에 혼자 앓아 누워서
> 어느 아침 의원(醫員)을 뵈이었다.
> 의원은 여래(如來) 같은 상을 하고 관공(關公)의 수염을 드리워서
> 먼 옛적 어느 나라 신선(神仙) 같은데
> 새끼손톱 길게 돋은 손을 내어
> 묵묵하니 한참 맥을 짚더니
> 문득 물어 고향이 어데냐 한다.
> 평안도(平安道) 정주(定州)라는 곳이라 한즉
> 그러면 아무개 씨(氏) 고향이란다.
> 그러면 아무개 씰 아느냐 한즉
> 의원은 방긋이 웃음을 띠고
> 막역지간(莫逆之間)이라며 수염을 쓸는다.
> 나는 아버지로 섬기는 이라 한즉
> 의원은 또다시 넌즈시 웃고
> 말없이 팔을 잡아 맥을 보는데
> 손길은 따스하고 부드러워
> 고향도 아버지도 아버지의 친구도 다 있었다.

'고향'의 주제를 펼쳐 가는 백석의 시 중에는 시적 자아가 개인적인 특징을 뚜렷하게 내보이지 않는 작품이 있다. 이러한 시에서 시적 자아는 공동체의 품속에 깊이 잠겨 있다. 그리고 그러한 공동체적 세계로부터 멀어져 있는 현실의 작가는 자신의 고향이라는 공동체를 그리워하고 있다. 이럴 경우 고향이라는 공동체는 삶의 풍요로움을 더해 주는 세계로 형상화된다.

(3) 문태준, 「산수유나무의 농사」

> 산수유나무가 노란 꽃을 터트리고 있다
> 산수유나무는 그늘도 노랗다
> 마음의 그늘이 옥말려든다고 불평하는 사람들은 보아라
> 나무는 그늘을 그냥 드리우는 게 아니다
> 그늘 또한 나무의 한 해 농사
> 산수유나무가 그늘 농사를 짓고 있다
> 꽃은 하늘에 피우지만 그늘은 땅에서 넓어진다
> 산수유나무가 농부처럼 농사를 짓고 있다
> 끌어모으면 벌써 노란 좁쌀 다섯 되 무게의 그늘이다

이 시는 산수유나무의 그늘에 관한 독창적인 발상을 바탕으로, 그 모양과 의미를 참신하게 표현하여 우리에게 새로운 의미를 전달하고 있다. 이는 자연에 관한 우리의 이해를 새롭게 할 뿐만 아니라 그것과 대비된 우리 삶의 모습을 되돌아보게 한다.

2 현대시에 나타나는 반문체 종요

최근의 시일수록 시의 호흡이 짧아지는 경향은 특정 시인의 개성에 기인한다기보다 시대상황의 문제로 보아야 한다. 시에 쓰인 구문들이 간결한 명사구의 형태로 끝나거나, 심지어 의미의 연관 없이 고립적으로 언어들을 병렬하는 초현실주의 기법도 많이 나타나고 있다. 현대시에서 특히 문체론적으로 문제가 되고 있는 것 중 하나는 '반문체'라는 특이한 시 문체이다. 김춘수는 이런 종류의 반문체를 '해사체(解辭體)'라고 명명하였다. 이상의 「오감도」, 정현종의 「노시인들, 그리고 뮤즈인 어머니의 말씀」, 오규원의 「시인들」이 대표적인 예이다.

(1) 이상, 「오감도」

> 13인의아해가도로로질주하오.
> (길은막다른골목이적당하오.)
>
> 제1의아해도무섭다고그리오.
> 제2의아해도무섭다고그리오.
> 제3의아해도무섭다고그리오.
> 제4의아해도무섭다고그리오.
> 제5의아해도무섭다고그리오.
> 제6의아해도무섭다고그리오.
> 제7의아해도무섭다고그리오.
> 제8의아해도무섭다고그리오.
> 제9의아해도무섭다고그리오.
> 제10의아해도무섭다고그리오.
> 제11의아해도무섭다고그리오.
> 제12의아해도무섭다고그리오.
> 제13의아해도무섭다고그리오.
> 13인의아해는무서운아해와무서워하는아해와그렇게뿐이모였소.
> (다른사정은없는것이차라리나았소.)
>
> 그중에1인의아해가무서운아해라도좋소.
> 그중에2인의아해가무서운아해라도좋소.
> 그중에2인의아해가무서워하는아해라도좋소.
> 그중에1인의아해가무서워하는아해라도좋소.
>
> (길은뚫린골목이라도적당하오.)
> 13인의아해가도로로질주하지아니하여도좋소.

이 시의 특징은 일상적인 문법 체계와 일반적인 시의 구성 방식을 부정하고 있는 것에서 찾을 수 있다. 이 시는 이와 같이 이성과 논리를 넘어 현대인의 정신세계를 그리려 한 작품이다. 작품 속에 나타나는 두 개의 심리, 즉 공포감과 그 공포로부터 탈출하려는 다급한 욕구는 현대인의 어두운 내면을 보여 주고 있다.

(2) 정현종, 「노시인들, 그리고 뮤즈인 어머니의 말씀」

> 나는 참을 수 없이 그분들이 내 할아버지라는 느낌이다. 그분들의 핏줄과 내 핏줄이 하나여서 어쩔 줄을 모르겠다. 일테면 1970년 5월 29일 저녁, 노인들이 환장하게 보고 싶어서 성북동 비둘기를 기념하는 시제(詩題)에 갔다가 들은 김광섭 선생의 답사 '나는 사람들과 같이 어떻게 하면 잘 살 수 있을까 해서 시를 씁니다'는 즉시 하늘로 올라가 김광섭의 별이 되어 빛나기 시작했고 내 머리에는 뜨끈한 물이 넘쳤다. 오오 노시인들이란 늙기까지 시를 쓰는 사람들, 늙기까지 시를 쓰다니! 늙도록 시를 쓰다니! 대한민국 만세(!) 그분들이, 예술보다 짧은 인생의 오랜 동안을 집을 찾아 헤매다가 돌아온 어린애라는 느낌을 나는 참을 수 없다. 반갑구나 애야, 내가 망령이 아니다 애야 소를 잡으마, 때때로 그분들 중의 누가 딱딱한 무영(無明)때문에 자기가 하는 일을 모르고 하는 때도 있기는 하지만, 그렇긴 그렇지만, 제 발등에 불부터 끄는 게 급함을 알기는 알아야지. '제'란 누구인가? 시인, 시의 발등, 정신의 발등, 일의 순서는 알아야지, 떤 흉악한 홍수, 폭력(물리·물질·허위의) 등이 휩쓸면 각각 힘을 다해 자기의 칼 아름답게 갈아야지, 젊은 시인들도 자기 속에 무명(無明)과 사술(詐術)을 키우지 말아야지. 제가 하는 바를 알고 해야지...... 시 쓰는 자식 열을 거느린 뮤즈 어머니의 말씀이 너희들끼리 싸우는 일이 급한 건 아니다. 발전을 위해 결코 싸울 필요가 있다면 너 자신과 싸우듯이 싸워라 – 그러나 어머니는 계모이신 것 같습니다. 우리 중에 핏줄이 다른 자가 있나이다 – 오냐 곡식 중에는 쭉정이도 있느니라, 곡식은 거두고 쭉정이는 버리리라, 거듭 부탁하지만 싸우되 방법적 회의와 방법적 미움을 다 안고 있는 방법적 사랑으로 싸워라, 너희에게는 무엇보다도 너희 공동의 적(敵)이 있고, 그리고 자기 자신이 자기의 가장 큰 적이란다. 상식의 슬픔, 슬픔 다사(多謝).

김광섭 시인의 시집 「성북동 비둘기」를 기념하는 시제(詩祭)에서 즉흥적으로 쓴 시로 알려진 이 시는, 당시 30대 젊은 시인 정현종과 70대 노시인의 관계를 상상해 보게 한다. 정현종이 김광섭 시인 곁으로 다가갈 수 있었던 것은 자신의 생에 대한 깨달음과 연민, 그리고 노시인들에게 다가가려는 노력에서 비롯된 것이라고 할 수 있다.

더 알아두기

언어의 전제성
말을 통한 일반화는 구체적인 사물과의 절연, 그리고 그 말이 포괄하는 무수한 사물들 사이에 내재된 차이를 배제하고 억압하는 결과를 동반한다. 일반화로 인해 대상의 개별성과 고유성이 은폐되거나 박탈되는 것이다. 그런 점에서 말에는 본질적으로 폭력적인 성격이 숨어 있다. 이런 생각은 언어의 본질이 이질적인 것을 동질화하는 은유에 있다고 보고 철학적 개념도 은유에서 파생된 것으로 파악한 니체의 견해와 다르지 않다.
따라서 시는 이러한 언어의 전제적이고 폭력적인 힘에 맞서 사물의 고유성과 차이성, 경험의 일회성을 복원하려는 지속적이고 부단한 노력의 산물이어야 한다.

제8편 실전예상문제

01 다음 중 시의 3요소를 바르게 나열한 것은?

① 주제, 심상, 운율
② 소재, 주제, 시어
③ 화자, 소재, 주제
④ 화자, 작가, 청자

> 01 일반적으로 운율, 심상, 주제를 시의 3요소라고 한다. 운율은 일정한 형식에 의하여 통합된 언어의 메아리·리듬·하모니 등의 음악적(청각적) 요소이다. 심상은 언어에 의한 이미지·시각 등의 회화적(시각적) 요소로 이를 통해 독자의 감각이나 감정 또는 그 상상력에 작용하여 깊은 감명이나 고양된 존재감을 준다. 주제는 이 두 가지 요소를 통해 작자가 독자에게 전달하고자 하는 의미이다.

02 다음 제시문의 괄호 안에 들어갈 용어로 옳은 것은?

> 시인이 궁극적으로 나타내고자 하는 생각이나 의미로서, 시적 상황에 대한 시적 화자의 정서나 태도에 집중적으로 반영되어 있는 의식을 (　　)라고 한다.

① 이미지
② 주제
③ 소재
④ 제재

> 02 시의 주제란 한 편의 시 속에 형상화된 중심 생각이나 사상(思想), 정서(情緒) 등을 말한다. 이미지는 시에 쓰인 감각적인 형상을 말하고, 소재는 시에 사용된 여러 재료, 제재는 중심이 되는 소재를 말한다.

03 다음 중 주제를 구성하는 두 가지 요소를 바르게 나열한 것은?

① 소재, 제재
② 화자, 심상
③ 정서, 사상
④ 운율, 심상

> 03 정서는 시어로부터 느낄 수 있는 시적 자아의 감정이다. 한편 시는 시인(혹은 시적 자아)의 주관적 감정만으로 이루어지는 것은 아니다. 거기에는 개인의 사상이 담겨 있다. 그래서 시를 읽고 시인(시적 자아)의 고귀한 뜻과 사상에 감동을 받을 수 있다.

정답 01 ①　02 ②　03 ③

04 '슬프고도 애달픈 마음'은 '깃발'이 지상에 닿아 있는 푯대에 매달려 있음으로 해서 이상 세계에 도달하지 못함을 드러낸 것이다. 그러므로 소망을 성취하고도 되돌아오지 못해 안타까워한다는 내용은 적절하지 않다. '소리 없는 아우성'은 소리낼 수 없지만 이상 세계를 향한 격한 몸부림을, '영원한 노스탤지어의 손수건'은 이상 세계를 오랫동안 동경하고 있는 마음과 태도를, '순정'은 순수하고 본질적인 마음을 드러낸다.

04 〈보기 2〉에 따른 〈보기 1〉에 대한 탐구 활동의 내용으로 적절하지 <u>않은</u> 것은?

> **보기 1**
>
> 이것은 소리 없는 아우성.
> 저 푸른 해원(海原)을 향하여 흔드는
> 영원한 노스탤지어의 손수건.
> 순정은 물결같이 바람에 나부끼고
> 오로지 맑고 곧은 이념의 푯대 끝에
> 애수는 백로처럼 날개를 펴다.
> 아아 누구던가.
> 이렇게 슬프고도 애달픈 마음을
> 맨 처음 공중에 달 줄을 안 그는.
>
> – 유치환, 「깃발」 –

> **보기 2**
>
> 선생님 : 이 시는 다양한 보조관념을 활용하여 '깃발'을 형상화하는 데 초점이 맞추어져 있어요. '깃발'에는 무언가를 간절히 소망하는 화자의 내면과 태도가 투영되어 있지요. 그런데 무언가를 소망하는 것은 본질적으로 순수한 마음으로 오랫동안 변하지 않고 있으며 그 소망이 이루어지지 않아 슬퍼하고 안타까워하는 마음도 드러나고 있어요. 자, 그러면 '깃발'에 담긴 화자의 내면과 태도를 한번 탐구해 볼까요?

	보조관념	화자의 내면세계와 태도
①	소리 없는 아우성	아우성을 치는 것처럼 격하게 흔들리는 '깃발'을 통해 소망하는 세계에 대한 화자의 간절함을 드러내고 있어요.
②	영원한 노스탤지어의 손수건	고향을 그리워하는 마음처럼 한결같이 흔들리고 있는 '깃발'을 통해 이상 세계를 오랫동안 동경하고 있는 마음과 태도를 보여 주고 있어요.
③	순정	물결같이 바람에 자연스럽게 나부끼는 '깃발'을 통해 무언가를 소망하는 화자의 순수하고 본질적인 마음을 드러내고 있어요.
④	슬프고도 애달픈 마음	높은 공중에 매달려 있는 '깃발'을 통해 소망을 성취하고도 되돌아오지 못해 안타까워하는 화자의 내면을 드러내고 있어요.

정답 04 ④

05 다음은 이상향을 향한 지향과 좌절을 주제로 한 작품이다. '이상향'과 그 의미가 가장 유사한 시어는?

> 이것은 소리 없는 아우성.
> 저 푸른 해원(海原)을 향하여 흔드는
> 영원한 노스탤지어의 손수건.
> 순정은 물결같이 바람에 나부끼고
> 오로지 맑고 곧은 이념(理念)의 푯대 끝에
> 애수(哀愁)는 백로처럼 날개를 펴다
> 아아 누구던가.
> 이렇게 슬프고도 애달픈 마음을
> 맨 처음 공중에 달 줄을 안 그는,

① 아우성
② 푸른 해원
③ 순정
④ 이념의 푯대

05 제시된 작품은 유치환의 「깃발」이다. 이상향에 대한 동경과 좌절을 다루고 있는데, '푸른 해원'은 시적 화자가 이상향으로 생각한 곳이다.

정답 05 ②

06 이 시는 '연탄'의 특성을 인간의 삶에 비유하여, 어떠한 삶이 바람직한가를 제시한 작품이다. '연탄'은 자신을 태워서 타인을 따뜻하게 해주고, 다 타고 난 후에도 겨울날 빙판길에 뿌려지는 재가 되어 사람들이 미끄러지지 않게 도움을 주는 존재이다. 이처럼 '연탄'은 자기만을 위한 삶을 사는 이기적인 존재가 아니라, 자신이 가진 모든 것을 내어주는 헌신적인 사랑을 하는 존재이다.

06 다음 시의 주제로 가장 적절한 것은?

> 또 다른 말도 많고 많지만 / 삶이란
> 나 아닌 그 누구에게 / 기꺼이 연탄 한 장 되는 것
>
> 방구들 선득선득해지는 날부터 이듬해 봄까지
> 조선팔도 거리에서 제일 아름다운 것은
> 연탄차가 부릉부릉 / 힘쓰며 언덕길 오르는 거라네.
> 해야 할 일이 무엇인가를 알고 있다는 듯이
> 연탄은, 일단 제 몸에 불이 옮겨 붙었다 하면
> 하염없이 뜨거워지는 것
> 매일 따스한 밥과 국물 퍼먹으면서도 몰랐네.
> 온몸으로 사랑하고 나면
> 한 덩이 재로 쓸쓸하게 남는 게 두려워
> 여태껏 나는 그 누구에게 연탄 한 장도 되지 못하였네.
>
> 생각하면 / 삶이란
> 나를 산산이 으깨는 일
>
> 눈 내려 세상이 미끄러운 어느 이른 아침에
> 나 아닌 그 누가 마음 놓고 걸어갈
> 그 길을 만들 줄도 몰랐었네, 나는
> － 안도현, 「연탄 한 장」 －

① 이기적인 삶의 태도를 지양하고 이타적인 삶의 태도를 지향하고 있다.
② 산업화 시대에 소외된 가난한 노동자의 고단한 삶을 형상화하고 있다.
③ 자연물에 민중의 모습을 투영하여 민중의 강인한 생명력을 나타내고 있다.
④ 대립적인 이미지를 통해, 고단하고 메마른 현실의 삶을 벗어나고 싶다는 소망을 드러내고 있다.

정답 06 ①

07 다음 중 '잃어버린 조국'을 주제로 한 시가 아닌 것은?

① 한용운, 「님의 침묵」
② 이상화, 「빼앗긴 들에도 봄은 오는가」
③ 윤동주, 「참회록」
④ 김기림, 「바다와 나비」

07 김기림은 서구 시의 상징주의적 경향을 받아들인 모더니즘 시인으로, 「바다와 나비」는 새로운 세계에 대한 동경과 좌절을 노래하였다. 한용운의 「님의 침묵」은 부재하는 임을 통해 잃어버린 조국을, 이상화의 「빼앗긴 들에도 봄은 오는가」는 겨울을 지나 돌아오는 새봄의 도래를 통해 광복을 향한 희망을, 윤동주의 「참회록」은 나라를 지키지 못한 성찰적 태도를 드러내고 있다.

08 다음 중 시와 주제의 연결이 바르지 않은 것은?

① 이상화, 「빼앗긴 들에도 봄은 오는가」 – 전민족적 독립 의지의 표현
② 오장환의 「수부」 – 근대화된 사회 현실의 묘사 및 비판
③ 한용운의 「님의 침묵」 – 잃어버린 임(조국)에 대한 슬픔과 사랑의 의지
④ 김기림, 「기상도」 – 평화로운 시대와 자연 친화

08 김기림의 「기상도」는 근대화된 사회 현실을 다룬 1936년 작품이다.

09 다음 설명에서 괄호 안에 들어갈 올바른 용어는?

> 현대시에 있어서 또 하나 문체론적 문제는 역설적으로 '반문체'를 들 수 있다. 전통적 시 문체마저 의도적으로 해체시켜 철저하게 산문적이고 현실적 언어라는 것이다. 김춘수는 이런 반문체를 (   )라 했으며 일종의 형식적 자포자기다.

① 주정체
② 심혼체
③ 독백체
④ 해사체

09 이상의 시는 어휘 선택이나 배열 면에서 언어조직의 긴밀성과 응축성에서 비롯되는 시적 긴장을 전혀 느낄 수가 없으며 오히려 언어가 갖는 시적인 성격을 고의적으로 파괴함으로 전통적인 시의 문체마저 의도적으로 철저하게 해체시키고 있다. 김춘수는 이런 종류의 반문체를 '해사체(解辭體)'라고 명명했다.

정답 07 ④ 08 ④ 09 ④

10 리처즈는 진술과 의사진술의 개념을 설명하면서, '진술'은 관련 대상이나 사실에 부합하면서 쓰이는 언어, '의사진술'은 과학으로 증명이 불가능한 언어로 시적 언어로 구분했다.

11 시의 언어는 언어의 일상적, 과학적인 용법과는 다른 '정서적 용법'을 지향한다. 이는 지시대상이나 사실에 부합하는 '진술'의 언어와는 다른 진위를 분명하게 파악할 수 없는 '의사진술'의 언어이며, 단일한 외연적 의미를 넘어서 내연과 함축적 의미를 이용하는 창조의 언어이다. 이는 애매성을 적극적으로 활용하여 의미의 풍부함과 복잡성을 기하는 작업으로 나타난다.

12 시적 언어의 특질은 내연적 기능을 살리는 것으로 나타날 때가 많지만, 외연적 의미를 무시해서는 안 된다. 외연적 의미와 내연적 의미가 시의 문맥 속에서 적절히 조화될 때 좋은 시가 되는 것이다. 테이트에 따르면 외연과 내연, 서로 반대 방향으로 향하는 힘 사이의 긴장이 좋은 시의 요건이 된다.

---

10 다음 중 괄호 안에 들어갈 용어가 바르게 짝지어진 것은?

> 리처즈는 지시대상 내지 사실에 부합하기를 기하면서 쓰이는 언어를 (㉠)이라고 명명했다. 그리고 시의 언어는 그와는 다른 입장에서 쓰인 것이기 때문에 (㉡)이라고 말한 바 있다.

	㉠	㉡
①	무용	행진
②	선택 제약	문법 제약
③	정서적 용법	과학적 용법
④	진술	의사진술

11 다음 중 시의 언어를 설명하는 용어로 적절하지 <u>않은</u> 것은?

① 언어의 정서적 용법
② 진술
③ 내연적 의미
④ 애매성

12 다음 괄호 안에 들어갈 알맞은 단어를 고르면?

> 테이트는 '외연(extension)'과 '내연(intension)'의 접두사를 떼어 내어, 이 용어를 만들었다. 그에 따르면 좋은 시란 이와 같이 밖으로 뻗는 것과 안으로 향하는 것이 서로 공존하는, 서로 반대 방향으로 향하는 힘 사이의 ( )관계를 가진 통합체라 할 수 있다.

① 긴장
② 상관
③ 영감
④ 비유

정답 10 ④ 11 ② 12 ①

13 엘리엇은 시가 시인의 주관적인 감정이나 사상, 혹은 이념의 직접적인 토로가 되지 않기 위해 독자가 감각적으로 지각할 수 있도록 해주는 형상을 제시해야 하다고 주장한 바 있다. 이와 관련하여 그가 제시한 용어는?

① 포이에시스(poiesis)
② 객관적 상관물
③ 심언
④ 영감

13 엘리엇은 시 작품의 형상화와 관련해서 예술가는 자신의 감정을 직접적으로 표현하는 대신, 객관적상관물, 즉 특정한 감정의 공식이 될 일군의 사물들, 하나의 상황, 일련의 사건을 제시해야 한다고 설명했다.

14 다음 제시문에서 설명하고 있는 것은?

> 말을 통한 일반화는 구체적인 사물과의 절연, 그리고 그 말이 포괄하는 무수한 사물들 사이에 내재된 차이를 배제하고 억압하는 결과를 동반한다. 일반화로 인해 대상의 개별성과 고유성이 은폐되거나 박탈되는 것이다. 그런 점에서 말에는 본질적으로 폭력적인 성격이 숨어 있다. 이런 생각은 언어의 본질이 이질적인 것을 동질화하는 은유에 있다고 보고 철학적 개념도 은유에서 파생된 것으로 파악한 니체의 견해와 다르지 않다.

① 언어의 전제성
② 언어의 차이성
③ 언어의 함축성
④ 언어의 현재성

14 언어는 개개의 사물이 지닌 차이를 지워 버리고 그것을 추상적 일반성에 복속시킨다. 시는 이러한 언어의 전제적이고 폭력적인 힘에 맞서 사물의 고유성과 차이성, 경험의 일회성을 복원하려는 노력 속에서 탄생된다.

정답 13 ② 14 ①

15 시인은 말을 단순한 의사소통의 도구로써 소모하듯 사용하는 것이 아니라 언어가 진정으로 언어가 되어 머물도록 사물적 성격을 두드러지게 사용하여 언어의 본성을 회복하게 한다.

15 다음 설명에서 괄호 안에 들어갈 적절한 용어는?

> 시의 재료가 되는 말의 존재를 강조하는 것은 시인에게 말이 단순한 의사소통의 도구나 기호가 아니라 그 이상의 것, 즉 프랑스의 철학자 사르트르가 주장한 것처럼 '외적 세계의 구조'로 존재하기 때문이다. 그것은 시인에게 있어서 말이 다른 예술의 재료와 마찬가지로 일종의 (　　)로서 존재한다는 것을 시사한다.

① 사물
② 매체
③ 예술
④ 기호

16 I. A. 리처즈에 따르면 언어는 크게 두 유형으로 나뉜다. '정서적 용법에 의한 언어' 즉 시의 언어와, '과학적 용법에 의한 언어'가 그것이다.

16 다음 중 시의 언어가 갖는 특성을 일컫는 리처즈의 용어는?

① 언어의 과학적 용법
② 언어의 정서적 용법
③ 언어의 지시적 용법
④ 언어의 외연적 용법

정답 15 ① 16 ②

17 다음 중 애매성에 대한 설명으로 적절하지 않은 것은?

① 한 낱말 또는 문장이 동시에 여러 방향으로 효과를 미치는 경우
② 둘 이상의 뜻이 저자가 의도한 단일 의미를 형성하는 데 공동으로 참여하는 경우
③ 언어 기호의 지시 작용에 대한 믿음을 명확히 전제하는 경우
④ 동음이의어 같이 한 낱말로 두 가지의 다른 뜻이 표현되는 경우

- 한 단어 또는 한 문법 구조가 동시에 다양하게 작용하는 경우
- 둘 이상의 의미가 한 단어 또는 한 구문 속에 용해되어 있는 경우
- 두 개의 관념이 문맥상 어느 것에도 다 알맞기 때문에 결부되어, 한 단어로써 동시에 표현되어 있는 경우
- 표현된 둘 이상의 뜻이 서로 모순되면서 결부되어, 작자의 한층 복잡한 정신상태가 드러난 경우
- 어떤 관념을 작가가 써 나가면서 발견하거나 어떤 때는 부분적으로밖에는 나타낼 수 없는 경우, 예를 들면 직유가 사용된 경우 어느 의미도 정확하게 들어맞지 않고 벌여 놓은 두 의미의 하나에서 다른 것으로 이동하여 직유는 양자의 중간에 머물고 있는 경우
- 어떤 표현이 동의이어(同意異語)의 반복에 의하여, 모순에 의하여, 서로 어긋난 표현에 의하여 어떤 의미도 나타내지 않는 경우에 독자는 자기 나름대로 표현을 다시 창조하지 않으면 안 되나 대부분의 경우 모순을 내포하기 쉽다.
- 한 단어가 가지는 두 의미가 문맥상 끝까지 대립되는 경우, 이 경우에는 작가의 정신에 분열이 있음을 보여 준다.

17 엠프슨은 애매성을 일곱 타입으로 나누어 '애매(曖昧)의 7형(形)'(Seven Types Ambiguity)이라고 하고 다음과 같이 설명하고 있다.
[문제 하단의 해설 참조]

18 다음 중 시의 사물성과 관계된 진술은 무엇인가?

① 시는 언어적 제약을 벗어날 수 없다.
② 모든 언어는 대상을 기호화한다.
③ 언어는 존재 차원이 아니라 의미 차원을 지향한다.
④ 시는 그 자체가 살아 움직이는 제3의 실체이다.

18 맥클리시는 시의 사물성을 설명하면서 "시란 하나의 감각적 실체이고, 시어란 그 자체가 살아 움직이는 제3의 실체가 된다."라고 말했다.

정답 17 ③ 18 ④

19 전통적 시 문체마저 의도적으로 해체시켜 철저하게 산문적이고 현실적 언어로 만들어 버리는 것을 '반문체'라고 한다. 한편 김춘수는 이런 반문체를 '해사체(解辭體)'라 명명했다.

19 다음 중 '형식적 자포자기'를 보이는 '해사체(解辭體)'의 경향이 잘 드러난 작품은?

① 김소월, 「산유화」
② 이상, 「오감도」 연작
③ 서정주, 「자화상」
④ 조지훈, 「고풍의상」

20 반문체의 시에는 이상의 「오감도」, 정현종의 「노시인들, 그리고 뮤즈인 어머니의 말씀」, 오규원의 「시인들」이 있다. 김영랑의 「독을 차고」는 내면을 직설적으로 표출한 서정시이다.

20 다음 중 반문체, 또는 해사체라고 볼 수 없는 작품은?

① 김영랑, 「독을 차고」
② 이상, 「오감도」
③ 오규원, 「시인들」
④ 정현종, 「노시인들, 그리고 뮤즈인 어머니의 말씀」

정답 19 ② 20 ①

제 9 편

시의 화자와 어조

제1장 시의 화자
제2장 어조와 정서적 거리
실전예상문제

단원 개요

이 단원에서는 시적 화자를 표면적 화자와 이면적 화자로 나누어 설명한다. 또한 관련 작품을 예로 들어 화자의 정서를 긍정적 정서와 부정적 정서로 나누고 시적 화자의 태도를 유형별로 분석한다. 시적 화자와 더불어 시의 해석에서 중요한 틀이 될 수 있는 시적 대상과 상황에 대해 설명하고, 어조의 유형을 다양한 작품을 예로 들어 구체적으로 제시한다. 정서적 거리를 가까운 거리와 먼 거리로 나누고, 작품에서 거리가 갖는 중요성을 설명한다.

출제 경향 및 수험 대책

개별 작품을 제시하고 화자의 태도를 직접 묻는 문제가 출제되고 있다. 또한 화자의 특징과 관계된 시의 종류, 그리고 관련 이론에 대해서도 출제되는 경향이 있다. 주로 특정 작품에 나타난 화자의 어조와 태도를 묻거나 정서 또는 거리를 묻는 방식으로 출제가 이루어지고 있다.

주로 시적 화자와 관련하여 문제들이 출제되기 때문에 시 속에서 화자를 찾아 화자의 처지와 정서, 그리고 시적 상황에 대한 화자의 태도를 분석하는 연습을 많이 해야 할 것이다. 또한 화자의 정서와 태도에는 여러 가지가 있을 수 있다는 것을 알고 고정관념에서 벗어나 개방적 태도를 갖고 화자의 정서와 태도를 파악하는 연습을 해야 할 것이다.

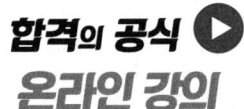

보다 깊이 있는 학습을 원하는 수험생들을 위한
시대에듀의 동영상 강의가 준비되어 있습니다.
www.sdedu.co.kr ➜ 회원가입(로그인) ➜ 강의 살펴보기

제1장 시의 화자

1 시의 소통

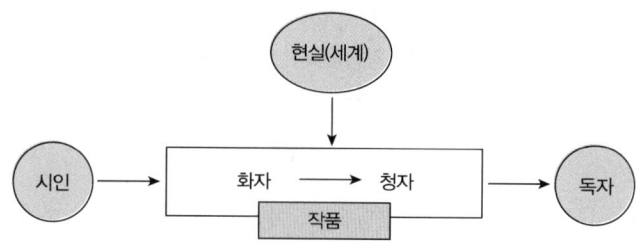

2 시적 화자(話者)

(1) 시적 화자의 이해

① **개념**

시인이 자신의 생각이나 느낌을 효과적으로 전달하기 위해 의도적으로 설정한 허구적 대리인으로서, 시 속 목소리의 주인공이다.

㉠ 표면적 화자

시에서 '나' 또는 '우리'라는 시어를 사용해 자신을 겉으로 드러내는 화자를 말한다. 화자가 시 속에서 노출되어 있을 때 이를 표면적 화자라고 칭한다. 일반적으로 '나' 또는 '우리'라는 시어를 통해 자신을 노출시킨다.

> 어머니,
> 당신은 그 먼 나라를 알으십니까?
> 깊은 삼림대(森林帶)를 끼고 돌면
> 고요한 호수에 흰 물새 날고,
> 좁은 들길에 들장미 열매 붉어,
> 멀리 노루새끼 마음놓고 뛰어다니는
> 아무도 살지 않는 그 먼 나라를 알으십니까?
> 그 나라에 가실 때에는 부디 잊지 마셔요.
> 나와 같이 그 나라에 가서 비둘기를 키웁시다.
> — 신석정, 「그 먼 나라를 알으십니까」 중에서 —

시의 화자는 '나'로 노출되어 겉으로 드러난 표면적 화자의 모습을 볼 수 있다. 이 시 속의 화자는 현실을 부정적으로 인식하며 사랑과 순수의 세계를 동경하고 있다. 즉, 이상 세계에 대한 소망과 그리움을 드러내고 있는 것이다.

> **더 알아두기**
>
> **심혼시** 중요
> 소설에서의 1인칭 주인공 시점과 유사한 형태의 담화 형식을 보이는 경우의 시이다. 시의 가장 일반적인 경우로, 1인칭 화자가 자신의 내면적 경험을 자신의 목소리로 전달하는 형태를 말한다.

  ⓒ 이면적 화자
   시의 화자가 시 속에 노출되어 있지 않을 때 이를 이면적 화자라고 한다. 일반적으로 '나' 혹은 '우리'라는 시어가 나타나지 않는다. 즉, 자신을 지칭하는 시어가 겉으로 드러나지 않는 화자를 말한다.

> 산에는 꽃 피네
> 꽃이 피네
> 갈 봄 여름 없이
> 꽃이 피네.
>
> 산에
> 산에
> 피는 꽃은
> 저만치 혼자서 피어 있네.
>
>   - 김소월, 「산유화」 중에서 -

   김소월의 시 「산유화」의 일부이다. 예로 제시된 1, 2연에서 화자는 겉으로 드러나지 않는다. 즉, 산에 꽃이 피는 모습을 관찰하고 있는 이면적 화자인 것이다. 이면적 화자는 이처럼 시 속에 드러나지 않고 숨은 화자를 말한다.

② **기능**
  ㉠ 시적 상황을 묘사하고, 인물에 대한 정보를 전달한다.
  ㉡ 시인의 내면세계를 효과적으로 드러낸다.
  ㉢ 과거, 현재, 미래 어느 때나 존재할 수 있고 시간을 자유롭게 넘나든다.

> 나는 한 마리 어린 짐승,
> 젊은 아버지의 서느런 옷자락에
> 열(熱)로 상기한 볼을 말없이 부비는 것이었다.

> 이따금 뒷문을 눈이 치고 있었다.
> 그 날 밤이 어쩌면 성탄제의 밤이었을지도 모른다.
>
> 어느새 나도
> 그때의 아버지만큼 나이를 먹었다.
>
> 옛것이란 거의 찾아볼 길 없는
> 성탄제 가까운 도시에는
> 이제 반가운 그 옛날의 것이 내리는데,
>
> 서러운 서른 살 나의 이마에
> 불현듯 아버지의 서느런 옷자락을 느끼는 것은
>
> 눈 속에 따 오신 산수유 붉은 알알이
> 아직도 내 혈액 속에 녹아 흐르는 까닭일까.
>
> — 김종길, 「성탄제」 중에서 —

(2) 시적 화자의 정서 〔중요〕

① 정서의 개념
화자가 시적 대상(청자, 제재, 소재)이나 자신이 처한 상황에 대해 느끼는 다양하고 섬세한 감정, 기분이나 생각 등을 정서라 한다.

② 정서의 파악
시의 정서 파악으로는 시적 화자와 화자의 상황·시의 내용전개에 따른 화자의 태도·시적 화자의 어조 및 분위기를 통한 파악, 비유·상징·반어·역설 등 표현요소를 통한 파악, 시어·시의 형태·운율 등 형식요소를 통한 파악 등이 있다

③ 정서의 종류
㉠ 문학의 미적 정서
문학에서 다루는 정서는 미적 정서이다. 미적 정서는 강렬한 충동을 절제하고 걸러냄으로써 질서 잡힌 미적인 구조를 통해 생겨나는 정서를 뜻한다. 그러나 미적 정서라고 해서 '아름다움'만을 뜻하지는 않는다. 희(喜), 노(怒), 애(愛), 락(樂), 애(哀), 오(惡), 욕(欲)이라는 감정을 아우르는 폭넓은 것이다. 그 밖에 안타까움, 안도감, 그리움, 아쉬움, 기다림, 예찬, 기원, 숭고, 비장, 우아 등으로 나타난다. 또한 사상과 관념까지도 구체적으로 이해할 수 있는 정서를 통해 표현된다.

㉡ 시적 화자의 정서
정서를 가능하게 하는 구조적인 요인은 바로 시의 화자의 목소리이다. 시적 자아의 정서를 결정하는 요인으로는 시대적 상황, 시적 상황, 또는 시의 주제, 시인의 가치관 등이 고려될 수 있다.

ⓐ 긍정적 정서
인생과 사물을 아름다운 것으로 여기는 마음으로 기쁨, 희망, 사랑, 소망, 동경, 안도감 등이 있다.

> 푸른 산이 흰 구름을 지니고 살 듯
> 내 머리 위에는 항상 푸른 하늘이 있다.
>
> 하늘을 향하고 산삼처럼 두 팔을 드러낼 수 있는 것이 얼마나 숭고한 일이냐.
>
> 두 다리는 비록 연약하지만 젊은 산맥으로 삼고
> 부절히 움직인다는 둥근 지구를 밟았거니
>
> 푸른 산처럼 든든하게 지구를 디디고 사는 것이 얼마나 기쁜 일이냐.
>
> 뼈에 저리도록 '생활'은 슬퍼도 좋다.
> 저문 들길에 서서 푸른 별을 바라보자!
>
> 푸른 별을 바라보는 것은 하늘 아래 사는 거룩한 나의 일과이어니……
> 　　　　　　　　　　　　　　　　　　　　　　　　　　－ 신석정, 「들길에 서서」 －

어려운 삶의 현실을 긍정적으로 수용하며 굳세게 살아가고자 하는 의지를 다짐하여, 긍정적이며, 의지적인 정서가 드러나 있다.

ⓑ 부정적 정서

인생과 사물을 어둡게 보아 슬퍼하거나 비관하는 정서로 슬픔, 절망, 갈등, 외로움, 한, 체념, 노여움, 안타까움 등이 있다.

> 관(棺)이 내렸다.
> 깊은 가슴 안에 밧줄로 달아 내리듯.
> 주여 / 용납하옵소서.
> 머리맡에 성경을 얹어 주고
> 나는 옷자락에 흙을 받아
> 좌르르 하직(下直)했다.
>
> 그 후로 / 그를 꿈에서 만났다.
> 턱이 긴 얼굴이 나를 돌아보고
> 형(兄)님!
> 불렀다.
> 오오냐. 나는 전신(全身)으로 대답했다.
> 그래도 그는 못 들었으리라.
> 이제 네 음성(音聲)을
> 나만 듣는 여기는 눈과 비가 오는 세상.
> 　　　　　　　　　　　　　　　　　　　　　　－ 박목월, 「하관」 중에서 －

하강의 이미지를 반복적으로 사용하여 죽음을 형상화함으로써 아우를 잃은 슬픔과 그에 대한 그리움이 주된 정서가 되고 있다.

(3) 시적 화자의 태도

① **개념**

시적 대상이나 상황에 대해 화자가 취하는 심리적, 정신적 자세(행동) 또는 대응 방식으로, 시적 대상에 대한 화자의 생각이나 감정을 나타내는 외적 표현이라고 볼 수 있다.

② **유형**

㉠ 반성적 태도

> 파란 녹이 낀 구리 거울 속에
> 내 얼굴이 남아 있는 것은
> 어느 왕조(王朝)의 유물(遺物)이기에
> 이다지도 욕될까.
>
> 나는 나의 참회(懺悔)의 글을 한 줄에 줄이자.
> – 만 이십사 년 일 개월을
> 무슨 기쁨을 바라 살아 왔던가.
>
> 내일이나 모레나 그 어느 즐거운 날에
> 나는 또 한 줄의 참회록을 써야 한다.
> – 그때 그 젊은 나이에
> 왜 그런 부끄런 고백을 했던가.
>
> 밤이면 밤마다 나의 거울을
> 손바닥으로 발바닥으로 닦아 보자.
>
> 그러면 어느 운석 밑으로 홀로 걸어가는
> 슬픈 사람의 뒷모양이
> 거울 속에서 나타나 온다.
>
> – 윤동주, 「참회록」 –

화자는 망국민으로서 지식인의 사회적 책무를 다하지 못한 것과 현실에 적극적으로 대응하지 못한 것을 반성하는 태도를 보이고 있다.

㉡ 자조적 태도

> ……활자(活字)는 반짝거리면서 하늘 아래에서
> 간간히
> 자유를 말하는데
> 나의 영(靈)은 죽어 있는 것이 아니냐

> 벗이여
> 그대의 말을 고개 숙이고 듣는 것이
> 그대는 마음에 들지 않겠지
> 마음에 들지 않아라
>
> (중략)
>
> 그대는 반짝거리면서 하늘 아래에서
> 간간이
> 자유를 말하는데
> 우스워라 나의 영(靈)은 죽어 있는 것이 아니냐
> – 김수영, 「사령(死靈)」 중에서 –

자유를 말하는 벗 앞에서 고개를 숙이고 있는 화자는 자신의 비겁함을 고백한다. 이것은 자신의 비겁함과 소심함을 자책하는 의미로 읽힌다.

ⓒ 단호한 의지적 태도

> 나의 무덤 앞에는 그 차가운 비(碑)ㅅ돌을 세우지 말라.
> 나의 무덤 주위에는 그 노오란 해바라기를 심어 달라.
> 그리고 해바라기의 긴 줄거리 사이로 끝없는 보리밭을 보여 달라.
> 노오란 해바라기는 늘 태양같이 태양같이 하던 화려한 나의 사랑이라고 생각하라.
> 푸른 보리밭 사이로 하늘을 쏘는 노고지리가 있거든 아직도 날아오르는 나의 꿈이라고 생각하라.
> – 함형수, 「해바라기의 비명」 –

묘비명이라는 극한 상황을 설정하여 차가운 빗돌을 세우지 않겠다고 말함으로써 자신의 삶에 대한 열정과 의지를 강렬하게 표출하고 있다.

ⓓ 비판적 태도

> 눈은 살아 있다.
> 떨어진 눈은 살아 있다.
> 마당 위에 떨어진 눈은 살아 있다.
>
> 기침을 하자.
> 젊은 시인이여 기침을 하자.
> 눈 위에 대고 기침을 하자.
> 눈더러 보라고 마음 놓고 마음 놓고
> 기침을 하자.

> 눈은 살아 있다.
> 죽음을 잊어버린 영혼과 육체를 위하여
> 눈은 새벽이 지나도록 살아있다.
>
> 기침을 하자.
> 젊은 시인이여 기침을 하자.
> 눈을 바라보며
> 밤새도록 고인 가슴의 가래라도
> 마음껏 뱉자.
>
> — 김수영, 「눈」 —

화자는 기침을 통해 불순한 일상성, 소시민성, 속물성 등을 토해 내고자 한다. 이는 부정적 현실에 대한 울분과 비판을 보여주는 것이다.

ⓜ 예찬적 태도

> 님이여, 당신은 백 번이나 단련한 금(金)결입니다.
> 뽕나무 뿌리가 산호가 되도록 천국의 사랑을 받읍소서.
> 님이여, 사랑이여, 아침볕의 첫걸음이여.
>
> 님이여, 당신은 의(義)가 무겁고 황금이 가벼운 것을 잘 아십니다.
> 거지의 거친 밭에 복(福)의 씨를 뿌리옵소서.
> 님이여, 사랑이여, 옛 오동(梧桐)의 숨은 소리여.
>
> — 한용운, 「찬송」 중에서 —

화자는 '님'을 '금결', '아침볕의 첫걸음'에 비유하여 지고지순한 가치를 부여함으로써 절대적인 존재인 '님'을 예찬하고 있다.

ⓗ 달관적 태도

> 나 하늘로 돌아가리라.
> 새벽빛 와 닿으면 스러지는
> 이슬 더불어 손에 손을 잡고,
>
> 나 하늘로 돌아가리라.
> 노을빛 함께 단 둘이서
> 기슭에서 놀다가 구름 손짓하면은,
>
> 나 하늘로 돌아가리라.
> 아름다운 이 세상 소풍 끝내는 날,
> 가서, 아름다웠다고 말하리라……
>
> — 천상병, 「귀천」 —

시적 화자는 모든 집착에서 벗어나 자유로운 달관적 태도와 절제되고 담담한 어조로 죽음을 수용하는 초월적 태도를 엿볼 수 있다.

ⓒ 그리움의 태도

> 나는 북관(北關)에 혼자 앓아누워서
> 어느 아침 의원(醫員)을 뵈이었다.
> 의원은 여래(如來) 같은 상을 하고 관공(關公)의 수염을 드리워서
> 먼 옛적 어느 나라 신선 같은데
> 새끼손톱 길게 돋은 손을 내어
> 묵묵하니 한참 맥을 짚더니
> 문득 물어 고향이 어데냐 한다.
> 평안도 정주라는 곳이라 한즉
> 그러면 아무개 씨 고향이란다.
> 그러면 아무개 씰 아느냐 한즉
> 의원은 빙긋이 웃음을 띠고
> 막역지간(莫逆之間)이라며 수염을 쓸는다
> 나는 아버지로 섬기는 이라 한즉
> 의원은 또 다시 넌즈시 웃고
> 말없이 팔을 잡아 맥을 보는데
> 손길은 따스하고 부드러워
> 고향도 아버지도 아버지의 친구도 다 있었다.
>
> – 백석, 「고향」 –

타향에서 병이 든 화자가 고향 마을을 잘 아는 의원을 우연히 만나 서로 이야기를 나누면서 고향에 대한 그리움을 떠올리고 있다.

3 시적 대상(對象)과 상황

(1) 시적 대상

① 개념

시 속의 화자가 바라보는 구체적인 사물, 또는 시의 소재나 제재가 되는 관념이나 사물을 가리킨다. 때로는 화자가 말을 건네는 대상인 청자(聽者)를 지칭하기도 한다.

> 가문 섬진강을 따라가며 보라
> 퍼 가도 퍼 가도 전라도 실핏줄 같은
> 개울물들이 끊기지 않고 모여 흐르며
> 해 저물면 저무는 강변에

> 쌀밥 같은 토끼풀꽃,
> 숯불 같은 자운영꽃 머리에 이어 주며
> 지도에도 없는 동네 강변
> 식물 도감에도 없는 풀에
> 어둠을 끌어다 죽이며
> 그을린 이마 훤하게
> 꽃등도 달아 준다
> 흐르다 흐르다 목메이면
> 영산강으로 가는 물줄기를 불러
> 뼈 으스러지게 그리워 얼싸안고
> 지리산 뭉툭한 허리를 감고 돌아가는
> 섬진강을 따라가며 보라
>
> — 김용택, 「섬진강 1」 중에서 —

이 시에서 중심이 되는 소재는 섬진강으로, 화자는 섬진강과 그 주변의 모습을 묘사하고 있다. 섬진강은 어머니의 품속과 같은 푸근하고 넉넉한 존재로서, 건강하고 끈질긴 생명력을 지닌 민중의 삶을 보여 주는 시적 대상으로 나타난다.

② **시적 대상의 종류**

　㉠ 일상생활의 사물과 사건

> 나는 바퀴를 보면 굴리고 싶어진다.
> 자전거 유모차 리어카의 바퀴
> 마차의 바퀴
> 굴러가는 바퀴도 굴리고 싶어진다.
>
> — 황동규, 「나는 바퀴를 보면 굴리고 싶어진다」 중에서 —

이 시에서는 주변에서 흔히 볼 수 있는 '바퀴'를 시적 대상으로 삼고 있다. 이처럼 시인은 우리 생활 주변의 일상적인 사물과 사건 속에서 새로운 의미를 발견하고 이를 통해 자신의 생각을 드러낸다.

　㉡ 자연물과 자연 현상

> 말 업슨 청산(靑山)이요, 태(態) 업슨 유수(流水) ㅣ 로다.
> 갑 업슨 청풍(淸風)이요, 님즈 업슨 명월(明月)이라.
> 이 中(중)에 病(병) 업슨 이 몸이 分別(분별) 업시 늙으리라.
>
> — 성혼, 「말 업슨 청산이요」 —

인간이 더불어 살아가는 공간이며, 신비롭고 오묘한 질서를 통해 깨달음을 주는 자연은 예로부터 현재에 이르기까지 계속해서 시적 대상으로 등장하고 있다.

ⓒ 특정 인물 혹은 대중

> 맞벌이 부부 우리 동네 구자명 씨
> 일곱 달 아기 엄마 구자명 씨는
> 출근 버스에 오르기가 무섭게
> 아침 햇살 속에서 졸기 시작한다
>
> — 고정희, 「우리 동네 구자명 씨」 중에서 —

맞벌이를 하는 아기 엄마 '구자명 씨'에 대한 이야기이다. 시적 화자는 고단한 삶으로 인해 출근 버스에서부터 조는 '구자명 씨'의 모습을 바라보고 있다.

ⓔ 인간의 감정이나 추상적 관념

> 사랑이여, 보아라
> 꽃 초롱 하나가 불을 밝힌다
> 꽃 초롱 하나로 천리 밖까지
> 너와 나의 사랑을 모두 밝히고
> 해질녘엔 저무는 강가에 와 닿는다
>
> — 박정만, 「작은 연가」 중에서 —

이 시는 진정한 사랑의 의미에 대해 '사랑'에게 말하는 형식으로 되어 있다. 화자가 바라보는 대상도 추상적인 인간의 감정인 '사랑'이며, 말을 건네는 대상도 '사랑'이다.

(2) 시적 상황

① 개념

시의 화자나 시적 대상이 처해 있는 형편이나 처지, 분위기, 정황 등을 일컬어 시적 상황이라고 한다. 시적 화자가 어떤 사람이며 어떤 상황에 놓여 있는지를 파악하면 작품의 내용과 성격을 쉽게 이해할 수 있다.

② 유형

㉠ 내적 상황

작품 속에서 시적 화자나 시적 대상이 처한 시간적·공간적·심리적 상황 등을 말한다.

> 네가 오기로 한 그 자리에
> 내가 미리 가 너를 기다리는 동안
> 다가오는 모든 발자국은
> 내 가슴에 쿵쿵거린다.
> 바스락거리는 나뭇잎 하나도 다 내게 온다.
> 기다려 본 적이 있는 사람은 안다.
> 세상에서 기다리는 일처럼 가슴 애리는 일 있을까.

> 네가 오기로 한 그 자리, 내가 미리 와 있는 이 곳에서
> 문을 열고 들어오는 모든 사람들이
> 너였다가
> 너였다가, 너일 것이었다가
> 다시 문이 닫힌다.
> 　　　　　　　　　　　　　　　　　　　 - 황지우, 「너를 기다리는 동안」 중에서 -

'너'를 기다리면서 '나'가 느끼는 초조하고 안타까운 심정이 잘 드러나 있다. 발자국 소리와 바스락거리는 나뭇잎 하나에도 가슴이 쿵쿵거릴 만큼 긴장된 기다림의 상황은 시의 내적 상황에 해당한다.

ⓒ 외적 상황

시인의 시 창작 과정에 반영된 역사적·사회적 상황을 말한다.

> 벌레 먹은 두리 기둥, 빛 낡은 단청(丹靑), 풍경 소리 날아간 추녀 끝에는 산새도 비둘기도 둥주리를 마구 쳤다. 큰 나라 섬기다 거미줄 친 옥좌(玉座) 위엔 여의주(如意珠) 희롱하는 쌍룡(雙龍) 대신에 두 마리 봉황새를 틀어 올렸다. 어느 땐들 봉황이 울었으랴만 푸르른 하늘 밑 추석(甃石)을 밟고 가는 나의 그림자. 패옥(佩玉) 소리도 없었다. 품석(品石) 옆에서 정일품(正一品), 종구품(從九品) 어느 줄에도 나의 몸 둘 곳은 바이 없었다. 눈물이 속된 줄 모를 양이면 봉황새야 구천(九天)에 호곡(號哭)하리라.
> 　　　　　　　　　　　　　　　　　　　　　　　　　　 - 조지훈, 「봉황수」 -

시적 화자는 '벌레 먹은 두리 기둥'과 '빛 낡은 단청' 등 퇴락한 고궁의 모습을 보면서 무기력하게 망해 버린 왕조의 현실에 대해 슬픔을 느끼고 있다.

제 2 장 | 어조와 정서적 거리

1 어조

(1) 어조의 개념
어조(語調)란 시적 화자를 통해 나타나는 목소리의 특성이다. 이는 시적 화자의 태도나 정서를 효과적으로 드러내는 데 사용되는 장치이며 작가가 독자를 대하는 태도와 밀접히 관련된다.

(2) 어조의 구현방식
① **시어의 선택**
   시에 사용된 시어를 통해 특징적인 어조가 형성된다. 예를 들어 방언은 진솔하고 향토적인 정감을 드러내고 한자어는 관념적인 태도를 드러낸다.

② **문법적 활용**
   종결법과 같은 통상적 특징을 통해 어조가 구체화된다. 예를 들어 명령형 종결 어미의 사용은 강한 의지나 소망을, 명사형 종결 어미는 함축과 여운의 효과를 드러낸다.

(3) 어조의 유형
① **청자(듣는 이)의 유무에 따라 : 독백적 어조, 회화적 어조**
   ㉠ 독백적 어조

> 산에는 꽃 피네
> 꽃이 피네
> 갈 봄 여름 없이
> 꽃이 피네.
>
> 산에
> 산에
> 피는 꽃은
> 저만치 혼자서 피어 있네.
>
> 산에서 우는 작은 새여
> 꽃이 좋아
> 산에서
> 사노라네.

> 산에는 꽃 지네
> 꽃이 지네
> 갈 봄 여름 없이
> 꽃이 지네.
>
> - 김소월, 「산유화」 -

    ⓒ 회화적 어조

> 나는 북관(北關)에 혼자 앓아 누워서
> 어느 아침 의원(醫員)을 뵈이었다.
> 의원은 여래(如來) 같은 상을 하고 관공(關公)의 수염을 드리워서
> 먼 옛적 어느 나라 신선 같은데
> 새끼손톱 길게 돋은 손을 내어
> 묵묵하니 한참 맥을 짚더니
> 문득 물어 고향이 어데냐 한다
> 평안도 정주라는 곳이라 한즉
> 그러면 아무개 씨 고향이란다.
> 그러면 아무개 씰 아느냐 한즉
> 의원은 빙긋이 웃음을 띠고
> 막연지간이라며 수염을 쓸는다.
> 나는 아버지로 섬기는 이라 한즉
> 의원은 또다시 넌즈시 웃고
> 말없이 팔을 잡아 맥을 보는데
> 손길이 따스하고 부드러워
> 고향도 아버지도 아버지의 친구도 다 있었다.
>
> - 백석, 「고향」 -

② **화자의 유형에 따라 : 남성적 어조, 여성적 어조**
    ㉠ 남성적 어조

> 내 죽으면 한 개 바위가 되리라.
> 아예 애련에 물들지 않고
> 희로에 움직이지 않고
> 비와 바람에 깎이는 대로
> 억 년 비정의 함묵에
> 안으로 안으로만 채찍질하여
> 드디어 생명도 망각하고
> 흐르는 구름
> 머언 원뢰
> 꿈꾸어도 노래하지 않고,

> 두 쪽으로 깨뜨려져도
> 소리하지 않는 바위가 되리라.
>
>   - 유치환, 「바위」 -

  ⓒ 여성적 어조

> 나 보기가 역겨워
> 가실 때에는
> 말없이 고이 보내 드리우리다.
>
> 영변의 약산
> 진달래꽃
> 아름 따다 가실 길에 뿌리우리다.
>
> 가시는 걸음 걸음
> 놓인 그 꽃을
> 사뿐히 즈려 밟고 가시옵소서.
>
> 나보기가 역겨워
> 가실 때에는
> 죽어도 아니 눈물 흘리우리다.
>
>   - 김소월, 「진달래꽃」 -

③ **청자에 대한 화자의 태도에 따라** : 명령, 기원, 예찬, 순응, 권유, 의문, 간청 등의 어조
  ⊙ 명령적 어조

> 향단(香丹)아 그넷줄을 밀어라.
> 머언 바다로
> 배를 내어 밀듯이,
> 향단아.
>
> 이 다소곳이 흔들리는 수양버들나무와
> 베갯모에 뇌이듯한 풀꽃더미로부터,
> 자잘한 나비 새끼 꾀꼬리들로부터
> 아주 내어 밀듯이, 향단아.
>
> 산호도 섬도 없는 저 하늘로
> 나를 밀어 올려 다오.
> 채색한 구름같이 나를 밀어 올려 다오.
> 이 울렁이는 가슴을 밀어 올려 다오!

> 서(西)으로 가는 달같이는
> 나는 아무래도 갈 수가 없다.
>
> 바람이 파도를 밀어 올리듯이
> 그렇게 나를 밀어 올려 다오.
> 향단아.
>
> — 서정주, 「추천사」 —

ⓛ 기원적 어조

> 돌하 노피곰 도ᄃ샤
> 어긔야 머리곰 비취오시라.
> 어긔야 어강됴리
> 아으 다롱디리
> 져재 녀러신고요
> 어긔야 즌 ᄃ를 드ᄃ욜셰라.
> 어긔야 어강됴리
> 어느이다 노코시라.
> 어긔야 내 가논 ᄃ 졈그롤셰라.
> 어긔야 어강됴리
> 아으 다롱디리
>
> — 백제가요, 「정읍사」 —

ⓒ 예찬적 어조

> 님이여, 당신은 백 번이나 단련한 금(金)결입니다.
> 뽕나무 뿌리가 산호가 되도록 천국의 사랑을 받읍소서.
> 님이여, 사랑이여, 아침볕의 첫걸음이여.
>
> 님이여, 당신은 의(義)가 무겁고 황금이 가벼운 것을 잘 아십니다.
> 거지의 거친 밭에 복(福)의 씨를 뿌리옵소서.
> 님이여, 사랑이여, 옛 오동(梧桐)의 숨은 소리여.
>
> 님이여, 당신은 봄과 광명(光明)과 평화를 좋아하십니다.
> 약자(弱者)의 가슴에 눈물을 뿌리는 자비(慈悲)의 보살(菩薩)이 되옵소서.
> 님이여, 사랑이여, 얼음 바다에 봄바람이여.
>
> — 한용운, 「찬송(讚頌)」 —

② 순응적 어조

> 公無渡河 임이여, 물을 건너지 마오.
> 公竟渡河 임은 그예 물을 건너시네.
> 墮河而死 물에 휩쓸려 돌아가시니
> 當奈公何 가신 임을 어이할꼬.
>
> — 백수광부의 처, 「공무도하가」 —

④ 화자의 감정 상태에 따라 : 낙천적, 영탄적, 애상적, 관조적 어조
  ㉠ 낙천적 어조

> 나 하늘로 돌아가리라.
> 새벽빛 와 닿으면 스러지는
> 이슬 더불어 손에 손을 잡고,
>
> 나 하늘로 돌아가리라.
> 노을빛 함께 단 둘이서
> 기슭에서 놀다가 구름 손짓하면은,
>
> 나 하늘로 돌아가리라.
> 아름다운 이 세상 소풍 끝내는 날,
> 가서, 아름다웠더라고 말하리라……
>
> — 천상병, 「귀천(歸天)」 —

  ㉡ 영탄적 어조

> 너를 꿈꾼 밤
> 문득 인기척에
> 잠이 깨었다.
> 문턱에 귀대고 엿들을 땐
> 거기 아무도 없었는데
> 베개 고쳐 누우면
> 지척에서 들리는 발자국 소리.
> 나뭇가지 스치는 소매깃 소리.
> 아아, 네가 왔구나.
> 산 넘고 물 건너
> 누런 해 지지 않는 서역(西域) 땅에서
> 나직이 신발을 끌고 와
> 다정하게 부르는 너의 목소리.
> 오냐, 오냐.
> 안쓰런 마음은 만리 길인데

황망히 문을 열고 뛰쳐나가면
밖엔 하염없이 내리는 가랑비 소리,
후두둑,
댓잎 끝에 방울지는
봄비 소리.

- 오세영, 「너의 목소리」 -

ⓒ 애상적 어조

산산이 부서진 이름이여!
허공 중(虛空中)에 헤어진 이름이여!
불러도 주인(主人) 없는 이름이여!
부르다가 내가 죽을 이름이여!

심중(心中)에 남아 있는 말 한마디는
끝끝내 마저 하지 못하였구나.
사랑하던 그 사람이여!
사랑하던 그 사람이여!

붉은 해는 서산(西山)마루에 걸리었다.
사슴이의 무리도 슬피 운다.
떨어져 나가 앉은 산(山) 위에서
나는 그대의 이름을 부르노라.

설움에 겹도록 부르노라.
설움에 겹도록 부르노라.
부르는 소리는 비껴가지만
하늘과 땅 사이가 너무 넓구나.

선 채로 이 자리에 돌이 되어도
부르다가 내가 죽을 이름이여!
사랑하던 그 사람이여!
사랑하던 그 사람이여!

- 김소월, 「초혼」 -

ⓔ 관조적 어조

꽃이 지기로서니
바람을 탓하랴.

주렴 밖에 성긴 별이
하나 둘 스러지고

> 귀촉도 울음 뒤에
> 머언 산이 다가서다.
>
> 촛불을 꺼야 하리
> 꽃이 지는데
>
> 꽃지는 그림자
> 뜰에 어리어
>
> 하이얀 미닫이가
> 우련 붉어라.
>
> 묻혀서 사는 이의
> 고운 마음을
>
> 아는 이 있을까
> 저어하노니
>
> 꽃이 지는 아침은
> 울고 싶어라.
>
> — 조지훈, 「낙화(洛花)」 —

⑤ 대상에 대한 화자의 태도에 따라 : 냉소적, 친화적, 비판적, 풍자적 어조
　㉠ 냉소적 어조

> ……활자는 반짝거리면서 하늘 아래에서
> 간간이
> 자유를 말하는데
> 나의 영(靈)은 죽어 있는 것이 아니냐
>
> 벗이여
> 그대의 말을 고개 숙이고 듣는 것이
> 그대는 마음에 들지 않겠지
> 마음에 들지 않아라
>
> 모두 다 마음에 들지 않아라
> 이 황혼도 저 돌벽 아래 잡초도
> 담장의 푸른 페인트 빛도
> 저 고요함도 이 고요함도

그대의 정의도 우리들의 섬세(纖細)도
행동이 죽음에서 나오는
이 욕된 교외(郊外)에서는
어제도 오늘도 내일도 마음에 들지 않어라

그대는 반짝거리면서 하늘 아래에서
간간이
자유를 말하는데
우스워라 나의 영(靈)은 죽어 있는 것이 아니냐

- 김수영, 「사령(死靈)」 -

ⓒ 친화적 어조

남(南)으로 창(窓)을 내겠소.
밭이 한참갈이
괭이로 파고
호미론 풀을 매지요.

구름이 꼬인다 갈 리 있소.
새 노래는 공으로 들으랴오.
강냉이가 익걸랑
함께 와 자셔도 좋소.

왜 사냐건
웃지요.

- 김상용, 「남(南)으로 창을 내겠소」 -

ⓒ 비판적 어조

징이 울린다 막이 내렸다.
오동나무 가지에 매어달린 가설무대
구경꾼이 돌아가고 난 텅 빈 운동장
우리는 분이 얼룩진 얼굴로
학교 앞 소줏집에 몰려 술을 마신다
답답하고 고달프게 사는 것이 원통하다
꽹과리를 앞장세워 장거리로 나서면
따라붙어 악을 쓰는 건 쪼무래기들뿐
처녀애들은 기름집 담벽에 붙어 서서
철없이 킬킬대는구나

보름달은 밝아 어떤 녀석은
꺽정이처럼 울부짖고 또 어떤 녀석은
서림이처럼 해해대지만 이까짓
산구석에 처박혀 발버둥친들 무엇하랴.
비료값도 안 나오는 농사 따위야
아예 여편네에게나 맡겨두고
쇠전을 거쳐 도수장 앞에 와 돌 때
우리는 점점 신명이 난다
한 다리를 들고 날라리를 불거나
고갯짓을 하고 어깨를 흔들거나

- 신경림, 「농무(農舞)」 -

② 풍자적 어조

아이들이 큰 소리로 책을 읽는다.
나는 물끄러미 그 소리를 듣고 있다.
한 아이가 소리 내어 책을 읽으면
딴 아이도 따라서 책을 읽는다.
청아한 목소리로 꾸밈없는 목소리로
"아니다 아니다!" 하고 읽으니
"아니다 아니다!" 따라서 읽는다.
"그렇다 그렇다!" 하고 읽으니
"그렇다 그렇다!" 따라서 읽는다.
외우기도 좋아라 하급반 교과서
활자도 커다랗고 읽기에도 좋아라.
목소리 하나도 흐트러지지 않고
한 아이가 읽는 대로 따라 읽는다.

이 봄날 쓸쓸한 우리들의 책 읽기여
우리나라 아이들의 목청들이여

- 김명수, 「하급반 교과서」 -

2 정서적 거리

(1) 개념
서정적 자아가 시적 대상에 대하여 느끼는 감정과 정서의 미적 거리를 말한다.

(2) 유형
① **시적 화자에 따라**
  ㉠ 1인칭 화자

> 나 보기가 역겨워 가실 때에는
> 말없이 고이 보내 드리오리다.
>
> 영변에 약산 진달래꽃
> 아름따다 가실 길에
> 뿌리오리다.
>
> 가시는 걸음 걸음
> 놓인 그 꽃을
> 사뿐히 즈려 밟고
> 가시옵소서.
>
> 나보기가 역겨워 가실 때에는
> 죽어도 아니 눈물 흘리오리다.
>
> — 김소월, 「진달래꽃」 —

1인칭 화자가 자신의 감정을 직접 전달하고 있다.

  ㉡ 3인칭 화자

> 강나루 건너서
> 밀밭 길을
>
> 구름에 달 가듯이
> 가는 나그네
>
> 같은 외줄기
> 남도 삼백 리
>
> 술 익는 마을마다
> 타는 저녁 놀

> 구름에 달 가듯이
> 가는 나그네
>
>   – 박목월, 「나그네」 –

시적 화자는 전면에 등장하지 않고 관찰자의 역할을 하면서 대상을 전달하고 있다.

② 감정 이입에 따라
  ⊙ 정서적 거리가 가까운 경우
    대상에 대하여 주관적 감정을 드러내는 것을 말한다.

> 진주 장터 생어물전에는
> 바다 밑이 깔리는 해 다 진 어스름을,
>
> 울엄매의 장사 끝에 남은 고기 몇 마리의
> 빛 발하는 눈깔들이 속절없이
> 은전만큼은 손 안 닿는 한이던가
> 울엄매야 울엄매.
>
> 별밭은 또 그리 멀리 우리 오누이의 머리 맞댄 골방 안 되어
> 손시리게 떨던가 손시리게 떨던가.
>
> 진주 남강 맑다 해도
> 오명 가명
> 신새벽이나 밤빛에 보는 것을
> 울엄매의 마음은 어떠했을꼬,
> 달빛 받은 옹기전의 옹기들같이
> 말없이 글썽이고 반짝이던 것인가.
>
>   – 박재삼, 「추억에서」 –

시적 화자는 '울엄매야 울엄매'라며 시적 대상인 어머니에 대한 깊은 애정을 보임으로써 대상과의 가까운 정서적 거리를 드러내고 있다.

  ⓒ 정서적 거리가 먼 경우
    대상에 대하여 담담하고 객관적인 거리를 어느 정도 유지하는 것을 말한다.

> 사공은 조심조심 노를 저어가고 있었다.
> 울음을 터뜨린 한 영아를 삼킨 곳.
> 스무 몇 해나 지나서도 누구나 그 수심(水深)을 모른다.
>
>   – 김종삼, 「민간인」 중에서 –

시적 화자는 가슴 아픈 사건을 전달하면서도 감정을 드러내지 않고 덤덤한 어조로 전달하고 있다. 이를 통하여 대상과 화자와 거리가 멀다는 것을 알 수 있다.

(3) 특징

① 시적 화자의 어조를 결정하는 중요한 요소이다.
② '부족한 거리 조정'과 '지나친 거리 조정'이 있을 수 있다.
③ 시에서의 거리는 창조하는 작가의 몫인 동시에 감상하는 독자의 차원에서도 반드시 필요한 요소이다.
④ 좋은 시는 가장 합당한 거리를 유지할 수 있어야 한다.

제9편 | 실전예상문제

01 다음 시의 시적 화자의 태도로 옳은 것은?

> 관이 내렸다.
> 깊은 가슴 안에 밧줄로 달아내리듯
> 주여, / 용납하옵소서. / 머리맡에 성경을 얹어 주고
> 나는 옷자락에 흙을 받아 / 좌르륵 하직(下直)했다.

① 감상에 젖어 자신을 책망하고 있다.
② 감정을 토로하면서 슬픔을 극복하고 있다.
③ 절망적인 마음으로 대상을 원망하고 있다.
④ 담담한 어조로 상황을 수용하고 있다.

02 다음 중 소설에서의 1인칭 주인공 시점과 유사한 형태의 담화 형식을 보이는 경우는 어느 것인가?

① 심혼시
② 배역시
③ 논증시
④ 관찰시

---

01 이 시는 박목월의 「하관」으로, 시적 화자는 아우의 죽음을 기도하는 듯한 담담한 어조로 말하고 있다.
① 자신을 책망하고 있지 않다.
② 슬픔을 극복하고 있지 않다.
③ 대상을 원망하고 있지 않다.

02 심혼시는 시의 가장 일반적인 경우로, 1인칭 화자가 자신의 내면적 경험을 자신의 목소리로 전달하는 형태를 말한다.

정답 01 ④ 02 ①

03 시인이 자신의 생각이나 느낌을 효과적으로 전달하기 위해 의도적으로 설정한 허구적 대리인으로서, 시 속 목소리의 주인공을 이르는 시의 용어는?

① 서술자
② 편집자
③ 시적 화자
④ 작가

03 시적 화자란 시 속에서 말하는 사람으로 서정적 자아라고도 한다. 화자는 시인의 정서와 사상이 투영된 인물로, 시의 표면에 직접적으로 드러나는 경우도 있지만, 겉으로 드러나지 않고 숨어 있는 경우도 있다.

04 다음 작품의 시적 화자와 어조에 대해 바르게 말한 것은?

> 신부는 초록 저고리 다홍 치마로 겨우 귀밑머리만 풀리운 채 신랑하고 첫날밤을 아직 앉아 있었는데, 신랑이 그만 오줌이 급해져서 냉큼 일어나 달려가는 바람에 옷자락이 문 돌쩌귀에 걸렸습니다. 그것을 신랑은 생각이 또 급해서 제 신부가 음탕해서 그새를 못 참아서 뒤에서 손으로 잡아당기는 거라고, 그렇게만 알곤 뒤도 안 돌아보고 나가 버렸습니다. 문 돌쩌귀에 걸린 옷자락이 찢어진 채로 오줌 누곤 못쓰겠다며 달아나 버렸습니다.
> 그러고 나서 40년인가 50년이 지나간 뒤에 뜻밖에 딴 볼일이 생겨 이 신부네 집 옆을 지나가다가 그래도 잠시 궁금해서 신부 방 문을 열고 들여다보니 신부는 귀밑머리만 풀린 첫날밤 모양 그대로 초록 저고리 다홍 치마로 아직도 고스란히 앉아 있었습니다. 안쓰러운 생각이 들어 그 어깨를 가서 어루만지니 그때서야 매운 재가 되어 폭삭 내려앉아 버렸습니다. 초록 재와 다홍 재로 내려앉아 버렸습니다.

① 주관적인 태도와 거리감 있는 어조
② 객관적인 태도와 담담한 어조
③ 경어체의 존중적 태도와 해학적 어조
④ 대상에 대한 비판적 태도와 풍자적 어조

04 제시된 시는 서정주의 「신부」로, 이 시의 화자는 객관적인 태도와 담담한 어조로 이야기를 전달해 주는 3인칭 관찰자이다. 신랑의 경솔한 행동을 탓하는 듯한 어조를 취함으로써 은근하게 신부의 절개를 부각하고 있다.

정답 03 ③ 04 ②

05 김종길의 「성탄제」에서는 추운 겨울 눈 속을 헤쳐 아픈 아들의 약을 구해 오신 아버지의 모습에서 희생적 태도를 엿볼 수 있고, 아버지가 구해 오신 붉은 산수유 열매는 아버지의 희생정신이 형상화된 구체적인 대상이라고 할 수 있다.
① 김용택, 「그 여자네 집」: 대상에 대한 시적 화자의 그리움의 태도
② 신경림, 「까치소리」: 고통의 현실 속에서도 봄은 온다는 확신에 찬 시적 화자의 태도
③ 이육사, 「청포도」: 광복을 향한 시적 화자의 의지적 태도

05 다음 중 시적 인물의 희생적 태도가 가장 잘 형상화된 것은?

① 살구꽃 떨어지는 살구나무 아래로 / 물을 길어 오는 그 여자 물동이 속에 / 꽃잎이 떨어지면 꽃잎이 일으킨 물결처럼 가 닿고 / 싶은 집
　　　　　　　　　　　　　　- 김용택, 「그 여자네 집」 -

② 싸락눈을 밟고 골목을 걷는다 / 큰길을 건너 산동네에 오른다 / 습기 찬 판장 소란스런 문소리 / 가난은 좀체 벗어지지 않고 / 산다는 일의 고통스러운 몸부림
　　　　　　　　　　　　　　- 신경림, 「까치소리」 -

③ 내 고장 칠월은 / 청포도가 익어 가는 시절 // 이 마을 전설이 주저리주저리 열리고 / 먼 데 하늘이 꿈꾸며 알알이 들어와 박혀 // 하늘 밑 푸른 바다가 가슴을 열고
　　　　　　　　　　　　　　- 이육사, 「청포도」 -

④ 어두운 방 안엔 / 빠알간 숯불이 피고, // 외로이 늙으신 할머니가 / 애처로이 잦아드는 어린 목숨을 지키고 계시었다. // 이윽고 눈 속을 / 아버지가 약을 가지고 돌아오시었다. // 아, 아버지가 눈을 헤치고 따오신 / 그 붉은 산수유 열매—
　　　　　　　　　　　　　　- 김종길, 「성탄제」 -

정답 05 ④

06 다음 중 대상에 대한 시적 화자의 태도가 예찬적인 것은?

① 산산이 부서진 이름이여! / 허공 중(虛空中)에 헤어진 이름이여! / 불러도 주인(主人) 없는 이름이여! / 부르다가 내가 죽을 이름이여! // 심중(心中)에 남아 있는 말 한 마디는 / 끝끝내 마저 하지 못하였구나.

② 남으로 창을 내겠소. / 밭이 한참갈이 / 괭이로 파고 / 호미론 풀을 매지요. // 구름이 꼬인다 갈 리 있소. / 새 노래는 공으로 들으랴오. / 강냉이가 익걸랑 / 함께 와 자셔도 좋소. // 왜 사냐건 웃지요.

③ 까마득한 날에 / 하늘이 처음 열리고 / 어디 닭 우는 소리 들렸으랴 // 모든 산맥들이 / 바다를 연모해 휘달릴 때도 / 차마 이곳을 범하던 못하였으리라

④ 님이여, 당신은 백 번이나 단련한 금결입니다. / 뽕나무 뿌리가 산호가 되도록 천국의 사랑을 받읍소서. / 님이여, 사랑이여, 아침볕의 첫걸음이여. // 님이여, 당신은 의(義)가 무겁고 황금이 가벼운 것을 잘 아십니다.

06 한용운의 「찬송」으로, 임에 대한 예찬적 태도를 보인다.
① 김소월의 「초혼」으로, 애상적(哀傷的) 태도를 보인다.
② 김상용의 「남으로 창을 내겠소」로, 자연친화적이고 달관적인 태도를 보인다.
③ 이육사의 「광야」로, 의지적 태도를 보인다.

정답 06 ④

07 제시된 시 「절정」의 시적 화자는 마지막 연에서 절망 속에서 희망을 찾고 있고, 극한 상황을 초극하려는 의지를 보인다. '나는 나아가리라'에서 볼 수 있듯 「바라건대는 우리에게 우리의 보습 대일 땅이 있었다면」 중에서도 현실의 상황을 극복하려는 의지가 드러난다.

07 다음 시의 시적 화자와 현실 대응 방식이 가장 유사한 것은?

> 매운 계절의 채찍에 갈겨
> 마침내 북방(北方)으로 휩쓸려 오다
>
> 하늘도 그만 지쳐 끝난 고원(高原)
> 서릿발 칼날진 그 위에 서다
>
> 어데다 무릎을 꿇어야 하나
> 한발 재겨 디딜 곳조차 없다
>
> 이러매 눈 감아 생각해 볼 밖에
> 겨울은 강철로 된 무지갠가 보다
> — 이육사, 「절정(絕頂)」 —

① 삼월(三月)달 바다가 꽃이 피지 않아서 서글픈 / 나비 허리에 새파란 초생달이 시리다.
　　　　　　　　— 김기림, 「바다와 나비」 중에서 —
② 구름이 꼬인다 갈 리 있소. / 새 노래는 공으로 들으랴오. / 강냉이가 익걸랑 / 함께 와 자셔도 좋소.
　　　　　　　　— 김상용, 「남으로 창을 내겠소」 중에서 —
③ 나는 이 밤에 옛날에 살아 / 눈 감고 거문고줄 골라 보리니 / 가는 버들인 양 가락에 맞추어 / 흰 손을 흔들지어다.
　　　　　　　　— 조지훈, 「고풍 의상」 중에서 —
④ 그러나 어쩌면 이 황송한 심정을! 날로 나날이 내 앞에는 / 자칫 가늘은 길이 이어가라. 나는 나아가리라 / 한 걸음, 또 한 걸음. / 보이는 산비탈엔 온 새벽 동무들 / 저 저 혼자… 산경(山耕)을 김매이는.
　　　　　　　　— 김소월, 「바라건대는 우리에게 우리의 보습 대일 땅이 있었다면」 중에서 —

정답 07 ④

08 다음 시에 대한 설명으로 옳지 않은 것은?

> 얼골 하나야
> 손바닥 둘로
> 폭 가리지만,
>
> 보고 싶은 마음
> 호수만 하니
> 눈 감을 밖에

① 호수는 크고 넓다는 것을 함축하고 있다.
② 화자의 그리움이 간절하다.
③ 시각적 심상이 주를 이룬다.
④ 감정을 직접적으로 드러내고 있다.

08 이 시는 정지용 시인이 1930년에 발표한 시 「호수」로, 1935년에 발간한 첫 시집 『정지용 시집』에 실려 있다. 감정과 언어의 절제가 잘 드러나는 작품으로, 간결한 시어를 통해서 간절한 그리움을 절제 있게 보여 준다.

09 다음 글의 밑줄 친 부분에 나타난 정서와 가장 유사한 것은?

> 육첩방은 남의 나라
> 창 밖에 밤비가 속살거리는데
>
> 등불을 밝혀 어둠을 조금 내몰고
> 시대처럼 올 아침을 기다리는 최후의 나
>
> <u>나는 나에게 작은 손을 내밀어
> 눈물과 위안으로 잡는 최초의 악수</u>

① 진종일 / 나룻가에 서성거리다 / 행인의 손을 쥐면 따뜻하리라.
② 나의 사랑, 나의 결별 / 샘터에 물 고이듯 성숙하는 / 내 영혼의 슬픈 눈
③ 내가 그의 이름을 불러주었을 때 / 그는 나에게로 와서 꽃이 되었다.
④ 그리운 그의 모습 다시 찾을 수 없어도 / 울고 간 그의 영혼 / 들에 언덕에 피어날지어이

09 제시된 작품은 윤동주의 「쉽게 쓰여진 시」이다. 밑줄 친 부분은 현실적 자아와 본질적 자아가 악수를 통해 화해하고 있는 부분으로 부정적이고 슬픈 현실을 극복하고 밝은 미래에 대한 확신을 가지는 부분이다. 이형기의 「낙화」도 마찬가지로 슬픔의 승화를 통해 성숙하는 화자의 모습을 보여주면서 부정적인 현실을 극복하고 있다.

정답 08 ④ 09 ②

10 정호승의 「슬픔이 기쁨에게」에서 시적 화자인 '슬픔'은 사회적 약자에 대해 연민을 느끼고, 그들의 고통을 함께 나누려는 공감적 태도와 관계 깊다. ③에서도 선제리 아낙네들의 고단한 삶에 연민을 느끼고 있는 화자의 모습이 드러난다.

10 다음 밑줄 친 ㉠이 ㉡에 대해 갖는 태도와 가장 유사한 태도를 갖는 작품은?

> ㉠ 나는 이제 너에게도 슬픔을 주겠다.
> 사랑보다 소중한 슬픔을 주겠다.
> 겨울밤 거리에서 귤 몇 개 놓고
> 살아온 추위와 떨고 있는 할머니에게
> 귤값을 깎으면서 기뻐하던 너를 위하여
> 나는 슬픔의 평등한 얼굴을 보여 주겠다.
> 내가 어둠 속에서 너를 부를 때
> 단 한 번도 평등하게 웃어 주질 않은
> 가마니에 덮인 동사자가 다시 얼어 죽을 때
> 가마니 한 장조차 덮어 주지 않은
> 무관심한 너의 사랑을 위해
> 흘릴 줄 모르는 너의 눈물을 위해
> 나는 이제 너에게도 기다림을 주겠다.
> 이 세상에 내리던 함박눈을 멈추겠다.
> 보리밭에 내리던 봄눈들을 데리고
> ㉡ 추워 떠는 사람들의 슬픔에게 다녀와서
> 눈 그친 눈길을 너와 함께 걷겠다.
> 슬픔의 힘에 대한 이야기를 하며
> 기다림의 슬픔까지 걸어가겠다.

① 내가 그의 이름을 불러 주기 전에는 / 그는 다만 / 하나의 몸짓에 지나지 않았다. // 내가 그의 이름을 불러 주었을 때 / 그는 나에게로 와서 / 꽃이 되었다.
- 김춘수, 「꽃」 -

② 먼 훗날 당신이 찾으시면 / 그때에 내 말이 "잊었노라" // 당신이 속으로 나무라면 / "무척 그리다가 잊었노라" // 그래도 당신이 나무라면 / "믿기지 않아서 잊었노라" // 오늘도 어제도 아니 잊고 / 먼 훗날 그때에 "잊었노라"
- 김소월, 「먼 후일」 -

③ 아쉬울 때 마늘 한 접 이고 가서 / 군산 묵은 장 가서 팔고 오는 선제리 아낙네들 / 팔다 못해 파장 떨이로 넘기고 오는 아낙네들 / 시오 리 길 한밤중이니 / 십 리 길 더 가야지 / 빈 광주리야 가볍지만 / 빈 배 요기도 못하고 오죽이나 가벼울까
- 고은, 「선제리 아낙네들」 -

④ 제 손으로 만들지 않고 / 한꺼번에 싸게 사서 / 마구 쓰다가 / 망가지면 내다 버리는 / 플라스틱 물건처럼 느껴질 때 / 나는 당장 버스에서 뛰어내리고 싶다 / 현대 아파트가 들어서며 / 홍은동 사거리에서 사라진 털보네 대장간을 찾아가고 싶다.

- 김광규, 「대장간의 유혹」 -

11 다음 시에서 말하는 이의 정서를 가장 잘 표현한 것은?

> 이제 바라보노라.
> 지난 것이 다 덮여 있는 눈길을.
> 온 겨울을 떠돌고 와
> 여기 있는 낯선 지역을 바라보노라.
> 나의 마음속에 처음으로
> 눈 내리는 풍경
> 세상은 지금 묵념의 가장자리
> 지나 온 어느 나라에도 없었던
> 설레이는 평화로서 덮이노라.
> 바라보노라 온갖 것의
> 보이지 않는 움직임을.
> 눈 내리는 하늘은 무엇인가.
> 내리는 눈 사이로
> 귀 기울여 들리나니 대지의 고백.
> 나는 처음으로 귀를 가졌노라.
> 나의 마음은 밖에서는 눈길
> 안에서는 어둠이노라.
> 온 겨울의 누리 떠돌다가
> 이제 와 위대한 적막을 지킴으로써
> 쌓이는 눈 더미 앞에
> 나의 마음은 어둠이노라.
>
> - 고은, 「눈길」 -

① 자연의 다채로운 변화에 감탄하는 모습
② 기쁨과 슬픔, 환희와 절망이 묘하게 교차하는 모습
③ 눈의 순결함을 숭배하며 아름다운 자연 풍경을 즐기는 모습
④ 눈이 덮여 깨끗한 세상을 바라보며 다시 자신의 내면을 응시하는 모습

11 '온 겨울을 떠돌고 와', '온 겨울의 누리 떠돌다가' 등을 통해 화자가 과거에 힘든 일을 겪었다는 것을 짐작할 수 있다. 현재의 상태를 나타내는 '지난 것이 다 덮여 있는', '설레이는 평화', '나의 마음은 어둠이노라' 등을 통해 지금 화자의 감정을 짐작해 볼 수 있다. 여기서 '어둠'이라는 시어는 일반적인 의미와는 달리 평화롭고, 적막한 상태를 나타낸다.

정답 10 ③ 11 ④

12 이 시의 화자는 누이의 죽음이라는 상황에 처해 있다. 김소월의 「초혼」과 서정주의 「귀촉도」는 사랑하는 사람의 죽음, 송수권의 「산문에 기대어」는 누이의 죽음을 노래하고 있다. ④는 부끄러움 없는 삶에 대한 소망과 의지를 보여 준다.

12 다음 시의 화자가 처한 상황과 유사하지 <u>않은</u> 것은?

> 생사(生死) 길은
> 예 있으매 머뭇거리고,
> 나는 간다는 말도
> 몯다 이르고 어찌 갑니까.
> 어느 가을 이른 바람에
> 이에 저에 떨어질 잎처럼,
> 한 가지에 나고
> 가는 곳 모르온저.
> 아아, 미타찰(彌陀刹)에서 만날 나
> 도(道) 닦아 기다리겠노라.
>   - 월명사, 「제망매가」 -

① 산산히 부서진 이름이여! / 허공 중에 헤어진 이름이여! / 불러도 주인없는 이름이여! / 부르다 내가 죽을 이름이여!
     - 김소월, 「초혼」 -

② 누이야 / 가을산 그리메에 빠진 눈썹 두어 낱을 / 지금도 살아서 보는가
     - 송수권, 「산문에 기대어」 -

③ 눈물 아롱아롱 / 피리 불고 가신 님의 밟으신 길은 / 진달래 꽃비 오는 서역 삼만리 / 흰 옷깃 여며 여며 가옵신 님의 / 다시 오진 못하는 파촉 삼만리
     - 서정주, 「귀촉도」 -

④ 죽는 날까지 하늘을 우러러 / 한 점 부끄럼이 없기를, / 잎새에 이는 바람에도 / 나는 괴로워했다.
     - 윤동주, 「서시」 -

정답 12 ④

13 다음 시의 시적 화자에 대한 설명으로 가장 적절한 것은?

> 밤의 식료품 가게
> 케케묵은 먼지 속에
> 죽어서 하루 더 손때 묻고
> 터무니없이 하루 더 기다리는
> 북어들,
> 북어들의 일 개 분대가
> 나란히 꼬챙이에 꿰어져 있었다.
> 나는 죽음이 꿰뚫은 대가리를 말한 셈이다.
> 한 쾌의 혀가
> 자갈처럼 죄다 딱딱했다.
> 나는 말의 변비증을 앓는 사람들과
> 무덤 속의 벙어리를 말한 셈이다.
> 말라붙고 짜부라진 눈,
> 북어들의 빳빳한 지느러미.
> 막대기 같은 생각
> 빛나지 않는 막대기 같은 사람들이
> 가슴에 싱싱한 지느러미를 달고
> 헤엄쳐 갈 데 없는 사람들이
> 불쌍하다고 생각하는 순간,
> 느닷없이
> 북어들이 커다랗게 입을 벌리고
> 거봐, 너도 북어지 너도 북어지 너도 북어지
> 귀가 먹먹하도록 부르짖고 있었다.
> - 최승호, 「북어」 -

① 현실의 고통을 운명으로 여기고 있다.
② 나태한 삶에서 벗어나려고 애쓰고 있다.
③ 현실에 대한 변혁 의지를 드러내고 있다.
④ 자신의 처지를 부정적으로 인식하고 있다.

13 이 시의 화자는 메마르고 딱딱한 북어와 자신을 동일시하며, 자신을 무의미하게 살아가는 처지에 있는 존재로 인식하고 있다. 즉 화자는 자신의 처지를 부정적으로 인식하고 있다.
① 현실의 고통을 운명으로 여기고 있지 않다.
② 나태한 삶에서 벗어나려고 애쓰고 있지 않다.
③ 현실에 대한 변혁 의지를 갖고 있다고 볼 수 없다.

정답 13 ④

14 이 시는 이상의 「가정」으로 독특한 비유와 자동기술법으로 화자의 자의식과 무력감을 표현한 초현실주의 계열의 시이다. 이 시에서 화자는 '문고리에 쇠사슬 늘어지듯 매어달렸다'고 하여 직유법을 통해 극복 의지를 드러내고 있을 뿐, 우회적으로 현실을 풍자하고 있지는 않다.
① '나'라는 시적 화자가 등장하여 자신의 내면세계를 토로하고 있는 독백체의 형식이다.
② '밤이 꾸지람으로 나를 졸른다', '제웅처럼 감해간다', '침처럼 월광이 묻었다', '문고리에 쇠사슬 늘어지듯' 등의 비유적 표현이 드러난다.
③ 이 시는 띄어쓰기를 철저히 무시하고 있다.

14 다음 시에 대한 설명으로 적절하지 않은 것은?

> 문(門)을암만잡아다녀도안열리는것은안에생활이모자라는까닭이다. 밤이사나운꾸지람으로나를졸른다. 나는우리집내문패앞에서여간성가신게아니다. 나는밤속에들어서서제웅처럼자꾸만멸해간다. 식구야봉한창호어데라도한구석터놓아다고내가수입되어들어가야하지않나. 지붕에서리가내리고뾰족한데는침처럼월광이묻었다. 우리집이앓나보다그리고누가힘에겨운도장을찍나보다. 수명을헐어서전당잡히나보다. 나는그냥문고리에쇠사슬늘어지듯매어달렸다. 문을열려고안열리는문을열려고.

① 독백체 형식으로 화자의 절박한 처지를 효과적으로 전달하고 있다.
② 비유와 상징으로 화자의 자조적 의식을 효과적으로 드러내고 있다.
③ 일반적인 표기 방식을 거부함으로써 낯설지만 신선한 느낌을 자아내고 있다.
④ 우회적인 표현으로 화자의 현실 풍자적 태도를 생동감 있게 그려 내고 있다.

정답 14 ④

15 다음 시와 시적 정조가 가장 유사한 것은?

> 이것은 소리 없는 아우성.
> 저 푸른 해원(海原)을 향하여 흔드는
> 영원한 노스탤지어*의 손수건.
>   - 유치환, 「깃발」 -
> *노스탤지어 : 고향을 몹시 그리워하는 마음. 또는 지난 시절에 대한 그리움

① 내 고향을 가고지고 오호 삼수갑산 날 가두었네. / 불귀로다 내 몸이야. 아하! 삼수갑산 못 벗어난다 아하하
                - 김소월, 「삼수갑산」 -

② 문(門)을암만잡아다녀도안열리는것은안에생활(生活)이모자라는까닭이다. 밤이사나운꾸지람으로나를졸른다.
                - 이상, 「가정」 -

③ 나는 나룻배 / 당신은 행인 // 당신은 흙발로 나를 짓밟습니다. / 나는 당신을 안고 물을 건너갑니다.
                - 한용운, 「나룻배와 행인」 -

④ 어서 너는 오너라. 별들 서로 구슬피 헤어지고, 별들 서로 정답게 모이는 날, 흩어졌던 너희 형 아우 총총히 돌아오고, 흩어졌던 네 순이도 누이도 돌아오고, 너와 나와 자라난, 막쇠도 돌이도 복술이도 왔다.
                - 박두진, 「어서 너는 오너라」 -

15 제시된 시에서 '영원한 노스탤지어'는 도달할 수 없는 곳을 향해 끊임없이 갈구해야 하는 깃발의 숙명적 정서를 드러낸 말이다. 이와 가장 유사한 것이 ①이다. 화자는 고향에 가고 싶어 하지만 '삼수갑산'이 자신을 가두었다. 그래서 고향은 도달할 수 없는 공간이 되었고, 그리하여 끝없는 동정을 낳는다. '불귀로다 내 몸이야 아하 삼수갑산 못 벗어난다'라는 화자의 탄식은 고향에 대한 간절한 염원의 다른 표현인 것이다.
② '생활이 모자라는' 현실 속에서 화자는 밤이 사나운 꾸지람으로 나를 조르는 강박 관념과 자책을 드러내고 있다.
③ 행인인 '당신'은 '나'를 흙발로 짓밟지만, 나룻배로 나타난 시적 화자는 이에 아랑곳하지 않고 '당신'을 안고 물을 건너간다. 여기서 '당신'에 대한 화자의 사랑을 느낄 수 있다.
④ '구슬피' 헤어진 가족, 친지가 모일 수 있는 상황이 된 것을 기쁜 마음으로 '너'에게 전하고 있다.

16 다음 중 시에서 어조에 영향을 미치는 결정적인 요인으로 보기 어려운 것은?

① 운율
② 행과 연의 배열
③ 소리와 리듬의 반복
④ 시적 대상의 존재 여부

16 어조의 결정적 요인으로는 시의 대표적 특징 중의 하나인 운율, 소리의 반복이나 리듬의 반복, 그리고 행과 연의 적절한 배열 등을 들 수 있다.

정답 15 ① 16 ④

17 시에서의 거리는 창조하는 작가의 몫임과 동시에 감상하는 독자의 차원에서도 반드시 필요한 요소이다. 감상자가 작품을 제대로 이해하고 감상하기 위해서는 감상자의 실제 개성이나 공리적 관심으로부터 벗어나 일정한 거리를 유지해야 하는 것이다.

17 시에서의 거리에 대한 설명으로 적절하지 않은 것은?

① 시적 화자의 어조를 결정하는 중요한 요소이다.
② '부족한 거리 조정'과 '지나친 거리 조정'이 있을 수 있다.
③ 시에서의 거리 개념은 시인에게만 적용되며 독자에게는 적용되지 않는다.
④ 좋은 시는 가장 합당한 거리를 유지할 수 있어야 한다.

정답 17 ③

제 10 편

한국현대시사 (韓國現代詩史)

제1장	개화기 시가
제2장	초기 자유시
제3장	낭만주의 시
제4장	경향시
제5장	민족주의 계열의 시
제6장	시문학파(詩文學派) 시 및 모더니즘(Modernism) 시
제7장	생명파·청록파의 시
제8장	일제치하의 저항시
제9장	해방 공간의 시
제10장	분단시대의 시
제11장	1960년대의 시
제12장	1970년대의 시
제13장	1980년대의 시
실전예상문제	

| 단원 개요 |

한국 현대시는 근대시라고도 명명되며, 정형시의 율격을 벗어난 자유시와 산문시를 말한다. 한국 현대시사는 1910년대부터 2000년대까지 시대적 상황을 바탕으로 현대시가 변화해 온 역사이다. 이 단원에서는 1910년대부터 1980년대까지의 현대시사를 주로 기술한다. 한국 현대시는 1910년대부터 등장하여 현재 2000년대까지 이어지며 변화하고 있다. 한국 현대시는 각 시대적 상황이 변화할 때마다 그 모습과 추구하는 경향이 달리 나타난다. 이러한 시대적 상황의 변화에 따라 한국 현대시사의 시대 구분은 1910년대부터 1920년대, 1930년대, 1940년대, 1950년대, 1960년대, 1970년대, 1980년대, 1990년대, 2000년대로 구분된다.

| 출제 경향 및 수험 대책 |

종래의 고전시가와 구별되는 창가, 신체시 같은 과도기 시가의 특징을 묻는 문제들이 출제되고 있고, 또한 근대적 자유시의 특징을 확인하는 문제도 또한 자주 출제되고 있다. 1920년대 사실주의 시의 특징, 1930년대 모더니즘 시의 특징, 1940년대 해방 공간 시의 특징을 묻거나, 각 시기별 작가들을 물을 수도 있다. 1950년대 전후 시의 특징, 1960년대 현실 참여시, 1970년대 민주주의와 자유, 산업화와 물질 문명의 폐해 등을 지적한 작품들에 대해서도 각 시사별 작품을 묻거나 작가의 시적 경향을 확인하는 문제들이 자주 출제되는 편이다.
한국 현대시사는 시의 역사이므로 기본적으로 시기별 특징을 스토리텔링화하는 방식으로 암기 대책을 세우는 것이 중요하다. 특히 각 시기별 나타난 시적 경향을 반드시 숙지해야 하고 해당 작가들도 암기해야 한다. 작가별 시적 특징 또한 체계적으로 정리하여 암기를 해 두어야 한다. 개별 작품과 시기를 연결짓는 문제에 대비하기 위해 각 시기별로 유명 작가의 작품들을 정리하여 암기하는 것도 필요하다.

보다 깊이 있는 학습을 원하는 수험생들을 위한
시대에듀의 동영상 강의가 준비되어 있습니다.
www.sdedu.co.kr ➔ 회원가입(로그인) ➔ 강의 살펴보기

제1장 개화기 시가

1 개화기의 범주와 형성배경

(1) 개화기 시가의 개념

개화기 시가(開化期 詩歌)란 1876년 개항(開港)으로부터 1910년 한일합방에 이르는 역사상 소위 개화기라는 공간 속에 자리 잡은 종합적 시 양식을 지칭하는 것으로 문학적 계몽이라는 효용성을 바탕으로 나타난 시 양식이라고 할 수 있다. 개화기 시가는 그 하위 범주로서 개화가사, 창가, 신체시 등을 포함한다.

(2) 개화기 시가의 특징

개화기 시가는 특히 초기에 '독립가' 혹은 '애국가'라는 모습을 띠고 있었다. 이들 독립 애국가류와 개화가사는 전통적 율조인 4·4조 리듬을 취하고 있다는 데 큰 공통점이 있다. 말하자면 세차게 밀려드는 외래사조와 문물제도들에 대한 반응을 새로운 형식적 장치를 구비하여 새로운 감수성의 차원으로 노래하기보다는, 우리에게 익숙해져 있는 형식적 율조를 통해 보편적인 정서 반응으로 노래하고 있다는 데 그 특징이 있다.

(3) 개화기 시가의 형성 배경

① 근대적 인쇄매체로서 신문이 간행된 점이다.
② 기독교의 국내 유입과 그에 따른 영향력의 측면이다. 이들의 선교사업의 일환으로 전개된 성서와 찬송가의 번역·출판은 결과적으로 한글 해독 능력을 확대시켜 새로운 문화의 인식과 섭취, 표현에 중요한 역할을 하였다.
③ 신교육에 대한 주체적 자각과 그에 따른 문화적 개안의 측면이다.
④ 학회의 결성과 회지 발간이 활성화된 점을 들 수 있다. 이들 학회를 매개로 하여 근대적 출판문화가 본격적으로 확립된 것은 무엇보다도 직접적으로 개화기 시가의 형성을 촉진하였다.

2 개화가사

개화가사는 개화기 시가 중 가장 양적으로 풍부한 양식이다. 개화가사는 그 형태상 창가나 신체시에 비해 가장 전근대적인 요소를 많이 지니고 있으며 전통적인 문장표현을 답습하고 있다.

(1) 개화가사의 실제

> 잠을 끼세, 잠을 끼세,
> ᄉ천 년이 쑴 속이라.
> 만국(萬國)이 회동(會同)ᄒ야
> ᄉ히(四海)가 일가(一家)로다.
>
> 구구세절(區區細節) 다 ᄇᆞ리고
> 샹하(上下) 동심(同心) 동덕(同德)ᄒ셰.
> 놈ᄋᆡ 부강 불어ᄒ고
> 근본 업시 회빈(回賓)ᄒ랴.
>
> 범을 보고 개 그리고
> 봉을 보고 둙 그린다.
> 문명(文明) 기화(開化) ᄒ랴 ᄒ면
> 실샹(實狀) 일이 뎨일이라.
>
> 못셰 고기 불어 말고
> 그믈 미즈 잡아 보셰.
> 그믈 밋기 어려우랴
> 동심결(同心結)로 미즈 보셰.
>
> — 이중원, 「동심가(同心歌)」 —

이 작품은 어둡고 암울한 상태에서 벗어나 문명 개화를 이룩하기 위해 모든 동포들이 한마음으로 힘써야 함을 노래한 개화가사이다. 4·4조의 기본 율조로서 전통적인 가사의 형식을 갖추고 있으면서도 분절이 된 점은 전통 시가와 다르다.

이처럼 개화가사는 고전 가사 형식에서 전혀 탈피하지 않은 채 단지 새 시대에 대한 인식을 담고 있을 뿐이며, 대구의 방식이나 교술적 문맥으로 인해 구태의연한 모습을 그대로 보인다.

(2) 개화가사의 작가

개화가사의 작가는 대체로 일반 시민과 신문 편집자들로 양분해 볼 수 있다. 개화가사는 대부분 투고 형식을 빌려 신문에 게재된 것으로, 사회 각 계층 사람들이 참여한 것이다. 한편 신문 편집자들이 사회 여론형성을 위해 쓴 것도 있다. 이런 개화가사의 유형에는 『독립신문』, 『대한매일신보』 등의 애국·독립가류와 『대한매일신보』의 항일 시가류로 나눌 수 있다. 애국·독립가류로 분류되는 개화가사들은 문명개화를 통한 국가발전의 당위성에 대한 믿음을 표출하고 있다는 점에서 미래지향적이고 이상주의적인 관념을 보여주며, 민족적 주체성에 의거한 자주적 개혁과 항일의식을 표출한 작품들은 봉건적인 악습을 타파하려는 의지와 도덕적 개신, 생활의 과학화를 주창하고 있다.

3 창가

(1) 창가의 개념

애국가·독립가 및 개화가사에서 분화·발전한 것으로 독립과 개화의 의지를 고취시키기 위해서 부르던 노래이다. 창가라는 명칭은 개항과 함께 수용된 서구의 악곡에 맞추어 제작된 노래가사라는 뜻을 지닌다. 가사를 단형화한 것, 민요에 의거하여 지은 것, 기독교 찬송가와 같은 서양노래 곡조에 얹어서 부르도록 지은 것 등 그 출처가 다양하며 최초의 창가[1]는 1896년 7월 제작된 「황제탄신경축가」[2]이다.

(2) 창가의 성격

① **문학적 성격**

'창가'라는 말은 신식노래를 뜻하는 것으로 의미가 확대되어 그 성격이 모호해졌으며, 유행가와 뒤섞이기도 했다. 창가는 문학사적으로 볼 때 애국가·독립가 및 개화가사의 전통을 계승하고, 신체시의 형성과 전개에 교량적인 역할을 한 시가라고 할 수 있다.

② **음악적 성격**

음악사적으로는 서양음악의 영향으로 가곡·가요·동요라는 장르가 생겨나기 이전에 민요를 대신한 과도기적 서양식 성악형식으로 볼 수 있다. 문학사적으로 최남선이 계몽창가의 발달에 큰 영향을 끼쳤다면 음악사적으로는 김인식·이상준 등이 서양음악을 받아들이는 데 선구적인 역할을 하면서 창가의 작곡자로서 중요한 역할을 했다.

(3) 창가의 특징

창가는 그 내용 및 주제의식의 표현에 있어서 개화가사에 비해 상당히 진보적 측면을 가진 양식이었다. 우선 창가는 연행체(連行體)인 개화가사에 비해 대체로 분절체 형식을 취하고 있으며 후렴구를 가진다. 또한 창가는 어휘선택에 있어서 보다 일상적인 문맥을 가진 시문체(詩文體)를 사용하고 있다. 창가는 국어에 대한 관심도와 구어체의 사용에 있어 보다 강화된 모습을 보인다. 그러나 창가에서 더욱 두드러지는 형태상 특징은 자수율(字數律)에 근거한 리듬의 측면이다. 대부분의 창가는 7·5조의 자수율에 의거한 정형적 리듬을 가진다. 우리 시가의 기본을 이루던 자수율이 3·4조 내지 4·4조였음을 고려할 때 이러한 변화는 근본적인 형태상의 혁신이다.

① 「경부철도노래」, 「세계일주가」 같은 창가는 개화가사와는 달리 그 율격적 패턴이 주로 3음보격의 4·3·5조 또는 7·5조로 나타난다. 그리고 그 형태적 면에서 길이도 제한 없이 개방적이다. 이런 창가는 4·4조 2음보격의 가사를 율격적으로 변형시킨 것으로 볼 수 있다.

② 최남선의 창가는 개화가사와는 달리 현실에 대한 강한 비판적 태도나 민족과 국가의 독립에 대한 열망과 같은 정치적 주장이 나타나지 않는다. 오히려 새로운 문명의 세계를 동경하며 새로운 문물과 지식을 계몽하는 데에 목표를 두고 있다. 개화가사의 현실 지향적 태도에 비한다면, 이것은 일종의 낭만적 이상주의적 태도에 속한다고 할 수 있다.

---

1) 1896년 배재학당 학생들이 윤치호가 지은 '애국가'를 최초의 창가로 보는 견해도 있다.
2) 이 작품의 곡조는 찬송가이고, 노랫말도 종교적인 색채가 짙다.

(4) 창가의 실제

> 우렁탸게 토하난 긔뎍(汽笛) 소리에
> 남대문을 등디고 떠나 나가서
> 빨니 부난 바람의 형세 갓흐니
> 날개 가딘 새라도 못 따르겟네
>
> 늙은이와 덞은이 셕겨 안즈니
> 우리네와 외국인 갓티 탓스나
> 내외 틴소(親疎) 다갓티 익히 디내니
> 됴고마한 딴 세상 뎔노 일웠네.
>
> – 최남선, 「경부철도가」 중에서 –

이 시는 철도의 개통으로 대변되는 서구 문화의 충격을 수용하는 과정을, 경부선의 시작인 남대문역(지금의 서울역)에서부터 종착역인 부산까지의 여정과 풍물, 사실 등을 서술해 나가는 형식을 통해 담아내고 있다. 근대 문명의 이기(利器)인 철도 개통을 찬양함으로써 국민의 교화와 계몽이라는 목적을 달성하려고 하였으며, 스코틀랜드 민요인 「밀밭에서」의 곡조에 가사를 붙여 노래로 부르도록 꾸며졌다. 1절에서는 기차의 힘차고 빠른 모습에 대한 찬탄 속에 새로운 문명에 대한 화자의 긍정적 시각을 드러내고 있으며, 2절에서는 늙은이와 젊은이, 내국인과 외국인이 자연스럽게 어우러져 있는 기차 안의 풍경이 기존의 사회상과는 매우 다르다는 사실을 말하며 이를 매우 바람직하게 보고 있다. 이러한 시각은 개화에 대한 시인의 낙관적인 기대를 보여준다.

4 신체시

(1) 신체시의 개념

개화기 시가의 한 유형으로 한국 근대시에 이르는 과도기적인 형태의 시가이다. '신체시'는 '신시(新詩)'라는 명칭과 함께 통용되어 왔으며, 그 전대의 고전시가나 애국가 유형, 개화가사 및 창가에 대한 새로움의 의미를 나타내고 있다.

(2) 신체시의 특징

신체시(新體詩)는 개화기 시가를 대표하는 가장 특징적인 양식이다. 개화가사가 형태면에서 전근대적이며, 창가가 불분명한 양식적 성격을 지닌 데 비해 신체시는 형태와 의식 면에서 모두 전통적인 요소로부터 벗어난 모습을 보여준다. 우선 의식 면에서 볼 때 신체시는 철저하게 서구지향적인 면모를 기반으로 한다. 또한 형태 면에서 새로운 문체로서의 시문체(詩文體), 즉 새로운 시대적 분위기를 수용함으로써 이루어진 혁신적 표현을 사용한 점도 외래지향적인 면모를 보여주는 측면이 있다.

(3) 최초의 신체시

① 조지훈(趙芝薰)은 1907년에 쓰였으나 「해에게서 소년에게」보다 1년 뒤에 발표된 「구작삼편」을 작품의 창작 시기로 기준하여 신체시의 효시라고 주장했다. 그러나 이 견해는 창작 시기와 발표 시기 중 어느 것이 기준이 되어야 하는가의 문제에서 논란이 되고, 또 「구작삼편」이 7·5조의 창가형식에 가까워 새로운 것이 못 된다는 주장이 지배적이다.

② 박종화(朴鍾和)는 1905년경에 지은이를 알 수 없는 「아양구첩(峨洋九疊)」·「원백설(怨白雪)」·「충혼소한(忠魂訴恨)」이 발표된 바 있다고 주장하면서 이를 신체시의 효시로 이해했다. 그리고 김윤식(金允植)은 엄격한 의미에서의 신체시란 존속한 바도 없고 그럴 필요도 없었던 명목상의 명칭에 불과하다고 하면서, 최남선의 「해에게서 소년에게」는 G. G. 바이런의 「대양 *The Ocean*」의 번안시에 가깝다는 견해를 내세웠다. 이렇듯 다양한 설이 대두되었으나 학계에서 보편적 이론으로 받아들여지지 않았고, 최남선의 「해에게서 소년에게」를 신체시의 효시로 삼는 것이 통설이다.

(4) 신체시의 의의

신체시는 전통적 율격의 정형을 벗어나 보다 자유롭고 새로운 시형을 이루고자 한 의식적 노력의 산물이다. 반율문·반산문적인 의사 정형에 빠져버려 온전한 형태의 자유시의 실현에는 실패했지만, 한국 현대시의 형태적 변모와 다양화를 향한 과도기적 변환의 한 단계를 이루었다. 따라서 신체시는 고시가에서 근대시로 넘어가는 교량적 위치(가사-창가-신체시-자유시)에서 개화사상을 대변한 시 형식으로서, 표현기교뿐만 아니라 주제의식도 과도기적 성격을 띠고 있다.

(5) 신체시의 실제

```
1
텨……ㄹ썩, 텨……ㄹ썩, 텩, 쏴……아.
싸린다, 부슨다, 문허 바린다.
태산(泰山) 갓흔 놉흔 뫼, 딥태 갓흔 바위ㅅ돌이나,
요것이 무어야, 요게 무어야.
나의 큰 힘 아나냐, 모르나냐, 호통까지 하면서,
싸린다, 부슨다, 문허 바린다.
텨……ㄹ썩, 텨……ㄹ썩, 텩, 튜르릉, 콱.

2
텨……ㄹ썩, 텨……ㄹ썩, 텩, 쏴……아.
내게는, 아모것, 두려움 업서,
육상(陸上)에서 아모런 힘과 권(權)을 부리던 자(者)라도,
나 압헤 와서는 꼼짝 못하고,
아모리 큰 물건도 내게는 행세하디 못하네.
내게는, 내게는, 나의 압헤는.
텨……ㄹ썩, 텨……ㄹ썩, 텩, 튜르릉, 콱.
```

3
텨……ㄹ썩, 텨……ㄹ썩, 텩, 쏴……아.
나에게 뎔하디 아니한 자(者)가
지금(只今)까디 잇거던 통긔하고 나서 보아라.
진시황(秦始皇), 나팔륜, 너의들이냐.
누구 누구 누구냐, 너의 역시(亦是) 내게는 굽히도다.
나허구 겨르리 잇건 오나라.
텨……ㄹ썩, 텨……ㄹ썩, 텩 튜르릉, 콱.

4
텨……ㄹ썩, 텨……ㄹ썩, 텩, 쏴……아.
됴고만 산(山)모를 의지(依支)하거나,
됴ㅅ쌀 갓흔 뎍은 섬, 손ㅅ벽만한 쌍을 가디고,
고 속에 잇서서 영악한 톄를,
부리면서, 나 혼댜 거룩하다 하난 자(者),
이리 됴 오나라, 나를 보아라.
텨……ㄹ썩, 텨……ㄹ썩, 텩, 튜르릉, 콱.

5
텨……ㄹ썩, 텨……ㄹ썩, 텩, 쏴……아.
나의 싹될 이는 한아 잇도다.
크고 길고, 널게 뒤덥흔 바 뎌 푸른 하날.
뎌것은 우리와 틀님이 업서,
뎍은 시비(是非) 뎍은 쌈 온갓 모든 더러운 것 업도다.
됴따위 세상(世上)에 됴 사람터럼,
텨……ㄹ썩, 텨……ㄹ썩, 텩, 튜르릉, 콱.

6
텨……ㄹ썩, 텨……ㄹ썩, 텩, 쏴……아.
뎌 세상(世上) 뎌 사람 모다 미우나
그 중(中)에서 쏙 한아 사랑하난 일이 잇스니,
담(膽) 크고 순정(純精)한 소년배(少年輩)들이
재롱(才弄)터럼 귀(貴)엽게 나의 품에 와서 안김이로다.
오나라, 소년배(少年輩). 입맛텨 듀마.
텨……ㄹ썩, 텨……ㄹ썩, 텩, 튜르릉, 콱.

— 최남선,「해에게서 소년에게」—

소년에 대한 기대를 바다에 비유하여 표현한 이 시는 전대의 시가 지닌 정형성을 깨뜨리고 자유로운 형태를 추구했다는 점에서 신체시의 효시가 되었다. 작품에서 드러나는 시어의 생경함과 구어식 산문투의 거친 표현은 신체시의 과도기적 한계를 보여 준다. 그러나 기존의 정형시에서 벗어나 자유로운 율조를 구사해 본 것, 의성어를 도입하여 새로운 느낌을 부여한 것 등은 참신한 시도라 할 수 있다.

5 개화기 시가의 역사적 의의

개화가사, 창가, 신체시를 거치면서 전개된 개화기 시가는 율문 양식을 통해 개화사상을 보다 효율적으로 전파하고자 하는 계몽적 성격을 그 본질로 하고 있음을 알 수 있다. 이러한 개화기 시가는 여러 측면에서 우리 근대시사상 중요한 의의를 지닌다.

(1) 다양한 시형의 실험과정을 통해 전통 시가로부터 새로운 발전을 이루는 계기를 마련했다는 점이다.

(2) 신문·잡지·활자매체를 통한 작품 활동이 이 시가에 비로소 시작되었다는 점이다. 이것은 근대적 의미에서 작품의 생산, 분배, 소비가 이루어졌음을 뜻한다.

(3) 전통시의 경우 시조, 가사 양식에 이르기까지 모든 음악적 요소와 결합된 시가로서 통용되었음을 볼 때 개화기 시가는 음악으로부터 분리됨으로써 의식적이고 전문화된 시 양식을 확립한 것이다.

(4) 빈약하나마 문단이 형성되고 근대적 자각을 갖춘 전문적 시인들이 등장하게 되었다는 점이다.

(5) 서구 체험의 반영을 통해 우리 시의 상상공간을 크게 확대시킨 점을 들 수 있다.

(6) 서구와의 접촉을 통해 자생적으로 확립하지 못했던 근대적 사상을 개화시킬 수 있었다.

개화기 시가는 이밖에도 만민평등사상, 민중의식, 과학적 계몽정신, 합리주의적 사고 등 여러 측면의 근대정신을 수용하고 있다. 이런 의미에서 개화기 시가는 비록 뚜렷한 장르의 체계 및 의식을 지닌 것은 아니었다 할지라도, 개화기라는 시대적 공간을 관통하며, 풍성한 작품의 제작을 통해 시대성을 반영한 시 양식으로 존재한 것이라고 할 수 있다.

제2장 초기 자유시

1 초기 자유시의 형성 배경

근대 자유시는 형태면에서 완벽하게 정형률을 탈피하는 것과 시 정신에 있어서 개화기 시가의 여러 양상들이 추구한 계몽적 성격을 지양하고 순순한 문학성을 표현하는 방향으로 시인의 의식이 변화되어야 하는 과제를 안고 있었다. 대체로 우리 시사에서 본격적인 자유시는 1910년대 중반부터 1920년대 초에 이르는 기간에 형성되었다. 그 배경적 요인으로 가장 중요한 측면은 종합지와 순문예지의 발간이다. 개화기의 중심적 종합지였던 『소년』[3], 『청춘』[4](1914)과 함께 1910년대 중반 이후 간행된 『학지광』[5](1914), 『태서문예신보』[6](1918)는 우리 근대적 자유시 형성의 모태가 된 잡지들이다.

2 초기 자유시의 작가

최남선의 「해에게서 소년에게」나 이광수의 「우리의 영웅」과 같은 작품이 비록 신체시형의 완성을 이루기는 했으나 분절의식을 결여한 정형률의 형태를 벗어나지 못했다. 하지만 『청춘』지에 실린 시들은 이광수의 「님 나신 날」, 돌매의 「어느 밤」에서와 같이 정형률의 일탈과 반복법의 사용, 음률의 파격적 변화를 통해 자유시 형태를 실험하는 모습을 보여준다. 특히 이광수의 「침묵의 美」(1915. 3)는 산문적인 형태를 취한 자유시의 효시적 작품이다.

3 문예지와 상징주의

(1) 『태서문예신보』

초기 자유시의 형성을 본격적으로 주도한 것은 역시 『태서문예신보』(1918. 9)이다. 이것은 **문예전문지**로서의 잡지의 성격과 서구지향적인 수용태도, 그리고 외국작품의 번역, 소개를 주된 내용으로 한다. 『태서문예신보』에 게재된 창작시는 총 38편인데 본격적인 자유시 행을 보여준 것은 김억과 황석우 시에 국한된다. 김억은 시 창작 이전에도 해외시의 번역과 소개, 시론의 발표 등의 활동을 보인 바 있다.

---

3) 1908년 최남선이 발행한 우리나라 최초의 월간잡지이자 계몽잡지이다.
4) 1914년 신문관에서 최남선이 청년을 대상으로 창간한 잡지이자 월간종합잡지이다.
5) 1914년 일본 동경에서 김병로·최팔용 등이 창간한 조선유학생학우회의 회보이자 문예잡지·기관지이다.
6) 주간 문예잡지로 1918년 9월 26일 창간, 1919년 2월 17일 통권 16호로 폐간되었다. 편집인은 장두철이었고, 김억·황석우가 주로 번역했다. 순한글체, 타블로이드판 8면으로 꾸몄다.

김억과 황석우는 『태서문예신보』를 통해 근대적인 자유시의 형태와 내적 특질을 구축한 최초의 시인들이며 이들의 창작시는 이후 주요한으로 이어진다.

> 밤이도다
> 봄이다.
>
> 밤만도 애달픈데
> 봄만도 생각인데
>
> 날은 빠르다.
> 봄은 간다.
>
> 깊은 생각은 아득이는데
> 저 바람에 새가 슬피 운다.
>
> 검은 내 떠돈다.
> 종 소리 빗긴다.
>
> 말도 없는 밤의 설움
> 소리 없는 봄의 가슴
>
> 꽃은 떨어진다.
> 님은 탄식한다.
>
> — 김억, 「봄은 간다」 —

이 시는 봄밤에 시적 자아가 까닭 없는 상실감으로, 스스로의 존재에 대해 느끼는 연민과 슬픔을 노래하고 있다. 암담한 시대 상황을 인식한 데서 비롯된 작품으로, 독백체의 표현과 간결한 구조를 통하여 주관적 정서를 절박하게 표현하고 있다.

> 가을 가고 결박 풀어져 봄이 오다.
> 나무, 나무에 바람은 연한 피리 불다.
> 실강지7)에 날 감고 발 감아
> 꽃밭에 매어 한 바람, 한 바람씩 당기다.
> 가을 가고 결박 풀어져 봄이 오다
> 너와 나 단 두 사이에 맘의 그늘에
> 현음(絃音)8) 감는 소리.
> 새야, 봉오리야, 세우(細雨)야, 달아.
>
> — 황석우, 「봄」 —

---

7) 실을 감아두는 작은 나무쪽
8) 현악기의 악기줄이 튕겨 나는 소리

봄을 맞이하는 즐거움이 주된 내용을 이루는 이 시는 계절의 흐름을 실로 구상하여 표현한 시적 발상이 기발하다. 시인은 겨울의 이미지를 결박으로 표상하고, 결박이 풀리는 자유로운 비상의 이미지로 봄을 노래하였다.

(2) 서구 상징주의의 수용

① 자유시의 전개과정에 논리적 근거를 제공한 것은 서구의 근대 문예사조와 작품들이다. 초기 자유시에 끼친 서구시의 영향은 대체로 세 단계를 거쳐 이루어졌다. 첫째는 1916년 상징주의 시와 시인에 대한 소개의 단계이고, 둘째는 1918년 상징주의 시론에 대한 소개, 셋째는 1919년 본격적인 자유시론으로 발전하는 단계이다.

② 서구 상징주의 시인과 시론이 전개된 과정을 살펴보면 백대진은 「최근의 태서문단」(『태서문예신보』, 1918)에서 말라르메 계열의 지적(知的) 상징주의를 수용하였고, 김억은 「요구와 회한」(『신문계』, 1916), 「프랑스 시단」(『태서문예신보』, 1919)에서 베를렌을 중심으로 한 퇴폐적, 비관적 상징주의를 수용하였다.

③ 김억이 소개한 감상적 상징주의의 경향은 당시의 독자들에게 보다 쉽게 이해될 수 있었다. 식민지 지배 하의 민중적 정서에 세기말적 사상을 내포한 감상성의 매력을 지녔던 때문이라고 할 수 있다. 이러한 과정에서 드러난 초기 자유시의 일반적 형태와 의식성은 대체로 호흡률과 개성률의 정착 및 그에 따른 개성적 감정, 특히 감각적 인상과 감상성의 표현으로 요약할 수 있다.

제 3 장 낭만주의 시

1 낭만주의 시의 특징

우리나라에서 전개된 낭만주의 시운동은 대체로 1922년 1월에 창간된 『백조』9)에서 절정을 이룬 것으로 간주되고 있다.10) 『폐허』11)지에서 『장미촌』을 거쳐 『백조』지에 이르는 낭만주의시의 공통된 특질은 대체로 퇴폐적인 것이 주조를 이루었다는 것이다.

2 낭만주의 시의 전개

(1) 전기 낭만주의

1921년 황석우(黃錫禹)가 주재하여 출간한 시집 『장미촌』을 기점으로 폐허 동인의 활동을 전기로 볼 수 있다. 폐허 동인을 중심으로 한 전기 낭만주의의 특색으로, 습작품들이긴 하지만 김안서·황석우 등이 본격화되던 서구시의 번역 소개와 함께 『태서문예신보』에서 한 시작 활동이 근대 자유시 운동을 선도하였으며, 프랑스 상징주의의 영향을 받아 세기말적 사상에 휩싸여 절망과 퇴폐, 죽음과 허무의 관념을 나타내고 있다.

(2) 후기 낭만주의

『장미촌』을 기점으로 백조 동인의 활동을 후기로 볼 수 있다. 전기의 폐허 동인의 시적 경향이 무겁고 어둡고 우울한 정조를 기조로 한데 반하여, 장미촌이나 백조 동인의 시적 경향은 가볍고 밝은 정조와 감상성을 기조로 하고 있다. 『백조』지를 주재했던 홍사용(洪思容)의 「나는 왕이로소이다」 등 일련의 초기 시에 나타난 허무와 비탄(悲嘆), 동경(憧憬)과 감읍벽(感泣癖), 향토적 정서, 그리고 「나의 침실로」 등 이상화(李相和)의 일련의 초기 시에서 보인 데카당스와 병적 관능은 보들레르나 베를레느와 같은 프랑스 상징파 시인들의 영향을 받아 이루어진 것으로 홍사용과 함께 한국 낭만주의 시를 대표하고 있다.

---

9) 1922년 문화사에서 배재학당과 휘문의숙 출신의 문학청년들이 모여서 발행한 잡지이자 문예동인지
10) 한국 낭만주의 문학에 나타난 특질을 백철(白鐵)은 감상성의 과잉(過剩)과 환몽적(幻夢的) 요소, 우울(憂鬱)이나 비애(悲哀)의 정조를 들어 '병적(病的)인 것'으로 요약하고 있다.
11) 1920년 폐허사에서 시·소설·논설 등을 수록한 잡지이자 문예잡지·동인지

① 홍사용

> 나는 왕이로소이다. 나는 왕이로소이다. 어머님의 가장 어여쁜 아들, 나는 왕이로소이다. 가장 가난한 농군의 아들로서…….
> 그러나 시왕전(十王殿)에서도 쫓기어 난 눈물의 왕이로소이다.
>
> "맨 처음으로 내가 너에게 준 것이 무엇이냐?" 이렇게 어머니께서 물으시면은
> "맨 처음으로 어머니께 받은 것은 사랑이었지요마는 그것은 눈물이더이다" 하겠나이다. 다른 것도 많지요마는…….
> "맨 처음으로 네가 나에게 한 말이 무엇이냐?" 이렇게 어머니께서 물으시면은
> "맨 처음으로 어머니께 드린 말씀은 '젖 주셔요' 하는 그 소리였지마는, 그것은 '으애!' 하는 울음이었나이다" 하겠나이다. 다른 말씀도 많지요마는…….
> — 홍사용, 「나는 왕이로소이다」 중에서 —

'눈물의 왕'인 화자(話者)가 비탄하지 않을 수 없었던 것은 그의 내면으로 향한 죽음이나 허무 의식 때문만이 아니었다. 여기에는 그 시대 우리 민족이 처하였던 암담한 현실과 실국(失國)의 한이 깔려 있다. 이러한 민족적 정한(民族的 情恨)과 허무 의식을 기조로 한 비애와 서정은 이 시의 특색일 뿐만 아니라 백조파 동인들의 낭만적이고 감상적인 경향을 대표하기도 한다.

② 이상화

> '마돈나' 지금은 밤도 모든 목거지[12]에 다니노라 피곤하여 돌아가려는도다.
> 아, 너도 먼동이 트기 전으로 수밀도(水蜜桃)[13]의 네 가슴에 이슬이 맺도록 달려오너라.
>
> '마돈나' 오려무나, 네 집에서 눈으로 유전(遺傳)하던 진주(眞珠)는 다 두고 몸만 오너라.
> 빨리 가자, 우리는 밝음이 오면 어딘지 모르게 숨는 두 별이어라.
>
> '마돈나' 구석지고도 어둔 마음의 거리에서 나는 두려워 떨며 기다리노라.
> 아, 어느덧 첫닭이 울고 — 뭇 개가 짖도다. 나의 아씨여, 너도 듣느냐?
>
> '마돈나' 지난밤이 새도록 내 손수 닦아 둔 침실로 가자, 침실로!
> 낡은 달은 빠지려는데, 내 귀가 듣는 발자국 — 오, 너의 것이냐?
> — 이상화, 「나의 침실로」 중에서 —

이상화, 「나의 침실로」는 영원한 안식처를 희구하고 동경하는 시적 화자의 모습을 그린 작품으로서, 3·1 운동의 실패로 실의에 빠진 당대 지식인들의 의식 구조와 1920년대 감상적 낭만주의의 전형적 모습을 잘 보여 주는 작품이다.

---

12) '모꼬지'의 방언. 놀이나 잔치 또는 그 밖의 일로 여러 사람이 모이는 일
13) 껍질이 얇고 살과 물이 많으며 맛이 단 복숭아

3 시대적 배경

당시 지식인 청년들의 이와 같은 퇴폐적 기질은 기미년 독립 운동 실패에서 오는 무력감과 패배의식, 그리고 그 이후에 드러나는 조국의 암담한 식민지 상황에서 유래했다. 다시 말해 서구의 세기말의 데카당스14) 풍조는 기미년 독립 운동의 실패에 따른 식민지 지식인의 시대고와 무력감, 권태감으로 변용된다.

4 작품 감상의 실제

(1) 이상화(李相和)의 동굴(洞窟)

① 이상화의 시 세계는 초기, 후기로 나누어 볼 수 있다. 초기 시의 대표작 「나의 침실로」와 후기 시의 걸작인 「빼앗긴 들에도 봄은 오는가」에서 볼 수 있듯이 때로는 낭만적 동경과 갈망을, 때로는 현실이 안고 있는 극한 상황에 저항하는 그만의 독특한 시의식을 보여주었다. 이상화의 초기 시는 퇴폐적 낭만주의적이며, 백조 동인 시대에 발표한 대부분의 작품이 이에 해당한다. 「말세의 희탄」, 「이중의 사망」, 「그날이 그립다」, 「쓸어져 가는 미술관」, 「단조」, 「가을의 풍경」, 「나의 침실로」 등은 20년대 초 당시에 백조 동인들이 지닌 감상과 퇴폐, 탐미, 도피 등의 성향을 띤 것들이다. 낭만적, 퇴폐적, 상징적, 유미적이었던 백조 동인들의 성격을 그대로 지닌 것이라고 볼 수 있다.

② 이상화의 시는 후기에 이르러 「빼앗긴 들에도 봄은 오는가」에서와 같이 열렬한 민족주의 항일시로 전환했지만 점차 그 열기가 누그러지며 국토찬미 내지 자연예찬의 형태로 비애스러운 식민지 현실을 조명해 보는 양상을 드러낸다. 「금강송가」나 「비갠 아침」, 「나는 해를 먹는다」, 「지옥 흑점의 노래」와 같은 시가 이에 해당한다.

③ 이상화 시에서 등장하는 침실 또는 동굴 같은 심상들은 잉태나 생성과 은유관계를 형성하고 있다. 그것은 여성 또는 모체의 자궁 이미지와 연관된다. 다시 말해서 성충동을 해소하는 장소이면서 원죄 의식을 정죄하는 장소이고 동시에 재생의 장소로서의 상징성을 지닌 것이다. 여기에서 꿈의 의미가 드러난다. 그것은 밤과 연결되고 이것은 다시 침실로 또다시 동굴 이미지와 연결된 것이다.15)

(2) 박종화(朴鐘和)의 밀실(密室)과 흑방(黑房)

① 이상화의 침실과 동굴의 이미지는 박종화에게서는 밀실과 흑방으로 바뀐다. 그의 시에서 밀실과 흑방은 현실 부정적인 공간을 상징하며, 밀실과 흑방으로의 지향은 개인적 도피 의식을 대변한다. 박종화의 시에서의 특징과 백조파의 퇴폐적 낭만주의 문학의 특질은 이상주의(idealism)에 바탕을 두고 미지의 천국과 죽음을 동경한다는 점에서 공통점을 찾을 수 있다.

---

14) 19세기 말엽 프랑스에서 일어난 문학상의 한 경향으로 예술 활동의 퇴조를 의미한다. 지성보다는 관능에 치중하고, 죄악과 퇴폐적인 것에 더 매력을 느껴 암흑과 문란 속에서 미를 찾으려 하였다. 프랑스의 보들레르·랭보·베를렌느, 영국의 오스카 와일드 등의 작품이 대표적이다.

15) 김재홍, 『이상화 : 저항시의 활화산』, 건국대학교 출판부

② 박종화의 식민지 하에서의 시 세계는 두 가지 유형으로 평가되는데, 그 하나는 애매모호한 표현을 통해 퇴폐적인 분위기를 드러낸 시이고, 다른 하나는 긍정적인 목소리로 특히 우리 민족사라든가 문화유산에 각별한 관심과 사랑을 표명한 시들이다. 전자가 바로 시집 『흑방비곡』에 수록된 것이고, 후자에 속하는 시들은 광복 후에 간행된 시집 『청자부』에 실린 것이다.

> 날은 거짓 같은 젊은 삶의 날을
> 하늘과 땅에 와서
> 붉은 고혹(蠱惑)의 달콤한 냄새는
> 동네마다 가득히 타오를 때에
> 모든 사람들은
> 모든 삶들은
> 곱다란 단장을 차리고
> 떼로 떼를 지어
> 웃으며 노래하며
> 속살거려 즐거할 때에
> 임종(臨終)의 날에
> 홀로 떠는 듯한
> 누런 헤어진 보자기 같은
> 내 마음은
> 쓸쓸하고도 고요한
> 나릿한 만수향 냄새 떠도는
> 캄캄한 내 밀실(密室)로 돌아가다.
> 문어귀에 까만 고양이의 하품
> 보꾹에 회색쥐의 눈물!
>
> 오, 검이여 나도 또한 모든 것과 같은 삶이리까.
> 나의 지금 이것이 살아 있음이리까.
> 동네마다 붉게 흐르는 저 달콤한 고혹(蠱惑)의 냄새
> 그것이 거짓 아닌 참이리까?
>
> 달먹는 거리에 피리소리 같은
> 저 젊은이들의
> 즐거운 웃음소리가,
> 그것이 참삶의 노래오리까.
> 퍼런 곰팡내 나는 낡은 무덤속에
> 썩은 해골과 같은
> 거리 거리마다 즐비하게 늘어진 그것이
> 삶의 즐거움이 흐르는 곳이오리까.
> 아아 나는 돌아가다 캄캄한 내 밀실(密室)로 돌아가다.
> — 박종화, 「밀실로 돌아가다」 중에서 —

이 작품은 『백조(白潮)』의 동인으로 참가하면서 창간호에 실은 작품으로, 어두운 현실에 대한 도피와 침잠의 세계와 단절해 이상적인 세계로 이동을 염원한 작품으로 관념적인 시어들이 다수 등장한다.

(3) 박영희(朴英熙)의 병실

① 박종화와 더불어 『백조』지를 함께 지탱했던 회월 박영희는 그 창간호에 「미소의 허화시」, 「객」, 제2호에 「꿈의 나라로」, 「월광으로 짠 병실」 등 시와 산문시 등을 실었다. 이들 시 역시 현실도피적인 성향이 짙다.

② 박영희는 후에 일본 유학에서 돌아온 팔봉(八峰) 김기진과 함께 『백조』를 와해시키고 1923년 가을, 극단 토월회를 탈퇴한 김기진, 김복진, 연학년, 안석영, 『백조』의 이상화, 이익상, 김형원 등과 함께 이들 구성원의 이름자를 따서 만든 '파스큘라(PASKYULA)'라는 문예 서클을 조직한다.

③ 이후 박영희는 1924년 『개벽』의 문예부 책임자로 활동하면서 이른바 신경향파로 기울어져 소설 창작과 비평 활동에 힘을 쏟는다. 그는 1925년 8월 김기진과 함께 '카프(KAPF : 조선프롤레타리아예술동맹)'를 조직하고 핵심적 지도 이론가로 활동하다가, 1934년 1월 「최근 문예이론의 신 전개와 그 경향」이라는 평론에서 "얻은 것은 이데올로기며, 상실한 것은 예술 자신이었다."라는 말을 남기고 전향한다.

> 밤은 깊이도 모르는 어둠 속으로
> 끊임없이 구르고 또 빠져서 갈 때
> 어둠 속에 낯을 가린 미풍(微風)의 한숨은
> 갈 바를 몰라서 애꿎은 사람의 마음만
> 부질없이도 미치게 흔들어 놓도다.
> 가장 아름답던 달님의 마음이
> 이 때이면 남몰래 앓고 서 있다.
>
> 근심스럽게도 한발 한발 걸어 오르는 달님의
> 정맥혈(靜脈血)로 짠 면사(面絲) 속으로 나오는
> 병(病)든 얼굴에 말 못하는 근심의 빛이 흐를 때,
> 갈 바를 모르는 나의 헤매는 마음은
> 부질없이도 그를 사모(思慕)하도다.
> 가장 아름답던 나의 쓸쓸한 마음은
> 이때로부터 병들기 비롯한 때이다.
>
> 달빛이 가장 거리낌 없이 흐르는
> 넓은 바닷가 모래 위에다
> 나는 내 아픈 마음을 쉬게 하려고
> 조그만 병실(病室)을 만들려 하여
> 달빛으로 쉬지 않고 쌓고 있도다.
> 가장 어린애같이 빈 나의 마음은
> 이때에 처음으로 무서움을 알았다.

한숨과 눈물과 후회와 분노로
앓는 내 마음의 임종(臨終)이 끝나려 할 때
내 병시로는 어여쁜 세 처녀가 들어오면서
-당신의 앓는 가슴 위에 우리의 손을 대라고 달님이
우리를 보냈나이다-.
이 때로부터 나의 마음에 감추어 두었던
희고 흰 사랑에 피가 묻음을 알았도다.

나는 고마워서 그 처녀들의 이름을 물을 때
-나는 '슬픔'이라 하나이다.
나는 '두려움'이라 하나이다.
나는 '안일(安逸)'이라고 부르나이다-.
그들의 손은 아픈 내 가슴 위에 고요히 닿도다.
이때로부터 내 마음이 미치게 된 것이
끝없이 고치지 못하는 병이 되었도다.

— 박영희, 「월광으로 짠 병실」 —

이 시의 '병실'은 현실적 공간으로서의 병실이 아니라, '달님'을 사랑하게 되면서 마음의 병을 앓게 된 화자가 거처하는 정신적 공간이다. 마음의 병을 앓는 화자에게 달님이 보내 준 '슬픔', '두려움', '안일'이라는 이름의 의인화된 정서는 그를 '끝없이 고치지 못하는 병'에 빠뜨리게 한 감상으로 시인의 현실인식 태도를 짐작하게 해 준다.

제 4 장 경향시

특정한 사상이나 주의(主義)를 선전하려는 목적이 강한 시를 말한다. 주로 사회주의 사상에 부합하는 것으로, 우리나라에서는 1920년대에 감상적인 개인주의 시에 대한 반발로 등장하였다. 1920년대 중반 사회주의 사상이 유행하면서 카프(KAPF)16)가 결성되고, 본격적인 계급문학이 시작되었다. 지나친 목적의식을 지녔다는 비판을 받지만, 문학에서의 대중 개념 도입, 비평의 과학성 등의 측면에서 문학 발전에 공헌하였다.

1 신경향파17)와 카프(KAPF) 중요

(1) 신경향파의 형성

① **경향시 형성 배경**

1920년대 초에 이르기까지 우리 시의 근대적인 면모는 형태면에서 자유시의 확립으로 정신면에서 낭만주의적인 특질의 수용을 통해 정립되었다. 1920년대 중반에 접어들면서 이러한 근대시의 성격은 새로운 모습으로 전환되는데 이것이 경향시의 출현이다.

② **경향시의 개념**

경향시란 계급적 성향에 있어서 진보적인 측면에 선 현실인식을 지향하는 시를 뜻하는 것으로 러시아 혁명 전후 근대문학 형성기에 나타난 문학양식을 지칭한다. 따라서 우리 시에서 경향성을 담은 시 양식이 형성되었다는 것은 식민지의 계급적 현실에 대한 일종의 저항정신으로서의 시적 인식을 표출한 것이라고 말할 수 있다.

③ **경향시의 특징**

경향시 성립에 영향을 끼친 가장 중요한 사회적 조건은 3·1 운동 이후 조선 사회 지식층에 나타난 사상적 변화라 할 수 있다. 즉 일제의 식민통치에 대한 저항성과 구심력을 종래의 순수한 민족주의에만 의지하지 않고 새로운 계급사상인 프롤레타리아 사회주의 사상을 통해 확보하고자 한 것이다.

(2) '카프(KAPF)'의 결성

경향시가 본격화되는 것은 1925년 계급주의적 문학단체인 카프(KAPF)가 결성되면서부터이다. 이 시기 이후 경향시는 노동자, 농민 등 프롤레타리아 계급의 진정한 해방을 위한 투쟁의식의 고취라는 구체적이고 현실적인 목적에 기여하게 된다. 카프 맹원으로 활동한 김해강, 김창술, 권환, 임화, 박세영 등이 그 대표적 시인들이다.

---

16) 1925년에 결성되었던 사회주의 혁명을 위한 문학가들의 실천단체인 '조선프롤레타리아예술가동맹'을 말한다.
17) '신경향파'라는 용어는 박영희의 「신경향파의 문학과 그 문단적 지위」(『개벽』, 1925. 12)라는 글에서 처음 사용되었다.

2 프롤레타리아 시의 전개[18]

식민지 지배세력인 일본의 침략을 서구 제국주의 논리에 따른 자본주의적 침략으로 규정함으로써, 문학을 통한 반제국, 반식민 사상의 구체적인 표현을 중시하게 된다. 이와 같은 식민지 노선에 대한 비판적인 인식은 계급의식에 기초한 계급문학 운동을 통해 무산계급의 역사적 사명을 강조하고 그 투쟁의식을 제고해 나아간다는 데에 역점을 두게 된다.

3 작품 감상의 실제

(1) 김해강

김해강은 날카로운 현실비판 의식을 담고 있으면서도 그것을 낯선 언어로 그리지 않고 강한 상징성으로 담아내었다. 시작 초기에는 「광명을 캐는 무리」·「용광로」 등 경향적인 작품 활동을 통하여 동반자 작가로도 활약하였다. 그러나 1936년 시 전문지 『시건설(詩建設)』에 참여하면서부터 순수시의 경향으로 돌아왔다. '예언의 시인', '태양의 시인'(백철), 혹은 '선학(仙鶴)의 시인'(김해성)으로도 불릴 만큼 정열적이며 선학상의 풍모로, 일생 동안 향토를 지키며 시작 활동을 지속하였다. 한편 김해강은 일제 강점기 말인 1940년대 이후 태평양 전선에서 전사한 일본군을 애도하는 시 등 3편의 친일시를 발표하여 2002년 발표된 친일문학인 42명의 명단에 포함되었다.

> 어제까지 나리든 봄비는 지리하던 밤과 같이
> 새벽바람에 고요히 깃을 걷는다.
>
> 산기슭엔 아즈랑이 떠돌고 축축하게 젖은 땅우엔 샘이 돋건만
> 발자취 어지러운 옛 뒤안은 어이도 이리 쓸쓸하여……
>
> 볕 엷은 양지쪽에
> 쪼그리고 앉어
> 깨어진 새검파리[19]로 성을 쌓고 노는
> 두셋의 어린아이
>
> 무너진 성터로 새어가는
> 한떨기 바람에
> 한숨지고 섯는 늙은이의
> 흰 수염은 날린다.

---

18) 한국민족문화대백과사전, '경향 문학', 한국학중앙연구원
19) 깨어진 사기그릇 조각

> 이 폐허에도 봄은 또다시 찾아 왔건만
> 불어가는 바람에
> 뜻을 실어 보낼 것인가.
> 오- 두근거리는 나의 가슴이여!
> 솟는 눈물이여!
>
> 그러나 나는
> 새벽바람에 달음질치는
> 동무를 보았나니
> 철벽을 깨트리고
> 새 빛을 실어오기까지
> 오— 그 걸음이 튼튼하기만 비노라 이 가슴을 바쳐 —
>
> — 김해강, 「봄을 맞는 폐허에서」 -

이 시는 전반부의 봄을 맞는 비관적 정조에서 벗어나 주체의 현실적 자각을 획득함으로써, 현실을 뚜렷이 응시할 수 있는 비판적 거리를 확보하고 있다. 특히 '그러나 나는'에서 보듯, 시상의 전환과 함께 분명하게 시적 자아의 목소리를 드러내고 있는 점은 이러한 현실 인식을 직접적으로 보여 주는 경향시의 대표적 특징이다.

(2) 김창술

김창술 시의 특징은 대상 없이 화자의 내면세계를 표현하거나 미래에 대한 막연한 이상과 희망을 보여 주는 점에 있다. 초기 시는 주제의식이 선명하지 못했는데 『금성』(1924. 5)에 발표한 「모정(茅亭)에서」, 「수포(水泡)」(『조선일보』, 1925. 2. 23), 「실제(失題)」(『조선일보』, 1925. 6. 17)는 낭만주의 문학경향과 개인의 주관적인 관념을 그대로 노출시키고 있다. 후기로 가면서 민족해방의 담론을 적극적으로 받아들여 그의 시는 개인서정에 머물지 않고 현실과의 갈등을 극복하면서 시의 나아갈 방향에 대해 고민하기 시작한다. 모순적인 현실을 비판하고 적극적인 투쟁의지를 고취한 작품으로는 「문열어라」(『조선일보』, 1925. 6. 8), 「훈풍(薰風)에 날리는 오월의 긔폭」(『대조』, 1930.7), 「앗을대로앗으라」(『음악과시』, 1930. 8) 등을 들 수 있다. 노동자 시인으로서 김창술은 개인이 처한 가난을 사회현실과 연결시켜 개인의 삶에 역사의 흐름을 반영한 리얼리즘 시인으로 평가받는다.

> 굳센자여!
> 너의 이름 프로레타리아
>
> 새로운 모토는 인류의 마음에
> 새 향기를 새 빛을 새 힘을
> 피웠다, 보내였다.
> …

> 지형을 뜨는 일대 –
> 아세아 모스크바, 칼커타, 상해,
> 서울, 도쿄 바삐 진도를 그린다.
> …
>
> 이 큰물처럼 밀리는 동무의 발길 이 굵은 줄을 밟고 간다.
> 선부여, 갱부여, 철공, 인쇄, 배달, 헤일 수 없는 모든 공인이여, 소작인이여.
> …
>
> 〈지형의 개조〉 물결치는 바다는 이 항선을 싣고
> 기쁨의 항해를 이어간다.
>
> — 김창술, 「지형을 뜨는 무리」 중에서 —

이와 같이 김창술은 '인류의 마음'에 새 향기, 새 빛, 새 힘을 발휘할 수 있는 것은 낡은 세계를 개조할 수 있는 지형을 뜨는 무리, 즉 프롤레타리아의 혁명적 무리라고 확신한다. 자기의 격동된 심정으로 근로 대중의 힘을 직설적으로 토로한 이 작품은 근로 대중의 투쟁을 고무하고 축복해 주는 열정을 보이는 작품이다.

(3) 권환

권환은 대학시절 사상 운동을 하여 일본 경찰에 체포되기도 했다. 일본 유학생 기관지인 『학조』에 시와 소설을 발표했고 무산자(無産者)와 관계를 맺으면서 본격적인 활동을 했다. 볼셰비키화론에 따르는 문예대중화를 주장하여 카프의 창작방향을 세우는 데 많은 영향을 미쳤으며, 이러한 태도는 시를 쓰는 데도 이어져 1930년대 초에 발표한 「가려거든 가거라」(『조선지광』, 1930. 3)·「머리를 땅까지 숙일 때」(『음악과 시』, 1930. 8) 등의 시에서 정치적 표어를 그대로 드러내어 비판을 받았다. 그러나 카프 2차 검거 무렵에는 회고적이며 감상적인 글을 썼다. 1930년대 후반에는 창작에 힘써 시집 『자화상』(1943)·『윤리』(1944)를 펴냈는데, 초기 시에서 보여주었던 진보성을 감추거나 내면화시키고 소시민의 개인적인 윤리세계를 노래했다.

> 거울을 무서워하는 나는
> 아침마다 하얀 벽 바닥에
> 얼굴을 대보았다.
>
> 그러나 얼굴은 영영 안 보였다.
> 하얀 벽에는
> 하얀 벽뿐이었다.
> 하얀 벽뿐이었다.

> 어떤 꿈 많은 시인은
> 제2의 나가 따라 다녔더란다.
> 단 둘이 얼마나 심심하였으랴.
>
> 나는 그러나 제3의 나………제9의 나………제00의 나까지
> 언제나 깊은 밤이면
> 둘러싸고 들볶는다.
>
> — 권환, 「자화상」 —

「자화상」은 카프 강경파 시절을 지나온 시인이 경험한 고향에서의 일상, 그곳에서 느끼는 내면적 정서에 초점이 맞추어져 있다. 다만 권환에게 있어 강한 정치적 신념이 내면화되는 과정에서 '자의식의 분열'이 발생했음을 알 수 있는데, 시집의 제명이기도 한 「자화상」은 이를 잘 보여 준다.

(4) 임화

1926년 『매일신보』에 시 「무엇 찾니」・「서정소시(抒情小詩)」 등을 발표해 문단에 나왔다. 초기에는 사회적・예술적 전통을 부정하고 반이성・반예술을 내세우는 다다이즘에 열중하는 듯했으나, 1926년 말 KAPF에 가입하면서 계급문학론으로 옮겨갔다(→ 프롤레타리아 문학). 당시 KAPF 내부에서 이루어지고 있던 무정부주의 문학론과의 논쟁에 참여한 것은 그가 계급문학론으로 전향했음을 입증해 준다.

> 사랑하는 우리 오빠 어저께 그만 그렇게 위하시던 오빠의 거북무늬 질화로가 깨어졌어요.
> 언제나 오빠가 우리들의 '피오닐[20]' 조그만 기수라 부르는 영남(永男)이가
> 지구에 해가 비친 하루의 모든 시간을 담배의 독기 속에다
> 어린 몸을 잠그고 사 온 그 거북무늬 화로가 깨어졌어요.
>
> 그리하여 지금은 화젓가락만이 불쌍한 우리 영남이하구 저하구처럼
> 똑 우리 사랑하는 오빠를 잃은 남매와 같이 외롭게 벽에 가 나란히 걸렸어요.
>
> 오빠……
> 저는요 저는요 잘 알았어요.
> 왜 그날 오빠가 우리 두 동생을 떠나 그리로 들어가신 그날 밤에
> 연거푸 말은 궐련(卷煙)을 세 개씩이나 피우시고 계셨는지
> 저는요 잘 알았어요 오빠.
> 언제나 철없는 제가 오빠가 공장에서 돌아와서 고단한 저녁을 잡수실 때 오빠 몸에서 신문지 냄새가 난다고 하면
> 오빠는 파란 얼굴에 피곤한 웃음을 웃으시며
> ……네 몸에선 누에 똥내가 나지 않니 하시던 세상에 위대하고 용감한 우리 오빠가 왜 그날만
> 말 한 마디 없이 담배 연기로 방 속을 메워 버리시는 우리 우리 용감한 오빠의 마음을 저는 잘 알았어요.

---

20) 러시아 말로 영어의 pioneer에 해당됨. '개척자, 선구자'라는 뜻과 함께 '공산소년단원'(9세~14세)을 일컫는 말이기도 함

천정을 향하야 기어올라가든 외줄기 담배 연기 속에서 오빠의 강철 가슴 속에 박힌 위대한 결정과 성스러운 각오를 저는 분명히 보았어요.
그리하여 제가 영남이의 버선 하나도 채 못 기었을 동안에
문지방을 때리는 쇳소리 마루를 밟는 거치른 구두 소리와 함께 가 버리지 않으셨어요.

그러면서도 사랑하는 우리 위대한 오빠는 불쌍한 저의 남매의 근심을 담배 연기에 싸 두고 가지 않으셨어요.
오빠 그래서 저도 영남이도
오빠와 또 가장 위대한 용감한 오빠 친구들의 이야기가 세상을 뒤집을 때
저는 제사기(製絲機)를 떠나서 백 장의 일전짜리 봉통(封筒)에 손톱을 부러뜨리고
영남이도 담배 냄새 구렁을 내쫓겨 봉통 꽁무니를 뭅니다.
지금 만국지도 같은 누더기 밑에서 코를 고을고 있습니다.

오빠 그러나 염려는 마세요.
저는 용감한 이 나라 청년인 우리 오빠와 핏줄을 같이 한 계집애이고
영남이도 오빠도 늘 칭찬하든 쇠 같은 거북무늬 화로를 사온 오빠의 동생이 아니예요
그러고 참 오빠 아까 그 젊은 나머지 오빠의 친구들이 왔다 갔습니다.
눈물나는 우리 오빠 동무의 소식을 전해주고 갔어요.
사랑스런 용감한 청년들이었습니다.
세상에 가장 위대한 청년들이었습니다.

화로는 깨어져도 화젓갈은 깃대처럼 남지 않었어요.
우리 오빠는 가셨어도 귀여운 '피오닐' 영남이가 있고
그리고 모든 어린 '피오닐'의 따뜻한 누이 품 제 가슴이 아직도 더웁습니다.
그리고 오빠……
저뿐이 사랑하는 오빠를 잃고 영남이뿐이 굳세인 형님을 보낸 것이겠습니까?
섧지도 않고 외롭지도 않습니다.
세상에 고마운 청년 오빠의 무수한 위대한 친구가 있고 오빠와 형님을 잃은 수 없는 계집아이와 동생 저희들의 귀한 동무가 있습니다.

그리하여 이 다음 일은 지금 섭섭한 분한 사건을 안고 있는 우리 동무 손에서 싸워질 것입니다.

오빠 오늘 밤을 새워 이만 장을 붙이면 사흘 뒤엔 새 솜옷이 오빠의 떨리는 몸에 입혀질 것입니다.

이렇게 세상의 누이동생과 아우는 건강히 오는 날마다를 싸움에서 보냅니다.

영남이는 여태 잡니다. 밤이 늦었어요.

— 임화, 「우리 오빠와 화로」 —

이 시는 KAPF(조선프롤레타리아예술가동맹) 내의 최고 시인이자 평론가였던 임화의 초기 대표작으로, 시적 화자인 누이동생이 노동 운동을 하다 감옥에 갇힌 오빠에게 보내는 편지 형식으로 되어 있다. '단편 서사시'라는 새로운 형식을 통해 노동 운동과 계급투쟁이라는 무거운 주제를 정감 있게 담아내고 있는 것이 특징이다.

이 시는 시에 서사적 요소를 도입함으로써 시 자체의 생명력을 그대로 간직한 채, 지금까지의 단형 서정시의 주관적 영탄 일변도에서 벗어나 작품의 공간을 시대적 측면으로까지 확장하는 데 성공했다는 평가를 받는다.

(5) 특징

경향시의 민족해방을 위한 항일투쟁이라는 관념은 프롤레타리아 계급의 궁극적 승리라는 계급주의적 관점으로 변화된 모습으로 나타나는데, 이러한 변화는 근본적으로 1920년대 후반 카프의 문예 운동이 정치투쟁을 위해 복무하는 무기로서의 예술을 지향하면서부터 이루어진 것이다. 이 시기에 활동한 주요 시인은 임화, 권환, 안막, 박세영, 이찬, 백철 등을 들 수 있다. 이 시기의 시의 특징은 추상적 관념적으로 마르크스주의나 전위 운동가의 삶을 현실적인 감각으로 다룬 점에 있다.

4 프롤레타리아 시의 특징과 한계

(1) 프롤레타리아 시의 일반적 특징

① 경향시의 발생 초기에 나타난 감상적이고 추상적인 현실 제시로부터 벗어나 프롤레타리아 계급의 등장과 그 의식의 측면에 초점을 맞추어 **논리적 이념으로서 사회주의 사상을 수용**하고 있다.
② 주제의식의 측면에서 무엇보다도 **프롤레타리아 계급혁명의 완수를 위해 나아가는 노동자들의 의지**를 제시하고 있다. 이러한 당위적 주제 선택에 따라 프로시 전반이 상투적인 슬로건으로서 일정한 정치적 이념을 시적 형상화 이전의 개념 서술로만 표현하는 한계를 보인다.
③ 프로시의 시 형식상 독자성은 무엇보다도 시에 이야기성(feature of narrative)을 도입한 데서 찾을 수 있다. 이것은 시적 언어의 기능상 표현의 주된 목적이 언어의 형태미보다는 의사 전달을 의미할 수 있지만 보다 **궁극적인 목적은 시에 있어서 리얼리티(reality)를 확보**한다는 문제와 관련된다.

(2) 프롤레타리아 시의 한계

이상의 특징들로 미루어 볼 때 프로시가 내포하고 있는 문학적 미성숙 내지 위험성은 분명히 드러난다. 그것은 무엇보다도 집단적 화자를 통한 시적 진술방식으로 메시지 전달을 시도함으로써 추상적이고 보편적인 이념 제시 이상의 효과를 이루어내지 못했다는 점에서 찾을 수 있다.

5 프로시의 의의

(1) 프로시가 1920년대 이후 한국 근대시사의 전개 과정에 미친 영향은 개항 이후 사회 전반의 근대화 과정 속에서 출현한 자유시의 존재만큼이나 획기적인 것이라 할 수 있다. 프로시는 현실 인식과 정치적 이념이라는 요소를 시의 창작 기초로 수용함으로써 서정 장르로서의 시의 영역을 확대하는 데 기여하였다.

(2) 다음으로 지적할 수 있는 프로시의 시사적 의미는 시문학 본질에 대한 인식에 있어서 이론적·과학적인 이해와 사회적 효용성을 본격적으로 문제 삼을 수 있었다는 것이다. 즉 프로시인들은 현실을 조명하는 기준으로서 선택한 계급 이데올로기를 자신의 현실대응 방법으로 수용함으로써 그 문학적 논리를 프롤레타리아 리얼리즘이라는 창작 방법에서 찾고자 한 것이다. 이런 의미에서 프로시는 근대시사의 전개과정에서 시기적·내용적으로 대단히 큰 영향력을 가진 독자적 시양식이라고 할 수 있다.

제5장 민족주의 계열의 시

신경향 운동을 통해 사회문화적으로 세력을 형성한 프로문학 진영은 초기에 느슨한 일면을 드러내기도 하지만, 이윽고 민족보다는 계급 사상과 당파성을 내세우는 단단한 조직으로 발전한다. 사회주의 운동 세력이 차츰 문학뿐 아니라 정치와 예술 분야의 대부분을 장악하게 되자, 그에 대한 반발로 민족주의 이념을 실현하고자 하는 구체적 움직임이 일어나기 시작했다. 민족주의 이념을 반영한 문학을 탐구하려는 운동은 1920년대 중반 이후 소위 국민문학파[21]로 지칭되는 일군의 문인들에 의해 본격화되기 시작하였다. 이들은 당시 문단에 이념적 성격을 확립하는 중요한 흐름으로 작용하였다.

1 민족주의 문학 내용

(1) 창작에 있어서 민족주의 이념을 구현하고자 했다.

(2) 민족의 순수한 영혼을 표현하는 도구인 모국어에 대한 애정과 숭앙의 태도를 견지했다.

(3) 문학 활동을 일종의 문학 운동 내지 문예 부흥 운동으로 이해하고 실천하려 했다.

(4) 민족적 개성 및 향토성 옹호를 통해 민족적 정서를 회복하려 했다.

(5) 전통시를 바탕으로 하여 현대시조나 민요시 같은 민족예술양식을 창조했다.

2 민족주의 문학의 전개

(1) 시조 부흥 운동

① 의의

시조는 우리의 전통문학 양식 중 가장 오랜 생명력을 유지한 것이라는 점에서 **1920년대 민족주의 문학 운동이 추구한 민족정서의 회복이라는 이념에 적절히 부합하는** 양식이다.

이 시기의 시조 부흥 운동의 성과는 근본적으로 1920년대 후반 민족주의 계열의 문학인들에 의해 주도되었다. 즉 뚜렷한 이념적 목표로서 국민감정의 공감대를 확산시킨다는 것, 민족의 문화적 긍지를 고양시킨다는 것, 문학사의 연속성에 대한 국민적 신념을 강화시킨다는 것과 같은 목적을 달성하기 위한 노력의 결과가 당대의 현실을 토대로 한 시조의 현대적 양상을 보여줄 수 있었던 것이다.

---

[21] 1926년 무렵에 프로문학에 대항하기 위하여 나온, 국민 문학 전통을 이룩하고자 했던 문학파이다. 여기에 참여한 사람들은 이광수·김동인·염상섭·양주동·이병기·최남선·정인보 등이다.

② 한계

조선프롤레타리아예술가동맹(KAPF)의 계급문학에 대응해 문단의 주도권을 차지하기 위해 펼친 문학 운동이다 보니 철저한 문학 이론이나 문학사적인 검증 없이 시조의 계승만을 주장하여 옛시조의 재현이라는 차원을 넘어서지 못했다.

(2) 민요시

① 민요시의 창작

시조 부흥 운동과 함께 이 시기에는 일군의 시인들이 민요시 운동도 펼쳤는데, 이들에게 민요는 민중의 문학으로, 일제 억압 통치로 인한 암울한 국민 정서를 정화시키는 중요한 요소로 받아들여졌고, 이를 바탕으로 다양한 민요시를 창작하게 되었다.

② 민요시 양식의 특징

㉠ 대부분의 민요시는 산과 들, 바다, 갈매기, 꽃, 계절 등 자연현상을 제재로 선택함으로써 사회현실에 대한 관심이 희석되어 있다는 점을 들 수 있다.
㉡ 정서표현의 측면에 있어서 감상주의의 유형화된 정서를 보인다.
㉢ 시어의 성격에 있어서 대중적 효과를 의식하여 정서적 환기력이 강한 일상적, 현실적 언어를 사용했다는 점을 들 수 있다.
㉣ 민요 시인들은 음악성에 깊은 관심을 보인다(압운을 사용한 7·5조의 형식).
㉤ 형태·구조상 특징으로서 평이한 내용과 단형의 형태를 취하고 있다는 점이다.

(3) 김소월의 민요시

김소월은 민요가 지닌 형식적 특징을 그대로 따르기보다 그것을 변용시켜 새로운 시 형식을 창조하는 데 사용함으로써 발전적인 성공을 이룰 수 있었다. 또한 재래 민요나 민담에서 제재를 취하면서도 시어를 잘 다듬고 압축하여 시의 구조적 긴장감을 낳게 하는 성공적인 민요시를 보여 주었다. 시의 율격은 3음보 율격을 지닌 7·5조의 정형시로서 자수율보다는 호흡률을 통해 자유롭게 성공시켰으며, 민요적 전통을 계승·발전시킨 독창적인 율격으로 평가된다. 또한, 임을 그리워하는 여성 화자의 목소리를 통하여 향토적 소재와 설화적 내용을 민요적 기법으로 표현함으로써 민족적 정감을 눈뜨게 하였다.

① 김소월, 「접동새」

> 접동
> 접동
> 아우래비 접동
>
> 진두강(津頭江) 가람가에 살던 누나는
> 진두강 앞마을에
> 와서 웁니다.
>
> 옛날, 우리나라
> 먼 뒤쪽의

> 진두강 가람가에 살던 누나는
> 의붓어미 시샘에 죽었습니다.
>
> 누나라고 불러 보랴
> 오오 불설워
> 시샘에 몸이 죽은 우리 누나는
> 죽어서 접동새가 되었습니다.
>
> 아홉이나 남아 되는 오랍동생을
> 죽어서도 못 잊어 차마 못 잊어
> 야삼경(夜三更) 남 다 자는 밤이 깊으면
> 이 산 저 산 옮아가며 슬피 웁니다.

이 시는 전설에서 그 제재를 끌어온 작품으로 민요적인 가락과 정조를 근대시로 살려 놓은 점이 값지다고 할 수 있다. 민요의 대체적인 모티프가 되고 있는 '불행하고도 비극적인 생활과 사랑의 정한', '채워지지 않는 사랑과 그리움 그리고 그 별리의 정한' 등이 이 시에 나타나 있다.

② **김소월, 「산유화」**

> 산에는 꽃 피네
> 꽃이 피네
> 갈 봄 여름 없이
> 꽃이 피네.
>
> 산에
> 산에
> 피는 꽃은
> 저만치 혼자서 피어 있네.
>
> 산에서 우는 작은 새여
> 꽃이 좋아
> 산에서
> 사노라네.
>
> 산에는 꽃이 지네
> 꽃이 지네
> 갈 봄 여름 없이
> 꽃이 지네.

김소월은 시행의 배열과 결합하여 시의 의미를 나타내는 데 탁월한 모습을 보여준다. 「산유화」에서도 이러한 시행의 배열을 통해 시각적인 균형감을 이루며 반복적인 리듬을 보이고 있는데, 이는 계절의 순환을 효과적으로 부각시키는 데에도 기여한다.

(4) 김소월의 시사적(詩史的) 위치

① 김소월의 시는 한국인의 보편적인 정서와 민요적 율격에 밀착되어 있다. 표면에 그리움, 슬픔, 한(恨) 등 비극적 사랑의 정감이 있으면서도 이면에는 존재에 대한 형이상학적 성찰을 담고 있으며, 그 심층에는 험난한 역사와 현실 속에서 삶의 어려움을 참고 이겨내고자 하는 초극(超克)의 정신이 사리 잡고 있다는 점에 침뜻이 놓여 있다.

② 무엇보다도 김소월의 시는 서구 편향성의 초기 시단 형성 과정에 있어서 한국적인 정감과 가락의 원형질을 확실하게 보여주었다는 점에서 민족시, 민중시의 소중한 전범(典範)이 된다. 이를 구체적으로 살펴보면 아래와 같다.

　㉠ 향토성(鄕土性) : 그의 시는 거의가 향토적인 풍물, 자연, 지명을 소재로 삼고 있다.
　㉡ 민요풍(民謠風) : 오랜 세월 동안 겨레의 정서 생활의 가락이 되어 온 민요조의 리듬으로 이루어졌다.
　㉢ 민족 정서(民族 情緖) : 시의 주제와 심상은 민족의 설움과 한(恨)의 정서를 활용, 민족의 보편적 감정을 바탕으로 하고 있다.

3 유파 외의 시

국민문학파를 주축으로 하여 전개된 민족주의적 성향의 시는 시조의 현대화 및 민요조 시의 창작과 같이 전통적 시 양식에 대한 관심을 통해 구체화되었지만 이러한 의식적 양식탐구와는 별도로 이 시기에 민족적 현실에 대한 지각을 시로 형상화하려는 움직임이 일어났다. 이러한 시는 당대 민중들의 현실적이고 구체적인 삶으로부터 유래된 정서를 보여주려는 의도와 결부된 것이라 할 수 있다.

(1) 한용운의 시 세계[22]

① **한용운 시에 나타난 '임'의 상징적 의미**

한용운은 시집 『님의 침묵』 서문에서, "기룬(찬양하는) 것은 다 님이다."라고 했다. 따라서 한용운이 생애를 통해 '기루었던', '부처님'이나 '불교의 진리', '조국', '어느 여인' 등으로 그의 임을 추측할 수 있으며, 포괄적 의미에서는 '절대자'라고 할 수도 있다. 특히 그가 일제에 끝까지 저항한 의지적 독립지사임을 생각하면, 그것이 '조국'일 가능성도 높다.

> 님은 갔습니다. 아아, 사랑하는 나의 님은 갔습니다.
> 푸른 산빛을 깨치고 단풍나무 숲을 향하여 난 작은 길을 걸어서, 차마 떨치고 갔습니다.
> 황금(黃金)의 꽃같이 굳고 빛나던 옛 맹서(盟誓)는 차디찬 티끌이 되어서 한숨의 미풍(微風)에 날아갔습니다.
> 날카로운 첫 키스의 추억(追憶)은 나의 운명(運命)의 지침(指針)을 돌려 놓고, 뒷걸음쳐서 사라졌습니다.

---
22) 천재교육 편집부, 『해법문학 현대시 고등』, 천재교육

> 나는 향기로운 님의 말소리에 귀먹고, 꽃다운 님의 얼굴에 눈멀었습니다.
> 사랑도 사람의 일이라, 만날 때에 미리 떠날 것을 염려하고 경계하지 아니한 것은 아니지만, 이별은 뜻밖의 일이 되고, 놀란 가슴은 새로운 슬픔에 터집니다.
> 그러나 이별을 쓸데없는 눈물의 원천(源泉)을 만들고 마는 것은 스스로 사랑을 깨치는 것인 줄 아는 까닭에, 걷잡을 수 없는 슬픔의 힘을 옮겨서 새 희망(希望)의 정수박이에 들어부었습니다.
> 우리는 만날 때에 떠날 것을 염려하는 것과 같이, 떠날 때에 다시 만날 것을 믿습니다.
> 아아, 님은 갔지마는 나는 님을 보내지 아니하였습니다.
> 제 곡조를 못 이기는 사랑의 노래는 님의 침묵(沈默)을 휩싸고 돕니다.
> － 한용운, 「님의 침묵(沈默)」 －

이 시는 7행의 '그러나'를 기준으로 절대적인 임이 떠나버린 절망적인 현실을 노래한 전반부와 그 절망적인 현실을 '만남은 헤어짐으로, 헤어짐은 만남으로 이어진다.'는 불교의 윤회설에 바탕을 두고 이별의 슬픔을 이겨내겠다고 다짐하는 후반부로 나누어 볼 수 있다. 현실적으로는 임이 떠났지만, 새로운 만남에 대한 의지와 확신이 화자의 마음속에 있는 한 임과의 재회는 반드시 이루어질 것이라는 믿음을 보이며, 임이 부재하는 상황을 임이 침묵하고 있는 상황으로 생각하여 '나는 임을 보내지 아니하였다.'라고 전환시킨 역설적 상황이 큰 감동을 준다.

② **한용운의 '임'과 김소월의 '임'의 비교**

김소월의 시에 나타나는 '임'은 죽었거나 아주 멀리 가서 돌아올 가망이 없는 사람이다. 그의 시가 대체로 애절한 슬픔과 한의 정조를 담고 있는 것은 이런 이유 때문이다. 아무리 기다려도 사랑하는 임은 다시 돌아올 가능성이 없다고 느낄 때, 그 기약 없는 기다림이 절망적인 비탄으로 옮겨 가는 것은 지극히 자연스러운 일이다.

한편, 한용운의 시에서 '임'은 비록 지금 여기에 있지 않다 하더라도 언젠가는 반드시 다시 돌아올 것이고, 또 돌아오지 않을 수 없는 존재이다. 임과의 재회를 믿기 때문에 그의 시는 절망에만 빠져 있지 않고 결국은 이별의 슬픔을 극복하고 희망으로 전환된다. 즉, 한용운의 시는 슬픔과 절망보다는 언젠가는 반드시 돌아올 임에 대한 기다림과 그를 향한 변함없는 사랑에 초점을 맞춘다. 이런 차이의 가장 중요한 요인은 두 시인이 현실과 역사를 보는 시각과 의식이 달랐다는 점에서 찾을 수 있을 것이다.

③ **한용운 시의 역설[23]** 중요

휠라이트가 말하는 심층적 역설은 종교적 진리와 같이 신비스럽고 초월적인 진리를 나타내는 데 주로 채용되는 역설이다. 이를테면 "도를 도라 하면 도가 아니다."라는 노자의 진술 자체가 역설인 것이다. 불교에서는 '색즉시공 공즉시색', 즉 "색이 곧 공이고, 공이 곧 색이라."는 진리의 효과적인 전달을 위해 역설을 채용한다. 한용운은 시 창작에서 역설을 가장 많이 사용한 시인이다.

> • 님은 갔지마는 나는 님을 보내지 아니하였습니다.
> － 「님의 침묵」 중에서 －
> • 타고 남은 재가 다시 기름이 됩니다.
> － 「알 수 없어요」 중에서 －

---

[23] 공광규, 『이야기가 있는 시 창작 수업(개정판)』, 문학의 전당

- 논개여 나에게 울음과 웃음을 동시에 주는 사랑하는 논개여 / 천추에 죽지 않을 논개여 / 하루도 살 수 없는 논개여
  - 「논개의 애인이 되어 그의 묘에」 중에서 -
- 꽃은 떨어지는 향기가 아름답습니다 / 해는 지는 빛이 곱습니다 / 노래는 목 마친 가락이 묘합니다 / 님은 떠날 때 얼굴이 더욱 어여쁩니다.
  - 「떠날 때 님의 얼굴」 중에서 -
- 복종하고 싶은데 복종하는 것은 아름다운 자유보다도 달콤합니다.
  - 「복종」 중에서 -
- 이 작은 주머니는 짓기 싫어서 짓지 못하는 것이 아니라 짓고 싶어서 다 짓지 않는 것입니다.
  - 「수의 비밀」 중에서 -

이처럼 한용운은 시에 역설을 많이 사용하였다. 불교의 경전을 공부하면서 배운 모순어법과 논리적 초월의 상상력을 시에 응용함으로써 화자의 놀라운 태도를 효과적으로 표현하고, 시적 초월과 비약을 성취하며, 만해 자신만의 심오한 철학을 드러내는 것이다.

④ **한용운 시의 시문학사적 의의**

만해 한용운의 시는 은유와 역설 등 시의 방법과 산문적인 개방을 지향한 자유시로서의 형태를 완성시킴으로써 현대시적 특성을 지니게 된다. 이 점에서 그의 시는 타고르(Tagore, R.) 등 외래시의 영향을 받아들이면서도 전통시에 그 정신과 방법상의 맥락을 계승하고 있다. 실상 그의 시는 시문학사 초기의 각종 문예사조의 범람 등 서구지향의 홍수 속에서 전통적인 시 정신의 심화와 확대를 통해서 창조적 계승을 성취한 것이다. 그의 시의 은유와 역설 역시 서구의 것보다도 전통시에서 연원한 것이 확실하다는 점에서 그의 시는 민족주체성을 시적으로 탁월하게 형상화한 민족시로서의 성격을 지닌다.

(2) 백석의 시 세계

① **설화적 세계와 합일의 세계관**

백석의 시에 등장하는 고향은 신화적 상상력에 의해 표현된 고향이다. 그것은 거대한 신격이 등장하는 우주의 신화이기보다는 서민들의 삶의 현장 바로 주변에서 함께 공존하는 설화적 세계이다. 이러한 세계관을 바탕으로 한 고향은 여러 사물들 사이의 공동체의식에 의해 지탱되는 공간이다. 그리고 그 공간은 자연과 인간이 하나로 존재하는 합일의 공간인 것이다.

내가 언제나 무서운 외가집은
초저녁이면 안팎마당이 그득하니 하이얀 나비수염을 물은 보득지근한 복쪽제비들이 씨굴씨굴 모여서는 쨩쨩 쨩쨩 쇳스럽게 울어대고
밤이면 무엇이 기왓골에 무리돌을 던지고 뒤울안 배나무에 쩨듯하니 줄등을 헤여달고 부뚜막의 큰솥 적은솥을 모주리 뽑아놓고 재통에 간 사람의 목덜미를 그냥그냥 나려 눌러선 잿다리 아래로 처박고
그리고 새벽녘이면 고방 시렁에 채국채국 얹어둔 모랭이 목판 시루며 함지가 땅바닥에 넘너른히 널리는 집이다.

- 백석, 「외가집」 중에서 -

유년기의 외가집 풍경을 그려내는 이 시는 한 시인의 체험공간이기보다는 우리 민족 공동체의 설화적 공간이다. 또한 무속적 공간이기도 하다.

② **유랑의식과 상실된 고향 찾기**

백석 시에서 이 유랑의식은 중요한 시적 형상화의 요소이기도 하다. 이러한 유랑의식은 또한 고향 찾기의 다른 모습이기도 하다. 어린 화자의 눈으로 파악된 설화적 공간이라는 고향의 이미지는 이제 유랑하는 어른 화자의 가슴에 다가오는 회한과 발붙일 곳 없는 정처 없음의 정서로 변화한다. 이러한 유랑의식은 시집 『사슴』 이후의 시편들 중 많은 부분들을 차지한다.

> 나는 북관(北關)에 혼자 앓아 누워서
> 어느 아침 의원(醫員)을 뵈이었다.
> 의원은 여래(如來) 같은 상을 하고 관공(關公)의 수염을 드리워서
> 먼 옛적 어느 나라 신선 같은데
> 새끼손톱 길게 돋은 손을 내어
> 묵묵하니 한참 맥을 짚더니
> 문들 물어 고향이 어데냐 한다.
> 평안도 정주라는 곳이라 한즉
> 그러면 아무개 씨 고향이란다.
> 그러면 아무개 씰 아느냐 한즉
> 의원은 빙긋이 웃음을 띠고
> 막역지간이라며 수염을 쓸는다.
> 나는 아버지로 섬기는 이라 한즉
> 의원은 또다시 넌즈시 웃고
> 말없이 팔을 잡아 맥을 보는데
> 손길은 따스하고 부드러워
> 고향도 아버지도 아버지의 친구도 다 있었다.
>
> - 백석, 「고향」-

그의 유랑시의 중요한 특징은 이와 같은 향수의 정서이다. 어른 화자는 의원과의 대화에서 단순히 병만 고치는 것이 아니라 마음의 병까지 어루만져 주는 의원의 따스함을 읽는다. 이러한 마음은 또한 합일적 세계관에 의해 유지되는 농촌 공동체의 그것이기도 하다.

③ **이야기 시 양식과 리얼리즘적 대응**

백석이 시 속에서 이야기 즉 서사성을 끌어들이는 것은 그의 중요한 특징 중의 하나로 시 장르의 특징적 요소인 서정성으로는 도달하기 어려운 인생사의 깊은 문제들을 다루는 데 사용된다. 백석은 이러한 서사성을 통해 리얼리즘의 세계 속으로 나아간다.

> 여승은 합장하고 절을 했다.
> 가지취의 내음새가 났다.
> 쓸쓸한 낯이 옛날같이 늙었다.
> 나는 불경처럼 서러워졌다.

> 평안도의 어느 산 깊은 금점판
> 나는 파리한 여인에게서 옥수수를 샀다.
> 여인은 나어린 딸아이를 때리며 가을밤같이 차게 울었다.
>
> 섶벌같이 나아간 지아비 기다려 십 년이 갔다.
> 지아비는 돌아오지 않고
> 어린 딸은 도라지꽃이 좋아 돌무덤으로 갔다.
>
> 산꿩도 설게 울은 슬픈 날이 있었다.
> 산절의 마당귀에 여인의 머리오리가 눈물방울과 같이 떨어진 날이 있었다.
>
> — 백석, 「여승」 —

섶벌같이 나간 지아비를 십 년을 기다려 딸 하나를 데리고 슬프게 살아가는 여인의 이야기를 시 속에 도입함으로써 삶의 깊은 슬픔을 보다 구체적으로 형상화한다. 백석은 이러한 서사성을 주로 한 가족의 몰락의 문제를 다루는 형태도 사용하였다.

④ **백석 시의 시문학사적 의의**

일제에 의한 왜곡된 근대화가 농촌지역의 근본적인 토대를 파괴하고 있던 현실 속에서 백석은 파괴되기 전의 농촌 공동체적 정서를 풍부한 평안도 방언으로 표현해낸 시인이다. 특히 열악한 환경에서 모국어의 기능을 최대한 살리고자 한 그의 노력은 한국 근대 시문학사에서 중요한 위치를 차지한다고 할 수 있다. 이러한 경향을 모국어의 고수 그리고 민속화의 정경의 확보라는 면에서 정리한다면 식민지 지배 질서에 대응한 문화적 지향으로 볼 수도 있다.

제6장 시문학파(詩文學派) 시 및 모더니즘(Modernism) 시

1 시문학파

(1) 시문학파 등단의 배경

1920년대 후반에서 1930년대 전반기에 이르는 동안 우리나라 문단에는 프롤레타리아 문학 운동의 열풍이 불었다. 프로파 문인들의 작품은 강한 정치의식으로 인하여 독서 대중들이 시에 기대하는 영적 고양감이나 언어미가 일깨우는 황홀감 같은 면이 약했던 일면이 있다.

1930년 3월에 창간된 『시문학』지는 말하자면 프로문학 내지 프로시에 대한 반발로서 1930년대 시대에 또 하나의 국면을 열었다고 할 것이다. 이들의 노선이나 전향점은 순수시요, 넓게는 순수문학이라 간주된다.

(2) 『시문학』의 동인

이 동인지는 박용철 명의로 통권 3호(1931. 10)로 종간되었으나, 이 동인지가 우리 시사에 끼친 영향은 지대하다. 이 잡지의 동인들이 거의 『해외문학(海外文學)』(창간 1927. 7) 출신임을 고려한다면 시문학파의 태동은 이미 1927년경부터 시작되었다는 것을 알 수 있다. 이 잡지는 자매지인 『문예월간』으로 흡수되어 발전적 해체의 길을 걸었다.

(3) 시문학파의 시론과 시

시문학파의 성향은 순수시를 지향한다는 것과 시에 제거되었던 서정성을 회복한다는 뜻으로 해석될 수 있다. 언어의 실용성에 대한 포기, 즉 독자와 소통한다는 언어의 본래적 기능을 회피하고 시인 각자가 자신의 만족을 위해 시를 썼다고 보아야 한다.

(4) 작품 감상의 실제

① 박용철의 시론과 시

박용철은 시론을 통해 1930년대 초반 『시문학』이 기틀을 잡는 데 많은 공헌을 하고, 1930년대 중반부터 일기 시작한 모더니즘과 기교주의 논쟁에서도 순수파의 입장을 적극 옹호하였다. 그의 초기 시론은 『시문학 2』 창간호의 '후기'와 조선일보에 실렸던 「시문학 창간에 대하여」(1930. 3. 2)라는 글에 잘 나타나 있다. 한 민족의 언어가 발달의 어느 정도에 이르면 국어로서의 존재로 만족하지 아니하고 문학의 형태를 요구한다. 그리고 그 문학의 성립은 그 민족의 언어를 완성시키는 길이다. 박용철은 또한 시의 내용이 아닌, 말하는 방식을 강조하였다. 다시 말해 의미·사상이 옅으면서도 독자에게 희열과 감동을 안겨줄 수 있는 황홀한 시, 신비롭고 장엄한 시, 자기 의존적 시가 있음을 역설하였다.

결국 시문학파의 순수 서정시 운동의 공적은 시를 정치적 내지 이데올로기적 목적의식에서 해방시켜 그 자체로서 자율 자존하는 언어라는 것을 선언하고 시의 내용 못지않게 형식면을 존중하였으며, 시어의 조탁을 통하여 음악성을 획득하도록 했다는 점, 오랜 기다림 속에 시상을 발효시켜야 시가 된다는 것을 터득했다는 점 등이 있을 것이다.

> 나 두 야 간다.
> 나의 이 젊은 나이를
> 눈물로야 보낼 거냐.
> 나 두 야 가련다.
>
> 아늑한 이 항구인들 손쉽게야 버릴 거냐.
> 안개같이 물 어린 눈에도 비치나니
> 골짜기마다 발에 익은 묏부리 모양
> 주름살도 눈에 익은 아- 사랑하던 사람들
>
> 버리고 가는 이도 못 잊는 마음
> 쫓겨 가는 마음인들 무어 다를 거냐.
> 돌아다보는 구름에는 바람이 희살짓는다.
> 앞 대일 언덕인들 마련이나 있을 거냐.
>
> 나 두 야 가련다.
> 나의 이 젊은 나이를
> 눈물로야 보낼 거냐.
> 나 두 야 간다.
>
> — 박용철, 「떠나가는 배」 —

이 시의 특징은 '나 두 야 간다'처럼 '나 두 야'를 띄어 쓰고 있다는 것인데, 이것은 시행의 형태가 유발하는 의미의 효과를 염두에 둔 것으로 해석할 수 있다. 즉, 이 구절을 낭독할 경우 각각의 음절에 강세를 두게 되어 시적 화자의 의지를 느낄 수 있는 효과가 있다. 또한 한 음절을 길게 발음하여 고향을 떠나기 싫어하는 시적 화자의 심리 상태를 간접적으로 표현하는 효과도 있다.

② 김영랑의 시풍

김영랑의 시작 활동은 박용철·정지용·이하윤(異河潤) 등과 시문학 동인을 결성하여 1930년 3월에 창간된 『시문학』에 「동백잎에 빛나는 마음」·「언덕에 바로 누워」 등 시 6편과 「사행소곡칠수(四行小曲七首)」를 발표하면서 본격적으로 시작되었다. 그의 시가 이전의 시와 다른 점은 언어에 대한 자각의 소산이라는 데 있다. 『영랑시선』에 수록된 그의 시들은 시어의 음상과 운율의 음악성, 연의 구성 등 형태면에서 매우 두드러진 특성을 보인다.

그의 시 세계는 전기와 후기로 크게 구분된다. 초기시는 1935년 박용철에 의하여 발간된 『영랑시집』 초판의 수록시편들이 해당되는데, 여기서는 자연에 대한 깊은 애정이나 인생태도에 있어서의 역정(逆情)·회의 같은 것은 찾아볼 수 없다.

'슬픔'이나 '눈물'의 용어가 수없이 반복되면서 그 비애의식은 영탄이나 감상에 기울지 않고, '마음'의 내부로 향해져 정감의 극치를 이루고 있다. 요컨대, 그의 초기 시는 같은 시문학 동인인 정지용 시의 감각적 기교와 더불어 그 시대 한국 순수시의 극치를 보여주고 있다.

> 돌담에 속삭이는 햇발같이
> 풀 아래 웃음 짓는 샘물같이
> 내 마음 고요히 고운 봄 길 위에
> 오늘 하루 하늘을 우러르고 싶다
>
> 새악시 볼에 떠오는 부끄럼같이
> 시(詩)의 가슴에 살포시 젖는 물결같이
> 보드레한 에메랄드 얇게 흐르는
> 실비단 하늘을 바라보고 싶다.
>
> — 김영랑, 「돌담에 속삭이는 햇발」 —

이 시는 밝고 순수한 세계인 '하늘'을 동경하는 시적 화자의 소망을 드러낸 작품이다. 시적 화자가 소망하는 순수한 내면세계를 '햇발', '샘물', '부끄럼', '물결'과 같은 시어로 표현하였다. 각 연을 "……고 싶다"라고 반복하여 끝냄으로써 시적 화자의 간절함을 강조하고 있다. 아울러 (i) 'ㄴ', 'ㄹ', 'ㅁ'과 같은 울림소리, (ii) '새악시', '살포시', '보드레한' 등의 음악성을 고려한 시어, (iii) 3음보 율격을 통해 운율을 형성하고 있다. 이 시는 이러한 형식을 통해 '순수한 세계에 대한 동경'이라는 주제의식을 전달하고 있다.

그러나 1940년을 전후하여 민족 항일기 말기에 발표된 「거문고」・「독(毒)을 차고」・「망각(忘却)」・「묘비명(墓碑銘)」 등 일련의 후기 시에서는 그 형태적인 변모와 함께 인생에 대한 깊은 회의와 '죽음'의 의식이 나타나 있다.

> 내 가슴에 독(毒)을 찬 지 오래로다.
> 아직 아무도 해(害)한 일 없는 새로 뽑은 독
> 벗은 그 무서운 독 그만 흩어 버리라 한다.
> 나는 그 독이 선뜻 벗도 해할지 모른다 위협하고,
>
> 독 안 차고 살아도 머지않아 너 나 마주 가 버리면
> 억만세대(意萬世代)가 그 뒤로 잠자코 흘러가고
> 나중에 땅덩이 모지라져 모래알이 될 것임을
> '허무(虛無)한듸!' 독은 차서 무엇하느냐고?
>
> 아! 내 세상에 태어났음을 원망 않고 보낸
> 어느 하루가 있었던가, '허무한듸!' 허나
> 앞뒤로 덤비는 이리 승냥이 바야흐로 내 마음을 노리매
> 내 산채 짐승의 밥이 되어 찢기우고 할퀴우라 내맡긴 신세임을

> 나는 독을 차고 선선히 가리라
> 막음 날 내 외로운 혼(魂) 건지기 위하여.
>
> — 김영랑, 「독을 차고」 —

이 작품은 일제 강점하의 암담한 현실 속에서 치열하게 살아가려는 삶의 자세와 대결 의지를 그리고 있다. 이 시의 화자는 허무한 세상에 독(毒)은 차서 무엇 하느냐는 벗의 설득에도 불구하고 죽는 날 외로운 혼을 건지기 위해 끝까지 독을 차고 살아가겠노라고 다짐하고 있다. 여기에서 '독'은 험난하고 암울한 현실 속에서 치열하게 살아가려는 화자의 순결성과 대결 의지의 표현이다.

광복 이후에 발표된 「바다로 가자」・「천리를 올라 온다」 등에서는 적극적인 사회참여의 의욕을 보여주고 있는데, 민족 항일기에서의 제한된 공간의식과 강박관념에서 나온 자학적 충동인 회의와 죽음의식을 떨쳐버리고, 새나라 건설의 대열에 참여하려는 의욕으로 충만된 것이 광복 후의 시편들에 나타난 주제의식이다.

2 모더니즘 시

(1) '모더니즘'의 개념

19세기 말엽부터 유럽 소시민적 지식인들 사이에서 발생하기 시작하여 20세기에 들어와 크게 유행한 문예사조로 '근대주의' 또는 '현대주의'라고도 한다. 모더니즘은 다양한 양상으로 세계 여러 지역에서 전개되었다. 표현주의(expressionism)・미래파(futurism)・이미지즘(imagism)・다다이즘(dadaism)・초현실주의(surrealism)・주지주의(intellectualism)・신즉물주의(Neue Sachlichkeit) 등이 있다. 우리나라에서 모더니즘(Modernism)이란 용어는 1930년대 김기림에 의해서 도입되고 주창되었던 영・미의 이미지즘 내지 주지주의 시 운동을 중심으로 이에 직・간접으로 동조했던 정지용・김광균・이상과 장만영・신석정 등의 초기 시에 나타난 여러 경향을 지칭하는 것으로 통용된다.

(2) 모더니즘의 전개 과정

1930년대 초 프롤레타리아 문학이 쇠퇴하고 일제의 군국주의가 노골적으로 등장하면서 김기림・이양하・최재서 등이 영미 모더니즘 이론을 도입했다.

① 먼저 김기림은 시의 낭만주의적 성격을 배제하고 시의 음률과 의식성을 강조했다. 그는 평론 「시의 기술・인식・현실 등 제문제」, 「시작에 있어서의 주지주의적 태도」 등을 발표해 영미 주지주의 이론을 바탕으로 과거의 한국시를 자연발생적인 센티멘털리즘이라고 비판하고 시에 있어서 현대문명의 비판과 시각적 회화성을 강력하게 주장했다.

② 또한 이양하는 「조선현대시 연구」에서 리처즈의 주지주의 이론을 소개했고, 리처즈의 저서 『시와 과학』(1946)을 번역해 단행본으로 펴냈다.

③ 최재서는 산문 분야에서 모더니즘 이론을 펼쳤다. 그는 「현대 주지주의 문학이론의 건설」에서 T. E. 흄의 불연속적 실재관을 바탕으로 낭만주의의 극복과 신고전주의 이론을 내세웠다.
④ 이와 같은 이론을 바탕으로 시인 김기림·정지용·김광균·장만영 등과 소설가 이상(李箱) 등이 많은 작품을 발표했다.

(3) 작품 감상의 실제
① **김기림의 『시론』**
㉠ 김기림의 모더니즘 시론은 1920년대 초 우리나라 시문학의 감상적·퇴폐적 낭만주의와 1920년대 말부터 1930년대 초까지 목적성에 치우치는 프로문학을 부정하는 데에서 출발했다. 리차드(I. A. Richards)의 『문예 비평의 원리(Principles of Literary Criticism)』를 원용한 시의 과학으로서의 시학(詩學) 건설에 그 의도가 있었던 김기림은 전세기적 단계에서 헤어나지 못하는 당시의 우리나라의 시를 서구시와의 동시대성(同時代性)을 확보함으로써 20세기의 시답게 개조하려는 데 있었다.
㉡ 그의 시사성(詩史性)의 기여와 의의는 다음과 같다. 우선 20세기 서구의 전위적 문예사조를 끌어들여 한국 현대시에 남아 있던 전세기적 타성에 젖어 있는 요소를 일소한 점과 또한 시의 과학으로서의 시학을 확립하여 시작에 이론적 근거를 주고 프로시에 만연되어 있던 정치의식을 배격하여 시의 독자적 존재 의의를 밝혔다. 또한 시에 대한 일반적 통념이나 상식을 타파하고 새로운 시관을 제시하였으며, 시가 개인적 정감의 발로라는 통념을 반대하고, 건조하고 해학과 기지로 쓰인 시도 존재할 수 있다는 것을 보여주었다.

> 아무도 그에게 수심(水深)을 일러 준 일이 없기에
> 흰 나비는 도무지 바다가 무섭지 않다.
>
> 청무우밭인가 해서 내려갔다가는
> 어린 날개가 물결에 절어서
> 공주처럼 지쳐서 돌아온다.
>
> 삼월달 바다가 꽃이 피지 않아서 서글픈
> 나비 허리에 새파란 초생달이 시리다.
>
> － 김기림, 「바다와 나비」 －

이 작품에는 한국 모더니즘 시의 회화성과 문명 비판적 성격이 뚜렷이 나타난다. 연약한 나비와 광활한 바다와의 대비를 통해 '근대'라는 엄청난 위력 앞에 절망할 수밖에 없었던 1930년대 후반 한국 모더니스트의 자화상이 그대로 투영되어 있다.

② **이상과 자의식**
㉠ 한국 현대문학사에 이상만큼 큰 충격과 당혹감을 던져준 작가도 흔치 않다. 그는 기존 문학의 형식 파괴와 난해성으로 인해 문단의 이단아로 손가락질 당하는가 하면, 의식의 흐름 기법을 도입한 한국 최초의 초현실주의 작가로 추앙받는 등 극단적인 비난과 칭송의 대상이 되어왔다.

ⓒ 이렇게 이상 문학이 여러 가지 평가를 받은 까닭은 동시대 작가들의 작품과는 다른 작품 양상을 보여주었기 때문이다. 그의 시에서는 시를 시답게 만드는 서정성이 배제되고 있음이 눈에 띈다. 그 대신 독자로 하여금 의미의 해독에 고심케하는 지적 유희가 엿보인다. 다음으로 독자를 난처하게 만드는 것은 형태상 파격이다. 숫자를 동원하되 이것을 뒤집어 놓았으며 이상한 도형까지 동원한다.

ⓒ 그리고 어떤 시에서는 다다이즘(Dadaism)이나 초현실주의의 흔적을 찾을 수 있다. 그러나 이상의 시에서 가장 두드러진 요소는 자의식 과잉이다. 그것은 거울에 비친 나와의 대결 구도로 시화된다. 건축기사답게 숫자와 기호와 과학용어로 뒤범벅이 된 그의 시어 아닌 시어에서, 우리는 그의 인간 해체와 더불어 20세기 기계문명의 비판적 파탄을 읽을 수 있다.

> 13인의아해가도로로질주하오.
> (길은막다른골목이적당하오.)
>
> 제1의아해도무섭다고그리오.
> 제2의아해도무섭다고그리오.
> 제3의아해도무섭다고그리오.
> 제4의아해도무섭다고그리오.
> 제5의아해도무섭다고그리오.
> 제6의아해도무섭다고그리오.
> 제7의아해도무섭다고그리오.
> 제8의아해도무섭다고그리오.
> 제9의아해도무섭다고그리오.
> 제10의아해도무섭다고그리오.
> 제11의아해도무섭다고그리오.
> 제12의아해도무섭다고그리오.
> 제13의아해도무섭다고그리오.
> 13인의아해는무서운아해와무서워하는아해와그렇게뿐이모였소.
> (다른사정은없는것이차라리나았소.)
>
> 그중에1인의아해가무서운아해라도좋소.
> 그중에2인의아해가무서운아해라도좋소.
> 그중에2인의아해가무서워하는아해라도좋소.
> 그중에1인의아해가무서워하는아해라도좋소.
>
> (길은뚫린골목이라도적당하오.)
> 13인의아해가도로로질주하지아니하여도좋소.
>
> — 이상, 「오감도」 —

이 시는 일상적인 문법 체계와 일반적인 시의 구성 방식에서 벗어나 있다. 띄어쓰기를 무시하고 동일한 구문을 열세 번이나 반복하며, 앞에서 진술한 내용을 바로 다음에서 부정해 버리는 식이다.

즉, 형식의 파격, 이성과 논리를 넘어 현대인의 정신세계를 그려낸 것이다. 작품 속에 나타나는 두 개의 심리, 즉 공포감과 그 공포로부터 탈출하려는 다급한 욕구는 현대인의 어두운 내면을 보여 주고 있다.

③ **김광균의 회화적 이미지**

㉠ 김광균은 정지용(鄭芝溶)·김기림(金起林) 등과 함께 한국 모더니즘 시 운동을 선도한 시인으로, 도시적 감수성을 세련된 감각으로 노래한 기교파를 대표한다. 그는 암담했던 1930년대의 사회현실로서 도시적 비애의 내면공간을 제시하여 인간성 상실을 극복하고자 한 휴머니스트이기도 하다.

㉡ 김광균의 초기 시집인 『와사등』, 『기항지』 등에는 비교적 모더니즘 흔적이 역력한 시가 실려 있다. 과거의 시가 운율면에 치중하여 청각에 호소하는 시였다면 그는 시각적인 시를 써서 우리 현대시에 공간을 도입했다 할 것이다. 예컨대 「전신주」, 「포스트」, 「와사등」, 「풍속계」 혹은 「시계탑과 분수」 등이다.

㉢ 그의 시에서 주목되는 것은 색채어의 범람이다. 그리고 그의 시에 정서적 기반을 이루는 리리시즘(lyricism)은 그의 시선(視線)이 포착하는 오브제(object) 즉 사물의 이미지가 지닌 상모성(相貌性)에서 유래한다.

> 낙엽은 폴란드 망명 정부의 지폐
> 포화에 이지러진
> 도룬 시의 가을 하늘을 생각하게 한다.
> 길은 한 줄기 구겨진 넥타이처럼 풀어져
> 일광(日光)의 폭포 속으로 사라지고
> 조그만 담배 연기를 내뿜으며
> 새로 두 시의 급행열차가 들을 달린다.
> 포플라 나무의 근골 사이로
> 공장의 지붕은 흰 이빨을 드러내인 채
> 한 가닥 구부러진 철책이 바람에 나부끼고
> 그 위에 셀로판지로 만든 구름이 하나.
> 자욱한 풀벌레 소리 발길로 차며
> 호올로 황량한 생각 버릴 곳 없어
> 허공에 띄우는 돌팔매 하나.
> 기울어진 풍경의 장막 저 쪽에
> 고독한 반원을 긋고 잠기어 간다.
>
> - 김광균, 「추일서정」 -

이 시는 1930년대 모더니즘의 특징인 회화적 이미지가 잘 드러나 있는 작품이다. 황량한 가을날의 풍경은 이를 바라보는 화자에게 고독과 삭막함을 심어 주는데, 화자는 돌팔매를 던지며 삭막한 감정에서 벗어나고자 몸부림을 친다. 하지만 화자가 던진 돌이 풍경의 저쪽으로 잠기어 간다는 표현을 통해 현실에 대한 시인의 부정적 인식이 이를 극복하는 것으로까지 발전하지는 못하고 있음이 드러난다.

> 어느 먼 – 곳의 그리운 소식이기에
> 이 한밤 소리 없이 흩날리느뇨.
>
> 처마 끝에 호롱불 여위어 가며
> 서글픈 옛 자췬 양 흰 눈이 나려
>
> 하이얀 입김 절로 가슴이 메어
> 마음 허공에 등불을 켜고
> 네 홀로 밤 깊어 뜰에 나리면
>
> 먼 – 곳에 여인의 옷 벗는 소리.
>
> 희미한 눈발
> 이는 어느 잃어진 추억의 조각이기에
> 싸늘한 추회(追悔) 이리 가쁘게 설레이느뇨.
>
> 한줄기 빛도 향기도 없이
> 호올로 차디찬 의상(衣裳)을 하고
> 흰 눈은 나려 나려서 쌓여
> 내 슬픔 그 우에 고이 서리다.
>
> — 김광균, 「설야」 —

이 시는 1930년대 모더니즘의 특징을 잘 보여 주고 있는 작품으로, 눈 내리는 밤의 정경과 그리움을 표현하고 있다. 특히 이 시는 눈 내리는 밤의 정경이나 눈의 모습을 다양한 이미지(심상)를 통해 보여 주고 있는데, 이런 이미지를 통해 회화적이고 애상적인 분위기를 자아낸다. 한밤중 뜰에서 눈이 내리는 모습을 보는 행위를 '마음 허공에 등불을 켜고 있다'고 표현하고, 눈이 내리는 모습을 보면서 마치 '먼 곳에 있는 여인이 옷을 벗는 것'처럼 사각사각하는 소리를 내는 것으로 형상화하고 있다.

제 7 장 생명파 · 청록파의 시

1 생명파의 시

(1) 생명파의 개념
생명파는 『시인부락』(1936)의 동인 일부와 『생리』(1937)지의 동인들로 구성된다. 이들은 사람의 기본적 가치의식, 그 원한의식 등 때문에 질주하고, 저돌하고 향수하고, 원시 회귀하는 것을 공통 특질로 삼았다. 이들은 대체로 자파의 출범을 직접적으로는 주지파, 즉 모더니즘 시에 대항한 것으로 보고 있다.

(2) 생명파의 특징
문명 비평과 문명 예찬을 겸하고 있는 모더니즘 시의 경향이 문화의 최첨단에서 시작된 것으로 본다면, 이에 대한 대항으로 출발한 생명파의 시는 의당 전통 지향적이어야 했을 것이며, 모더니즘이 서구사조에 힘입은 것이라면 생명파의 이론이나 시풍은 자생적 내지 민족적이어야 했을 것이다. 서정주 초기시의 토속 취향이나 유치환의 원초적 생명력의 갈구 같은 것이 이를 잘 뒷받침한다.

(3) 작품 감상의 실제
① 오장환의 탈출과 귀향
  ㉠ 오장환은 시의 경향으로 인하여 모더니즘 계열의 시인으로 간주되기도 하나 『시인부락』의 출신답게 역시 생명파·인생파 일원으로 분류되고 있다. 그가 생명파·인생파로 분류되는 까닭은 그가 가담했던 동인지 때문만은 아니다. 작품세계나 시의 경향이 그로 하여금 그와 같은 계열로 편입되게 한 것이다.
  ㉡ 그는 창작 시집으로 『성벽』(1937), 『헌사』(1939)를 간행했고 광복 후에 『병(病)든 서울』(1946), 『나 사는 곳』(1947) 등 두 권을 간행했는데 이 동안의 변모 과정에 대해서는 대체로 (i) 전통에 대한 거부, (ii) 고향 탈출과 이국체험 혹은 타락과 좌절의식, (iii) 고향으로의 회귀, (iv) 현실 참여와 정치 비판 등의 여러 단계로 나누어 볼 수 있다.

> 산 밑까지 내려온 어두운 숲에
> 몰이꾼의 날카로운 소리는 들려오고,
> 쫓기는 사슴이
> 눈 위에 흘린 따뜻한 핏방울.
>
> 골짜기와 비탈을 따라 내리며
> 넓은 언덕에
> 밤 이슥히 횃불은 꺼지지 않는다.

> 뭇짐승들의 등 뒤를 쫓아
> 며칠씩 산속에 잠자는 포수와 사냥개,
> 나어린 사슴은 보았다.
> 오늘도 몰이꾼이 메고 오는
> 표범과 늑대.
>
> 어미의 상처를 입에 대고 핥으며
> 어린 사슴이 생각하는 것
> 그는
> 어두운 골짝에 밤에도 잠들 줄 모르며 솟는 샘과
> 깊은 골을 넘어 눈 속에 하얀 꽃 피는 약초.
>
> 아슬한 참으로 아슬한 곳에서 쇠북소리 울린다.
> 죽은 이로 하여금
> 죽은 이를 묻게 하라.
>
> 길이 돌아가는 사슴의
> 두 뺨에는
> 맑은 이슬이 내리고
> 눈 위엔 아직도 따뜻한 핏방울…….
>
> – 오장환, 「성탄제」 –

이 시는 연약한 생명에 대한 연민을 바탕으로 하여 생명의 존엄성이 훼손당하는 현실을 상징적으로 그리고 있다. 총에 맞은 어미 사슴과 새끼 사슴이 포수와 몰이꾼과 사냥개에 쫓기고 있다. '몰이꾼의 날카로운 소리'는 생명을 노리는 인간의 비정함을 의미하고, 쫓기는 사슴이 '눈 위에 흘린 따뜻한 핏방울'은 흰색과 빨간색의 색채 대비를 통해 살육의 참혹한 상황을 강조한다. 하지만 5연에서 성탄제에 울리는 종소리를 연상하게 하는 '쇠북소리'를 통해 살육에 대한 복수가 아닌 용서와 화해의 메시지를 전달하고 있다. 화자는 어미 사슴이 죽어 가고, 그 곁을 지키는 어린 사슴의 모습을 연민의 시선으로 지켜보며, 생명을 유린하는 폭력성을 비판하고 생명의 순결함을 회복하고자 하는 소망을 드러내고 있다.

② **유치환의 '연민의 정'**
  ㉠ 유치환은 『문예 월간』(1931)에 「정적(靜寂)」을 발표하면서 등단하였다. 생명에 대한 열정을 강렬한 어조로 노래하였으며, 한편으로는 동양적인 허무의 세계를 극복하려는 원시적인 의지도 보였다. 그의 시에 일관되게 나타나는 특징은 허무와 애수이며, 이 허무와 애수는 단순히 감상적이지 않고 이념과 의지를 내포한다.
  ㉡ 청마 유치환의 우리 시사적 의미는 첫째로 목숨을 지닌 것과 삶에 대한 뜨거운 사랑을 노래했다는 데 있을 것이다. 생명에의 사랑은 측은지심을 핵으로 하는 인(仁)에 결부된다. 유치환은 이밖에 감성이나 지성 대신에 의지의 시를 썼다거나, 북만주의 동토에까지 흘러 들어가 당나라 때 실크로드의 타클라마칸 등 변방에까지 갔던 변새시인(邊塞詩人)들처럼 처절한 비창을 노래했다거나 그 나름의 시 세계와 기질이 있었음도 기억되어야 할 것이다.

> 나의 지식이 독한 회의(懷疑)를 구(救)하지 못하고,
> 내 또한 삶의 애증(愛憎)을 다 짐지지 못하여
> 병든 나무처럼 생명이 부대낄 때,
> 저 머나먼 아라비아의 사막(沙漠)으로 나는 가자.
>
> 거기는 한 번 뜬 백일(白日)이 불사신같이 작열하고
> 일체가 모래 속에 사멸한 영겁(永劫)의 허적(虛寂)에
> 오직 알라의 신(神)만이
> 밤마다 고민하고 방황하는 열사(熱砂)의 끝.
>
> 그 열렬한 고독(孤獨) 가운데
> 옷자락을 나부끼고 호올로 서면
> 운명처럼 반드시 '나'와 대면(對面)하게 될지니.
> 하여 '나'란 나의 생명이란
> 그 원시의 본연한 자태를 다시 배우지 못하거든
> 차라리 나는 어느 사구(沙丘)에 회한 없는 백골을 쪼이리라.
>
> — 유치환, 「생명의 서」 —

이 시는 고민, 좌절, 절망의 끝에서 허무 의식을 떨치고 일어서려는 강인한 의지를 노래하였다. 시적 화자는 삶의 가치에 대한 회의와 번민으로부터 스스로를 구제하기 위한 대결의 공간으로 사막을 설정하고, 참된 자아를 찾기 위해 '열렬한 고독'의 길을 가고자 한다. 그럼에도 불구하고 참된 '나'를 발견하지 못한다면 차라리 죽음의 세계에 자신을 바치겠노라는 비장한 의지가 담겨 있다. 여기서 참된 '나'란 성취하고자 하는 '근원적 생명과 순수성으로서의 자아'라 할 수 있다.

③ **서정주의 '토박이' 의식**

㉠ 서정주는 1936년 동아일보 신춘문예에 「벽」이라는 시가 당선되면서 등단했다. 그의 활동은 동인지인 『시인부락』을 주재하면서 본격화된다. 서정주 시의 특징은 시에 전라도 사투리를, 그것도 일부러 투박하고 촌스럽게 과장하여 썼다는 것과 인연설이니 윤회전생이니 하는 불교적 세계관 내지 인생관 그리고 무속적인 사고방식이나 풍습에 대한 집착을 보인 점들일 것이다.

㉡ 1941년에 발간한 첫 시집 『화사집』은 생명탐구에 집중되어 관능적, 본능적인 이미지가 주류를 이루고 있어 초기의 치열한 정신적 방황을 잘 담아내고 있다. 『서정주 시선』이 발간된 1955년은 미당 서정주가 불혹의 나이를 넘긴 직후로 해방과 한국전쟁의 격동기를 보낸 시기여서 시 세계에 많은 변화가 있었다. 또한 이 시집에는 「국화 옆에서」, 「무등을 보며」, 「추천사」, 「광화문」, 「상리과원」 등 대표작들이 수록되어 있다.

㉢ 1960년 『신라초』는 미당의 인생관 정립을 위한 신라정신이 시적 주제로 등장하는데 『삼국유사』, 『삼국사기』의 고전을 통해 문학적 성취를 시도하였다. 1975년 『질마재 신화』는 고향 질마재에서 전해오는 설화를 소재로 했다. 이야기체를 그대로 수용하여 산문시 형식을 이루고 있으며, 이 시집은 미당이 회갑에 이른 때로 고향에 대한 회귀의식이 시적 구성으로 드러난 작품이다.

ⓒ 서정주, 「자화상」

> 애비는 종이었다. 밤이 깊어도 오지 않았다.
> 파뿌리같이 늙은 할머니와 대추꽃이 한 주 서 있을 뿐이었다.
> 어매는 달을 두고 풋살구가 꼭 하나만 먹고 싶다 하였으나……
> 흙으로 바람벽한 호롱불 밑에
> 손톱이 까만 에미의 아들.
> 갑오년(甲午年)이라든가 바다에 나가서는 돌아오지 않는다 하는 외할아버지의 숱 많은 머리털과 그 커다란 눈이 나는 닮았다 한다.
>
> 스물세 해 동안 나를 키운 건 팔할(八割)이 바람이다.
> 세상은 가도가도 부끄럽기만 하드라.
> 어떤 이는 내 눈에서 죄인(罪人)을 읽고 가고
> 어떤 이는 내 입에서 천치(天痴)를 읽고 가나
> 나는 아무것도 뉘우치진 않을란다.
>
> 찬란히 틔어 오는 어느 아침에도
> 이마 위에 얹힌 시(詩)의 이슬에는
> 몇 방울의 피가 언제나 섞여 있어
> 볕이거나 그늘이거나 혓바닥 늘어뜨린
> 병든 수캐마냥 헐떡거리며 나는 왔다.

이 시는 시인이 초기에 쓴 시로 강렬한 생명 의식과 원시적 관능성이 잘 드러나 있다. 제목 「자화상」이 보여 주듯 자신의 지나온 세월을 돌아보며 자아의 존재 의미를 탐구해 나가는 내용으로 구성되어 있다. 화자는 자신의 삶을 회고하면서, 종의 아들로 가난하고 힘든 삶을 살아 왔음을 토로한다. 즉 바람처럼 일정한 곳에 정착하지 못하고 이리저리 떠돌아다니는 뿌리 뽑힌 삶을 살아왔다고 고백한다. 하지만 화자는 자신이 살아온 삶을 후회하지 않고 극복하려는 의지를 나타낸다. 삶의 시련과 고통은 화자에게 더욱 굳세게 살아갈 긍정적 모멘텀이 되고, 그의 이런 현실 극복 의지는 찬란히 틔어 오는 아침에 그의 이마에 얹힌 '시의 이슬'로 나타난다. '몇 방울의 피'가 언제나 섞여 있는 '시의 이슬'은 삶의 고통을 이겨냄으로써 얻은 정신적·예술적 결정체로 볼 수 있다.

ⓓ 서정주, 「추천사」

> 향단(香丹)아 그넷줄을 밀어라.
> 머언 바다로
> 배를 내어 밀듯이,
> 향단아.

> 이 다수굿이 흔들리는 수양버들나무와
> 베갯모에 뇌이듯한 풀꽃더미로부터,
> 자잘한 나비 새끼, 꾀꼬리들로부터
> 아주 내어 밀듯이, 향단아.
>
> 산호도 섬도 없는 저 하늘로
> 나를 밀어 올려 다오.
> 채색한 구름같이 나를 밀어 올려 다오.
> 이 울렁이는 가슴을 밀어 올려 다오!
>
> 서(西)으로 가는 달같이는
> 나는 아무래도 갈 수가 없다.
>
> 바람이 파도를 밀어 올리듯이
> 그렇게 나를 밀어 올려 다오.
> 향단아.

이 시는 그 부제가 보여 주는 바와 같이 춘향이 향단과 그네를 타면서 독백 형식으로 엮은 노래이다. 춘향전에 의하면 '그네'는 춘향과 이도령의 만남의 계기로 기능하고 있으며 서로 타인이었던 두 사람의 관계를 연인의 관계로 변화시키는 기능을 지니고 있다. 이 시에서도 역시 그네는 단순한 놀이기구가 아닌, 춘향이 자기 자신의 괴로움과 운명을 벗어나려는 수단으로서, 즉 괴로움과 고통, 번민의 현실 세계로부터 벗어나 조화로운 이상 세계에 도달하기 위한 매개체인 것이다.

2 청록파의 시

(1) 청록파 출범의 배경

1930년대 전반기의 모더니즘 운동의 기세가 수그러들자 시단에는 농촌생활을 제재로 한 전원풍 내지 목가풍의 시가 등장한다. 김동명, 김사용, 신석정 등이 바로 전원파 시인들이다. 이들은 재래 문학의 한 전통인 은둔과 자연 관조를 일삼고 있다. 박목월, 조지훈, 박두진 같은 세 시인 역시 뚜렷한 자연 지향성, 토속적 아름다움의 추구라는 면에서 자연 관조 흐름의 연장선상에 있기 때문에 청록파로 불렸다.

(2) 작품 감상의 실제

① 박목월(朴木月)의 여정(餘情)

㉠ 박목월은 일찍이 영종이라는 본명으로 윤석중의 추천을 받아 동요시인으로 출발했으나, 필명을 목월로 바꾸고 민요시인으로 전향한다. 그러나 그의 민요시에 깃든 향토적 정감의 세계는 어쩌면 동심의 세계와 겹친다고 볼 수 있기 때문에 목월이 동시와 완전히 단절한 것은 아니다. 박목월의 시 세계가 청록파의 다른 두 사람에 비해 스케일이 작고 소박한 것도 이런 성향에서 비롯된 측면이 크다.

㉡ 그의 시 세계는 초기·중기·후기로 나누어 살펴볼 수 있다. 초기는 시집 『청록집』(1946)·『산도화(山桃花)』(1955)를 펴낸 시기이며, 중기는 시집 『난·기타』(1959)·『청담(晴曇)』(1964)을 펴낸 시기이고, 후기는 『경상도의 가랑잎』(1968)을 펴낸 이후의 시기이다. 초기에는 자연을 보는 입장에 서 있고 후기에는 사회현실을 인식하는 입장에 서 있다.

강나루 건너서
밀밭 길을.

구름에 달 가듯이
가는 나그네.

길은 외줄기
남도(南道) 삼백 리.

술 익는 마을마다
타는 저녁놀.

구름에 달 가듯이
가는 나그네.

― 박목월, 「나그네」 ―

이 작품은 조지훈이 박목월에게 보낸 「완화삼」이란 시에 화답한 시이다. 이 시에서는 '구름에 달 가듯이', '남도 길'을 외롭게 떠도는 나그네의 모습을 통해 체념과 달관의 경지를 드러내고 있는데, 이는 '강나루', '밀밭 길' 등과 같은 향토적인 소재와 민요적 가락인 3음보 율격과 어우러져 한국적 정서를 표출하고 있다. 한편, 이 시는 대부분의 연이 명사로 끝나고 있고, 이를 통해 간결한 느낌을 주고 시상을 집중시키는 효과를 얻고 있다.

지상에는
아홉 켤레의 신발.
아니 현관에는 아니 들간에는
아니 어느 시인의 가정에는
알전등이 켜질 무렵을
문수(文數)가 다른 아홉 켤레의 신발을.

내 신발은
십구문 반(十九文半).
눈과 얼음의 길을 걸어,
그들 옆에 벗으면
육문 삼(六文三)의 코가 납짝한
귀염둥아 귀염둥아
우리 막내둥아.

미소하는
내 얼굴을 보아라.
얼음과 눈으로 벽(壁)을 짜올린
여기는
지상.
연민한 삶의 길이여.
내 신발은 십구문 반(十九文半).

아랫목에 모인
아홉 마리의 강아지야
강아지 같은 것들아.
굴욕과 굶주림과 추운 길을 걸어
내가 왔다.
아버지가 왔다.
아니 십구문 반(十九文半)의 신발이 왔다.
아니 지상에는
아버지라는 어설픈 것이
존재한다.
미소하는
내 얼굴을 보아라.

— 박목월, 「가정」 —

이 작품에서 시인은 삶이 힘겹고 가파르다고 토로한다. 그러면서 그는 가장으로서 그의 자녀들을, 그의 가정을 굳게 지켜 나가겠다고 다짐한다. '십구문 반(十九文半)' 크기의 자기 신발을 거듭 의식하는 것이 그러한 다짐을 보여 준다.

② **조지훈(趙芝薰)의 풍류**
　㉠ 조지훈은 박목월, 박두진과 마찬가지로 『문장』지 출신의 시인으로 그의 시는 사라져 가는 풍물에 대한 남다른 애착과 기호를 엿보게 하며 회고취향과 더불어 고전미를 추구한다. 또한 그의 서정시를 지배하는 것은 선의 경지요, 불교적 해탈의 여유로움이다. 가장 알려진 「승무」는 섬세한 미의식과 불교세계에 대한 관심을 잘 보여준다. 그러나 지은이를 청록파답게 하는 것은 「낙화」란 시에서 보듯 역시 자연에로의 회귀이다.
　㉡ 그는 우리 문화의 전통에 대한 성찰과 탐구에 힘을 기울이기도 했다. 그는 불교의식이나 서정세계만을 읊은 것이 아니라 현실사회를 시 창작의 대상으로 삼기도 했다. 일제 강점기 말 민족의 참상을 보면서 쓴 「동물원의 오후」에는 시대적 처지가 역설적으로 나타나 있으며, 「다부원에서」는 전쟁 후 황폐화된 다부원에 무수히 널린 시체더미를 목격하고 전쟁의 비참함과 파괴성을 읊었다. '4월 혁명의 사회시'라는 부제를 붙인 시집 『여운(餘韻)』에서는 자유당 말기 정치풍토의 고발과 4·19 혁명의 정치적 개선을 말하는 등 사회 문제에 깊은 관심을 보이기도 했다.

> 얇은 사(紗) 하이얀 고깔은
> 고이 접어서 나빌레라.
>
> 파르라니 깎은 머리
> 박사(薄紗) 고깔에 감추오고,
>
> 두 볼에 흐르는 빛이
> 정작으로 고와서 서러워라.
>
> 빈 대(臺)에 황촉(黃燭)불이 말없이 녹는 밤에
> 오동(梧桐)잎 잎새마다 달이 지는데,
>
> 소매는 길어서 하늘은 넓고,
> 돌아설 듯 날아가며 사뿐히 접어 올린 외씨보선이여.
>
> 까만 눈동자 살포시 들어
> 먼 하늘 한 개 별빛에 모두오고,
>
> 복사꽃 고운 뺨에 아롱질 듯 두 방울이야
> 세사(世事)에 시달려도 번뇌(煩惱)는 별빛이라.
>
> 휘어져 감기우고 다시 접어 뻗는 손이
> 깊은 마음 속 거룩한 합장(合掌)인 양하고,
>
> 이 밤사 귀또리도 지새우는 삼경(三更)인데,
> 얇은 사(紗) 하이얀 고깔은 고이 접어서 나빌레라.
>
> 　　　　　　　　　　　　　　　　　　　－ 조지훈, 「승무」 －

「승무」는 조지훈의 초기의 시 세계를 알 수 있게 해 주는 대표작이다. 이 시의 서정적 자아는 깊은 가을 달밤에 산사에 촛불을 밝히고 승무를 추고 있는 젊은 여승의 모습을 본다. 그런데 그 모습은 속세에서 느끼는 모든 번뇌를 초월하여 높은 곳을 지향하는 영혼의 아름다움으로 느껴진다. 따라서 이 시는 인간 번뇌를 종교적으로 초월하는 승화된 의식을 보여 주고 있다.

한 달 농성 끝에 나와 보는 다부원은
얇은 가을 구름이 산마루에 뿌려져 있다.

피아(彼我) 공방의 화포가
한 달을 내리 울부짖던 곳

아아 다부원은 이렇게도
대구에서 가까운 자리에 있었고나.

조그만 마을 하나를
자유의 국토 안에 살리기 위해서는
한해살이 푸나무도 온전히
제 목숨을 다 마치지 못했거니

사람들아 묻지를 말아라
이 황폐한 풍경이
무엇 때문의 희생인가를…….

고개 들어 하늘에 외치던 그 자세대로
머리만 남아 있는 군마의 시체

스스로 뉘우침에 흐느껴 우는 듯
길 옆에 쓰러진 괴뢰군 전사

일찍이 한 하늘 아래 목숨 받아
움직이던 생령(生靈)들이 이제

싸늘한 가을 바람에 오히려
간고등어 냄새로 썩고 있는 다부원

진실로 운명의 말미암음이 없고
그것을 또한 믿을 수가 없다면
이 가련한 주검에 무슨 안식이 있느냐.

> 살아서 다시 보는 다부원은
> 죽은 자도 산 자도 다 함께
> 안주(安住)의 집이 없고 바람만 분다.
>
> — 조지훈, 「다부원에서」 —

이 시는 6・25 전쟁 당시의 다부원 전투 현장을 보고 느낀 시인의 감회를 적은 작품이다. 종군 작가로서의 경험을 살려 창작한 작품이라는 점에서 사실적이고도 강렬한 인상을 제시한다. 일반적인 전쟁시에서 볼 수 있는 전쟁의 참혹함을 강조하면서, 반대로 휴머니즘의 시선을 강하게 표출하고 있다.

③ 박두진(朴斗鎭)의 자연과 생명의 교감

㉠ 박두진은 1939년 6월 『문장』지에 「향연」, 「묘지송」이 추천되면서 등단한다. 1946년 박목월・조지훈과 『청록집(靑鹿集)』이라는 공동시집을 펴냈는데, 여기에 실린 그의 시들은 절망적 현실 속에서도 자연에 친화력을 느끼며 살아가는 인간의 종교적 기다림을 노래했다. 박목월이나 조지훈이 옛것에 대한 그리움이나 숭상 등 회고적인 취미에 기울어져 있는 것과는 달리 오히려 미래지향적 인상을 풍긴다.

㉡ 이후 6・25 전쟁, 4・19 의거 등을 지나면서 현실의 부조리에 대한 분노와 격정을 보여준 시세계를 드러냈고, 끊이지 않는 민족적 생명력을 읊은 「아! 민족」(『현대문학』, 1971. 4)과 같은 장시를 통하여 조국애를 적극적으로 보여주기도 했다. 1970년대 이후 또 다른 암흑의 시기에 시인의 현실참여를 적극적으로 주장하는 한편, 자연과 신앙의 심미적 절대화에 머물지 않고 10월 유신과 광주 민주화 운동 등의 격동기에 시인이 지켜야 할 자세와 비판정신을 보여주었다.

> 산아, 우뚝 솟은 푸른 산아. 철철철 흐르듯 짙푸른 산아. 숱한 나무들, 무성히 무성히 우거진 산마루에 금빛 기름진 햇살은 내려오고, 둥둥 산을 넘어, 흰구름 건넌 자리 씻기는 하늘, 사슴도 안 오고, 바람도 안 불고, 너멋골 골짜기서 울어 오는 뻐꾸기…….
>
> 산아, 푸른 산아. 네 가슴 향기로운 풀밭에 엎드리면, 나는 가슴이 울어라. 흐르는 골짜기 스며드는 물소리에 내사 줄줄줄 가슴이 울어라. 아득히 가 버린 것 잊어버린 하늘과 아른아른 오지 않는 보고 싶은 하늘에 어쩌면 만나도질 볼이 고운 사람이 난 혼자 그리워라. 가슴으로 그리워라.
>
> 티끌 부는 세상에도, 벌레 같은 세상에도, 눈 맑은 가슴 맑은 보고지운 나의 사람. 달밤이나 새벽녘, 홀로 서서 눈물 어린 볼이 고운 나의 사람. 달 가고, 밤 가고, 눈물도 가고, 티어 올 밝은 하늘 빛난 아침 이르면, 향기로운 이슬밭 푸른 언덕을, 총총총 달려도 와 줄 볼이 고운 나의 사람.
>
> 푸른 산 한나절 구름은 가고, 골 넘어, 골 넘어 뻐꾸기는 우는데, 눈에 어려 흘러가는 물결 같은 사람 속, 아우성 쳐 흘러가는 물결 같은 사람 속에 난 그리노라. 너만 그리노라. 혼자서 철도 없이 난 너만 그리노라.
>
> — 박두진, 「청산도」 —

이 시의 화자는 청자인 '청산(靑山)'에 자신의 간절한 열망을 호소하고 있다. 그 대상인 청산은 화자가 꿈꾸는 순수한 세계이지만, 한편으로는 고운 사람을 그리워하고 슬픔을 호소하는 대상이기도 하다. 여기서 자연을 통해 순수한 평화와 광명의 세계를 노래하던 시인의 현실 인식의 변화를 엿볼 수 있다. 이 시가 해방 직후 쓰인 점을 감안할 때 해방의 신성한 희망을 담았던 '해'의 세계를 대신한 '청산'의 세계는 해방의 혼란한 물결 속에서 티끌과 벌레가 들끓는 혼탁한 산으로 변해 버린 것이다. 그렇지만 화자는 '밝은 햇살'과 '맑고 고운 사람'의 미래를 믿으며 위안을 가진다.

> 우리는 아직도
> 우리들의 깃발을 내린 것이 아니다.
> 그 붉은 선혈로 나부끼는
> 우리들의 깃발을 내릴 수가 없다.
>
> 우리는 아직도
> 우리들의 절규를 멈춘 것이 아니다.
> 그렇다. 그 피불로 외쳐 뿜는
> 우리들의 피외침을 멈출 수가 없다.
>
> 불길이여! 우리들의 대열이여!
> 그 피에 젖은 주검을 밟고 넘는
> 불의 노도, 불의 태풍, 혁명에의 전진이여!
> 우리들 아직도
> 스스로는 못 막는
> 우리들의 피대열을 흩을 수가 없다.
> 혁명에의 전진을 멈출 수가 없다.
>
> 민족. 내가 사는 조국이여.
> 우리들의 젊음들.
> 불이여! 피여!
> 그 오오래 우리에게 썩어 내린
> 악으로 불순으로 죄악으로 숨어 내린
> 그 면면한
> 우리들의 핏불 속의 썩은 것을 씻쳐내는,
> 그 면면한
> 우리들의 핏줄 속에 맑은 것을 솟쳐내는,
> 아, 피를 피로 씻고,
> 불을 불로 살워,
> 젊음이여! 정한 피여! 새 세대여!
>
> — 박두진, 「우리들의 깃발을 내린 것이 아니다」 중에서 —

청록파로 알고 있는 박두진 시인이 이런 시를 썼다는 게 놀랍다. '피'와 '혁명'이란 단어가 연이어 나온다. 살아 숨 쉬는 야성의 외침이다. 4·19 혁명 직후의 사회적 분위기가 그대로 담겨 있다. 독재 타도를 외친 암울한 시대 지식인의 울부짖음이 날것 그대로 표출되어 격정적이고 숭고한 아름다움이 읽는 이의 숨을 막히게 한다.

제8장 일제치하의 저항시

1 저항시의 특수성

우리나라 시사(侍史)의 기술은 동인지의 간행에 따른 유파의 출범이라든가 외래 사조 수용에 따른 시대 구획 등의 방법에 따르는 일이 많다. 그러나 유파의식은 물론이요, 개개인 상호간의 면식이나 친교 관계가 없었다 하더라도 강렬한 공통분모적 요소나 성격에 따라 하나로 묶어 논하게 되는 몇몇 시인들이 있다. 한용운, 이육사, 윤동주, 심훈 등의 저항시인이다. 이들 시인의 공통점은 이들의 애국 사상이나 구국 운동이 마치 구도자가 도를 구하는 행위처럼 치열했다는 점이다.

2 작품 감상의 실제

(1) 한용운의 '님'과 '당신'

한용운은 우리 고전시가에서 면면이 내려온 당신, 즉 임에 대한 탐구에 천착했다. 그러면 그에게 임은 누구인가.

> '님'만이 아니라 긔룬 것은 다님이다. 중생이 석가의 님이라면 철학은 칸트의 님이다.
> 장미화의 님이 봄비라면 마시니의 님은 이태리다 님은 내사 사랑할 뿐 아니라 나를 사랑하시니라
> — 『님의 침묵』 서문 '군말' —

이것을 보면 '님'은 이성 간의 사랑의 대상 같은 것이 아니고, 꽤 넓은 개념으로 쓰인 것 같다. 한용운의 임은 예수처럼 신령한 존재가 육신을 입어 현세에 재림한 인격신은 아니고 다분히 다인격체적 성격을 지닌 존재다.

> 당신은 해당화가 피기 전에 오신다고 하였습니다. 봄은 벌써 늦었습니다.
> 봄이 오기 전에는 어서 오기를 바랐더니, 봄이 오고 보니 너무 일찍 왔나 두려워합니다.
>
> 철 모르는 아이들은 뒷동산에 해당화가 피었다고, 다투어 말하기로 듣고도 못 들은 체하였더니,
> 야속한 봄바람은 나는 꽃을 불어서 경대 위에 놉니다그려.
> 시름없이 꽃을 주워 입술에 대고, '너는 언제 피었니' 하고 물었습니다.
> 꽃은 말도 없이 나의 눈물에 비쳐서 둘도 되고 셋도 됩니다.
> — 한용운, 「해당화」 —

이 시는 돌아오기로 약속한 임이 기한이 되어도 돌아오지 않은 상황에 놓인 화자의 모습을 그리고 있다. 해당화가 피기 전에 돌아오리라던 임은 봄이 오고, 해당화가 핀 뒤에도 오지 않는다. 화자는 해당화가 피었다는 소식을 애써 외면하려 하지만, 봄바람에 경대 위에 놓인 해당화 꽃을 보고 더 이상 상황을 회피할 수 없게 된다. 봄바람이 야속한 것은 결국 돌아오지 않은 임에 대한 야속함 때문이다. 꽃에게 말을 거는 것 역시 임에 대한 야속함과 그리움 때문이다. 이처럼 이 시는 해당화를 매개로 돌아오지 않는 임에 대한 그리움의 정서를 절실하게 표현하고 있다.

(2) 심훈의 '그날'

심훈의 이름은 시인으로보다는 「상록수」를 지은 소설가로 더 널리 알려져 있다. 그의 시가 널리 읽히지 않은 까닭은 그의 시상이 변용의 여러 고비를 겪으면서 예술품으로 결정화가 되지 못했기 때문인 것 같다. 그러나 「그날이 오면」은 외마디 소리 같은 격정적 절규를 내뱉으면서도 형태상으로 보나 상상력으로 보나 기적처럼 완벽한 시가 되어 있다. 광복의 그날을 위해 항거의 정신을 시로, 그것도 완벽한 상태로 형상화한 예는 없다.

> 그날이 오면, 그날이 오면은
> 삼각산(三角山)이 일어나 더덩실 춤이라도 추고
> 한강(漢江) 물이 뒤집혀 용솟음칠 그 날이
> 이 목숨이 끊기기 전에 와 주기만 할 양이면
> 나는 밤하늘에 날으는 까마귀와 같이
> 종로(鐘路)의 인경(人磬)을 머리로 들이받아 울리오리다.
> 두개골(頭蓋骨)은 깨어져 산산조각이 나도
> 기뻐서 죽사오매 오히려 무슨 한(恨)이 남으오리까.
>
> 그날이 와서 오오 그날이 와서
> 육조(六曹) 앞 넓은 길을 울며 뛰며 뒹굴어도
> 그래도 넘치는 기쁨에 가슴이 미어질 듯하거든
> 드는 칼로 이 몸의 가죽이라도 벗겨서
> 커다란 북을 만들어 들쳐메고는
> 여러분의 행렬(行列)에 앞장을 서오리다.
> 우렁찬 그 소리를 한 번이라도 듣기만 하면,
> 그 자리에 거꾸러져도 눈을 감겠소이다.
>
> — 심훈, 「그날이 오면」 —

이 시는 한국 현대시사에서 저항시의 맥을 잇는 중요한 작품으로서, 조국 광복의 환희와 감격을 상상적으로 노래한 작품이다. 제목에서도 광복의 그날에 대한 열망이 직접적으로 표출된 작품이다. 1930년 3월에 창작되었으며 시가 및 수필집 『그날이 오면』에 실려 있다. 암울한 시대 상황에서 대부분의 문인들이 친일(親日)로 변절하고 현실에서 도피하기 일쑤였던 당대에 예외적으로 강한 신념과 예언자적 의지로 노래한 격정과 충격의 시이다.

(3) 이육사의 '초인' 사상

시인 이육사의 면모는 시에 담긴 애국의 의기에서만 찾을 것은 아니다. 시인으로서 탁월한 상상력과 언어에 대한 감수성, 형태상으로 시를 시답게 만드는 정형성이나 조형의식 같은 데서도 남다른 강렬한 면이 발견된다. 육사는 언어의 장인으로서의 시의 예술성이나 형태상의 완벽성을 추구하기 보다는 시인의 예언자로서의 사명감에 더 충실하려고 했던 시인으로 보인다.

> 내 고장 칠월은
> 청포도가 익어가는 시절.
>
> 이 마을 전설이 주저리주저리 열리고,
> 먼 데 하늘이 꿈꾸며 알알이 들어와 박혀,
>
> 하늘 밑 푸른 바다가 가슴을 열고
> 흰 돛 단 배가 곱게 밀려서 오면,
>
> 내가 바라는 손님은 고달픈 몸으로,
> 청포(靑袍)를 입고 찾아온다고 했으니,
>
> 내 그를 맞아 이 포도를 따 먹으면,
> 두 손은 함뿍 적셔도 좋으련.
>
> 아이야, 우리 식탁엔 은쟁반에
> 하이얀 모시 수건을 마련해 두렴.
>
> — 이육사, 「청포도」 —

유고 시집 『육사 시집』(1946)에 수록되어 있는 작품이다. 고향과 청포도를 제재로 삼고 있는데, 고향의 이미지가 선명하게 드러나 있다. 특히, 그 고향에서 함께 지낼 사람에 대한 그리움을 통해 조국을 상실한 일제 침략기에 풍요롭고 평화로운 삶을 갈망하는 민족 정서를 엮어 내고 있다. 개인의 서정이 어떻게 민족적 서정으로 바뀌는가를 잘 보여 주는 작품이다.

(4) 윤동주의 '속죄양' 의식

시인 윤동주는 고뇌하는 나르시시스트 혹은 청교도적 순결성을 지닌 영원한 청년이다. 그런데 윤동주에게는 보통의 나르시시스트가 갖는 자기애(自己愛)나 자기만족적 도취감은 없다. 오히려 자아성찰과 삶의 자각은 그로 하여금 내성적 시를 쓰게 했다. 윤동주의 시편들은 외견상 심약(心弱)한 자의 망설임과 번민과 자책(自責)의 소산인 것처럼 보인다. 그러나 그의 유고집(遺稿集)인 『하늘과 바람과 별과 시(詩)』의 서문에서 정지용은 "뼈가 강(强)한 죄(罪)로 죽은 윤동주(尹東柱)의 백골(白骨)은 이제 고토(故土) 간도(間島)에 누워 있다."고 했다. 외유내강(外柔內剛)이란 표현은 너무 속되어서 시인 윤동주를 평하는 데는 적합하지 않다. 잎새에 이는 바람에도 힘들어할 만큼의 절대적 순수성이 꽃처럼 붉은 피를 순순히 흘리겠다는 성자(聖者)와 같은 숭고(崇高)한 정신으로 순절(殉節)했기 때문이다.

> 쫓아오던 햇빛인데
> 지금 교회당 꼭대기
> 십자가에 걸리었습니다.
>
> 첨탑(尖塔)이 저렇게도 높은데
> 어떻게 올라갈 수 있을까요.
>
> 종소리도 들려 오지 않는데
> 휘파람이나 불며 서성거리다가,
>
> 괴로웠던 사나이,
> 행복한 예수 그리스도에게
> 처럼
> 십자가가 허락된다면
>
> 모가지를 드리우고
> 꽃처럼 피어나는 피를
> 어두워가는 하늘 밑에
> 조용히 흘리겠습니다.
>
> ─ 윤동주, 「십자가」 ─

이 시의 '십자가'에는 종교적 의미보다 조국 광복을 위한 고귀한 희생이라는 상징적 의미가 담겨 있다. '교회당 꼭대기 십자가에 걸'린 햇빛은 순결과 광명의 상징이자 조국 광복의 빛으로, '십자가'는 구원의 상징이자 고귀한 자기희생으로 해석할 수 있다. 시인은 '종소리도 들려오지 않는' 조국의 절망적 상황 앞에서 회의와 자책으로 서성댈 수밖에 없지만, 결국 예수의 고난을 '행복'으로, 수난 속에서 희생되는 사람의 피를 '피어나는 꽃'으로 인식함으로써 조국을 위한 자기희생의 결의를 다짐한다. '꽃처럼 피어나는 피'야말로 조국 광복이라는 열매를 약속할 수 있기 때문이다. 비장(悲壯)하고 장렬한 최후를 황홀한 순간으로 받아들일 수 있는 것은 숭고한 자기희생 정신이 없이는 불가능한 것이다.

제9장 해방 공간의 시

1 해방 공간의 시대 상황

1945년 해방은 이 땅에 정치적 선동과 파쟁을 불러왔다. 좌익 문인 단체인 '조선문학동맹'(1945. 2) 소속의 시인들이 낸 시집은 경직된 좌익 이념만 노출, 선전하였을 뿐 예술성의 확보와는 먼 거리에 있었다. '조선문학가협회'를 중심으로 한 우익 계통의 시인들의 시도 해방을 맞이한 격정과 소박한 찬가풍(讚歌風)의 어조로 하여 긴장을 잃은 행사시(行事詩)들을 양산했다. 즉 이 시기는 좌익 계열과 우익 계열 모두 일정한 문학적 성취를 이루지 못한 채 공허한 이념과 서투른 감정을 노출시키는 데 그쳐 문학의 휴지기라고 볼 수 있다.

2 해방 공간 시의 전개

(1) 문예지와 종합지의 시

① 해방공간의 시적 상황은 근본적으로 식민지 시대의 문학적 성과에 대한 비판적 반성 및 새로운 민족문학의 수립이라는 이 시기 문학 전반의 과제와 긴밀하게 관련되어 전개되었다. 그러나 한편으로 이 시기의 시적 상황은 식민지 지배 체제하의 근대화 과정에서 빚어진 외래적인 사조의 과도한 수용, 검열에 의한 자유로운 상상력의 억압 그리고 독자층 한계에 따른 대중적 기반의 부재와 같은 문제가 잔존함으로 인해 전대에 가치 있는 시문학적 유산을 계승·발전시킬 수 있는 뚜렷한 전망을 확보하지 못한 상황이기도 했다.

② 그럼에도 불구하고 해방 공간의 시인들은 다양한 모습으로 해방의 감격과 심미적·도덕적 자유를 노래할 수 있었다. 그 원인은 (i) 8·15 해방이 갖는 역사적 의미에 대한 시적 인식의 보편성, (ii) 시적 보편성에 따른 창작의 집단화 경향, (iii) 자유로운 출판 여건의 세 가지 측면에서 살펴볼 수 있다.

(2) 이념의 대립과 전통의 계승

① 이 시기 중요 시인들은 소위 좌파의 진보적 이념에 충실하면서 현실 상황을 시에 반영하고자 한 부류 그리고 중도적 입장의 부류로 나누어 볼 수 있다. 첫째 부류는 주로 '문학가동맹'에 적극 가담한 시인들로서 임화, 오장환, 이용악, 김기림, 설정식 등이 있다. 임화는 새로운 민족국가를 수립하기 위한 항쟁의식을 고취하는 데 필요한 이념성을 확보하고자 했다. 오장환은 생명파적 성향의 문명비판시를 주로 썼으나 해방공간에서 강렬한 정치의식을 담은 시로 변화를 보였다. 이용악은 만주 국경 지방의 풍물을 배경으로 우리 민족의 궁핍한 삶을 그린 작품들을 써 온 시인이다. 이밖에 중도적 입장에서 시작 활동을 한 정한모는 고향 및 어머니의 모티프를 통해 독특한 휴머니즘 추구의 시 세계를 구축했다.

② 한편 해방 직후 '청년문학가협회'를 주축으로 한, 민족진영의 대표적 시인 박두진, 서정주, 유치환, 김달진 등은 전통지향적인 시 세계를 보였다. 이러한 민족진영의 시가 추구한 전통적 서정의 세계는 이 시기의 현대시조 시인의 작품에도 동일하게 나타난다. 대표적인 시인으로 이병기, 이은상 등 기존의 시인 외에 김상옥, 이희승, 이호우 등이 있다.

(3) 작품 감상의 실제

① 서정주

해방 후에는 좌익측의 조선문학가동맹에 대응하여 우익측이 결성한 조선청년문학가협회의 시분과 위원장으로 활동했으며, 동아일보사 문화부장, 문교부 초대 예술과장을 역임했다. 1949년 한국문학가협회 창립과 함께 시분과위원장을 지냈다.

> 눈물 아롱아롱
> 피리 불고 가신 님의 밟으신 길은
> 진달래 꽃비 오는 서역 삼만 리.
> 흰 옷깃 여며 여며 가옵신 님의
> 다시 오진 못하는 파촉(巴蜀) 삼만 리.
>
> 신이나 삼아 줄 걸 슬픈 사연의
> 올올이 아로새긴 육날 메투리.
> 은장도 푸른 날로 이냥 베어서
> 부질없는 이 머리털 엮어 드릴 걸.
>
> 초롱에 불빛 지친 밤하늘
> 굽이굽이 은하수 물 목이 젖은 새.
> 차마 아니 솟는 가락 눈이 감겨서
> 제 피에 취한 새가 귀촉도 운다.
> 그대 하늘 끝 호올로 가신 님아.
>
> — 서정주, 「귀촉도」 —

이 시는 임의 죽음으로 비통한 이별을 겪게 된 여인의 한을 노래한 시이다. 이 시는 중국의 촉나라 왕이 나라를 잃고 쫓겨 방랑하다 죽어 한 많은 새 두견이 되었다는 전설에서 소재를 빌려오고 있다. '귀촉도'란, 말 그대로 촉나라로 돌아가는 길이면서, 죽은 임이 변한 두견의 울음소리를 뜻한다. 이 시의 화자는 그 임을 떠나보낸 여인이며, 시의 구성은 1연이 임의 죽음, 2연이 여인이 회한과 탄식, 3연이 귀촉도의 피맺힌 울음으로 되어 있다.

② 김상옥

해방되던 해에 김춘수 등과 함께 통영문화협회를 조직 예술 운동을 했으며, 11월 삼천포문화동지회를 창립하여 한글 운동, 교가 보급 운동을 이끌었다. 1946년부터 20여 년 동안 부산, 마산, 삼천포, 통영 등지에서 교사생활을 하였다. 1947년 첫 시조집 『초적(草笛)』(수향서헌)의 편집, 조판, 인쇄 등을 직접했으며, 1949년 『고원(故園)의 곡(曲)』(성문사), 『이단의 시』(성문사)를 발표했다. 윤이상은 그의 시 「추천(鞦韆)」, 「봉선화」에 곡을 붙였다. 1952년에 동시집 『석류꽃』(현대사)을 출간하였다.

> 눈을 가만 감으면 굽이 잦은 풀밭 길이,
> 개울물 돌돌돌 길섶으로 흘러가고,
> 백양 술 사립을 가린 초집들도 보이구요.
>
> 송아지 몰고 오며 바라보던 진달래도
> 저녁 노을처럼 산을 둘러 퍼질 것을.
> 어마씨 그리운 솜씨에 향그러운 꽃지짐.
>
> 어질고 고운 그들 멧남새도 캐어 오리.
> 집집 끼니마다 봄을 씹고 사는 마을,
> 감았던 그 눈을 뜨면 마음 도로 애젓하오.
>
> — 김상옥, 「사향」 —

우리들의 보편적인 정서 가운데 고향을 그리워하는 마음을 빼놓을 수 없을 것이다. 삭막한 도시 문명 속에서 현대인이 상실해 가고 있는 소중한 것들에 대한 그리움, 그중에 포근하고 아련히 떠오르는 고향의 정취를 우리 정서에 어울리는 시조 장르를 빌려 담아낸 작품이다. 이 시조는 간결하고 사실적인 묘사에 의해 선명한 시각적 이미지로 고향을 그리고 있다. 눈을 감는데서 시작하여 눈을 뜨는 것으로 끝맺음을 한 이 시조는 서정적 자아가 고요히 회상에 잠겨 어린 시절 고향을 그리워하고 있다.

③ 오장환

오장환은 해방 후에 간행된 두 권의 시집 『병든 서울』(1946), 『나 사는 곳』(1947)을 통해 보다 현실지향적인 시적 태도를 분명하게 드러내고 있다. 시집 『병든 서울』을 통해서는 해방 후 조선문학가동맹에 가담해 좌익 시인으로 활동한 시인 오장환의 시적 면모를 확인해 볼 수 있다.

> 눈발은 세차게 나리다가도
> 금시에 이리저리 허트러지고
> 내 겸연쩍은 마음이
> 공청(共靑)으로 가는 길

> 동무들은 벌써부터 기다릴 텐데
> 어두운 방에는 불이 켜지고
> 굳은 열의에 불타는 동무들은
> 나같은 친구조차
> 믿음으로 기다릴 텐데
>
> — 오장환, 「공청(共靑)으로 가는 길」 중에서 —

「공청(共靑)으로 가는 길」이라든지, 「어머니 서울에 오시다」 같은 작품에서 시인이 노래하고 있는 것은 지난 시대의 삶에 대한 감회가 아니라, 자기 성찰에서 오는 비애와 모멸감 같은 것이다.

> 아름다운 서울, 사무치는, 그리고, 자랑스러운 나의 서울아,
> 나라 없이 자라난 서른 해,
> 나는 고향까지 없었다.
> 그리고, 내가 길거리에 자빠져 죽는 날,
> 그곳은 넓은 하늘과 푸른 솔밭이나 잔디 한 뼘도 없는
> 너의 가장 번화한 거리
> 종로의 뒷골목 썩은 냄새 나는 선술집 문턱으로 알았다.
>
> 그러나 나는 이처럼 살았다.
> 그리고 나의 반항은 잠시 끝났다.
> 아 그동안 슬픔에 울기만 하여 이냥 질척거리는 내 눈
> 아 그동안 독한 술과 끝없는 비굴과 절망에 문드러진 내 쓸개
> 내 눈깔을 뽑아 버리랴, 내 쓸개를 잡어 떼어 길거리에 팽개치랴.
>
> — 오장환, 「병든 서울」 중에서 —

그러나 「병든 서울」이나 「너는 보았느냐」 같은 작품에서는 부르주아적 근성에 대한 자아비판을 하는 등 이념에 대한 경직된 관념이 담겨 있다. 한편 새로운 자본주의에 대한 적개심과 분노는 자기성찰의 내적 지향을 찾아볼 수 없는 구호화된 언어로 흐르고 있다.

제10장 분단시대의 시

1 반서정주의 상황파의 시

6·25 전란의 참담한 상황을 몸소 체험하여 강렬한 생명 의식·민족애·조국애·인류애를 노래한 시인들이 등장하여 새와 바람, 푸나무와 냇물, 달과 꽃만 노래하는 전통적 자연·서정주의를 극복하려 했다. 유치환, 구상, 박남수, 전봉건, 송욱, 신동문 등이 반서정주의 시인이다. 특히 유치환의 종군 체험 시집 『보병과 더불어』(1951)와 강렬한 조국애와 민족애·인류애·원죄 의식을 노래한 구상의 연작시 「초토(焦土)의 시」(1956)가 이런 경향의 시를 대표한다.

> 오호, 여기 줄지어 누웠는 넋들은
> 눈도 감지 못하였겠구나.
>
> 어제까지 너희의 목숨을 겨눠
> 방아쇠를 당기던 우리의 그 손으로
> 썩어 문드러진 살덩이와 뼈를 추려
> 그래도 양지 바른 두메를 골라
> 고이 파묻어 떼마저 입혔거니
> 죽음은 이렇듯 미움보다도 사랑보다도
> 더욱 신비스러운 것이로다.
>
> 이곳서 나와 너희의 넋들이
> 돌아가야 할 고향 땅은 30리면
> 가로막히고,
> 무인공산(無人空山)의 적막만이
> 천만 근 나의 가슴을 억누르는데
>
> 살아서는 너희가 나와
> 미움으로 맺혔건만,
> 이제는 오히려 너희의
> 풀지 못한 원한이 나의
> 바람 속에 깃들어 있도다.

> 손에 닿을 듯한 봄 하늘에
> 구름은 무심히도
> 북으로 흘러가고
> 어디서 울려 오는 포성(砲聲) 몇 발
> 나는 그만 이 은원(恩怨)의 무덤 앞에
> 목놓아 버린다.
>
> — 구상, 「초토의 시 8 - 적군 묘지 앞에서」 —

이 시에는 '적'과 '미움'이라는 말이 쓰였다. 그러나 이 시에서의 '적'은 저주나 말살의 대상이 아니라 사랑으로 순화해야 할 대상이다. 그러기에 구상의 서정적 주인공이 목놓아 우는 것은 '적'에 대한 원한 때문이 아니다. 이념이라는 허상(虛像)과 인간 본성의 투쟁욕이 빚은 국토 분단과 동족상잔(同族相殘)의 비참한 현실을 아파하는 것이다. 이를 통해 시인 구상의 크리스트교적 형제애, 인류애를 엿볼 수 있다.

2 후반기 동인의 모더니즘 시

조향, 김경린, 박인환, 이봉래, 김차영, 김규동 등을 중심으로 1951년 피난 수도 부산에서 결성된 후반기 동인들은 1930년대 김기림, 정지용, 김광균 등이 추구하던 모더니즘 시의 방법과 장신을 계승한다는 취지에서 현대문명의 메카니즘과 그 그늘을 형상화하는 데 주력했다. 이러한 경향의 확립에 직접적인 영향을 준 것은 해방 후 **최초로 모더니즘을 표방한 합동시집** 『새로운 도시와 시민들의 합창』(1949)의 간행이다. 여기에는 김경린, 박인환 외에 김수영, 임권호, 양병식이 가담하였고, 모더니즘 계열의 시인들로 김종문, 박태진, 전봉건 등이 집단적인 활동을 전개하여 이후 『현대의 온도』(1957) 등의 사화집(詞華集)의 간행을 통해 전후시단의 중요한 흐름을 형성하였다.

3 작품 감상의 실제

(1) 김경린

김경린은 피난지에서 후반기 동인을 꾸려 활동할 때도 기하학과 공학 용어, 한문, 그리고 의도적인 관념의 도입 등 누구보다 모더니즘 기법이 두드러진 시와 시론을 발표한다.

> 태양이
> 직각으로 떨어지는
> 서울의 거리는
> 플라타너스가 하도 푸르러서
> 나의 심장마저 염색될까 두려운데

> 외로운 나의 투영을 깔고
> 질주하는 군용 트럭은
> 과연 나에게 무엇을 가져왔나
>
> — 김경린, 「태양이 직각으로 떨어지는 서울」중에서 —

(2) 조향

조향의 시는 1930년대에 나온 이상의 「오감도」이후에도 우리 시단에 초현실주의 또는 다다이즘의 맥이 이어지고 있음을 증명해 보인다.

> 낡은 아코뎡은 대화를 관뒀습니다.
>
> ———여보세요?
>
> 「뽄뽄다리아」
> 「마주르카」
> 「디젤 엔진」에 피는 들국화.
>
> ———왜 그러십니까?
>
> 모래밭에서
> 수화기
> 여인의 허벅지
> 낙지 까아만 그림자
>
> (중략)
>
> 나비는
> 기중기(起重機)의
> 허리에 붙어서
> 푸른 바다의 층계를 헤아린다.
>
> — 조향, 「바다의 층계」중에서 —

(3) 이봉래

이봉래는 분열 조짐이 뚜렷한 조국의 문단과 기성 작가들을 향해 가차없이 비판의 화살을 날린다.

> 비오는 날
> 건물과 건물 사이로
> 연연(延延) 열을 지어
> 박쥐처럼 흐르는 인간 속에
>
> — 이봉래, 「서적」 중에서 —

(4) 박인환

박인환 또한 다음과 같이 도시 문명의 이국적 정조와 전쟁이 낳은 불안을 노래하였다.

> 아무 잡음도 없이 멸망하는
> 도시의 그림자
> 무수한 인상과
> 전환하는 연대(年代)의 그늘에서
> 아, 영원히 흘러가는 것
> 신문지의 경사(傾斜)에 얽혀진
> 그러한 불안한 격투
>
> — 박인환, 「최후의 회화」 중에서 —

4 전통적 서정추구의 시

전후시에서 서정성의 추구는 인간성과 삶의 본질에 대한 사색을 동반하면서 그 성격을 심화시켰다. 특히 전후 서정의 향방은 전쟁으로 인한 인간성 상실을 반성하고 휴머니즘적 지향에 의해 소생의 의지를 추구하였다. 전후시의 서정주의적 흐름은 다른 한편으로 전통적인 정서와 한(恨)의 가락에 결합되어 고전적 정신을 표현하는 방향으로 나타나기도 하였다. 이러한 고전 정서의 시 정신은 서구적 모더니즘의 홍수에 무방비적으로 노출되기 시작한 한국 현대시에 자기반성을 가하면서 전후시의 또 다른 전통으로 확보되었다는 점에서 시사적 의의를 찾을 수 있다.

> 한 송이의 국화꽃을 피우기 위해
> 봄부터 소쩍새는
> 그렇게 울었나 보다.

한 송이의 국화꽃을 피우기 위해
천둥은 먹구름 속에서
또 그렇게 울었나 보다.

그립고 아쉬움에 가슴 조이던
머언 먼 젊음의 뒤안길에서
인제는 돌아와 거울 앞에 선
내 누님같이 생긴 꽃이여.

노오란 네 꽃잎이 피려고
간밤엔 무서리가 저리 내리고
내게는 잠도 오지 않았나 보다.

– 서정주, 「국화 옆에서」 –

이 시는 국화 한 송이를 통해서 느끼는 생명의 신비와 그 꽃이 피어나기까지의 우주 삼라만상의 협동 과정을 불교적 인연설에 상상력의 뿌리를 두고 형상화한 작품이다. 특히 3연에서 국화는 시적 화자의 '누님'으로 비유되고 있다. 그런데 인고와 방황의 젊은 날을 거치고 난 후의 성숙한 중년 여성의 이미지를 사용하고 또 그를 거울 앞에 서게 함으로써 자아성찰과 자기확인의 의미를 더욱 부각하고 있다. '소쩍새의 울음(봄)'과 '천둥소리(여름)' 그리고 '무서리(늦가을)' 등이 국화의 개화에 참여하는 전 우주의 협동 과정이 시인의 '불면'과 짝을 이루어 생명의 신비를 탄생케 하는 장면은 이 시인의 뛰어난 상상력을 느끼게 한다.

제11장 1960년대의 시

1960년대 시단은 4·19의 불타는 이상과 5·16이라는 현실과의 갈등을 겪으면서 이상주의의 좌절로써 출발하였다. 이러한 갈등이 빚은 정신적 고통은 시인의 눈을 내면으로 향하게 하였다. 1960년대 시 경향은 대체로 세 가지로 살펴 볼 수 있다. (i) 전통적인 서정시(전통시), (ii) 현실 상황에 대한 응전시(현실참여시), (iii) 인간의 내면의식을 탐구한 언어적 실험시(순수시-난해시)가 그것이다.

1 현실참여의 시 중요

(1) 전개 양상

1960년대는 시대적으로 볼 때 해방 직후 이념의 혼란과 6·25로 인한 전란 등 역사의 소용돌이를 마무리 짓고 현대사의 새로운 장을 전개시키는 출발점에 놓인 시기이며, 4·19 학생혁명과 5·16 군사혁명이라는 모순과 시련을 내포한 시기이기도 하다.

1960년대 시의 특징적 흐름을 볼 때 가장 두드러지는 경향은 현실참여적인 시의 대두이다. 이것은 4·19의 충격과 영향에 직접적으로 관련되는 것이지만, 사실상 이러한 사회현실에 대한 시적인식은 1950년대에 이미 분단의 비극과 사회현실의 모순을 비판하는 시로 나타나고 있었다.

1960년대의 현실참여적 시의 경향은 현실비판적인 관점에서 출발하여 민족역사에 대한 인식을 수용함으로써 전통적인 저항정신의 맥을 되찾고 민중적 정서를 추구한 바, 이후 우리 현대시사의 한 흐름으로서 민중시의 전통을 새롭게 수립하였다.

(2) 작품 감상의 실제

① 김수영

김수영은 현실참여시를 적극적으로 창작한 시인으로 현실, 사회, 역사 등 외적 요소를 작품 속에서 표현하고자 한 작가이다. 1960년대 김수영의 시와 시론은 4·19의 정신적 충격을 시와 통합하려는 노력의 산물이라고 할 수 있는데, 그가 펼친 시론의 핵심은 주지하다시피 자유의 문제라고 할 것이다.

> ……활자는 반짝거리면서 하늘 아래에서
> 간간이
> 자유를 말하는데
> 나의 영(靈)은 죽어 있는 것이 아니냐
>
> 벗이여
> 그대의 말을 고개 숙이고 듣는 것이
> 그대는 마음에 들지 않겠지
> 마음에 들지 않아라

> 모두 다 마음에 들지 않어라
> 이 황혼도 저 돌벽 아래 잡초도
> 담장의 푸른 페인트 빛도
> 저 고요함도 이 고요함도
>
> 그대의 정의도 우리들의 섬세(纖細)도
> 행동이 죽음에서 나오는
> 이 욕된 교외(郊外)에서는
> 어제도 오늘도 내일도 마음에 들지 않어라
>
> 그대는 반짝거리면서 하늘 아래에서
> 간간이
> 자유를 말하는데
> 우스워라 나의 영(靈)은 죽어 있는 것이 아니냐
>
> — 김수영, 「사령(死靈)」 —

이 시는 화자인 '나'와 '벗'의 대화를 기본 설정으로 하여 자유를 억압하는 세력에 저항하지 못하는 자신의 영혼을 부정하면서 자신이 살고 있는 현실에 대한 답답함을 호소하며 부정하는 내용을 담고 있다. 화자의 양심을 자극하는 것은 바로 활자요, 활자는 자유를 말하고 있다. 그런데 화자는 고개를 숙이며 듣고 있을 뿐 어떠한 행동도 하지 못하고 있다. 하지만 화자 자신은 무엇을 해야 하는지 잘 알고 있다. 이 시에는 자신을 성찰하고 자신의 비겁함과 소심함을 자책하는 한 시대의 지성인의 양심이 잘 드러나 있다.

② **신동엽**

김수영과 마찬가지로 참여시인으로 불리는 신동엽은 냉전 논리가 극심하게 기세를 떨치던 1950년대 말에 등단하여 이후 10년간 탈이데올로기적인 중립적 세계관에 입각하여 우리 현실의 부조리와 민족이 처한 현실의 모순을 소재로 한 작품을 발표하였다.

> 껍데기는 가라.
> 사월도 알맹이만 남고
> 껍데기는 가라.
>
> 껍데기는 가라.
> 동학년 곰나루의, 그 아우성만 살고
> 껍데기는 가라.
>
> 그리하여, 다시
> 껍데기는 가라.
> 이 곳에선, 두 가슴과 그곳까지 내논
> 아사달 아사녀가
> 중립의 초례청 앞에 서서
> 부끄럼 빛내며
> 맞절할지니

> 껍데기는 가라.
> 한라에서 백두까지
> 향그러운 흙 가슴만 남고.
> 그, 모오든 쇠붙이는 가라.
>
> — 신동엽, 「껍데기는 가라」 —

이 시는 역사적 사건들 속에 '껍데기'로 상징되는 허위와 겉치레는 사라지고, 순수한 마음과 순결함, 즉 '알맹이'만 남아 있기를 바라는 간절한 마음을 직설적으로 표현하고 있다. 시인이 형상화하려는 것은 세월의 흐름에 따라 4·19 혁명의 민주화 열망이 퇴색해 가고, 동학 혁명의 민중적 열정도 사라져 가고 있는 현실에 대한 안타까움이다. 여기에서 더 나아가 시인은 이데올로기의 대립이 첨예하던 냉전 시절에 이데올로기의 대립을 초월하여 민족주의적 관점에서 우리 민족의 나아갈 길을 밝히고 있다.

2 민중시(民衆詩) 중요

(1) 전개 양상

민중시는 민중의 생활 내역과 정서를 뿌리로 삼고 그 감정과 사상을 꽃과 잎으로 피워내는 문학이다. 그것은 내용과 형식의 변화를 한꺼번에 아우르는, 이전의 시에 대한 혁명이며 전복이다. 민중 시인의 계보학에 따르면 김수영·신동엽·고은·신경림·김지하 등이 그 길을 닦고, 이어 이성부·조태일·정희성·김준태·양성우·이시영 등이 그 길을 넓힌다. 한 비평가는 민중시와 관련해 "지금까지의 지식인 시인으로서의 자기중심적 사유 방식과 주관적인 시작(詩作) 태도로부터의 일대 전환을 의미한다. 사유의 전환은 새로운 형식을 요구하게 마련이다. 주관적 서정시에서 벗어나야 하고, 시에서의 화자와 말하는 방법과 표현 방식, 어조의 변화가 요구되는 것이다."라고 말한다.[24]

(2) 작품 감상의 실제

① 김수영

> 풀이 눕는다.
> 비를 몰아오는 동풍에 나부껴
> 풀은 눕고
> 드디어 울었다
> 날이 흐려서 더 울다가
> 다시 누웠다.

---

24) 서준섭, 「현대시와 민중」, 『1970년대 문학 연구』, 예하

```
풀이 눕는다.
바람보다도 더 빨리 눕는다.
바람보다도 더 빨리 울고
바람보다 먼저 일어난다.

날이 흐리고 풀이 눕는다.
발목까지
발밑까지 눕는다
바람보다 늦게 누워도
바람보다 먼저 일어나고
바람보다 늦게 울어도
바람보다 먼저 웃는다.
날이 흐리고 풀뿌리가 눕는다.
```
― 김수영, 「풀」 ―

이 시는 '풀'과 '바람'이라는 자연물에 민중과 권력을 가진 대상이라는 대립적 속성을 부여하고 바람에 흔들려도 다시 일어서는 '풀'의 모습을 묘사함으로써, 풀(민중)의 강인하고 끈질긴 생명력을 노래하고 있다. 또한 대립적 구조와 상징적인 시어를 통해 주제의식을 명확히 전달하고 있다.

② **이성부**

```
기다리지 않아도 오고
기다림마저 잃었을 때에도 너는 온다.
어디 뻘밭 구석이거나
썩은 물웅덩이 같은 데를 기웃거리다가
한눈 좀 팔고, 싸움도 한판 하고,
지쳐 나자빠져 있다가
다급한 사연 듣고 달려간 바람이
흔들어 깨우면
눈 부비며 너는 더디게 온다.
더디게 더디게 마침내 올 것이 온다.
너는 보면 눈부셔
일어나 맞이할 수가 없다.
입을 열어 외치지만 소리는 굳어
나는 아무것도 미리 알릴 수가 없다.
가까스로 두 팔 벌려 껴안아 보는
너, 먼 데서 이기고 돌아온 사람아.
```
― 이성부, 「봄」 ―

이 시는 화자가 기다리는 대상을 '봄'으로 의인화하여 그것이 다가오는 모습을 구체적으로 형상화하고 있다. 시적 화자는 봄이 비록 바로 오지 않고 더디게 오더라도 결국엔 봄이 올 것이라는 희망을 버리지 않는다. 그런데 정작 봄이 왔을 때, 화자는 눈이 부셔 일어나 맞이하지도 못하고 소리 내어 부르지도 못한다. 봄을 맞이하는 화자의 감격을 반어적 상황을 통해 표현하고 있는 것이다. 그러나 이 시에서 더욱 강조하는 것은 봄이 오는 것에 대한 감격이 아니라 봄이 꼭 오리라는 화자의 신념이다. '기다리지 않아도 온다.'라는 시적 진술과 '마침내 올 것이 온다.'라는 단정적인 어조에서 새로운 시대를 기다리는 화자의 강한 염원을 읽을 수 있다.

3 휴머니즘과 서정시

(1) 전개 양상

이 시기의 또 다른 흐름으로써 대두된 순수 서정성을 추구하는 경향의 시들은 근본적으로 1950년대 전후 시에 나타난 리리시즘(서정주의)적 전통과 맥을 같이한다. 이 시기의 서정적 시의 경향은 사회적 존재로서 자신이 내면에 관심을 기울이고자 하는 일종의 소시민적 정서를 특징적으로 드러낸 것이다.

(2) 작품 감상의 실제

① 김현승

> 나는 이제야 내가 생각하던
> 영원의 먼 끝을 만지게 되었다.
> 그 끝에서 나는 하품을 하고
> 비로소 나의 오랜 잠을 깬다.
>
> 내가 만지는 손끝에서
> 아름다운 별들은 흩어져 빛을 잃지만
> 내가 만지는 손끝에서
> 나는 무엇인가 내게로 더 가까이 다가오는
> 따스한 체온을 느낀다.
>
> 그 체온으로 내게서 끝나는 영원의 먼 끝을
> 나는 혼자서 내 가슴에 품어 준다.
> 나는 내 눈으로 이제는 그것들을 바라본다.
>
> 그 끝에서 나의 언어들을 바람에 날려 보내며,
> 꿈으로 고이 안을 받친 내 언어의 날개들을
> 이제는 티끌처럼 날려 보낸다.

> 나는 내게서 끝나는
> 무한의 눈물겨운 끝을
> 내 주름 잡힌 손으로 어루만지며 어루만지며,
> 더 나아갈 수 없는 그 끝에서
> 느니어 입을 다문다 - 나의 시(詩)는.
>
> — 김현승, 「절대 고독」 —

동명의 시집의 자서(自序)에서 시인이 "고독 속에서 나의 참된 본질을 알게 되고, 나를 거쳐 인간일반을 알게 되고, 그럼으로써 나의 대사회적 임무까지도 깨달아 알게 되므로"라고 말하고 있듯이, 고독에 대한 탐구는 시인에게 있어 신의 세계를 떠나 인간과 사회를 알게 해 준 원동력으로 작용하고 있음을 알 수 있다.

② **김남조**

> 겨울 바다에 가 보았지.
> 미지(未知)의 새,
> 보고 싶던 새들은 죽고 없었네.
>
> 그대 생각을 했건만도
> 매운 해풍(海風)에
> 그 진실마저 눈물져 얼어 버리고
>
> 허무의
> 불
> 물 이랑 위에 불 붙어 있었네.
>
> 나를 가르치는 건
> 언제나
> 시간…….
> 끄덕이며 끄덕이며 겨울 바다에 섰었네.
>
> 남은 날은
> 적지만
>
> 기도를 끝낸 다음
> 더욱 뜨거운 기도의 문이 열리는
> 그런 영혼을 갖게 하소서.
>
> 남은 날은
> 적지만…….

> 겨울 바다에 가 보았지
> 인고(忍苦)의 물이
> 수심(水深) 속에 기둥을 이루고 있었네.
>
> — 김남조, 「겨울 바다」 —

이 작품은 불의 소멸적 이미지와 물의 생성적 이미지의 대립과 겨울 바다라는 공간에 대한 인식의 변화(허무-깨달음-극복)를 통해 화자가 말하고자 하는 삶의 모습을 잘 드러내고 있다. 화자가 찾아간 겨울 바다는 미지의 새들이 죽어버린 공간이다. 때문에 화자는 절망과 허무함을 느끼게 된다. 그러나 화자는 시간의 흐름을 통해 삶의 유한성을 깨닫고 기도를 통해 고통을 벗어나고자 한다. 이 부분에서 겨울 바다는 화자에게 깨달음을 주는 공간이 된다. 이러한 깨달음을 바탕으로 화자는 인고의 물을 확인하게 되고 삶의 고통을 극복할 수 있는 의지를 다짐하는 것이다.

③ 김광섭

> 성북동 산에 번지가 새로 생기면서
> 본래 살던 성북동 비둘기만이 번지가 없어졌다.
> 새벽부터 돌 깨는 산울림에 떨다가
> 가슴에 금이 갔다.
> 그래도 성북동 비둘기는
> 하느님의 광장 같은 새파란 아침 하늘에
> 성북동 주민에게 축복의 메시지나 전하듯
> 성북동 하늘을 한 바퀴 휘 돈다.
>
> 성북동 메마른 골짜기에는
> 조용히 앉아 콩알 하나 찍어 먹을
> 널찍한 마당은커녕 가는 데마다
> 채석장 포성이 메아리쳐서
> 피난하듯 지붕에 올라앉아
> 아침 구공탄 굴뚝 연기에서 향수를 느끼다가
> 산 1번지 채석장에 도루 가서
> 금방 따낸 돌 온기(溫氣)에 입을 닦는다.
>
> 예전에는 사람을 성자(聖者)처럼 보고
> 사람 가까이
> 사람과 같이 사랑하고
> 사람과 같이 평화를 즐기던
> 사랑과 평화의 새 비둘기는
> 이제 산도 잃고 사람도 잃고
> 사랑과 평화의 사상까지
> 낳지 못하는 쫓기는 새가 되었다.
>
> — 김광섭, 「성북동 비둘기」 —

시인은 작품 밖에서 관찰하는 관찰자의 입장을 취한다. 그러면서 표면적으로는 자신이 그리고자 하는 대상이나 주제에 대해서 객관적인 거리를 유지하고 있는 것처럼 진술을 시도한다. 이처럼 논증시는 화자가 작품 속에 직접적 혹은 간접적으로 등장하지 않으며, 작품 밖에서 시 세계를 진술한다. 즉 논증시에서의 화자는 전지적 시점이거나 보고자로서의 관찰자 시점이 된다.

4 모더니즘 시

(1) 전개 양상

1950년대의 후반기 동인들과 김춘수, 김구용, 김광림, 김종삼 등이 중심이 되어 모색되기 시작한 이러한 모더니즘 경향은 60년대에 들어 현대시 동인이 결성되면서 급격하게 영향력이 확산되었다. 전봉건, 오규원, 김화영, 이승훈 등은 주로 내면의식을 탐구하려는 입장에서 형식의 실험, 시간과 공간의 해체, 문법구조의 왜곡을 통한 모호성을 강조, 비유와 상징 및 다양한 이미지 활용과 같은 방법적 시도를 통해 언어의 시적 가능성을 극대화하는 데 주력하였다.

(2) 작품 감상의 실제

① 전봉건

> 유리컵은 내장으로부터 돋아나는
> 심해어의 눈이었다.
>
> — 전봉건, 「속의 바다」 —

언어 규범을 파괴하는 1960년대 순수시의 언어실험 또는 형식실험에서 주로 차용되는 시적 장치는 은유이다. 여기서의 은유는 전통적 은유와는 달리 사물들의 비동일성에 근거한 추상화의 수단이다. 몽타주 기법 역시 1960년대 순수시가 채용한 추상화 수단의 또 하나 주목되는 장치이다.

② 오규원

> 당신에게 외면당한 현실의
> 뒤뜰 구석에는
>
> 신의 왼쪽 발
> 뒤꿈치가 적발된다.
>
> (중략)

> 천사가 먹다 남긴
> 추억의 빵이 몇 조각
>
>   - 오규원, 「현황」 중에서 -

오규원의 형식 실험은 『분명한 사건』에서 확인할 수 있듯이, 언제나 기성 관념을 해체하거나 뒤집는 해체주의적 인식론이 그 바탕에 있다. 1960년대 그의 시의 출발점은 내면 탐구시이다. 그의 내면 탐구도 세계 상실의 추상적 세계를 지향한다.

③ **김화영**

> 우리가 찢어진 얼굴로 돌아왔을 때
> 부재의 속으로 뚫린 어둠의 눈은
>
> 가만히 뜨이며
> 문은 차례로 열렸다.
>
>   - 김화영, 「어둠의 중심」 중에서 -

1960년대 정현종과 함께 『사계』 동인이었던 김화영의 「어둠의 중심」은 순수한 존재란 부재 그 자체임을 보인 내면 탐구의 한 규범이다. 여기서 현실로부터의 해방은 세계 상실이라기보다는 새로운 세계성이다. 다시 말하면 낡은 세계의 파괴보다는 새로운 세계(이상)로의 지향에 보다 강조점이 있다. 이런 내면 탐구와 언어 실험은 당대 『현대시』 동인들에 의해 집단적으로 실천된다.

제12장 1970년대의 시

1 1970년대 시의 형성

1970년대에는 민중문학이 본격적인 형태를 갖추었고 비민주적 사회 구조, 군부와 대기업 위주의 산업화가 빚어내는 사회문제를 문학으로 가공하였다. 이와 아울러 도시적 감수성을 반영한 모더니즘 문학도 활발하게 창작되었다. 1970년대 역시 1960년대 대두되었던 '순수-참여 문학 논쟁'이 무르익었지만, 앞 시대에 비해 이들의 이분법적 대립이 어느 정도 극복되었고, 시의 현실성이 부각되면서도 시의 전통적 감수성을 중요하게 다루었다.

2 1970년대 시가 지닌 특징

(1) 민중적 감수성의 시

① 정치적 문제로서의 민주화 문제, 사회·경제적인 평등의 실현 문제에 관심을 두었다.
'민주와 평등'을 지향하는 민중시가 등장하면서 민중시와 리얼리즘시의 개념을 정립하려는 노력이 본격적으로 전개되었다. 이 시들은 민족적 요구에 적극적으로 부응해가는 실천적인 의식과 정당한 민중의식을 바탕으로 형성되었다. 민중의식은 소시민적 한계자각, 민중적 토대 지향, 반민중적 세력을 향한 공격 등으로 드러났다. 신경림, 김지하, 정희성 등이 이러한 경향을 보였다.

② 산업화 시대의 도덕적 타락을 비판하는 경향이 있었다.
자본주의 경제 체제가 사회의 전면으로 드러나면서 공동체 구성원들의 도덕적 타락이 현실화된다. 그리고 이러한 타락이 결국 민중의 삶을 고통스럽게 하고, 패배감에 젖게 한다는 것이다. 산업화의 과정에서 소외된 삶을 그린 정희성의 「저문 강에 삽을 씻고」가 대표적이다.

③ 민요와 풍자 정신의 결합, 비판적 감수성을 드러내는 작품이 등장하였다.
민요의 전도(轉倒)표현과 축약법, 전형화의 원리와 우의(寓意), 단절과 상징 등 복잡한 형식 가치들이 현대시의 풍자 원리, 비판적 감수성 등의 형식 원리와 배합되는 양상을 보였다. 김지하의 「오적」이 이러한 경향을 보인다.

(2) 도시적 감수성의 시

① 민중적 감수성이 1970년대 시단을 휩쓸고 이념과 목적에 경도되는 양상이 깊어지자 이에 대한 반성이 나타났다.

이들은 이러한 민중적 이데올로기로부터 자유로운 감성으로 산업화 시대를 비판하기 시작하였다. 예를 들어, 감태준은 시집 『몸 바뀐 사람들』(1978), 『마음이 불어가는 쪽』(1987) 등에서 산업화 과정에서 소외된 자들이 고향으로 돌아갈 수도 없고 도시의 주변을 떠돌 수밖에 없는 현실을 애잔함과 안쓰러움으로 들여다보았다.

② 산업화 사회에서 나타난 도덕성의 타락을 직시하고 이를 회복하려는 시도가 시로 형상화되었다. 산업화, 도시화로 급격하게 변한 삶의 방식에 적응하지 못한 채 갈등을 겪으며 살아가는 도시인들의 도덕적 타락을 직시하고 도덕성을 회복하려고 하였다. 즉, 산업화 시대에서 물질적 가치가 정신적 가치를 압도하는 현상에 비판을 가하고 있다. 김광규의 「묘비명」과 이성복의 「그날」 등이 이러한 경향을 보이고 있다.

③ 산업화 시대를 살아가는 인간적 삶을 소박하고 간결하게 포착하는 시들이 나타났다.

1970년대의 우리 사회가 보여주는 도덕과 생존의 갈등이 한결 깊어지면서 후기 산업사회의 모순을 더 이상 인간이 해결할 수 없다는 인식에 이르게 된다. 그래서 도시인의 한계를 도덕적 규범이 아니라 인간적 소박함의 원리에 따라 드러내고 있다.

(3) 전통적 감수성의 시

전통적 감수성은 내용과 형식, 의식과 기법이 보수적인 것으로, 이러한 경향이 1970년대에도 지속되었다. 이러한 경향의 시인들은 우리 시의 전통성을 인식하고 이를 변혁하기보다는 계승하려는 태도를 취했다.

① 도시적 감수성을 지닌 시인들은 부정적 대상을 반어적으로 바라보는 경향이 짙었지만 전통적 감수성을 지닌 시인들은 이러한 대상조차도 간결하고 소박하게 인식하고 표현하였다. 그리고 이런 현실을 정신적 초월주의로 넘어서려는 경향도 보였다. 조정권의 「벼랑끝」이 대표적이다.

② 민중 이데올로기와 일정한 거리를 두고 자유로운 태도로 자연현상을 노래하는 시들이 나타났다. 이러한 시들은 자연과의 교감, 친화를 통해 현실적 고통을 극복하는 양상을 보였다. 나태주의 「대숲 아래서」가 이러한 경향을 보였다.

3 작품 감상의 실제

(1) 신경림, 「농무」

> 징이 울린다 막이 내렸다
> 오동나무에 전등이 매어달린 가설무대
> 구경꾼이 돌아가고 난 텅 빈 운동장
> 우리는 분이 얼룩진 얼굴로
> 학교 앞 소줏집에 몰려 술을 마신다.
> 답답하고 고달프게 사는 것이 원통하다
> 꽹가리를 앞장세워 장거리로 나서면
> 따라붙어 악을 쓰는 건 쪼무래기들뿐
> 처녀애들은 기름집 담벽에 붙어 서서
> 철없이 킬킬대는구나
> 보름달은 밝아 어떤 녀석은
> 꺽정이처럼 울부짖고 또 어떤 녀석은
> 서림이처럼 해해대지만 이까짓
> 산구석에 처박혀 발버둥친들 무엇하랴
> 비료 값도 안 나오는 농사 따위야
> 아예 여편네에게나 맡겨두고
> 쇠전을 거쳐 도수장 앞에 와 돌 때
> 우리는 점점 신명이 난다
> 한 다리를 들고 날라리를 불거나
> 고개짓을 하고 어깨를 흔들거나

1970년대 초반 산업화의 여파로 파괴되어 가는 농촌 공동체의 모습을 그들의 놀이인 농무의 신명에서 찾고 있는 시로, 사회적 현실의 변화를 비교적 객관적으로 형상화하고 있는 대표적인 작품이다. 이미 공동체적 분위기가 사라져 버렸기 때문에 신명나지 않는 농촌 생활과 이를 안타깝게 지켜보는 농민들의 모습을 사실적으로 전달하고 있다.

(2) 최승호, 「북어」

> 밤의 식료품 가게
> 케케묵은 먼지 속에
> 죽어서 하루 더 손때 묻고
> 터무니없이 하루 더 기다리는
> 북어들,
> 북어들의 일 개 분대가
> 나란히 꼬챙이에 꿰어져 있었다.
> 나는 죽음이 꿰뚫은 대가리를 말한 셈이다.
> 한 쾌의 혀가
> 자갈처럼 죄다 딱딱했다.
> 나는 말의 변비증을 앓는 사람들과
> 무덤 속의 벙어리를 말한 셈이다.
> 말라붙고 짜부라진 눈,
> 북어들의 빳빳한 지느러미.
> 막대기 같은 생각
> 빛나지 않는 막대기 같은 사람들이
> 가슴에 싱싱한 지느러미를 달고
> 헤엄쳐 갈 데 없는 사람들이
> 불쌍하다고 생각하는 순간,
> 느닷없이
> 북어들이 커다랗게 입을 벌리고
> 거봐, 너도 북어지 너도 북어지 너도 북어지
> 귀가 먹먹하도록 부르짖고 있었다.

이 시는 말라서 비틀어진 '북어'라는 시적 대상을 통해 현대인의 모습을 비판하고 있다. 이 시에서 그려지는 현대인들은 생각이나 비판 능력을 잃어버린 상태의 사람들이다. 그들은 혀가 딱딱하게 굳은 채 할 말을 하지 못하는 벙어리라 진실을 말하지 못할 뿐더러 진실을 보지 못할 정도로 눈은 짜부러져 있다. 그들이 하는 생각은 막대기처럼 획일적이고 경직되어 있으며 생명력과 목표 의식을 상실한 채 헤엄쳐 갈 곳이 없는 처지이다. 화자는 이러한 북어의 모습이 현대인과 똑같다며 비판하지만 곧 북어가 화자에게 '너도 북어지'라는 말을 하는 것 같다고 느끼며 경각심을 갖게 된다. 이는 화자도 결국 북어와 같은 현대인이라는 자기반성이 드러난 것이라고 볼 수 있다.

(3) 나태주, 「대숲 아래서」

> 1
> 바람은 구름을 몰고
> 구름은 생각을 몰고
> 다시 생각은 대숲을 몰고
> 대숲 아래 내 마음은 낙엽을 몬다.
>
> 2
> 밤새도록 댓잎에 별빛 어리듯
> 그슬린 등피에 네 얼굴이 어리고
> 밤 깊어 대숲에는 후둑이다 가는 밤 소나기 소리.
> 그리고도 간간이 사운대다 가는 밤바람 소리.
>
> 3
> 어제는 보고 싶다 편지 쓰고
> 어젯밤 꿈엔 너를 만나 쓰러져 울었다.
> 자고 나니 눈두덩이엔 메마른 눈물자죽,
> 문을 여니 산골엔 실비단 안개.
>
> 4
> 모두가 내 것만은 아닌 가을
> 해지는 서녘구름만이 내 차지다.
> 동구 밖에 떠드는 애들의
> 소리만이 내 차지다.
> 또한 동구 밖에서부터 피어오르는
> 밤안개만이 내 차지다.
>
> 5
> 하기는 모두가 내 것만은 아닌 것도 아닌
> 이 가을
> 저녁밥 일찍이 먹고
> 우물가 산보 나온
> 달님만이 내 차지다.
> 물에 빠져 머리칼을 헹구는
> 달님만이 내 차지다.

대숲의 바람소리를 들으며 상념에 잠기는 시적 화자는 그리운 임을 떠올리며 슬픔에 젖기도 하지만, 자연적 세계 속에서 모두가 내 것일 수도 내 것이 아닐 수도 있음을 깨닫고 있다. 대숲 바람 소리를 들으면서 화자는 임에 대한 그리움에 젖는다. 그리고 그 슬픔을 눈앞에 펼쳐지는 자연을 통해 극복하며 새로운 깨달음을 얻고 있다.

제13장 1980년대의 시

1 1980년대 시의 형성

1980년대에 등장한 시인들은 대체로 산업화, 근대화, 군부 독재 시대의 어둠에서 성장하여 날카로운 현실인식을 장착한 채 창작을 하였다. 더욱이 광주 민주화 투쟁이 휩쓸고 간 1980년대는 무엇보다 정치적·사회적 고통과 억압, 민주와 자유의 갈구가 저항적 어조로 터져 나올 수밖에 없었다. 그래서 이 시대의 시는 내용적으로는 민중 지향적이며, 형식적으로는 해체적 성격을 강하게 지녔다. 한편 시대적 아픔과는 일정한 거리를 두면서 전통적인 서정과 기법을 계승하는 작품들도 지속적으로 발표되었다.

2 1980년대 시가 지닌 특징

(1) 저항시

① '민중정신'을 시대 정신으로 삼고, 문학의 사회적 기능을 강조하는 이념 지향적 저항시가 다수 발표되었다.

이 시기의 작품은 1960년대 박봉우, 신동엽 등으로 대표되는 4·19 혁명 이후의 민주화 운동과 1970년대 고은, 김지하 등 유신체제에 대한 체제 저항 운동에 바탕을 둔 것이었다. 사실상 남한의 시단은 지속적으로 참여문학 운동이 전개되었지만 전통적 서정시인들이 주류를 형성하고 있었다. 하지만 '오월의 광주' 사건은 군부 독재의 구조적 모순을 극명하게 보여줌으로써 우리 시단에도 저항시의 바람을 일으켰다. 민중시인들은 '시와 경제', '오월시' 동인을 결성하고 저항적인 목소리를 시에 담았다. 김남주는 「솔직히 말하자」에서 이 시대의 억압된 상황을 고발하고 비판하는 저항시의 전형을 보여주었다.

② 노동자가 문예 운동의 주체가 되어 민중의 분노를 표출하는 시들이 발표되었다.

1984년에 노동자 시인 박노해가 「노동의 새벽」을 세상에 내놓은 것은 민중시 운동의 대전환점이 되었다. 「노동의 새벽」은 노동의 주체인 민중의 울분과 적개심을 자신의 목소리로 생생하게 들려줌으로써 독자들의 지지를 이끌어내었다. 이 시기 들어 민중문학은 지식인 작가, 직업 작가의 손에서 노동자 작가, 농민 작가의 손으로 거듭 태어났다

다만 민중시들이 시대적 당위성과 이념적 설득력을 갖추기는 했지만, 이것을 강조하기 위한 동어 반복과 도식의 반복은 시 자체의 긴장을 무너뜨린다는 평단의 비판을 받기도 한다. 시로서의 자태를 갖추지 못한 작품들이 많았다는 점 또한 사실이기 때문이다.

(2) 서정시

① 시간적 존재론을 통해서 인간의 본질을 서정적으로 형상화하는 경향의 서정시가 등장하였다.

한국시의 주류가 서정시라는 것은 부인할 수 없는 사실이다. 물론 서정을 자연에 묻혀 음풍농월을 노래하는 것으로 여겨서는 안 된다. 서정은 그 시대를 살아가는 새 세대들에게 알맞은 감수성을 끝없이 찾아 변화해가는 과정이다. 이런 점에서 신승근, 이상호, 김용범 등의 시인은 인간 존재론의 차원에서 새로운 서정을 형상화했다고 평가할 수 있다.

② 역사의식, 현실의식을 바탕으로 하고 서정성을 추구하는 새로운 서정시의 경향이 드러나기 시작했다. 1980년대의 역사의식, 사회의식, 정치의식을 인식하고 탐색하면서도 이것에 서정적인 예술의식에 버무려 그 의미를 끌어올리려는 시도가 성과를 나타내기 시작하였다. 최두석, 박태일, 오태환, 안도현 등의 이러한 시작(詩作)은 충분히 매력적이었다.

(3) 해체시 중요

① 기성사회의 모순과 부조리 또는 관습에 대해 저항하는 작품들이 나타났다.

이러한 시들은 기존시의 정신과 방법에 대한 부정정신이 발현된 것이며, 새로운 감수성과 가치관을 형성하기 위한 하나의 탐색이었다. 박남철은 「독자놈 길들이기」에서 기존시의 형식과 방법을 해체하는 경향을 보였다. 시인은 자신의 시에 대해 의아해 하는 '구시대의 독자놈'들에게 무차별한 욕설과 야유를 내뱉으며 궁극적으로 그들을 길들이고자 시도하였다. 여기서 중요한 것은 기존의 관행과 질서 체계를 부정하고, 이를 파괴함으로써 권위적인 관습 체계를 해체하고자 한 것이다.

② 기존 시 작법을 과감히 부정하고 해체함으로써 정신의 자유로움을 추구하고, 현실의 이면에 숨겨져 있는 진실을 탐구하려는 시도가 이어졌다.

기형도, 김영승, 장정일 등은 시 속에 일상의 문제를 끌어왔고, 산문성을 과감하게 도입했다. 그리고 형식적으로는 형태를 뒤틀고 비틀어 놓아 낯설게 하도록 장치하였다. 이러한 해체성은 시의 탄력성과 생명력을 새롭게 확보할 수 있는 계기가 되었다. 그리고 이 과정에서 정신은 보다 자유로워졌고, 또 다른 진실을 직면하게 되었다. 최승호, 김혜순, 하재봉, 박덕규, 정한용, 남진우 등은 이러한 도시적 삶에서의 자유로움이나 상상력의 자유로움을 추구하였다.[25]

3 작품 감상의 실제

(1) 박노해, 「노동의 새벽」

> 전쟁 같은 밤일을 마치고 난
> 새벽 쓰린 가슴 위로
> 차거운 소주를 붓는다
> 아

---

[25] 김재홍, 『80년대 한국시의 비평적 성찰』, 한국현대문학사

이러다간 오래 못가지
이러다간 끝내 못가지

설은 세 그릇 짬밥으로
기름투성이 체력전을
전력을 다 짜내어 바둥치는
이 전쟁 같은 노동일을
오래 못 가도
끝내 못 가도
어쩔 수 없지

탈출할 수만 있다면
진이 빠져, 허깨비 같은
스물아홉의 내 운명을 날아 빠질 수만 있다면
아 그러나
어쩔 수 없지 어쩔 수 없지
죽음이 아니라면 어쩔 수 없지
이 질긴 목숨을,
가난의 멍에를,
이 운명을 어쩔 수 없지

늘어쳐진 육신에
또다시 다가올 내일의 노동을 위하여
새벽 쓰린 가슴 위로
차거운 소주를 붓는다
소주보다 독한 깡다구를 오기를
분노와 슬픔을 붓는다

어쩔 수 없는 이 절망의 벽을
기어코 깨뜨려 솟구칠
거치른 땀방울, 피눈물 속에
새근새근 숨 쉬며 자라는
우리들의 사랑
우리들의 분노
우리들의 희망과 단결을 위해
새벽 쓰린 가슴 위로
차거운 소주잔
돌리며 돌리며 붓는다
노동자의 햇새벽이
솟아오를 때까지.

이 시는 새벽까지 이어지는 살인적인 노동 환경에 처해 있는 노동자인 시적 화자의 인식과 태도를 형상화하고 있다. 화자에게 일은 '전쟁'과 같다. 더군다나 '새벽'까지 계속되는 육체노동에서 벗어나고 싶다고 생각하지만, 가난한 자신의 상황에서 이 일을 안 한다고 딱히 다른 방법이 생기는 것도 아니다. 화자는 죽을 때까지 이 일을 계속할 수밖에 없을 것이라고 생각한다. 그래서 사람들과 모여 '차가운 소주'를 붓고 마시는 화자의 마음은 슬프기만 하다. 힘겨운 현실을 견디어 낼 수밖에 없다고 체념힐 뿐이다. 하지만 그렇게 술을 한 잔, 두 잔 마시다보니 '깡다구'와 '오기'가 생긴다. '분노'와 '슬픔'이 커진다. 그래서 이런 절망적인 현실을 깨트리기 위해 '소줏잔을 돌리며 돌리며' 함께 단결해야 한다고 생각한다. 시적 화자는 노동자들이 이전과는 다른 삶을 살 수 있는 새로운 역사가 펼쳐질 날이 오기를 희망하고 있다.

(2) 송수권, 「산문에 기대어」

> 누이야
> 가을산 그리메에 빠진 눈썹 두어 낱을
> 지금도 살아서 보는가
> 정정(淨淨)한 눈물 돌로 눌러 죽이고
> 그 눈물 끝을 따라 가면
> 즈믄 밤의 강이 일어서던 것을
> 그 강물 깊이깊이 가라앉은 고뇌의 말씀들
> 돌로 살아서 반짝여 오던 것을
> 더러는 물속에서 튀는 물고기같이
> 살아오던 것을
> 그리고 산다화(山茶花) 한 가지 꺾어 스스럼 없이
> 건네이던 것을
>
> 누이야 지금도 살아서 보는가
> 가을산 그리메에 빠져 떠돌던, 그 눈썹 두어 낱을 기러기가
> 강물에 부리고 가는 것을
> 내 한 잔은 마시고 한 잔은 비워두고
> 더러는 잎새에 살아서 튀는 물방울같이
> 그렇게 만나는 것을
>
> 누이야 아는가
> 가을산 그리메에 빠져 떠돌던
> 눈썹 두어 낱이
> 지금 이 못물 속에 비쳐옴을

시인의 등단작이자 대표작으로, 화자가 죽은 누이에게 말을 건네는 형식을 취하고 있다. 화자는 가을날 산문에 기대어 누이를 부르며 누이에 대한 그리움의 정서를 눈물로 드러내고 있다. 그러나 화자는 누이에 대한 그리움과 한을 누이와의 재회에 대한 믿음으로 전환시킨다. '살아서 반짝여 오던', '살아서 튀

는' 등의 시구에서 이러한 화자의 정서를 확인할 수 있다. 이처럼 이 시는 죽음에 대한 애상적 정서를 재회에 대한 희망과 기대의 심정으로 발전시키는 시상을 드러내고 있다.

(3) 장정일, 「라디오와 같이 사랑을 끄고 켤 수 있다면」

> 내가 단추를 눌러 주기 전에는
> 그는 다만
> 하나의 라디오에 지나지 않았다.
>
> 내가 그의 단추를 눌러 주었을 때
> 그는 나에게로 와서
> 전파가 되었다.
>
> 내가 그의 단추를 눌러 준 것처럼
> 누가 와서 나의
> 굳어 버린 핏줄기와 황량한 가슴 속 버튼을 눌러다오.
> 그에게로 가서 나도
> 그의 전파가 되고 싶다.
>
> 우리들은 모두
> 사랑이 되고 싶다.
> 끄고 싶을 때 끄고 켜고 싶을 때 켤 수 있는
> 라디오가 되고 싶다.

이 시는 김춘수의 「꽃」을 패러디 기법을 사용하여 재창작함으로써 소비적 사랑의 현실 세태를 비판하고 있다. 대중에게 널리 알려져 있는 작품인 「꽃」의 의미를 작가 특유의 방법으로 뒤집어 현대 사회의 풍속도를 제시하였다. 그것은 타인과의 지속적이고 친밀한 관계를 원하지 않는 메마른 태도로 나타나며, 또한, 자신이 내킬 때는 애정을 나누다가도 마음이 바뀌면 상대가 곧 사라져 주기를 바라는 이기적인 태도로 그려져 있다. 시인은 김춘수의 「꽃」에 나타나 있는 것과 같은 진지하고 친밀한 인간관계가 오늘날에도 감동과 갈망을 불러일으킬 수 있겠느냐는 반문을 던지고 있다.

제10편 | 실전예상문제

01 다음 중 개화기 시가의 특징으로 볼 수 <u>없는</u> 것은?

① 개화기 시가는 특히 초기에 '독립가' 혹은 '애국가'라는 모습을 띠고 있었다.
② 개화가사는 전통적 율조인 4·4조 리듬을 취하고 있다는 데 큰 공통점이 있다.
③ 전통적인 형식으로 보편적인 정서 반응으로 노래하고 있다.
④ 밀려드는 외래사조와 문물제도들에 대한 반응을 새로운 형식적 장치로 노래했다.

02 개화기 시가의 형성 배경으로 볼 수 <u>없는</u> 것은?

① 근대적 인쇄매체로서 신문이 간행된 점이다.
② 불교의 국내 유입과 그에 따른 영향력의 측면이다.
③ 신교육에 대한 주체적 자각과 그에 따른 문화적 개안의 측면이다.
④ 학회의 결성과 회지 발간이 활성화된 점을 들 수 있다.

---

01 개화기 시가는 세차게 밀려드는 외래사조와 문물제도들에 대한 반응을 새로운 형식적 장치를 구비하여 새로운 감수성의 차원으로 노래하기보다는, 우리에게 익숙한 형식적 율조를 통해 보편적인 정서 반응으로 노래하고 있다는 데 그 특징이 있다.
④ 밀려드는 외래사조와 문물제도들에 대한 반응을 새로운 형식적 장치가 아닌 전통적 양식으로 노래했다.

02 개화기 시가의 형성 배경으로는 근대적 인쇄매체로서 신문이 간행된 점, 기독교의 국내 유입과 그에 따른 영향력의 측면, 신교육에 대한 주체적 자각과 그에 따른 문화적 개안의 측면, 학회의 결성과 회지 발간이 활성화된 점을 들 수 있다. 불교는 개화기가 아닌 삼국 시대에 유입되었다.

정답 01 ④ 02 ②

03 다음 작품에 대한 설명으로 옳지 않은 것은?

> 잠을 ᄭᆡ세, 잠을 ᄭᆡ세,
> ᄉᆞ천 년이 쑴 속이라.
> 만국(萬國)이 회동(會同)ᄒᆞ야
> ᄉᆞ희(四海)가 일가(一家)로다.
>
> 구구세졀(區區細節) 다 ᄇᆞ리고
> 샹하(上下) 동심(同心) 동덕(同德)ᄒᆞ세.
> ᄂᆞᆷ으 부강 불어ᄒᆞ고
> 근본 업시 회빈(回賓)ᄒᆞ랴.
>
> 범을 보고 개 그리고
> 봉을 보고 둙 그린다.
> 문명(文明) 기화(開化) ᄒᆞ랴 ᄒᆞ면
> 실샹(實狀) 일이 뎨일이라.
>
> 못셰 고기 불어 말고
> 그믈 미ᄌᆞ 잡아 보세.
> 그믈 밋기 어려우랴
> 동심결(同心結)로 미ᄌᆞ 보세.
>
> ─ 이중원, 「동심가(同心歌)」 ─

① 문명 개화를 이룩하기 위해 힘써야 함을 노래했다.
② 4·4조의 기본 율조로서 전통적인 가사의 형식을 벗어나 있다.
③ 내용과 의식에 있어서 새 시대에 대한 인식을 담고 있다.
④ 대구의 방식이나 교술적 문맥을 보이고 있다.

03 이 작품은 4·4조의 기본 율조로서 전통적인 가사의 형식을 갖추고 있다. 다만 분절이 된 점은 전통 시가와 다르다.
문명 개화를 주제로 노래했기에 내용과 의식에 있어서 새 시대에 대한 인식을 담고 있으며, 형식적으로 대구의 방식이고, 개화의 필요성을 말하고 있으므로 교술적 문맥을 보이고 있다.

정답 03 ②

04 다음 설명에서 괄호 안에 들어갈 말로 적절한 것은?

> 애국가·독립가 및 개화가사에서 분화·발전한 것으로 독립과 개화의 의지를 고취시키기 위해서 부르던 노래이다. ( )라는 명칭은 개항과 함께 수용된 서구의 악곡에 맞추어 제작된 노래가사라는 뜻을 지닌다. 가사를 단형화한 것, 민요에 의거하여 지은 것, 기독교 찬송가와 같은 서양노래 곡조에 얹어서 부르도록 지은 것 등 그 출처가 다양하며 최초의 ( )는 1896년 7월 제작된 「황제탄신경축가」이다.

① 창가
② 신체시
③ 개화가사
④ 찬송가

05 다음 중 창가의 특징으로 볼 수 없는 것은?

① 창가는 그 내용 면에서 개화가사에 비해 상당히 진보적이다.
② 창가는 연행체(連行體)인 개화가사에 비해 대체로 분절체 형식을 취하고 있다.
③ 창가는 일상적인 문맥을 가진 시문체(詩文體)를 사용하고 있다.
④ 창가는 한자 어휘와 문어체의 사용 측면에서 과거지향적인 측면이 보다 강화됐다.

정답 04 ① 05 ④

06 다음 설명에서 괄호 안에 들어갈 작가로 옳은 것은?

( )의 창가는 개화가사와는 달리 현실에 대한 강한 비판적 태도나 민족과 국가의 독립에 대한 열망과 같은 정치적 주장이 나타나지 않는다. 오히려 새로운 문명의 세계를 동경하며 새로운 문물과 지식을 계몽하는 데에 목표를 주고 있다. 개화가사의 현실 지향적 태도에 비한다면, 이것은 일종의 낭만적 이상주의적 태도에 속한다고 할 수 있다.

① 최남선
② 이광수
③ 주요한
④ 김동리

06 최남선의 「경부철도노래」, 「세계일주가」 같은 창가는 새로운 문명의 세계를 동경하며 새로운 문물과 지식을 계몽하는 데에 목표를 두고 있다. 이광수, 주요한, 김동리 등은 창가 작가와는 거리가 멀다.

07 다음 설명에서 괄호 안에 들어갈 내용으로 적절한 것은?

개화기 시가의 한 유형으로 한국 근대시에 이르는 과도기적인 형태의 시가이다. ( )는 '신시(新詩)'라는 명칭과 함께 통용되어 왔으며, 다 같이 그 전대의 고시가(古詩歌)나 애국가 유형(愛國歌類型), 개화가사(開化歌辭) 및 창가(唱歌)에 대한 새로움의 의미를 나타내고 있다.

① 신체시
② 정형시
③ 자유시
④ 서정시

07 신체시는 구체시(舊體詩)를 배제하고 서구의 시(poetry)에 해당시키려는 의도에서 비롯된 것으로 보인다. 신체시에 해당되는 작품은 보는 입장에 따라 다를 수 있으나 대체로 1908년에 발표된 최남선의 「해에게서 소년에게」 이후부터 1919년 『창조』 창간호에 발표된 주요한의 「불놀이」 이전까지의 시를 가리킨다.

정답 06 ① 07 ①

08 다음 중 신체시의 특징으로 옳은 것은?

① 대부분의 7·5조의 자수율에 의거한 정형적 리듬을 가진다.
② 「경부철도노래」, 「세계일주가」 같은 작품이 대표적이다.
③ 초기에는 '독립가' 혹은 '애국가'라는 모습을 띠고 있었다.
④ 형태와 의식면에서 모두 전통적인 요소로부터 벗어났다.

08 개화가사가 형태면에서 전근대적이며, 창가가 불분명한 양식적 성격을 지닌 데 비해 신체시는 형태와 의식면에서 모두 전통적인 요소로부터 벗어난 모습을 보여준다.
①, ②는 창가의 특징이고, ③은 개화가사의 특징이다.

09 다음 중 최초의 신체시 작품은 무엇인가?

① 「경부철도가」
② 「세계일주가」
③ 「황제탄신경축가」
④ 「해에게서 소년에게」

09 학계에서는 최남선의 「해에게서 소년에게」를 신체시의 효시로 삼는 것이 통설이다.
「경부철도가」, 「세계일주가」, 「황제탄신경축가」는 모두 신체시 이전 단계라고 할 수 있는 창가이다.

10 우리 시사에서 자유시의 형성 배경으로 종합지의 발간을 들 수 있다. 다음 중 개화기의 종합지로 볼 수 없는 것은?

① 『소년』
② 『청춘』
③ 『장미촌』
④ 『학지광』

10 개화기의 대표적인 종합지에는 『소년』, 『청춘』(1914)과 함께 『학지광』(1914), 『태서문예신보』(1918) 등이 있다. 『장미촌』은 1921년 장미촌사에서 간행한 우리나라 최초의 시 전문 잡지이다.

정답 08 ④ 09 ④ 10 ③

11 다음 설명에서 괄호 안에 공통으로 들어갈 문예지로 적절한 것은?

> 초기 자유시의 형성을 본격적으로 주도한 것은 역시 (   ) (1918. 9)이다. 이것은 문예전문지로서의 잡지의 성격과 서구지향적인 수용태도, 그리고 외국작품의 번역, 소개를 주된 내용으로 한다. (   )에 게재된 창작시는 총 38편인데 본격적인 자유시 행을 보여준 것은 김억과 황석우 시에 국한된다.

① 『백조』
② 『폐허』
③ 『장미촌』
④ 『태서문예신보』

11 『태서문예신보』는 우리나라 최초의 주간지로 1918년 9월 창간되어 1919년 2월 16호로 종간되었다. 주간은 장두철(張斗澈)로 발간 당시에는 종합지의 성격을 띠고 문예작품 외에도 취미기사를 실었으나 그 뒤 곧 문예지의 성격을 띠면서 서구지향적인 수용태도를 바탕으로 외국작품의 번역, 소개 등을 주로 했다.

12 다음 설명에서 괄호 안에 공통으로 들어갈 문예지로 적절한 것은?

> 우리나라에서 전개된 낭만주의 시 운동은 대체로 1922년 1월에 창간된 (   )에서 절정을 이룬 것으로 간주되고 있다. 『폐허』지에서 『장미촌』을 거쳐 (   )에 이르는 낭만주의시의 공통된 특질은, 대체로 퇴폐적인 것이 주조를 이루었다.

① 『소년』
② 『청춘』
③ 『백조』
④ 『폐허』

12 『백조』는 1922년 1월 박종화(朴鍾和)·홍사용(洪思容)·나도향(羅稻香)·박영희(朴英熙) 등이 창간하였다. 편집인은 홍사용, 발행인은 일제의 검열을 피하기 위해 외국인을 택했으며, 초기 근대 낭만주의 시 운동에 크게 기여하였다.

13 다음 중 낭만주의 작가와 작품이 잘못 연결된 것은?

① 홍사용, 「나는 왕이로소이다」
② 이상화, 「나의 침실로」
③ 박종화, 「밀실로 돌아가다」
④ 김해강, 「광명을 캐는 무리」

13 김해강은 날카로운 현실비판 의식을 담고 있으면서도 그것을 낯선 언어로 그리지 않고 강한 상징성으로 담아낸 경향파 작가이다. 홍상화, 이상화, 박종화는 모두 낭만주의 시인으로 활동하였다.

정답 11 ④ 12 ③ 13 ④

14　1920년대 중반 사회주의 사상이 유행하면서 카프(KAPF)가 결성되고, 본격적인 계급문학이 시작되었다. 지나친 목적의식을 지녔다는 비판을 받지만, 문학에서의 대중 개념 도입, 비평의 과학성 등의 측면에서 문학 발전에 공헌한 시적 흐름은 경향시이다.

15　3·1 운동 이후 노동자 계급을 비롯한 민중을 민족 해방 운동의 주체로 본 문학들이 문학도 프롤레타리아 해방에 이바지해야 한다는 목적으로 조직한 문예 운동 단체를 카프(KAPF : Korea Artista Proleta Federatio)라고 한다.

16　임화의 시 「우리 오빠와 화로」는 시적 화자인 누이동생이 노동 운동을 하다 감옥에 갇힌 오빠에게 보내는 편지 형식으로 되어 있다. '단편 서사시'라는 새로운 형식을 통해 노동 운동과 계급투쟁이라는 무거운 주제를 정감 있게 담아내고 있는 것이 특징이다.

정답　14 ①　15 ①　16 ①

---

14 다음 설명에 해당하는 문학적 흐름을 보이는 시를 일컫는 말은?

> 특정한 사상이나 주의(主義)를 선전하려는 목적이 강한 시를 말한다. 주로 사회주의 사상에 부합하는 것으로, 우리나라에서는 1920년대에 감상적인 개인주의 시에 대한 반발로 등장하였다.

① 경향시
② 민족시
③ 낭만시
④ 순수시

15 다음 설명에서 괄호 안에 들어갈 내용으로 적절한 것은?

> 경향시가 본격화되는 것은 1925년 계급주의적 문학단체인 (　　)가 결성되면서부터이다. 이 시기 이후 경향시는 노동자, 농민 등 프롤레타리아 계급의 진정한 해방을 위한 투쟁의식의 고취라는 구체적이고 현실적인 목적에 기여하는 시를 창작하게 된다. 카프 맹원으로 활동한 김해강, 김창술, 권환, 임화, 박세영 등이 그 대표적 시인들이다.

① 카프(KAPF)
② 구인회
③ 동반자 작가
④ 국민문학파

16 KAPF 내의 최고 시인이자 평론가였던 임화의 초기 대표작으로, 누이동생의 편지 형식으로 쓰인 작품은?

① 「우리 오빠와 화로」
② 「현해탄」
③ 「네거리의 순이」
④ 「너 어느 곳에 있느냐」

17 임화의 다음 시에서 〈보기〉의 내용에 해당하는 시어는?

> 사랑하는 우리 오빠 어저께 그만 그렇게 위하시던 오빠의 거북무늬 질화로가 깨어졌어요.
> 언제나 오빠가 우리들의 '피오닐' 조그만 기수라 부르는 영남(永男)이가
> 지구에 해가 비친 하루의 모든 시간을 담배의 독기 속에다 어린 몸을 잠그고 사 온 그 거북무늬 화로가 깨어졌어요.
>
> 그리하여 지금은 화젓가락만이 불쌍한 우리 영남이하구 저하구처럼
> 똑 우리 사랑하는 오빠를 잃은 남매와 같이 외롭게 벽에 가 나란히 걸렸어요.
>
> – 임화, 「우리 오빠와 화로」 중에서 –

― 보기 ―
오빠가 잡혀감으로써 외로운 처지가 된 남매의 이미지를 연상시키면서, 계급 투쟁의 불씨를 다시 피울 미래에 대한 희망을 상징하고 있다.

① 질화로
② 지구
③ 화젓가락
④ 벽

17 임화의 「우리 오빠와 화로」에서 '화젓가락'은 오빠가 잡혀감으로써 외롭게 남게 된 남매의 이미지를 연상시키는 시어이면서, 동시에 이후 등장하는 '화로는 깨어져도 화젓갈은 깃대처럼 남지 않았어요'라는 표현에서 계급 투쟁의 불씨를 다시 피울 미래에 대한 희망과 그를 위한 투쟁의 의지를 상징하고 있다.

18 다음 중 프로시의 의의로 볼 수 없는 것은?

① 서정 장르로서의 시의 영역을 확대하는 데 기여하였다.
② 사회적 효용성을 본격적으로 문제 삼을 수 있었다.
③ 창작에 있어서 민족주의 이념을 구현하고자 했다.
④ 현실인식과 정치적 이념이라는 요소를 시의 창작 기초로 수용했다.

18 민족주의 이념을 반영한 문학을 탐구하려는 운동은 1920년대 중반 이후 소위 국민문학파로 지칭되는 일군의 문인들에 의해 본격화되기 시작하였으므로 프로시의 의의로 볼 수 없다.
① 프로시는 서정시의 영역을 확대하는 데 기여하였다.
② 프로시는 문학의 사회적 효용성을 문제 삼았다.
④ 프로시는 현실인식과 정치적 이념을 시의 요소로 수행했다.

정답 17 ③ 18 ③

19 전통문학 양식 중 가장 오랜 생명력을 유지한 것이 시조이다. 시조 부흥 운동은 전통으로의 회귀라는 점에서 서정장르로서의 시의 영역을 확대시킨 것은 아니다. 서정시의 영역을 확대한 것은 프로시이다.

20 시조 부흥 운동은 조선프롤레타리아예술가동맹(KAPF)의 계급문학에 대응해 문단의 주도권을 차지하기 위해 펼친 문학 운동이다 보니 철저한 문학 이론이나 문학사적인 검증 없이 시조의 계승만을 주장하여 옛시조의 재현이라는 차원을 넘어서지 못했다. 한편 시조 부흥 운동은 당시 프롤레타리아 문학(프로문학)에 맞서 최남선·이광수 등이 참가한 국민문학파의 핵심내용이었으며, 형식을 나타내는 단위로 '장'(章)과 '구'(句)로 나누어 옛시조의 형식은 '3장 6구'라고 했다.

21 김소월은 민요가 지닌 형식적 특징을 그대로 따르기보다 그것을 변용시켜 새로운 시 형식을 창조하는 데 사용함으로써 발전적인 성공을 이룰 수 있었다. 또한 재래 민요나 민담에서 제재를 취하면서도 시어를 잘 다듬고 압축하여 시의 구조적 긴장감을 낳게 하는 성공적인 민요시를 보여 주었다.

---

19 다음 중 시조 부흥 운동의 의의로 볼 수 없는 것은?

① 민족정서의 회복
② 국민감정의 공감대를 확산
③ 민족의 문화적 긍지를 고양
④ 서정장르로서의 시의 영역 확대

20 다음 중 시조 부흥 운동의 한계로 볼 수 있는 것은?

① 철저한 문학 이론이나 문학사적인 검증의 부재
② 계급문학에 대응해 문단을 주도함
③ 최남선·이광수 등이 참가한 국민문학파의 핵심
④ 형식을 나타내는 단위로 '장(章)'과 '구(句)'를 사용함

21 다음 설명에 해당하는 시인은 누구인가?

- 민요가 지닌 형식을 변용시켜 새로운 시 형식을 창조했다.
- 재래 민요나 민담에서 제재를 취하면서도 시의 구조적 긴장감을 높였다.
- 3음보 율격을 지닌 7·5조의 정형시로서 민요적 전통을 계승, 발전시켰다.
- 향토적 소재와 설화적 내용을 바탕으로 민족적 정감을 높였다.

① 김소월
② 한용운
③ 이상화
④ 박목월

정답 19 ④ 20 ① 21 ①

22 다음 시에 대한 설명으로 적절하지 않은 것은?

> 접동
> 접동
> 아우래비 접동
>
> 진두강(津頭江) 가람가에 살던 누나는
> 진두강 앞마을에
> 와서 웁니다
>
> 옛날, 우리나라
> 먼 뒤쪽의
> 진두강 가람가에 살던 누나는
> 의붓어미 시샘에 죽었습니다
>
> 누나라고 불러 보랴
> 오오 불설워
> 시새움에 몸이 죽은 우리 누나는
> 죽어서 접동새가 되었습니다
>
> 아홉이나 남아 되던 오랩동생을
> 죽어서도 못 잊어 차마 못 잊어
> 야삼경(夜三更) 남 다 자는 밤이 깊으면
> 이 산 저 산 옮아 가며 슬피 웁니다
>   - 김소월, 「접동새」 -

① 의성어를 통해 대상에 대한 정을 표현하고 있다.
② 방언을 사용하여 향토적 정서를 환기시키고 있다.
③ 청각적 이미지를 통해 시적 분위기를 만들고 있다.
④ 현실에 대한 부정적 인식을 역설적으로 드러내고 있다.

22 이 시에는 역설적 표현이 사용되지 않았으며 현실에 대한 부정적 인식이 드러난다고 보기는 어렵다.
① '접동 / 접동 / 아우래비 접동'이라는 의성어를 통해 동생을 그리워하는 죽은 누이의 마음을 표현하고 있다.
② '아우래비', '불설워', '시새움' 등의 방언을 통해 향토적 정서를 불러일으키고 있다.
③ '접동 / 접동 / 아우래비 접동', '슬피 웁니다'에서 청각적 이미지를 드러내며 슬픈 분위기를 조성하고 있다.

정답 22 ④

23 이 시는 꽃이 피고 지는 자연의 순환과 그 속에서의 인간을 비롯한 모든 존재의 근원적 고독을 그리고 있으며, 생성과 소멸이라는 자연의 모습을 바탕으로 규칙적인 율격을 사용하고 있다.
④ 대자연 속에서의 미미한 인간 존재를 그리고 있는 것은 아니다.

23 다음 시에 대한 설명으로 옳지 않은 것은?

> 산에는 꽃 피네
> 꽃이 피네
> 갈봄 여름 없이
> 꽃이 피네.
>
> 산에
> 산에
> 피는 꽃은
> 저만치 혼자서 피어 있네.
>
> 산에서 우는 작은 새여
> 꽃이 좋아
> 산에서
> 사노라네.
>
> 산에는 꽃이 지네
> 꽃이 지네
> 갈봄 여름 없이
> 꽃이 지네.
>
> — 김소월, 「산유화」 —

① 존재의 근원적 고독을 노래하고 있다.
② 순환하며 계속되는 자연의 모습이 나타나 있다.
③ 음보와 음수율을 사용하여 리듬감을 형성하고 있다.
④ 대자연 속에서 인간이라는 존재의 미미함을 강조하고 있다.

정답 23 ④

24 다음 설명에서 괄호 안에 들어갈 작품으로 옳은 것은?

한용운은 시집 (　　) 서문에서, '기룬(찬양하는) 것은 다 님이다.'라고 했다. 따라서 한용운이 생애를 통해 '기루었던', '부처님'이나 '불교의 진리', '조국', '어느 여인' 등으로 그의 임을 추측할 수 있으며, 포괄적 의미에서는 '절대자'라고 할 수도 있다. 특히 그가 일제에 끝까지 저항한 의지적 독립지사임을 생각하면, 그것이 '조국'일 가능성도 높다.

① 『님의 침묵』
② 『진달래꽃』
③ 『떠나가는 배』
④ 『동백잎에 빛나는 마음』

24 만해 한용운(萬海 韓龍雲, 1879~1944)은 그의 첫 시집이며 마지막 시집이기도 한 하나뿐인 시집 『님의 침묵』의 머리말을 '군말'이라고 썼다. 그리고 첫머리에 쓰기를, "님만이 님이 아니라 기룬 것은 다 님"이라고 했다. 그뿐이 아니고 스스로 "해 저문 벌판에서 돌아가는 길을 잃고 헤매는 어린 양"을 기루며, 그래서 이 시를 쓴다고 했다.

25 다음 중 김소월 시의 문학사적 의의로 옳은 것은?

① 산문적인 개방을 지향한 자유시로서의 형태를 완성시켰다.
② 전통적인 시 정신의 심화와 확대를 통해서 창조적 계승을 성취했다.
③ 한국인의 보편적인 정서와 민요적 율격에 밀착되어 있다.
④ 민족주체성을 시적으로 탁월하게 형상화한 민족시로서의 성격을 지닌다.

25 김소월의 시는 한국인의 보편적인 정서와 민요적 율격에 밀착되어 있다. 표면에 그리움, 슬픔, 한(恨) 등 비극적 사랑의 정감이 있으면서도 이면에는 존재에 대한 형이상학적 성찰을 담고 있으며, 그 심층에는 험난한 역사와 현실 속에서 삶의 어려움을 참고 이겨내고자 하는 초극(超克)의 정신이 자리 잡고 있다는 점에 참뜻이 놓여 있다.

정답 24 ① 25 ③

26 이 시는 타향에서 병을 앓다가 만난 의원이 화자가 아버지처럼 섬기는 이와 친구 사이임을 알게 되어, 그를 통해 따스한 고향의 정을 느끼고 고향을 떠올리게 된다는 내용을 담고 있는 백석의 「고향」이다.

26 다음 작품의 제목과 작가가 옳게 짝지어진 것은?

> 나는 북관(北關)에 혼자 앓아 누워서
> 어느 아침 의원(醫員)을 뵈이었다.
> 의원은 여래(如來) 같은 상을 하고 관공(關公)의 수염을 드리워서
> 먼 옛적 어느 나라 신선 같은데
> 새끼손톱 길게 돋은 손을 내어
> 묵묵하니 한참 맥을 짚더니
> 문득 물어 고향이 어데냐 한다.
> 평안도 정주라는 곳이라 한즉
> 그러면 아무개 씨 고향이란다.
> 그러면 아무개 씰 아느냐 한즉
> 의원은 빙긋이 웃음을 띠고
> 막역지간이라며 수염을 쓸는다.
> 나는 아버지로 섬기는 이라 한즉
> 의원은 또다시 넌즈시 웃고
> 말없이 팔을 잡아 맥을 보는데
> 손길은 따스하고 부드러워
> 고향도 아버지도 아버지의 친구도 다 있었다.

① 오장환, 「고향」
② 백석, 「고향」
③ 정지용, 「향수」
④ 김상옥, 「사향」

정답 26 ②

27 다음 설명에 해당하는 시적 흐름을 보이는 유파로 옳은 것은?

> 이 유파의 성향은 순수시를 지향한다는 것과 시에 제거되었던 서정성을 회복한다는 뜻으로 해석될 수 있다. 언어의 실용성에 대한 포기, 즉 독자와 소통한다는 언어의 본래적 기능을 회피하고 시인 각자가 자신의 만족을 위해 시를 썼다고 보아야 한다.

① 시문학파
② 청록파
③ 생명파
④ 모더니즘

27 시문학파란 1930년 3월에 창간한 『시문학』 동인을 말한다. 이들 역시 경향파의 정치적 목적시에 반대하고 나선 순수시파이다. 이들은 철저한 서정시 본위로 시문학 운동을 전개한 동인들이었다.

28 다음 설명에서 괄호 안에 들어갈 작가의 이름으로 적절한 것은?

> ( )의 시작 활동은 박용철·정지용·이하윤(異河潤) 등과 시문학 동인을 결성하여 1930년 3월에 창간된 『시문학』에 시 「동백잎에 빛나는 마음」·「언덕에 바로 누워」 등 6편과 「사행소곡칠수(四行小曲七首)」를 발표하면서 본격적으로 시작되었다.

① 김소월
② 한용운
③ 김영랑
④ 정지용

28 시문학파를 대표하는 김영랑 시인은 절제된 언어로 민요적 운율의 시를 썼다. 대표작으로 「모란이 피기까지는」, 「돌담에 속삭이는 햇발」이 있다. 절제된 언어로 민요적 운율의 시를 썼다.

정답 27 ① 28 ③

29 모더니즘은 현대 문학과 예술의 자유·평등의 사상을 바탕으로 하여 기성 도덕이나 전통적 권위에 대립하여 현대적 문화생활을 반영한 주관적이고 실험적인 경향의 총칭이다. 20세기 초 프랑스 문학에서 시작되었으며, 미래파·표현파·다다이즘·주지파 등을 포괄적으로 총칭하기도 한다. 한국에서는 1934년 최재서·김기림 등에 의해 도입되었다.

29 다음 설명에서 괄호 안에 들어갈 유파로 옳은 것은?

> 우리나라에서 (   )은(는) 1930년대 김기림에 의해서 도입되고 주창되었던 영·미의 이미지즘 내지 주지주의 시 운동을 중심으로 이에 직·간접으로 동조했던 정지용·김광균·이상과 장만영·신석정 등의 초기시에 나타난 여러 경향을 지칭하는 것으로 통용된다.

① 모더니즘
② 시문학파
③ 청록파
④ 참여주의

30 이상의 「오감도」는 시가 생각이나 정서를 간결한 언어로 표현한다는 고정관념을 무너뜨린 난해한 작품이며 불안·공포·죽음 등의 자의식에 의한 현실의 해체를 지향하고 있다. 또한 주로 구체적인 현실이나 대상 없이 새롭게 만든 시어를 사용했다. 유치환, 김광균, 김기림은 전통적 서정시의 양식에 가까운 시를 썼다.

30 다음 설명에 해당하는 작품으로 옳은 것은?

> 이 시는 일상적인 문법 체계와 일반적인 시의 구성 방식을 부정하고 있다. 띄어쓰기를 무시하고 동일한 구문을 열 세 번이나 반복하며, 앞에서 진술한 내용을 바로 다음에서 부정해 버리는 식이다. 즉 형식의 파격, 이성과 논리를 넘어 현대인의 정신세계를 그려낸 것이다. 작품 속에 나타나는 두 개의 심리, 즉 공포감과 그 공포로부터 탈출하려는 다급한 욕구는 현대인의 어두운 내면을 보여 주고 있다.

① 유치환, 「생명의 서」
② 김광균, 「설야」
③ 김기림, 「바다와 나비」
④ 이상, 「오감도」

정답 29 ① 30 ④

31 다음 설명에 해당하는 작품으로 옳은 것은?

> 이 시는 고민, 좌절, 절망의 끝에서 허무 의식을 떨치고 일어서려는 강인한 의지를 노래하였다. 시적 화자는 삶의 가치에 대한 회의와 번민으로부터 스스로를 구제하기 위한 대결의 공간으로 사막을 설정하고, 참된 자아를 찾기 위해 '열렬한 고독'의 길을 가고자 한다. 그럼에도 불구하고 참된 '나'를 발견하지 못한다면 차라리 죽음의 세계에 자신을 바치겠노라는 비장한 의지가 담겨 있다. 여기서 참된 '나'란 성취하고자 하는 '근원적 생명과 순수성으로서의 자아'라 할 수 있다.

① 서정주, 「국화 옆에서」
② 유치환, 「생명의 서」
③ 박목월, 「나그네」
④ 조지훈, 「다부원에서」

31 유치환의 「생명의 서」는 생명의 본질을 강인한 의지로 추구한 작품이다. '생명 의식'이라고 하는 관념적인 문제를 남성적인 독백체의 어조와 의지적인 태도로 노래하면서 자신을 버려야만 참된 자아를 찾을 수 있다는 역설적 사고를 통해 화자의 의지를 효과적으로 부각한 작품이다.

32 다음 설명에서 괄호 안에 들어갈 유파로 옳은 것은?

> 1930년대 전반기의 모더니즘 운동의 기세가 수그러들자 시단에는 농촌생활을 제재로 한 전원풍 내지 목가풍의 시가 등장한다. 김동명, 김상용, 신석정 등이 바로 전원파 시인들이다. 이들은 재래 문학의 한 전통인 은둔과 자연 관조를 일삼고 있다. 박목월, 조지훈, 박두진 같은 세 시인 역시 뚜렷한 자연 지향성, 토속적 아름다움의 추구라는 면에서 자연 관조 흐름의 연장선상에 있기 때문에 (　　)(으)로 불리기 시작했다.

① 생명파
② 청록파
③ 시문학파
④ 모더니즘

32 1946년 박목월, 조지훈, 박두진 세 시인이 공저한 시집 『청록집(靑鹿集)』이 을유문화사(乙酉文化社)에서 간행되었는데, 이 시집의 이름에 의거하여 '청록파'라고 부르게 되었다. 세 시인은 각기 시적 지향이나 표현의 기교나 율조를 달리하고 있으나, 자연을 제재로 하고 자연의 본성을 통하여 인간적 염원과 가치를 성취시키고자 하였던 공통점이 있다.

정답 31 ②   32 ②

33 윤동주는 잎새에 이는 바람에도 힘들어할 만큼의 절대적 순수성이 꽃처럼 붉은 피를 순순히 흘리겠다는 성자(聖者)와 같은 숭고(崇高)한 정신으로 순절(殉節)했던 시인으로 자아 성찰과 삶의 자각을 바탕으로 내성적 시를 썼다.

33 다음 설명에서 괄호 안에 공통으로 들어갈 시인으로 옳은 것은?

> 시인 ( )은(는) 고뇌하는 나르시시스트 혹은 청교도적 순결성을 지닌 영원한 청년으로 다가온다. 그런데 ( )에게는 보통의 나르시시스트가 갖는 자기만족적 도취감은 없다. 자아 성찰과 삶의 자각은 그로 하여금 내성적 시를 쓰게 했다. ( )의 시편들은 외견상 심약(心弱)한 자의 망설임과 번민과 자책(自責)의 소산인 것처럼 보인다.

① 정지용
② 윤동주
③ 이육사
④ 김수영

34 이 시의 어조는 시종일관 애상적인 어조이다. 따라서 어조의 변화를 찾아볼 수 없다. 또 이 시에서 분위기의 반전이 일어난 부분은 없다. 반전시킨다는 것은 반대되는 방향으로 바꾼다는 것인데, 이 시의 분위기 역시 어조와 조응하여 시종일관 애상적이기 때문이다.

34 다음 작품에 대한 설명으로 옳지 않은 것은?

> 눈물 아롱아롱
> 피리 불고 가신 임의 밟으신 길은
> 진달래 꽃비 오는 서역(西域) 삼만 리.
> 흰 옷깃 여며 여며 가옵신 임의
> 다시 오진 못하는 파촉(巴蜀) 삼만 리.
> 신이나 삼아 줄걸 슬픈 사연의
> 올올이 아로새긴 육날 메투리.
> 은장도 푸른 날로 이냥 베어서
> 부질없는 이 머리털 엮어 드릴걸.
> 초롱에 불빛, 지친 밤하늘
> 굽이굽이 은핫물 목이 젖은 새,
> 차마 아니 솟는 가락 눈이 감겨서
> 제 피에 취한 새가 귀촉도 운다.
> 그대 하늘 끝 호올로 가신 임아.
>   - 서정주, 「귀촉도(歸蜀道)」 -

① 어조의 변화를 통해 분위기를 반전시키고 있다.
② 문장의 어순을 도치하여 리듬감을 높이고 있다.
③ 감정이입을 통해 화자의 정서를 드러내고 있다.
④ 특정 시어를 늘여 씀으로써 정감의 깊이를 부각하고 있다.

정답 33 ② 34 ①

35 다음 설명에 해당하는 작품으로 옳은 것은?

> 이 시에는 '적'과 '미움'이라는 말이 쓰였다. 그러나 이 시에서의 '적'은 저주나 말살의 대상이 아니라 사랑으로 순화해야 할 대상이다. 그러기에 이 시의 서정적 주인공이 목놓아 우는 것은 '적'에 대한 원한 때문이 아니다. 이념이라는 허상(虛像)과 인간 본성의 투쟁욕이 빚은 국토 분단과 동족상잔(同族相殘)의 비참한 현실을 아파하는 것이다. 이를 통해 시인의 크리스트교적 형제애, 인류애를 엿볼 수 있다.

① 박인환, 「최후의 회화」
② 구상, 「초토의 시 8」
③ 유치환, 「보병과 더불어」
④ 조향, 「바다의 층계」

35 구상의 「초토의 시 8」은 시인이 6·25 전쟁 때의 종군 체험을 바탕으로 쓴 연작시이다. 이 시는 「초토의 시」 15편 중 여덟 번째 작품으로, '적군 묘지' 앞에서 적군 병사의 죽음을 애도하면서 동족상잔의 비극에 대한 아픔과 통일을 염원하는 내용을 담고 있다.

36 다음 시의 '국화꽃'을 가장 적절하게 해석한 것은?

> 한 송이의 국화꽃을 피우기 위해
> 봄부터 소쩍새는
> 그렇게 울었나 보다.
>
> 한 송이의 국화꽃을 피우기 위해
> 천둥은 먹구름 속에서
> 또 그렇게 울었나 보다.
>
> 그립고 아쉬움에 가슴 조이던
> 머언 먼 젊음의 뒤안길에서
> 인제는 돌아와 거울 앞에 선
> 내 누님같이 생긴 꽃이여.
>
> 노오란 네 꽃잎이 피려고
> 간밤에 무서리가 저리 내리고
> 내게는 잠도 오지 않았나 보다.

① 굳은 절개
② 자연의 아름다움
③ 희망적인 미래의 표상
④ 중년 여인의 성숙한 내면적 아름다움

36 이 시는 국화가 개화하는 자연 현상과 국화의 아름다움을 인간의 성숙한 삶의 아름다움과 연관지어 표현하고 있는 서정주의 「국화 옆에서」이다. 국화의 아름다움은 젊음의 시절을 다 지나 보내고, 거울 앞에서 자신을 돌이켜 보는 누님의 모습과 일치된다. 이 부분에 나타난 누님의 모습은 그리움, 아쉬움 등과 같은 온갖 젊음의 시련을 거쳐 지니게 된 성숙한 삶의 고요한 아름다움을 느끼게 한다.

정답 35 ② 36 ④

37 1960년대 시의 특징적 흐름을 볼 때 가장 두르러지는 경향은 현실참여적인 시의 대두이다. 1960년대의 현실참여적 시의 경향은 현실비판적인 관점에서 출발하여 민족역사에 대한 인식을 수용함으로써 전통적인 저항정신의 맥을 되찾고 민중적 정서를 추구하였다.

38 김수영 시인은 초기에는 모더니스트로서 현대문명과 도시생활을 비판했으나, 4·19 혁명을 기점으로 현실비판의식과 저항정신을 바탕으로 한 참여시를 썼다. 특히 김수영은 「사령」에서 자유를 억압하는 독재정권의 시대에 적극적으로 행동하지 못하는 자신에 대한 반성적 태도를 드러냈다.

정답 37 ④ 38 ③

---

37 다음 설명에 해당하는 시적 경향으로 옳은 것은?

> 시대적으로 볼 때, 1960년대는 해방 직후 이념의 혼란과 6·25로 인한 전란의 소용돌이를 마무리 짓고 현대사의 새로운 장을 전개시키는 출발점에 놓인 시기이자 4·19 학생혁명과 5·16 군사혁명이라는 모순과 시련을 내포한 시기이기도 하다.

① 모더니즘
② 시문학파
③ 청록파
④ 참여주의

38 시는 시인이 처한 시대적 현실을 반영한다고 할 때, 김수영 시의 내용을 이해하는 데 가장 도움을 주는 것은?

① 한국전쟁은 남한 사람들에게 공신주의에 대해 뿌리깊은 적개심을 갖게 하였다.
② 근대화와 산업화가 본격적으로 이루어지면서 많은 농민들은 도시 근로자로 전락하였다.
③ 자유당 정권은 정권 유지와 독재 체제 강화를 위해 지식인에 대한 탄압을 강화하였다.
④ 해방 후 서양의 문화가 무분별하게 유입되면서 우리 민족의 미풍양속이 많이 사라지게 되었다.

39 김수영의 「껍데기는 가라」에 대한 설명으로 옳지 않은 것은?

① 강한 열정과 의지의 어조가 나타나 있다.
② 불의와 거짓이 판치고 외세(外勢)가 지배하는 현실을 나타낸다.
③ 한일합방(韓日合邦)에 대한 울분이 나타나 있다.
④ 4・19 혁명의 민족, 민주, 혁명 정신의 회복을 주장하고 있다.

39 김수영의 「껍데기는 가라」는 군부 독재 체제의 시대 상황 속에서 부정적인 세력이 물러가고 순수와 열정의 시대가 도래하기를 바라는 소망을 상징적인 시어를 통해 표현하고 있다. 일제 강점기를 배경으로 하지 않기 때문에 한일합방(韓日合邦)에 대한 울분과는 관계가 없다.

40 다음 내용과 관련이 깊은 작가는 누구인가?

- 『병든 서울』(1946), 『나 사는 곳』(1947)
- 조선문학가동맹에 가담한 좌익 시인
- 해방의 역사적 의미와 어지러운 정치상황을 비판

① 서정주
② 유치환
③ 김동리
④ 오장환

40 오장환은 『병든 서울』(1946), 『나 사는 곳』(1947)을 통해 보다 현실지향적인 시적 태도를 분명하게 드러냈다. 해방의 역사적 의미와 어지러운 정치상황을 비판하는 시를 썼으며, 해방 후 조선문학가동맹에 가담해 좌익 시인으로 활동하였다.

정답 39 ③ 40 ④

얼마나 많은 사람들이 책 한 권을 읽음으로써 인생에 새로운 전기를 맞이했던가.

– 헨리 데이비드 소로 –

부록

최종모의고사

최종모의고사 제1회
최종모의고사 제2회
정답 및 해설

지식에 대한 투자가 가장 이윤이 많이 남는 법이다.

– 벤자민 프랭클린 –

보다 깊이 있는 학습을 원하는 수험생들을 위한
시대에듀의 동영상 강의가 준비되어 있습니다.
www.sdedu.co.kr ➜ 회원가입(로그인) ➜ 강의 살펴보기

제1회 최종모의고사 | 한국현대시론

제한시간: 50분 | 시작 ___시 ___분 – 종료 ___시 ___분

정답 및 해설 393p

01 다음 설명에 해당하는 오류를 범하기 쉬운 문학관은?

> 비평의 기준을 시 작품 자체에 두지 않고 그 시가 독자에게 주는 심리적 효과에 두려고 하는 데서 생기는 잘못으로 신비평가인 윔샛(Wimsatt, W. K.)과 비어즐리(Beardsley, M. C.)가 주장하였다.

① 모방론　　　　　　　　　② 표현론
③ 효용론　　　　　　　　　④ 구조론

02 다음 설명에 해당하는 이론과 관계가 깊은 것은?

> 문학의 쾌락적 요소는 유익한 교훈적 사상을 전달하기 위한 수단이라는 문학관으로, 로마의 시인 루크레티우스가 『자연계』에서 처음으로 주장한 문학관이다.

① 모방론　　　　　　　　　② 표현론
③ 효용론　　　　　　　　　④ 구조론

03 다음 설명에 해당하는 오류를 지적한 사람은?

> 작가의 의도를 파악하여 작품의 의미를 찾으려 할 때 생기는 잘못이다. 작품은 작품 자체의 의미를 갖고 있어, 작가의 의도와는 무관하다는 입장에서, 미국의 신비평가인 비어즐리(Beardsley, M. C.)가 주장하였다.

① 윔샛　　　　　　　　　　② 랜섬
③ 엠프슨　　　　　　　　　④ 앨리엇

04 다음 중 산문의 언어와 시의 언어의 특성을 '행진'과 '무용'에 비유하여 설명한 사람은?

① 워즈워드
② 콜릿지
③ 리처즈
④ 발레리

05 다음 중 '존재로서의 시'와 연관된 시의 언어적 특성은?

① 함축성
② 애매성
③ 사물성
④ 암시성

06 다음 중 4음보 율격의 특성에 대한 설명으로 옳은 것은?

① 대체로 민요와 고려속요에 많이 쓰였다.
② 안정과 질서를 대변하는 율격이다.
③ 우리 시가의 전통적 율격에서 벗어난다.
④ 현재에는 사용되지 않는 율격이다.

07 다음 중 시의 운율에 대한 설명으로 옳지 않은 것은?

① '운'은 특정한 위치에 동일한 음운이 반복되는 현상이다.
② 이미지의 구성도 운율의 특징으로 볼 수 있다.
③ '율'은 동일한 소리 덩어리가 일정하게 반복되는 현상이다.
④ 소리의 규칙적 반복을 바탕으로 성립되는 것이 특징이다.

08 다음 시에 나타난 운율의 특징으로 옳지 않은 것은?

> 내 마음의 어딘 듯 한 편에 끝없는 강물이 흐르네.
> 돋쳐 오르는 아침 날빛이 빤질한 은결을 돋오네
> 가슴엔 듯 눈엔 듯 또 필줄엔 듯
> 마음이 도론도론 숨어 있는 곳
> 내 마음의 어딘 듯 한 편에 끝없는 강물이 흐르네.

① 일정한 의미율을 형성하는 내재율이다.
② 동일한 문장을 반복하여 형성되는 운율이다.
③ 유사한 시구를 반복하는 운율이다.
④ 4음보의 규칙적인 율격이다.

09 다음 시의 구절들에서 드러나는 이미지가 나머지 셋과 다른 하나는 어느 것인가?

① 금으로 타는 태양의 즐거운 울림
② 분수처럼 흩어지는 푸른 종소리
③ 꽃처럼 붉은 울음을 밤새 울었다.
④ 물 먹은 별이, 반짝, 보석처럼 박힌다.

10 〈보기 2〉를 참고하여 〈보기 1〉의 시를 감상한 내용으로 적절하지 않은 것은?

> **보기 1**
> 벌목정정(伐木丁丁)이랬거니 아람드리 큰 솔이 베어짐직도 하이 골이 울어 메아리 소리 쩌르렁 돌아옴직도 하이 다람쥐도 좇지 않고 멧새도 울지 않아 깊은 산 고요가 차라리 뼈를 저리우는데 눈과 밤이 종이보다 희고녀! 달도 보름을 기다려 흰 뜻은 한밤 이 골을 걸음이란다? 윗절 중이 여섯 판에 여섯 번 지고 웃고 올라간 뒤 조찰히 늙은 사나이의 남긴 내음새를 줍는다? 시름은 바람도 일지 않는 고요에 심히 흔들리우노니 오오 견디란다 차고 올연(兀然)히 슬픔도 꿈도 없이 장수산(長壽山) 속 겨울 한밤내 ―
> ― 정지용, 「장수산 1」 ―

> **보기 2**
> 「장수산 1」은 겨울 장수산의 순수하고 고요한 세계, 세속의 일에 초연한 '윗절 중'의 모습 등을 형상화하였다. 이를 통해 세속과 단절된 무욕의 공간 속에서 번뇌하면서도 탈속의 경지에 이르고자 하는 화자의 결연한 태도를 표현한다.

① 나무가 베어지는 소리가 '쩌르렁' 하고 울릴 만큼 고요한 장수산에서 화자는 세속과 거리를 두고 있다.
② 보름달이 뜬 '한밤'에 눈 덮인 장수산은 화자의 외로움이 투영된 정신적 공간으로 형상화되고 있다.
③ 승부에서 전부 지고도 웃을 수 있는 '윗절 중'의 초연함은 세속과 절연된 장수산의 이미지와 서로 통한다고 할 수 있다.
④ 장수산의 고요함과 대조적으로 화자의 내면은 갈등하고 있음을 '심히 흔들리우노니'에서 알 수 있다.

11 다음은 하우스만의 시의 일부이다. 이 시에 사용된 비유는 무엇인가?

> "강가에서는 / 축구가 벌어졌는가 / 어린이가 가죽을 쫓으니 / 나는 그만 이제 떠나야 할까?"

① 암유
② 환유
③ 의인
④ 제유

12 다음 중 언어의 긴장감의 정도에 따라서 상징을 크게 협의상징과 장력상징으로 구분한 사람은?

① 세몬
② 브롱델
③ 카시러
④ 휠라이트

13 김소월의 「진달래꽃」의 경우처럼 의미의 이중성 내지 복합성을 지속시키기 위해 아이러니가 전 작품에 걸쳐 나타나는 것은 다음 중 무엇인가?

① 의미론적 아이러니
② 구조적 아이러니
③ 상황적 아이러니
④ 낭만적 아이러니

14 다음 중 역설이 말이나 진술의 차원이 아니라 사건의 형태로 나타나서, 작품의 전체 구조에 관계되는 역설의 유형은?

① 모순어법
② 표층 역설
③ 심층 역설
④ 상황적 역설

15 다음 중 모방적 패러디에 속하는 작품으로 가장 적절한 것은?

① 장정일, 「라디오와 같이 사랑을 끄고 켤 수만 있다면」
② 오규원, 「꽃의 패러디」
③ 박남철, 「주기도문, 빌어먹을」
④ 문병란, 「가난」

16 다음은 서정주의 「춘향유문」이다. 이 시가 해당되는 장르는?

> 안녕히 계세요.
> 도련님. //
> 지난 오월 단옷날, 처음 만나던 날
> 우리 둘이서, 그늘 밑에 서 있던
> 그 무성하고 푸르던 나무같이
> 늘 안녕히 안녕히 계세요. //
> 저승이 어딘지는 똑똑히 모르지만,
> 춘향의 사랑보단 오히려 더 먼
> 딴 나라는 아마 아닐 것입니다. //
> 천 길 땅밑을 검은 물로 흐르거나
> 도솔천의 하늘을 구름으로 날더라도
> 그건 결국 도련님 곁 아니예요? //
> 더구나 그 구름이 소나기가 되어 퍼부을 때
> 춘향은 틀림없이 거기 있을 거예요.

① 심혼시
② 독백시
③ 배역시
④ 논증시

17 다음 중 시를 구조론적 관점에서 본 것은?

① 시를 대할 때 반드시 제작자를 고려해야 한다.
② 시를 '자족한 존재'로 보고, 그 자체로서만 이해·파악해야 한다.
③ 시는 '전달', 즉 독자에게 어떤 '효과'를 끼치는가를 중심으로 보아야 한다.
④ 인간에게는 모방의 본능이 있고, 시는 그 본능을 사용하여 진리를 표현한다.

18 다음 중 언어를 '진술'과 '의사진술'로 나누어 말한 사람은?

① I. A. 리처즈
② T. S. 엘리엇
③ 에이브럼즈
④ 콜릿지

19 다음 중 '애매성'을 '아무리 사소한 것일지라도 어떤 일정한 언어 표현에 다른 반응을 허용하는 언어의 뉘앙스이다.'라고 정의한 사람은?

① 웜샛
② 브룩스
③ 엠프슨
④ 리처즈

20 다음 중 '시는 강한 감정의 자연적 발로이다.'라는 정의를 말한 사람은?

① 플라톤
② 호라스
③ 워즈워드
④ 시드니

21 다음 중 시의 형태를 '유기적 형태'와 '추상적 형태'로 나누고 있는 사람은?

① H. 리드
② T. E. 흄
③ T. S. 앨리엇
④ I. A. 리처즈

22 다음 시를 구성하는 기본 음보율로 적당한 것은?

> 매운 계절의 채찍에 갈겨
> 마침내 북방으로 휩쓸려 오다. //
> 하늘도 그만 지쳐 끝난 고원
> 서릿발 칼날진 그 위에 서다. //
> 어디다 무릎을 꿇어야 하나.
> 한 발 재겨 디딜 곳조차 없다. //
> 이러매 눈 감아 생각해 볼밖에
> 겨울은 강철로 된 무지갠가 보다.

① 2음보
② 3음보
③ 4음보
④ 8음보

23 "함축적 의미 사용이라든가 언어의 탄력감, 긴축미 같은 것이나 이미지 상호간의 관계 확보"와 같은 요소는 C. D. 루이스가 말한 이미지의 기능 중 어느 것에 해당하는가?

① 입체감
② 강렬성
③ 신선감
④ 환기력

24 "분수처럼 흩어지는 푸른 종소리"라는 시구의 이미지와 예시가 바르게 연결된 것은?

① 시각의 후각화 - 향료를 뿌린 듯 곱다란 노을
② 시각의 촉각화 - 피부의 바깥에 스미는 어둠
③ 청각의 시각화 - 꽃처럼 붉은 울음을 밤새 울었다.
④ 청각의 시각화 - 금으로 타는 태양의 즐거운 울림

25 다음 작품에 대한 설명으로 옳지 않은 것은?

> 산아, 우뚝 솟은 푸른 산아. 철철철 흐르듯 짙푸른 산아. 숱한 나무들, 무성히 우거진 산마루에 금빛 기름진 햇살은 내려오고, 둥둥 산을 넘어 흰구름 건넌 자리 씻기는 하늘, 사슴도 안 오고, 바람도 안 불고, 너멋골 골짜기서 울어 오는 뻐꾸기…….
>
> 산아, 푸른 산아. 네 가슴 향기로운 풀밭에 엎드리면 나는 가슴이 울어라. 흐르는 골짜기 스머드는 물소리에 내사 줄줄줄 가슴이 울어라. 아득히 가버린 것 잊어버린 하늘과 아른아른 오지 않는 보고 싶은 하늘에, 어쩌면 만나도질 볼이 고운 사람이, 난 혼자 그리워라. 가슴으로 그리워라.

① '산아', '울어라', '그리워라' 같은 시어의 반복이 있다.
② 산문적 진술을 통해 화자의 목소리를 드러내므로 내재율이 없다.
③ '철철철', '줄줄줄' 등 음성상징어를 통해 생동감 넘치는 표현을 하고 있다.
④ 시어의 반복을 통해 시상을 전개하고 있다.

26 "왕홀(王笏)과 왕관(王冠)이 굴러 떨어져 / 낫과 삽과 흙 속에서 구르는구나"라는 시구절에서 '왕홀'과 '왕관'은 지배자를 가리키고 '낫과 삽'은 평민을 뜻한다면, 이 비유는 다음 중 어느 것인가?

① 의인
② 제유
③ 환유
④ 암유

27 다음 중 W. 어번이 말한 상징의 원리에 해당하지 않는 것은?

① 모든 상징은 그 무엇을 표시한다.
② 모든 상징은 이원적 언급을 갖는다.
③ 모든 상징은 이원적으로 타당하다.
④ 모든 상징은 진실과 허구 중 하나를 가리킨다.

28 다음 중 시 작품에서 이미 굳어진 어떤 어휘의 상징적 의미가 버려지고, 그에 대신하여 새로운 의미 부여가 이루어지는 경우를 일컫는 말은 어느 것인가?

① 탈중심화
② 재문맥화
③ 패러디화
④ 알레고리화

29 다음 중 상징을 해석하는 일은 덮개를 벗겨서 감추어진 의미를 밝음 속에 드러내는 일이라는 입장에 있는 사람은?

① 리쾨르
② 프로이트
③ 카시러
④ 하이데거

30 '십자가'가 상징하는 바가 기독교 사회와 회교 사회에서 각각 다르듯이, 상징의 뜻이 그 형성 풍토와 문화적 토대에 밀착되어 있음을 가리켜 '상징적 방언'이라고 규정한 사람은 다음 중 누구인가?

① 프롬
② 세몬
③ 버크
④ 어번

31 다음 시의 밑줄 친 부분에서 보이는 패러디의 유형으로 가장 적절한 것은?

> 새끼들의 주둥이가 얼마나 무서운가 다 안다
> 그래도 <u>가난은 한갓 남루에 지나지 않는가?</u>
> <u>쑥구렁에 옥돌처럼 호젓이 묻혀 있을 일인가?</u>
> 그대 짐짓 팔짱 끼고 한 눈 파는 능청으로
> 맹물을 마시며 괜찮다 괜찮다.
> 오늘의 굶주림을 달랠 수 있는가?
> <u>청산이 그 발 아래 지란을 기르듯</u>
> <u>우리는 우리 새끼들을 키울 수 없다.</u>
> 저절로 피고 저절로 지고 저절로 오가는 4계절
> 새끼는 저절로 크지 않고 저절로 먹지 못한다
> <u>지애비는 지에미를 먹여 살려야 하고</u>
> <u>지어미는 지애비를 부추겨 줘야 하고</u>
> 사람은 일 속에 나서 일 속에 살다 일 속에서 죽는다
> 타고난 마음씨가 아무리 청산 같다고 해도
> 썩은 젓갈이 들어가야 입맛이 나는 창자
> 창자는 주리면 배가 고프고
> 또 먹으면 똥을 싼다.
>
> — 문병란, 「가난」 중에서 —

① 모방적 패러디
② 비판적 패러디
③ 혼성 모방적 패러디
④ 패러독스

32 김광섭의 「성북동 비둘기」라는 시는 다음 중 어디에 해당하는가?

① 고백시
② 심혼시
③ 논증시
④ 배역시

33 다음 중 관념의 구체화를 위한 표현법의 일종으로, 대상과 화자의 심미적 거리를 확보하기 위해 중요한 요소에 해당하는 것은?

① 객관적 상관물
② 독백적 진술
③ 재문맥화
④ 행과 연의 배열

34 다음 시를 구성하는 기본 음보율로 적당한 것은?

> 그립은 우리 님의 맑은 노래는
> 언제나 제 가슴에 젖어 있어요 //
> 긴 날을 문 밖에서 서서 들어도
> 그립은 우리 님의 고운 노래는
> 해지고 저물도록 귀에 들려요
> 밤들고 잠들도록 귀에 들려요 //
> 고요히 흔들리는 노랫가락에
> 내 잠은 그만이나 깊이 들어요
> 고적한 잠자리에 홀로 누워도
> 내 잠은 포스근히 깊이 들어요
>
> — 김소월, 「님의 노래」 중에서 —

① 2음보
② 3음보
③ 4음보
④ 8음보

35 이 시의 시상 전개 방식을 바르게 말한 것은?

> 까마득한 날에
> 하늘이 처음 열리고
> 어데 닭 우는 소리 들렸으랴
>
> 모든 산맥들이
> 바다를 연모(戀慕)해 휘달릴 때도
> 차마 이곳을 범(犯)하던 못하였으리라
>
> 끊임없는 광음(光陰)을
> 부지런한 계절(季節)이 피여선 지고
> 큰 강물이 비로소 길을 열었다.
>
> 지금 눈 내리고
> 매화 향기(梅花香氣) 홀로 아득하니
> 내 여기 가난한 노래의 씨를 뿌려라
>
> 다시 천고(千古)의 뒤에
> 백마(白馬) 타고 오는 초인(超人)이 있어
> 이 광야(曠野)에서 목놓아 부르게 하리라.
>
> — 이육사, 「광야」 —

① 공간 이동의 방법을 써서 시상을 나열하고 있다.
② 감정의 흐름에 따라 시상을 점층적으로 전개하였다.
③ 과거와 미래를 대비시켜 현재의 고난을 강조하는 방법을 썼다.
④ 시간의 흐름에 따른 구성을 통해 시상을 발전적으로 전개시켰다.

36 다음 작품의 주제로 적절한 것은?

> 푸른 하늘에 닿을 듯이
> 세월에 불타고 우뚝 남아 서서
> 차라리 봄도 꽃피진 말아라.
> 낡은 거미집 휘두르고
> 끝없는 꿈길에 혼자 설레이는
> 마음은 아예 뉘우침 아니라.
> 검은 그림자 쓸쓸하면
> 마침내 호수 속 깊이 거꾸러져
> 차마 바람도 흔들어진 못해라.
>
> — 이육사, 「교목」 —

① 봄날의 따뜻한 정경을 통해 약동하는 생의 충만함을 이야기하고 있다.
② 어떠한 어려움에도 굴하지 않고 맞서 나가려는 의지를 엿볼 수 있다.
③ 자연에 대한 무한한 애정을 지닌 작가의 따뜻한 시선이 느껴진다.
④ 인생의 허무함을 초월하려는 달관의 자세가 보인다.

37 다음 작품에서 밑줄 친 부분에 사용된 표현 기법과 같은 문장은?

> 그대 생각을 했건만도
> 매운 해풍에
> 그 진실마저 눈물져 얼어 버리고 //
> <u>허무의 / 불
> 물 이랑 위에 불 붙어 있었네.</u> //
> 나를 가르치는 건 언제나 시간…….
> 끄덕이며 끄덕이며 겨울 바다에 섰었네.
>
> — 김남조, 「겨울 바다」 중에서 —

① 봄이 오면 꽃이 피고, 여름이 오면 새가 운다.
② 왜 우리는 책을 읽어야 하는가? 만나기 위해서다.
③ 내가 사랑을 얻기 위해 전부를 버렸을 때 나는 전부를 얻었다.
④ 이제 우리들은 부르노니 새벽을, 이제 우리들은 외치노니 우리를.

38 다음 제시문의 지시에 따라 학생들이 답을 찾은 것으로 가장 적절한 것은?

> '좁은 들길에 들장미 열매 붉어'라는 문장을 읽어 보면 뭔가 리듬감을 느낄 수 있습니다. 이것은 '들장미 열매 붉어'의 각 어절마다 첫음절에 'ㄹ' 음이 들어가 있기 때문입니다. 자, 이제 여러분들도 운이 잘 드러난 이런 시구를 말해 보세요.

① 철수 : 내 괴로움에는 이유가 없다.
② 병욱 : 내 발이 언덕 위에 섰다.
③ 명준 : 반짝이는 잔물결이 한없이 밀려와
④ 유정 : 기다리는 이 없어도 물가에서

39 시를 통해 느낄 수 있는 미의식(美意識)으로 가장 적절한 것은?

> 신새벽 뒷골목에
> 네 이름을 쓴다 민주주의여
> 내 머리는 너를 잊은 지 오래
> 내 발길은 너를 잊은 지 너무도 너무도 오래
> 오직 한 가닥 있어
> 타는 가슴 속 목마름의 기억이
> 네 이름을 남 몰래 쓴다 민주주의여
>
> 아직 동트지 않은 뒷골목의 어딘가
> 발자국 소리 호르락 소리 문 두드리는 소리
> 외마디 길고 긴 누군가의 비명 소리
> 신음 소리 통곡 소리 탄식 소리 그 속에 내 가슴팍 속에
> 깊이깊이 새겨지는 네 이름 위에
>
> 네 이름의 외로운 눈부심 위에
> 살아오는 삶의 아픔
> 살아오는 저 푸르른 자유의 추억
> 되살아오는 끌려가던 벗들의 피묻은 얼굴
>
> 떨리는 손 떨리는 가슴
> 떨리는 치떨리는 노여움으로 나무 판자에
> 백묵으로 서툰 솜씨로
> 쓴다
>
> – 김지하, 「타는 목마름으로」 중에서 –

① 풍자미(諷刺美)   ② 우아미(優雅美)
③ 골계미(滑稽美)   ④ 비장미(悲壯美)

40 다음 시에서 서정적 자아가 인식하는 죽음의 의미를 바르게 말한 것은?

> 나 하늘로 돌아가리라.
> 새벽빛 와 닿으면 스러지는
> 이슬 더불어 손에 손을 잡고, //
> 나 하늘로 돌아가리라.
> 노을빛 함께 단 둘이서
> 기슭에서 놀다가 구름 손짓하면은, //
> 나 하늘로 돌아가리라.
>
> — 천상병, 「귀천」 —

① 영원한 세계로 사라짐
② 원래 살던 곳으로 돌아감
③ 현실의 삶을 마감하는 것임
④ 세속적인 것으로부터 탈출하는 것임

제2회 최종모의고사 | 한국현대시론

01 다음 작품에 대한 설명으로 옳지 않은 것은?

> 나 보기가 역겨워 / 가실 때에는
> 말없이 고이 보내드리오리다.
> 영변(寧邊)에 약산(藥山) / 진달래꽃,
> 아름 따다 가실 길에 뿌리오리다.
> 가시는 걸음 걸음 / 놓인 그 꽃을
> 사뿐히 즈려 밟고 가시옵소서.
> 나 보기가 역겨워 / 가실 때에는
> 죽어도 아니 눈물 흘리오리다.
>
> — 김소월, 「진달래꽃」 —

① 이별의 정한(情恨)
② 연 단위로 보이는 규칙적인 시행 배열
③ 수미쌍관(首尾雙關)식 구성
④ 신앙의 힘으로 갈등을 극복하려는 시적 화자의 태도

02 다음 밑줄 친 부분과 같은 표현 방법을 활용하지 않은 것은?

> 밤에 홀로 유리를 닦는 것은
> <u>외로운 황홀한 심사이어니,</u>
> 고흔 폐혈관(肺血管)이 찢어진 채로
> 아아, 늬는 산(山)ㅅ새처럼 날러갔구나!

① 인생은 짧고, 예술은 길다.
② 어린이는 어른의 아버지이다.
③ 지는 것이 결국 이기는 길이다.
④ 우리는 사랑하기 때문에 헤어진다.

03 다음 작품에서 밑줄 친 시어 중 함축적 의미가 다른 하나는?

> 빼어난 가는 잎새 굳은 듯 보드랍고,
> 자줏빛 굵은 대공 하얀 꽃이 벌고,
> <u>이슬</u>은 <u>구슬</u>이 되어 마디마디 달렸다.
> 본디 그 마음은 깨끗함을 즐겨하여,
> 정한 모래 틈에 뿌리를 서려두고,
> <u>미진(微塵)</u>도 가까이 않고 <u>우로(雨露)</u> 받아 사느니라.

① 이슬
② 구슬
③ 미진(微塵)
④ 우로(雨露)

04 다음 작품에 대한 설명으로 옳지 않은 것은?

> 산산이 부서진 이름이여!
> 허공 중에 헤어진 이름이여!
> 불러도 주인 없는 이름이여!
> 부르다가 내가 죽을 이름이여! //
> 심중에 남아 있는 말 한마디는
> 끝끝내 마저 하지 못하였구나.
> 사랑하던 그 사람이여!
> 사랑하던 그 사람이여! //
> 붉은 해는 서산마루에 걸리었다.
> 사슴이의 무리도 슬피 운다.
> 떨어져 나가 앉은 산 위에서
> 나는 그대의 이름을 부르노라. //
> 설움에 겹도록 부르노라.
> 설움에 겹도록 부르노라.
> 부르는 소리는 비껴가지만
> 하늘과 땅 사이가 너무 넓구나. //
> 선 채로 이 자리에 돌이 되어도
> 부르다가 내가 죽을 이름이여!
> 사랑하던 그 사람이여!
> 사랑하던 그 사람이여!
>
> — 김소월, 「초혼」 —

① 3음보의 전통적 율격
② 죽음이라는 인간적 숙명 부정
③ 반복, 영탄을 통한 강렬한 어조
④ 감정의 격함을 직설적으로 표현

05 다음 시의 표현상의 특징으로 적절하지 않은 것은?

> 유리(琉璃)에 차고 슬픈 것이 어른거린다.
> 열없이 붙어서서 입김을 흐리우니
> 길들은 양 언 날개를 파다거린다.
> 지우고 보고 지우고 보아도
> 새까만 밤이 밀려 나가고 밀려와 부딪히고,
> 물 먹은 별이, 반짝, 보석(寶石)처럼 백힌다.
> 밤에 홀로 유리를 닦는 것은
> 외로운 황홀한 심사이어니,
> 고흔 폐혈관(肺血管)이 찢어진 채로
> 아아, 늬는 산(山)ㅅ새처럼 날라갔구나!

① 감각적인 사물로서 대상을 간접적으로 표현하고 있다.
② 선명한 이미지를 사용하여 회화적인 성격을 갖게 한다.
③ 모순 형용을 이루는 표현을 사용하여 감정을 절제하고 있다.
④ 공감각적인 표현을 통해 시적 화자의 정서를 표현하고 있다.

06 다음 시의 주된 어조로 적절한 것은?

> 그 날이 오면, 그 날이 오면은
> 삼각산(三角山)이 일어나 더덩실 춤이라도 추고,
> 한강(漢江)물이 뒤집혀 용솟음칠 그 날이
> 이 목숨이 끊기기 전에 와 주기만 하량이면
> 나는 밤 하늘에 날으는 까마귀와 같이
> 종로(鐘路)의 인경(人磬)을 머리로 들이받아 울리오리다.
> 두개골(頭蓋骨)은 깨어져 산산조각이 나도
> 기뻐서 죽사오매 오히려 무슨 한(恨)이 남으오리까.

① 감상적
② 반성적
③ 비장함
④ 설득적

07 다음 시에서 주제를 형상화하는 데 가장 기여하고 있는 것은?

> 풀이 눕는다. / 비를 몰아오는 동풍에 나부껴.
> 풀은 눕고 / 드디어 울었다.
> 날이 흐려서 더 울다가 / 다시 누웠다.
> 풀이 눕는다. / 바람보다도 더 빨리 눕는다.
> 바람보다도 더 빨리 울고 / 바람보다도 먼저 일어난다.
> 날이 흐리고 풀이 눕는다. / 발목까지 / 발밑까지 눕는다.
> 바람보다 늦게 누워도 / 바람보다 먼저 일어나고
> 바람보다 늦게 울어도 / 바람보다 먼저 웃는다.
> 날이 흐리고 풀뿌리가 눕는다.

① 규칙적인 율격
② 묘사적 이미지
③ 압축과 비약
④ 시구의 반복

08 다음 시에서 서정적 자아의 심리의 변화를 바르게 설명한 것은?

> 징이 울린다. 막이 내렸다. / 오동나무에 전등이 매어 달린 가설 무대
> 구경꾼이 돌아가고 난 텅빈 운동장 / 우리는 분이 얼룩진 얼굴로
> 학교 앞 소줏집에 몰려 술을 마신다. / 답답하고 고달프게 사는 것이 원통하다.
> 꽹과리를 앞장세워 장거리로 나서면 / 따라붙어 악을 쓰는 건 쪼무래기들뿐
> 처녀애들은 기름집 담벽에 붙어 서서 / 철없이 킬킬대는구나.
> 보름달은 밝아 어떤 녀석은 / 꺽정이처럼 울부짖고 또 어떤 녀석은
> 서림이처럼 해해대지만 이까짓 / 산구석에 처박혀 발버둥친들 무엇하랴.
> 비료값도 안 나오는 농사 따위야 / 아예 여편네에게나 맡겨 두고
> 쇠전을 거쳐 도수장 앞에 와 돌 때 / 우리는 점점 신명이 난다.
> 한 다리를 들고 날라리를 불거나. / 고갯짓을 하고 어깨를 흔들거나.

① 원통함, 신명
② 답답함, 분노
③ 우울함, 원통
④ 괴로움, 해탈

09 다음 용어 중 개별적이고 구체적인 시 작품을 일컫는 명칭에 해당되는 말은 어느 것인가?
① poem
② poetry
③ poetica
④ poetics

10 다음 중 플라톤의 '시인 추방론'과 관련이 있는 시 이해 및 비평의 방법은 어느 것인가?
① 모방론
② 표현론
③ 효용론
④ 구조론

11 시의 성립 과정에서 시인 내면의 '감정의 자발적인 넘쳐남'의 문제를 강조한 사람은 누구인가?
① 공자
② 아리스토텔레스
③ P. 시드니
④ W. 워즈워드

12 다음 중 뉴크리티시즘의 기본 입장이 아닌 것은?
① 비평의 원론 내지 시학을 내세우기보다는 작품 자체를 즐겨 다룬다.
② 기본 원리는 의미론에 입각한다.
③ 주로 시를 대상으로 다룬다.
④ 시를 그 제작자나 독자, 형성 여건, 시대 배경 등에 결부시켜 이해하려 한다.

13 다음 내용에서 설명하고 있는 운율의 특징으로 옳은 것은?

> 운율은 사전적으로 시문의 음성적 형식, 주기적인 악센트나 가락의 지속과 관련된 음악적 구문(musical composition)이라 정의할 수 있다. 이 음악적 구문은 반복성을 띤다. 리듬에서 특징적으로 나타나는 것은 동일 패턴의 시간적 반복이다.

① 유사성(類似性)
② 주기성(週期性)
③ 지속성(持續性)
④ 음악성(音樂性)

14 다음 시의 시적 대상에 대한 시적 화자의 태도로 적절하지 <u>않은</u> 것은?

> 구두 닦는 사람을 보면
> 그 사람의 손을 보면
> 구두 끝을 보면
> 검은 것에서도 빛이 난다.
> 흰 것만이 빛나는 것은 아니다.
>
> 창문 닦는 사람을 보면
> 그 사람의 손을 보면
> 창문 끝을 보면
> 비누 거품 속에서도 빛이 난다.
> 맑은 것만이 빛나는 것은 아니다.
>
> 청소하는 사람을 보면
> 그 사람의 손을 보면
> 길 끝을 보면
> 쓰레기 속에서도 빛이 난다.
> 깨끗한 것만이 빛나는 것은 아니다.
>
> 마음 닦는 사람을 보면
> 그 사람의 손을 보면
> 마음 끝을 보면
> 보이지 않는 것 속에서도 빛이 난다.
> 보이는 빛만이 빛은 아니다.
> 닦는 것은 빛을 내는 일
>
> 성자가 된 청소부는
> 청소를 하면서도 성자이며
> 성자이면서도 청소를 한다.
>
> — 천양희, 「그 사람의 손을 보면」 —

① 시적 대상을 빛나는 가치를 지닌 존재로 생각하고 있다.
② 시적 대상에 대해 부정적인 시각을 지닌 사람들을 비판하고 있다.
③ 시적 대상들의 손에 주목하여 그들의 가치를 부각하고 있다.
④ 시적 대상을 자신의 일을 묵묵히 수행하는 존재로 여기고 있다.

15 해체시나 초현실주의 시에서 주로 활용되는 이미지 구조화 방식은 어느 것인가?

① 지속적 구조
② 집중적 구조
③ 유기적 구조
④ 확산 구조

16 휠라이트가 말한 장력상징(tensive symbol)의 개념과 부합되는 것은 어느 것인가?

① 필연적으로 의미가 조작된다.
② 그 의미는 공중적(公衆的) 정확성을 지닌다.
③ 그것을 별도의 의미로 해석하는 일은 허용되지 않는다.
④ 상징으로 선정된 이유가 분명하게 해명될 수 있다.

17 상징을 세계 인식의 차원에서 인간적 특성을 해명하는 중요한 열쇠로 본 이는 누구인가?

① P. 휠라이트
② E. 카시러
③ S. 프로이트
④ W. 어번

18 다음 중 좁은 의미의 서정시에 해당하는 것은?

① 1920년대 한용운의 상징시
② 1930년대 이상의 해체적 시
③ 전후시기 조향의 초현실주의 시
④ 1980년대 황지우 시의 몽타주 양식

19 다음 중 시의 언어를 설명하는 용어로 적절하지 <u>않은</u> 것은?

① 언어의 함축적 용법에 초점을 맞춘다.
② 사실 진술을 중심으로 하나의 의미를 전달한다.
③ 외연적 의미 이상의 내포적 의미를 띤다.
④ 산문적 진술보다는 운문적 진술에 가깝다.

20 다음 설명에서 괄호 안에 들어갈 알맞은 단어를 순서대로 고른 것은?

> 테이트는 '(㉠)'와(과) '(㉡)'의 접두사를 떼어 내어, 이 용어를 만들었다. 그에 따르면 좋은 시란 이와 같이 밖으로 뻗는 것과 안으로 향하는 것이 서로 공존하는, 서로 반대 방향으로 향하는 힘 사이의 긴장 관계를 가진 통합체라 할 수 있다.

	㉠	㉡
①	외연	내연
②	현실	이상
③	화해	대립
④	과거	현재

21 다음 설명에 해당하는 것으로 옳은 것은?

> 말을 통한 일반화는 구체적인 사물과의 절연, 그리고 그 말이 포괄하는 무수한 사물들 사이에 내재된 차이를 배제하고 억압하는 결과를 동반한다. 일반화로 인해 대상의 개별성과 고유성이 은폐되거나 박탈되는 것이다. 그런 점에서 말에는 본질적으로 폭력적인 성격이 숨어 있다. 이런 생각은 언어의 본질이 이질적인 것을 동질화하는 은유에 있다고 보고 철학적 개념도 은유에서 파생된 것으로 파악한 니체의 견해와 다르지 않다.

① 언어의 전제성
② 언어의 상이성
③ 언어의 다의성
④ 언어의 현재성

22 다음 설명에서 괄호 안에 들어갈 알맞은 용어는?

> 시의 재료가 되는 말의 존재를 강조하는 것은 시인에게 말이 단순한 의사소통의 도구나 기호가 아니라 그 이상의 것, 즉 프랑스의 철학자 사르트르가 주장한 것처럼 "외적 세계의 구조"로 존재하기 때문이다. 그것은 시인에게 있어서 말이 다른 예술의 재료와 마찬가지로 일종의 (　　)로서 존재한다는 것을 시사한다.

① 상태
② 사물
③ 의미
④ 비유

23 다음 중 '정서'에 대한 이론가들의 설명으로 적절하지 않은 것은?

① 플라톤은 음악과 시를 통한 열정의 자극과 정서적 효과를 위협적인 것으로 보았다.
② 아리스토텔레스는 문학의 효과를 정서의 자극인 동시에, 정서의 해소를 포함한다고 보았다.
③ 롱기누스는 숭고한 이성의 정신을 방해하는 정서적 자극과 문학적 취미를 비판하였다.
④ 워즈워드는 시를 강렬한 감정의 유로로 파악하고 시인의 정서적 표현으로서의 낭만주의적 시관을 보편화하였다.

24 다음 설명과 같은 관점을 취한 시인은?

> 시는 애매성과 감상성을 배제함으로써 명랑성에 도달할 수가 있다. 그것은 시인의 꾸준한 지적 활동에 의하여 얻을 수가 있는 일이다. 통제되고 계획된 질서 이외에 마저 정리되지 않은 부분이 남아 있으면 그 부분이 애매성을 가져온다. 또한 시를 감정에게 맡겨두는 것은 위험한 일이다. 감정은 늘 혼돈하려고 하고 비만하려고 하는 경향을 가지고 있다. 이 감정의 비만이 다시 말하여 감상이다.

① 박용철
② 김기림
③ 임화
④ 이상화

25 다음 설명과 관련이 있는 것은?

> 독일의 시인이자 극작가인 브레히트는 시를 매개로 한 사유의 방식을 구체적으로 고민했다. 흔히 '소격', '소외' 혹은 '생소화' 등으로 번역된다. 잘 알려진 사건이나 인물들을 작품 속에 작가가 낯설게 제시할 때, 독자는 "일단 그 사건이나 인물로부터 당연한 것, 익숙하게 알려진 것, 뻔한 것들을 없애고 그것에 관하여 놀랍고 호기심 어린 태도를 견지"하게 된다. 이 같은 태도는 독자로 하여금 익숙한 현실의 이면을 사유하게 하고 사실적인 인식 획득에 도움을 줄 수 있다.

① 관념의 구체화
② 낯설게 하기
③ 돌려 말하기
④ 아이러니(irony)

26 다음 중 시에 대한 엘리엇의 견해로 적절한 것은?

① 개성의 함몰
② 현실로부터의 도피
③ 창조적 자아
④ 객관적 감정의 간접화

27 다음 설명에서 괄호 안에 공통으로 들어갈 용어로 적절한 것은?

> 시 속의 '나'는 (   )에 근원을 두고 있다. 그러나 엄밀히 말해 (   )와(과) 시 속의 '나'가 완벽하게 동일한 존재는 아니다. 김소월의 말을 빌자면, (   )에게는 각자 자신의 "영혼"이 있지만 그것은 다채로운 대상과 만나 '시혼'으로 객관화된다고 말할 수 있을 것이다. 거듭 강조하자면, 시란 (   )의 정서를 직접적으로 토로한 것이 아니라 예술적으로 객관화된 형상물이다. 또한 (   )은(는) 창작 자아이며 시 속의 '나'는 (   )이(가) 창조한 예술작품 속에 객관화된 존재이다. 화자는 (   )의 일상적 자아와는 달리, 수많은 '나'의 체험과 정서를 그 속에 간직하고 있는 보편화된 존재이며, 시인에 의해 창조된 허구적 자아로 시 속에 존재한다.

① 자아
② 초자아
③ 시인
④ 모성

28 다음 중 근대 자유시 양식이 등장하면서 일어난 변화는?

① 풍속 교화의 수단으로 시가 주목받으며 시의 집단성이 강화되었다.
② 읊는 시에서 보는 시로 전환하였다.
③ 개별 시어의 질료적 가치가 실현되어 감각적 자극의 충만함이 배가되었다.
④ 음악과 시의 천연성이 더욱 강해졌다.

29 다음 중 음보에 대한 설명으로 옳은 것은?

① 우리 전통시의 율격은 주로 2음보이다.
② 일정한 글자수의 규칙적인 반복이다.
③ 동일한 음량을 지닌 마디의 율격을 의미한다.
④ 시의 형식적 특성에는 영향을 주지 않는다.

30 다음 중 비유적 이미지에 대한 설명으로 적절하지 않은 것은?

① 원관념과 보조관념의 관계에 주목한다.
② 이미지와 관계있는 것은 보조관념에 해당한다.
③ 불명확한 비물질적인 관념에 구체성과 명확성을 부여한다.
④ 어떤 이미지들이나 단어 패턴의 반복과 순환을 가리킨다.

31 다음 중 시적 이미지가 시 자체의 문맥을 넘어 당대 현실을 지지하는 경우로 볼 수 있는 작품은?

① 서정주, 「문둥이」
② 김수영, 「폭포」
③ 정지용, 「유리창」
④ 김광균, 「외인촌」

32 다음 설명에 해당하는 시인은 누구인가?

> 대표적인 이미지스트 중의 한 사람인 이 시인은 시를 통해 시각적 이미지의 피상성과 평면성을 극복하려는 모습을 보여주었다. 특히 간결하고 선명한 회화적 심상을 통해 도시적 감성과 시대의 우울을 그리는 데 주력했으며, 시각과 청각이 복합된 공감각적 이미지들을 통해서 시각적 이미지의 단순성을 벗어나서 이미지의 입체성을 획득하고자 했다.

① 서정주
② 김영랑
③ 정지용
④ 김광균

33 다음 설명에서 괄호 안에 들어갈 가장 적절한 용어는?

> 이육사 시의 '겨울은 강철로 된 무지개'(「절정」)와 기형도 시의 '하늘에는 벌써 튀밥 같은 별들이 떴다'(「위험한 가계·1969」)라는 표현은 매우 참신한 시적 비유인데, '겨울'과 '무지개', '튀밥'과 '별'은 (   )이 두드러져 보이는 대상이기 때문이다.

① 긴장성
② 상이성
③ 유사성
④ 물질성

34 다음 〈보기 1〉과 〈보기 2〉를 바탕으로 봤을 때, 〈보기 1〉에 사용된 시적 상징은?

> **보기 1**
> 자정 넘으면
> 낯설음도 뼈아픔도 다 설원인데
> 단풍잎 같은 몇 잎의 차창을 달고
> 밤 열차는 또 어디로 흘러가는지
> 그리웠던 순간들을 호명하며 나는
> 한 줌의 눈물을 불빛 속에 던져주었다
> — 곽재구, 「사평역에서」 중에서 —

> **보기 2**
> '빛'은 정신이며 영적 특성을, '불'은 창조와 희망을 상징하는데, 〈보기 1〉의 작품에서는 '불빛'을 매개로 개인적 삶에 대한 반성적 성찰을 하면서 이를 통해 서로에 대한 정서적 공감을 바탕으로 불확실한 미래에 대한 희망을 제시하고 있다.

① 관습적 상징
② 신화적 상징
③ 창조적 상징
④ 개인적 상징

35 다음 설명과 가장 관련이 깊은 용어는?

> 휠라이트가 설명한 역설의 개념으로 수식어와 피수식어 사이에 발생하는 단순한 모순적 표현을 가리킨다. 이를 특별히 모순법, 형용모순이라고도 한다. 흔히 '산송장'이라든가 '눈뜬 장님'과 같은 일상적인 표현에서 이를 찾아볼 수 있으며, 시에서는 '소리 없는 아우성'(유치환, 「깃발」)이라든가 '찬란한 슬픔'(김영랑, 「모란이 피기까지는」)과 같은 진술에서 확인된다.

① 심층적 역설
② 표층적 역설
③ 감정의 대위
④ 아이러니(irony)

36 다음 중 역설과 아이러니에 대한 설명으로 옳지 <u>않은</u> 것은?

① 아이러니는 진술에 모순이 없으나 역설은 진술에 모순이 생긴다.
② 아이러니는 진술된 언어와 언어가 지시하는 대상 사이에 모순이 생긴다.
③ 역설은 제3자의 역할이 그렇게 중요한 위치를 차지하지 않는다.
④ 아이러니는 소설에, 역설은 시에 한정하여 사용된다.

37 인용된 구절에 보이는 역설적 표현법은 논리적인 면에서 볼 때 어떤 원리에 위배되는가?

> 천추(千秋)에 죽지 않는 논개여
> 하루도 살 수 없는 논개여
> – 한용운, 「논개의 애인이 되어 그의 묘(墓)에」 중에서 –

① 모순율
② 배중률
③ 동일률
④ 조건율

38 다음 밑줄 친 부분에 사용된 역설로 옳은 것은?

> 모란이 지고 말면 그뿐
> 내 한 해는 다 가고 말아
> 삼백 예순 날 하냥 섭섭해 우옵내다.
> 모란이 피기까지는
> 나는 아직 기다리고 있을 테요.
> <u>찬란한 슬픔의 봄을.</u>
> – 김영랑, 「모란이 피기까지는」 중에서 –

① 표층적 역설
② 심층적 역설
③ 상황적 역설
④ 진술과 암시의 상호 작용에 의한 역설

39 시에서의 거리에 대한 설명으로 적절하지 않은 것은?

① 시적 자아와 시적 대상 사이의 정서적 거리를 말한다.
② 1인칭 시는 시적 자아와 대상 사이의 거리가 가깝다.
③ 시에서의 거리는 시적 자아를 중심으로 특정 대상과 고정되어 나타난다.
④ 시에 화자의 감정이 절제되어 있으면 독자가 느끼는 정서적 거리는 멀다.

40 다음 시의 밑줄 친 ⓐ에 쓰인 표현 방법과 가장 다른 하나는?

> 사랑하는 이여
> 오지 않는 너를 기다리며
> 마침내 나는 너에게 간다
> 아주 먼데서 나는 너에게 가고
> 아주 오랜 세월을 다하여 너는 지금 오고 있다
> 아주 먼데서 지금도 천천히 오고 있는 너를
> ⓐ 너를 기다리는 동안 나도 가고 있다

① 밤에 홀로 유리를 닦는 것은 / 외로운 황홀한 심사이어니
② 우리들의 사랑을 위하여서는 / 이별이, 이별이 있어야 하네.
③ 내 그대를 생각함은 항상 그대가 앉아 있는 배경에서 해가 지고 / 바람이 부는 일처럼 사소한 일일 것이나 / 언젠가 그대가 한없이 괴로움 속을 헤매일 때에 / 오랫동안 전해 오던 그 사소함으로 그대를 불러 보리라.
④ 네 이름의 외로운 눈부심 위에 / 살아오는 삶의 아픔

제1회 정답 및 해설 | 한국현대시론

01	02	03	04	05	06	07	08	09	10
③	③	①	④	③	②	②	④	④	②
11	12	13	14	15	16	17	18	19	20
④	④	②	④	①	③	②	①	③	③
21	22	23	24	25	26	27	28	29	30
①	③	②	③	②	③	④	②	④	①
31	32	33	34	35	36	37	38	39	40
③	③	①	②	④	②	③	③	④	②

01 정답 ③

윔샛은 시 작품과 그것이 낳는 결과를 혼동하여 '감정의 오류'가 발생한다고 지적하였다. 그는 비평의 기준이 심리적 효과를 이끌어 내는 것에서 시작하여 인상주의나 상대주의가 되어 끝난다고 하였다. 이러한 감정의 오류는 효용론적 입장에서 시를 해석할 때 발생할 수 있다.

02 정답 ③

제시문의 이론은 당의정설에 대한 설명이다. 시드니 역시 '시의 세계는 윤리·도덕적으로 훌륭한 것이었다. 이것으로 시가 독자를 교화할 수 있다'고 하였다. 그것이 유명한 고전적 개념인 문학 당의정설이다. 문학 당의정설은 시를 전달로 보며 독자에게 끼친 효과를 중심으로 파악하는 효용론과 관련이 있다.

03 정답 ①

윔샛에 따르면 표현론에는 필연적으로 오류를 범하게 될 소지가 있다. 그는 그러한 오류를 '의도의 오류'라고 일컬었다.

04 정답 ④

발레리는 산문과 시의 경우를 각기 '행진'과 '무용'에 비유하여 비교, 설명하였다. 그에 따르면 산문에서의 언어의 쓰임은 행진과 유사한 성격을 지녔고, 시에서의 언어의 쓰임은 무용과 흡사하다.

05 정답 ③

'존재로서의 시'에서 모든 언어는 대상을 기호화하지 않는다. 시의 존재론상의 의의를 살펴보면, 시의 언어가 그 자체로서 제3의 실체가 된다. 즉, 사물로서의 언어가 시를 이루는 것이다.

06 정답 ②

3음보는 민요와 고려속요에 대체로 많이 쓰인다. 반면 4음보는 장중한 맛을 지닌 율격으로서 인위적이고 교술적인 리듬이자 안정과 질서를 대변하는 율격으로 유장한 흐름을 특징으로 한다. 3음보와 4음보 모두 우리 시가의 전통적 율격에 해당하며, 현재에도 그 전통은 면면이 계승되고 있다.

07 정답 ②

시의 운율 감각을 형성하는 것은 음색과 동질음에 의한 소리 배합, 율격과 리듬의 음성 패턴들이라 할 수 있다. 압운법의 활용은 동질음을 형성함으로써 운율감을 주며, 반복과 병렬이나 행과 연의 배열은 리듬을 살림으로써 운율감을 준다. 이미지의 구성은 내용적인 측면에 해당하므로, 운율과 직접적인 관련성이 떨어진다.

08 정답 ④

제시된 작품은 김영랑의 「동백잎에 빛나는 마음」이다. 이 시에서 시인의 내면적 호흡은 외면적으로 형식화한 것으로 의미를 낳게 하는 음의 연속임을 알 수 있는데, '~네, ~듯' 같은 특정한 음절이나 유사한 시구를 반복하고 있다. 또한 전체적으로 내재율을 갖고 있으며, 4음보의 규칙성은 특별히 찾아보기 힘들다.

09 정답 ④

④는 시각적 이미지이다.
①은 시각의 청각화, ②는 청각의 시각화, ③은 청각의 시각화이므로 모두 한 감각을 다른 감각으로 전이시켜 표현하는 공감각적 이미지의 표현이다.

10 정답 ②

정밀한 고요 속에 보름달이 비치고 하얗게 눈 덮인 장수산의 밤은 시각적 이미지를 통해 순수함이 부각되어 무욕의 세계를 지향하는 화자의 정신적 공간으로 형상화되고 있다. 장수산의 고요 속에서 화자는 번뇌를 잊고 시름을 담담히 견디겠다는 의지를 드러내고 있다. 따라서 장수산이 화자의 외로움이 투영된 공간이라는 설명은 적절하지 않다.

① 나무 베어진 소리가 '쩌르렁' 하고 울린다는 것은 그 공간이 그만큼 세속과 떨어진 깊은 산속임을 의미하므로, 이와 같은 진술은 적절하다.
③ 승부에서 반복적으로 지고도 초연할 수 있는 것은 세속적 이미지를 벗어난 것이다. 이는 탈속의 공간인 '장수산'의 이미지와 통한다고 할 수 있다.
④ 화자는 탈속의 세계를 지향하지만 현실에서의 번뇌로 인해 내면적인 갈등을 보여 주는데, 이는 '심히 흔들리우노니'의 표현을 통해 확인할 수 있다.

11 정답 ④

제유는 어떤 부분으로 전체를 나타낸다든가 전체를 부분으로 대치시킨 비유를 가리킨다. 예문은 하우스만의 시 구절로서 '가죽'은 '축구공'의 의미로 쓰였는데, 축구공의 재질인 가죽을 가지고 축구공을 표현했으므로, 일부를 가지고 전체를 나타내는 제유의 좋은 보기가 된다.

12 정답 ④

휠라이트는 언어의 긴장감의 정도에 따라서 상징을 크게 두 가지 유형으로 구분했다. 그 하나가 협의상징이며, 다른 하나가 장력상징이다.

13 정답 ②

어떤 작품에서는 아이러니가 단어나 구절 등 부분적인 상태로 나타나는 데 그치지 않는 게 있다. 거기서는 의미의 이중성 내지 복합성을 지속화시키기 위해 아이러니가 전 작품에 걸쳐 있는 것이다. 이런 종류의 아이러니를 우리는 구조적 아이러니라고 말한다. 김소월의 대표작인 「진달래꽃」은 이러한 구조적 아이러니가 나타나는 대표적인 작품이다.

14 정답 ④
어떤 역설은 말이나 진술의 차원에서가 아니라 사건의 형태로 나타나는 것이 있다. 이때 역설은 작품의 부분적인 현상이 아니라 전체 구조에 관계된다. 이러한 역설을 상황적 역설이라고 한다.

15 정답 ①
모방적 패러디는 원전의 권위나 규범을 인정하고 계승하는 유형이라고 할 수 있다. 따라서 원전의 의의나 작품성을 인정하고 원전과 비슷한 모습이 되고자 하는 패러디 동기를 반영한다. 장정일의 「라디오와 같이 사랑을 끄고 켤 수만 있다면」은 존재의 본질적 의미를 말하는 김춘수의 「꽃」의 형식을 빌린 시로, 편리하고 가벼운 사랑을 원하는 현대인의 태도를 비판하고 있다.

16 정답 ③
배역시는 시 작품에 나타난 화자가 시인과는 다른 사람으로 설정되어 있는 경우이다. 서정주의 「춘향유문」에서 진술을 하고 있는 화자는 시인과는 무관한 제3의 인물인 춘향으로 설정되어 있다. 이는 마치 연극배우가 되어 극중 인물의 역할을 하고 있는 것과 비슷하다. 때문에 이러한 유형의 시들을 '배역시'라는 명칭으로 개념화한다.

17 정답 ②
구조론은 시를 그 자체로 취급하는 것, 즉 시인과 독자 그리고 현실 세계와 독립된 형태로 존재하는 것으로 보는 관점에 속한다. 시를 대할 때 작자를 고려하는 것은 표현론, 독자에게 어떤 효과를 끼치는가를 고려하는 것은 효용론, 현실을 모방해서 전달하는 것을 모방론이라고 한다.

18 정답 ①
우리가 생활 속에서 사용하고 있는 언어는 대개 그 내용을 증명할 수 있다. 이것을 리처즈는 '진술'이라고 명명하고 있다. 리처즈는 또 언어가 빚어내는 문장을 진술이 아닌 또 다른 차원에 속하는 언어 형태로 보았다. 그는 이것을 '의사 진술'이라고 명명하고 있다.

19 정답 ③
엠프슨은 애매성이야말로 시의 특성이며 중요한 자산이라고 했다. 그는 애매성을 정의하여, '아무리 사소한 것일지라도 어떤 일정한 언어 표현에 따른 반응을 허용하는 언어의 뉘앙스'라고 한 바 있다.

20 정답 ③
W. 워즈워드는 시를 시인 자신과 관련시키며 '시는 강한 감정의 자연적 발로이다.'라고 정의하였다.

21 정답 ①
H. 리드는 시의 형태를 유기적 형태와 추상적 형태로 나누었다. 그가 생각한 유기적 형태란 작품 안에 독창적 감각이 살아 있는 경우이고, 추상적 형태는 유기적 형태가 도식화에 떨어진 경우이다.

22 정답 ③
음보율이란 시의 한 행이 일정한 음의 마디 단위로 반복되는 운율을 말한다. 예컨대 2음보, 3음보, 4음보와 같은 것들을 말한다. 이육사의 「절정」은 '매운∨계절의∨채찍에∨갈겨'에서 볼 수 있듯이 4음보격으로 이루어진 경우이다.

23 정답 ②

'강렬성'은 두 가지로 이야기될 수 있다. 하나는 시의 속성으로 생각되는 함축적 의미 사용이라든가 언어의 탄력감, 긴축미 같은 것을 가리키고, 다른 하나는 이미지 상호 간의 긴밀한 관계 확보이다.

24 정답 ③

'분수처럼 쏟아지는 푸른 종소리'는 청각의 시각화로서 공감각적 이미지에 속한다. '꽃처럼 붉은 울음을 밤새 울었다.'도 청각의 시각화이다. 한편 '금으로 타는 태양의 즐거운 울림'은 눈으로 볼 수 있는 태양을 즐겁게 울리는 소리로 표현했으므로 시각의 청각화로 볼 수 있다.

25 정답 ②

제시된 작품은 박두진의 「청산도」의 일부이다. 특정 시어를 반복하거나 음성상징어 같은 것들을 사용함으로써 운율감을 조성하고 있으며, 대상에 대한 그리움을 시적 화자의 격앙된 목소리로 전달하여 내재율을 획득하고 있다. 따라서 산문적 진술이므로 내재율이 없다는 설명은 옳지 않다.

26 정답 ③

비유 가운데는 어떤 대상의 속성이나 그와 밀접하게 관련된 특징을 이용하여 그 대상을 표상, 제시해 내는 것이 있다. 셸리의 시에서 왕의 특징적 단면이 왕관으로, 평민이 낫과 삽으로 제시된 것은 환유가 쓰인 예라고 할 수 있다.

27 정답 ④

어번이 말한 상징의 원리로는 다음과 같이 네 가지를 들 수 있다.

> (i) 모든 상징은 그 무엇을 표시한다.
> (ii) 모든 상징은 이원적 언급을 갖는다.
> (iii) 모든 상징은 진실과 허구 쌍방을 포함한다.
> (iv) 모든 상징은 이원적으로 타당하다.

따라서 모든 상징은 진실과 허구 중 하나를 가리키는 것이 아니라 진실과 허구 쌍방을 모두 포함한다고 볼 수 있다.

28 정답 ②

서정주의 「국화 옆에서」는 이미 알려진 국화의 뜻을 사상하고 그에 대신하여 새로운 의미 부여가 이루어졌기 때문에 성립된 것이다. 이것을 우리는 상징의 '재문맥화'라고 한다.

29 정답 ④

프로이트는 상징을 해석하는 일은 허위의 장막을 제거하는 일이라고 말했다. 그러나 하이데거에 따르면 그것은 덮개를 벗겨서 감추어진 의미를 밝음 속에 드러내는 것이다.

30 정답 ①

상징의 뜻이 그 형성 풍토나 문화적 토대에 밀착되어 있음을 뜻한다는 것을 가리켜 E. 프롬은 '상징적 방언'이라고 규정한 바 있다.

31 정답 ③

밑줄 친 부분은 서정주의 「무등을 보며」에서 패러디한 시구이다. 문병란의 「가난」이라는 시에는 미당 서정주의 작품과 작품 경향에 대한 비판적 태도가 담겨져 있다. 그런데 그러한 비판의 방식이 미당 서정주의 여러 작품들의 구절을 인용하면서, 그것들에 대해 자신의 비판적 태도를 드러내는 방식으로 구성되어 있다. 이런 방법이 혼성 모방적 패러디의 유형이라 할 수 있다.

32 정답 ③
논증시는 화자가 작품 속에 직접적 혹은 간접적으로 등장하지 않으며, 작품 밖에서 진술하는 경우를 말한다. 김광섭의 「성북동 비둘기」에서 시인은 작품 밖에서 관찰하는 관찰자의 입장을 취한다. 그러면서 표면적으로는 자신이 그리고자 하는 대상이나 주제에 대해서 객관적인 거리를 유지하고 있는 것처럼 진술을 시도한다.

33 정답 ①
객관적 상관물(客觀的 相關物)은 창작자가 표현하려는 자신의 정서나 감정, 사상 등을 다른 사물이나 상황에 빗대어 표현할 때 이를 표현하는 사물이나 사건을 뜻한다. 즉, 개인적 감정을 그대로 드러내는 것이 아니라 사물과 사건을 통해서 객관화하여 대상과의 심미적 거리를 확보하려는 창작기법이다.

34 정답 ②
음보율은 시의 한 행이 일정한 음의 마디 단위로 반복되는 운율을 말한다. 예컨대 2음보, 3음보, 4음보와 같은 것들을 말한다. 위 노래는 김소월의 민요시로 '그립은∨우리 님의∨맑은 노래는 / 언제나∨제 가슴에∨젖어 있어요'에서 볼 수 있듯이 3음보의 전통 율격으로 이루어진 노래이다.

35 정답 ④
이육사의 「광야」에서 1~3연은 과거, 4연은 현재, 5연은 미래의 상황을 다루고 있다. 따라서 '과거−현재−미래'의 시간적 흐름에 따라 시상이 전개되고 있다고 볼 수 있다.
① 공간 이동은 나타나지 않는다.
② 감정의 흐름에 따라 시상을 점층적으로 전개되지 않는다.
③ 과거와 미래를 대비시켜 현재의 고난을 강조하고 있지 않다.

36 정답 ②
삶을 포기하면서까지 자신의 의지를 지키겠다는 굳은 결의를 간결하고도 강인한 어조로 표현한 작품이다. '우뚝 남아 서서, 휘두르고, 깊이 거꾸러져' 등의 남성적 강인함을 느끼게 하는 시어는 '차라리, 아예, 마침내, 차마' 등의 부사와 어울려 화자의 단호한 자세를 드러내고 있는 한편, '말아라, 아니라, 못해라' 등의 부정어로서 그 강인한 의지를 강조하고 있다.

37 정답 ③
밑줄 친 부분은 역설법이 사용되었으며, 삶의 과정과 사랑의 행로에 있어 일어나는 갈등의 심정을 형상화하고 있다.
① 문장 구조가 비슷한 대구법이 사용되었다.
② 묻고 답하는 문답법이 사용되었다.
④ 문장의 순서를 바꾸는 도치법이 사용되었다.

38 정답 ③
시에서 '운'이란 일정한 자음이나 모음을 반복하여 리듬을 만들어 내는 것을 의미한다. '반짝이는 잔물결이 한없이 밀려와'라는 시구에는 각 어절 첫음절의 받침에 'ㄴ'이 들어감으로써 '운'의 효과가 나타났다.

39 정답 ④

김지하의 「타는 목마름으로」는 상징적인 시어와 청각적인 심상을 통해 독재 치하에서도 민주주의에 대한 열망을 버릴 수 없음을 강한 어조로 표현하고 있는 시이다. 폭압에 굴복하지 않고 숨죽여 흐느끼면서 남몰래 쓰는 민주주의를 외치는 시적 자아의 행위를 통해 비장미를 느낄 수 있다. 풍자미는 부정적 대상을 공격하는 데서 웃음을 유발시키는 미의식이고, 우아미는 자아와 세계의 조화가 이루어질 때 나타나는 미의식이다. 골계미는 풍자와 해학을 바탕으로 하는 미의식이다.

40 정답 ②

천상병의 「귀천」은 긍정적인 삶의 모습과 죽음에 대한 달관적·초월적 자세를 보이는 작품이다. '나 하늘로 돌아가리라'가 반복하여 쓰이고 있는 점에 주목한다면 죽음을 자연스럽게 받아들이려는 모습을 엿볼 수 있고, 이는 마치 원래 살던 곳으로 돌아가는 것을 죽음으로 인식한 화자의 달관적 태도라고 볼 수 있다.

제2회 정답 및 해설 | 한국현대시론

01	02	03	04	05	06	07	08	09	10
④	①	③	②	④	③	④	①	①	①
11	12	13	14	15	16	17	18	19	20
④	④	②	②	④	①	②	①	②	①
21	22	23	24	25	26	27	28	29	30
①	②	③	②	②	③	③	②	③	④
31	32	33	34	35	36	37	38	39	40
②	④	②	④	②	④	②	①	③	③

01 정답 ④
김소월의 「진달래꽃」은 이별의 정한을 주제로 한 민요시이다. 따라서 신앙의 힘으로 시적 상황을 극복하려는 시라고 볼 수 없다. 「진달래꽃」은 이별의 정한, 수미쌍관식 구성, 규칙적인 율격의 사용이 특징이다.

02 정답 ①
밑줄 친 부분은 아들을 잃어 외롭고 쓸쓸하지만, 죽은 자식을 상징하는 '별'을 볼 수 있어서 위안을 얻는 시적 화자의 복합적 심정을 잘 표현하고 있다. 이는 표면적으로 모순되어 보이는 '외로운'과 '황홀한'을 연결했다는 점에서 역설적 표현에 해당한다. 그러나 ①은 단순히 대조법을 사용한 문장이다.

03 정답 ③
이 시는 이병기의 「난초」이다. 이 시에서 난초는 속세의 더러움을 멀리하고 비와 이슬처럼 청초하고 깨끗한 삶을 산다는 것을 말하고 있다. ③은 작은 티끌이나 먼지로 이 시에서는 세속(世俗)을 비유한 말이다.

04 정답 ②
이 시는 '초혼(招魂)'이라는 전통 의식을 통해 사랑하는 사람의 죽음을 마주한 인간의 극한적 슬픔을 격정적으로 표출하고 있으며, 김소월의 다른 시와 마찬가지로 3음보의 율격을 보이고 있다. 하지만 임의 죽음을 현실로 인정하고 있기 때문에 죽음을 부정하지는 않고 있다.

05 정답 ④
이 시는 선명하고 감각적인 이미지의 사용과 감정의 대위법에 의해 감정이 절제되고 있는 것이 특징이다. 특히 감정의 대위법이 사용된 '외로운 황홀한 심사'는 모순 형용에 의한 역설적 표현이다. 하지만 이 시에서 공감각적인 표현은 나타나지 않는다.

06 정답 ③
이 시는 심훈이 광복이 올 것을 가정하여 시인의 정서를 격정적으로 표현한 「그날이 오면」이다. '종로(鐘路)의 인경(人磬)을 머리로 들이받아 울리오리다.', '두개골(頭蓋骨)은 깨어져 산산조각이 나도 / 기뻐서 죽사오매 오히려 무슨 한(恨)이 남으오리까.' 등의 표현에서 비장한 어조가 느껴진다.

07 정답 ④
이 시는 '풀'과 '바람'이라는 자연물을 통해 민중의 건강하고 끈질긴 생명력을 그린 김수영의 「풀」이다. 풀이 '눕는다', '일어난다'는 반복구조를 통해 민중의 질긴 생명력을 상징하고 있다. 또한 '풀'과 '바람'의 대립되는 반복구조 역시 풀의 포용성, 능동성의 이미지를 부각시키고 있다.

08 정답 ①
이 작품은 산업화 과정에서 소외된 농촌의 암담한 현실, 이로 인한 농민의 절망감과 울분 등을 농무를 추는 농민들의 모습을 통해 그려낸 신경림 작가의 「농무」이다. 시의 전반에서 화자는 '답답하고 고달프게 사는 것이 원통하다'라며 정서를 직설적으로 표현하고 있고, 후반에서는 '우리는 점점 신명이 난다'며 화자의 정서가 원통함에서 신명으로 전환되고 있다. 다만 여기에서의 '신명'은 진짜 흥에 겨운 신명이 아니라 슬픔과 원통함을 품고 있는 정서로 이해된다.

09 정답 ①
동양의 시에 해당되는 서구의 개념어로는 'poem', 'poetry'를 들 수 있다. 이때 poem은 어떤 구체적인 작품을 가리키는 말이며, poetry는 장르상의 명칭으로 모든 poem을 통합하여 일컫는 집합적·추상적 개념을 의미한다.

10 정답 ①
서구에서 모방론이라는 용어는 플라톤에 의해 쓰이기 시작했다. 그는 『공화국』 제10장에서 유명한 '시인 추방론'을 내세운 바 있다. 그런데 그 전제가 되고 있는 것이 바로 모방론적인 입장이다. 아무리 뛰어난 화가라고 해도 자신이 그리고자 하는 실제의 모델을 완벽하게 묘사할 수 없다. 그래서 플라톤은 창작이나 예술가의 모방이란 어디까지나 저급한 행위에 지나지 않는다고 본 것이다.

11 정답 ④
'넘쳐남', 즉 '발로'라는 말은 감정에 관련되는 언어를 가리키는데, 이는 곧 시는 감정처럼 유동하는 언어로 이루어짐을 뜻한다. 그리고 '자발적', 즉 '자연적'이란 말은 자발성의 개념을 성립케 하는데, 이것은 시 또는 감정이 독립적인 존재임을 뜻한다. W. 워즈워드는 시의 성패를 결정하는 것은 감정을 어떻게 구성해 내느냐에 달려 있다고 했다.

12 정답 ④
뉴크리티시즘이 취하는 비평 방법은 크게 네 개의 항목으로 요약할 수 있다. 첫째, 주로 시를 다룬다. 둘째, 뉴크리티시즘은 시를 그 자체로서만 이해, 파악하고자 했다. 셋째, 뉴크리티시즘의 기본 원리는 의미론에 입각한다. 넷째, 뉴크리티시즘은 비평의 원론 내지 시학을 내세우기보다 작품 자체를 즐겨 다루는 경향이 있다. 시를 그 제작자나 독자, 형성 여건, 시대 배경 등에 결부시켜 이해하는 입장은 뉴크리티시즘과 관련이 없다.

13 정답 ②
우리가 리듬 또는 운율이라고 하는 경우, 그것은 주기성을 띠고 나타나는 여러 현상들을 가리킨다. 아침에 해[太陽]가 뜨고 저녁에 해가 지는 것이 반복되면 한 계절이 가고 다른 계절이 온다. 그런 가운데 해[年]가 가고 또 하나의 해가 오는 계절의 반복이 이루어진다. 이런 것들의 반복을 바로 주기성이라고 할 수 있다.

14 정답 ②

이 시에서 화자가 시적 대상의 '빛'을 알지 못하고 '보이는 빛'만을 보는 사람들에 대해 비판하는 내용은 찾아볼 수 없다.

① '청소부'를 '성자'라고 여기는 시적 화자의 태도는 결국, 사람들이 보지 못하는 것에서 '빛'을 찾아낸 것으로 시적 대상을 빛나는 가치를 지닌 존재로 생각함을 보여 준다.
③ 위 시에서 화자가 '구두 닦는 사람', '창문 닦는 사람', '청소하는 사람'의 손 끝에 주목하며 그들의 성실한 노동을 '빛을 내는 일'이라고 표현한 부분을 통해 시적 대상을 자신의 일을 묵묵히 수행하는 존재로 여김을 알 수 있다.
④ 반복적으로 사용된 '그 사람의 손을 보면'이라는 구절과 그 손을 통해서 이루어지는 행위를 통해 '빛이 난다'고 말하는 부분을 통해 화자가 시적 대상들의 손에 주목하여 그들의 가치를 부각하고 있음을 알 수 있다.

15 정답 ④

때로는 시인에 의해 의도적으로 파편화, 분자화된 이미지의 구조화가 이루어지기도 하는데, 흔히 초현실주의나 해체주의적 입장에서 구성된 시들의 경우에 이런 방식의 구조가 등장한다. 이것을 확산 구조라고 한다.

16 정답 ①

장력상징에 대해서는 그 첫째 요건으로, 필연적으로 의미가 조작될 것, 둘째 요건으로는 그 의미가 애매한 점이라고 밝혔다. 또한 여러 의미로 해석되는 다의성을 띤다. 상징을 띠게 된 이유도 분명히 해명될 수 없다.

17 정답 ②

상징은 인간을 동물과 구별케 하는 아주 적실한 요건이 된다. 카시러는 여기에 동원되는 상상력을 실제적 상상력이라고 명명했다. 그는 헬렌 켈러의 예를 들어 상징의 원리를 설명한다.

18 정답 ①

오늘날의 '시'라는 명칭은 개인 서정시라는 과거에 비해 상대적으로 축소된 의미에서의 운문문학을 가리키는 용어가 되었다. 한국현대시사의 중심을 이루는 작품은 대체로 이러한 좁은 의미의 서정시를 의미하며 김소월, 한용운, 서정주 등의 대표시가 이에 해당하지만, 2000년대 탈서정적인 특성에 이르기까지 기존 서정시의 한계를 뛰어넘어 서정시를 변화시키는 다양한 양식의 시가 계속해서 등장하고 있다.

19 정답 ②

시의 언어는 운문적 진술을 지향하며, 언어의 일상적·과학적인 용법과는 다른 '함축적 용법'을 띤다. 이는 지시대상이나 사실에 부합하는 '진술'의 언어와는 다른, 진위를 분명하게 파악할 수 없는 '의사진술'의 언어이며, 단일한 외연적 의미를 넘어서 내연과 정서적 의미를 이용하는 창조의 언어이다. 이는 애매성을 적극적으로 활용하여 의미의 풍부함과 복잡성을 기하는 작업으로 나타난다.

20 정답 ①

시적 언어의 특질은 내연적 기능을 살리는 것으로 나타날 때가 많지만, 외연적 의미를 무시해서는 안 된다. 외연적 의미와 내연적 의미가 시의 문맥 속에서 적절히 조화될 때 좋은 시가 되는 것이다. 테이트에 따르면 외연과 내연, 서로 반대 방향으로 향하는 힘 사이의 긴장이 좋은 시의 요건이 된다.

21 정답 ①
언어는 개개의 사물이 지닌 차이를 지워 버리고 그것을 추상적 일반성에 복속시킨다. 시는 이러한 언어의 전제적이고 폭력적인 힘에 맞서 사물의 고유성과 차이성, 경험의 일회성을 복원하려는 노력 속에서 탄생된다.

22 정답 ②
시인은 말을 단순한 의사소통의 도구로 소모하듯 사용하는 것이 아니라 언어가 진정으로 언어가 되어 머물도록 사물적 성격을 두드러지게 사용하여 언어의 본성을 회복하게 한다.

23 정답 ③
롱기누스는 그의 저서 『숭고에 대하여』를 통해 우리의 이성이나 판단력과 관계없이 우리의 정신을 황홀케 하는 글을 숭고하다고 말하고, 이런 숭고함을 강하게 자극하는 글일수록 위대한 글이라고 말하여 문학의 정서적 효과를 강조했다.

24 정답 ②
박용철은 낭만주의적인 관점에서 정서에 대해 논의하였다. 이와 달리 김기림은 '시의 감정'과는 거리를 두었다. 그는 망국적 감상주의에서 벗어나 '감정'으로부터 해방되는 것을 현대시의 발전으로 이해했고, 그러한 관점에서 감정보다 감각을 중요시했다. 임화는 시에서 감정이 중요한 기능을 담당하고 있음을 역설하며, 감정이 사유와 연결되어 있음을 강조한 바 있다.

25 정답 ②
브레이트에게 사유란 현실에 파고드는 유용한 것이어야 한다. 이러한 관점에서 브레이트는 '낯설게 하기' 방식을 통해 현실의 세계를 표현할 뿐 아니라 현실을 '파고들어' 그것이 변화 가능한 존재라는 것을 보여주고자 한다.

26 정답 ③
엘리엇은 시가 일상의 체험과 주관적 감정을 직접적으로 표현하는 것이 아니라 시 창작 과정에서 그것을 제어하고 객관화하는 일의 중요성을 강조하였다. 그리하여 수많은 감정과 이미지, 문구들을 포착하고 융합하는 시인의 창조하는 정신을 통해 일상적 자아와 구별되는 창조적 자아를 설명하였다.

27 정답 ③
전통 서정시가 주류를 이룬 한국 현대시에서는 여전히 시 속의 '나'를 일상의 시인과 동일한 존재로 간주하는 독서습관이 잔존해 있다. 그러나 시인과 화자는 분리된 존재라는 관점에서 동일성의 원리에 대한 거부를 보여주는 시의 흐름도 다양하게 존재한다. 이로써 '화자 = 시인'이란 통념 또한 점차 변화하고, 화자를 일종의 예술적 형상물로 이해하는 관점이 확산되고 있다.

28 정답 ②
근대에 들어서면서 음악과 시는 분리되고 시의 음악성은 현저하게 약화되었다. 낭독의 시에서 묵독의 시로 이행되면서 독자들은 소리의 질료적 가치가 실현되는 과정에서 선율이나 울림, 말소리의 감각적 자극 등을 직접 경험하기 어렵게 되었다.

29 정답 ③
음보는 영미시의 'foot'에 해당하는 것으로, 한국시가의 율격은 주로 음보율에 의해서 설명되어 왔다. 하나의 음보는 여러 개의 음절로 구성되며, 각각의 음보는 일정한 마디가 동일한 음량을 지닌다.
① 우리 전통시의 율격은 3음보 및 4음보이다.
② 글자수의 규칙적인 반복은 음수율이다
④ 음보율은 시의 중요한 형식적 특성이 된다.

30 정답 ④
축자적인 언어가 비효율적이고 부정확할 뿐 아니라 불완전하기 때문에, 시인은 불명확한 비물질적 관념(원관념)에 물질적인 비유적 이미지(보조관념)를 사용하여 구체성과 명확성을 부여하고자 한다. ④는 상징적 이미지에 대한 설명이다.

31 정답 ②
김수영의 작품은 시적 이미지가 시 자체의 문맥을 넘어 당대 현실을 지시하는 경우가 많다. 「폭포」는 다양한 이미지를 통해서 진정한 자유의 정신, 역사와 현실에 온몸을 내던져 진실을 말하는 용기, 그것이 가져올 깊고 넓은 사회적 반향을 말함으로써 폭포의 모습과 소리에 지적, 윤리적 의미를 결합시키고 있다.

32 정답 ④
1930년대 등장한 일군의 이미지스트들은 대부분 리듬의 구속에서 벗어난 자유시나 회화적 요소를 강조하는 시를 썼고, 김광균 또한 시각적 이미지의 주조에 관심을 기울였다. 그러나 김광균은 나아가 시각적 이미지의 단순성을 벗어나 이미지의 입체성을 획득하고자 하였으며 이는 김기림에게 '소리조차를 모양으로 번역하는 기이한 재주'로 평가되기도 했다.

33 정답 ②
리처즈는 비유의 원리를 주지와 매체의 상호작용 관계로 설명하면서 주지와 매체 사이의 상이성이 크면 클수록 시적 긴장도가 높아져 좋은 비유가 된다고 한 바 있다.

34 정답 ②
곽재구의 「사평역에서」는 '불빛'이 지는 원형 상징적 의미를 충실하게 드러냈다. 신화적 상징, 즉 원형 상징에서 '빛'은 정신적이며 영적 특성을, '불'은 창조와 희망을 각각 상징한다. 이 시에서는 '불빛'을 매개로 개인적 삶에 대한 반성적 성찰을 통해 서로에 대한 정서적으로 공감함으로써, 이를 바탕으로 불확실한 미래에 대한 희망을 제시하고 있다.

35 정답 ②
휠라이트는 역설을 크게 두 가지로 나누었는데 하나는 일상적인 논리로도 충분히 설명이 가능한 역설이고, 다른 하나는 일상적 논리로는 도저히 설명할 수 없는 역설이다. 전자를 표층적 역설이라 하는데, 이러한 피상적인 수준에서 이루어진 이러한 자기모순적 진술은 시의 전체 구조에는 큰 영향을 미치지 못한다.

36 정답 ④
아이러니와 역설 모두 특정 문학 갈래에 한정되지 않는다.
① · ② 아이러니의 경우 진술 자체에는 모순이 없으나 진술된 언어와 언어가 지시하는 대상 또는 숨겨진 의미 사이에 모순이 생기지만, 역설은 진술 자체에 모순이 생긴다.
③ 역설은 근본적으로 아이러니와 달라서 말에 의존하는 면이 강하다. 거기에는 또한 청중 내지 관객에 해당되는 제3자의 역할이 그렇게 중요한 위치를 차지하지도 않는다.

37 정답 ②

한용운의 이 시는 배중률의 원리에 위배되는 경우로서의 역설의 예이다. 배중률이란 이것이면서 동시에 저것이 허용될 수 없는 경우로 'A = B'이거나 'A = non B'이거나 둘 중에 어느 하나의 입장을 명확히 택해야 한다. 말하자면 'A = B and non B'의 형식은 배중률의 원리에 위배되기에 논리적으로 허용될 수 없는 명제이다.

38 정답 ①

표층적 역설은 '무언가 모순되는 것처럼 보이게 하는 것'으로 정의될 수 있다. 예를 들어 '쓰디쓴 즐거움', '달콤한 슬픔' 등이 있다. '옥시모론(oxymoron)', '모순어법'이라고도 하며, 수식되는 말과 수식하는 말이 의미적으로 모순관계에 있는 어구를 말한다.

39 정답 ③

시에서의 거리는 시적 자아와 시적 대상 사이의 정서적 거리를 말하는데, 1인칭 화자의 경우 대상과 거리가 가깝고, 3인칭 화자의 경우 대상과 거리가 멀다. 한편 시에서의 거리는 시적 자아의 감정 노출 여부에 따라 거리가 달라지기도 하기 때문에 절대 고정되어 나타날 수 없다.

40 정답 ③

ⓐ는 만남의 의지를 역설적으로 표현한 부분이다.
③ '사소한 일'에서 반어가 사용되었다.
① '외로운 황홀한'에서 역설이 사용되었다.
② '사랑을 위해서는 이별이 있어야 하네'에서 역설이 사용되었다.
④ '외로운 눈부심'에서 역설이 사용되었다.

독학학위제 2단계 전공기초과정인정시험 답안지(객관식)

컴퓨터용 사인펜만 사용

※ 수험생은 수험번호와 응시과목 코드번호를 표기(마킹)한 후 일치여부를 반드시 확인할 것.

전공분야

성 명

답안지 작성시 유의사항

1. 답안지는 반드시 컴퓨터용 사인펜을 사용하여 다음 보기와 같이 표기할 것.
   보기 잘된 표기: ● 잘못된 표기: ⊘ⓧ◑◐○◉
2. 수험번호 (1)에는 아라비아 숫자로 쓰고, (2)에는 "●"와 같이 표기할 것.
3. 과목코드는 뒷면 "과목코드번호"를 보고 해당과목의 코드번호를 찾아 표기하고,
   응시과목란에는 응시과목명을 한글로 기재할 것.
4. 교시코드는 문제지 전면 의 교시를 해당란에 "●"와 같이 표기할 것.
5. 한번 표기한 답은 긁거나 수정액 및 스티커 등 어떠한 방법으로도 고쳐서는
   아니되고, 고친 문항은 "0"점 처리함.

[이 답안지는 마킹연습용 모의답안지입니다.]

독학학위제 2단계 전공기초과정인정시험 답안지(객관식)

답안지 작성시 유의사항

1. 답안지는 반드시 컴퓨터용 사인펜을 사용하여 다음 보기와 같이 표기할 것.
   보기) 잘 된 표기: ●
   잘못된 표기: ⊘ ⊗ ① ◐ ○ ◎

2. 수험번호 (1)에는 아라비아 숫자로 쓰고, (2)에는 "●"와 같이 표기할 것.

3. 과목코드는 "과목코드번호"를 보고 해당과목의 코드번호를 찾아 표기하고, 응시과목란에는 응시과목명을 한글로 기재할 것.

4. 교시코드는 문제지 전면의 교시를 해당란에 "●"와 같이 표기할 것.

5. 한번 표기한 답은 긁거나 수정액 및 스티커 등 어떠한 방법으로도 고쳐서는 아니되오, 고친 문항은 "0"점 처리됨.

[이 답안지는 마킹연습용 모의답안지입니다.]

독학학위제 2단계 전공기초과정인정시험 답안지(객관식)

컴퓨터용 사인펜만 사용

★ 수험생은 수험번호와 응시과목 코드번호를 표기(마킹)한 후 일치여부를 반드시 확인할 것.

전공분야

성명

수험번호

(1) — 표기란

(2) — ① ● ③ ④ 표기란

과목코드 / 응시과목

1–20번, 21–40번 각각 ① ② ③ ④

교시코드
① ② ③ ④

※ 감독관 확인란
(인)

관 리 번 호
(연번)
(응시자수)

답안지 작성시 유의사항

1. 답안지는 반드시 컴퓨터용 사인펜을 사용하여 다음 《보기》와 같이 표기할 것.
   《보기》 잘된 표기: ● 잘못된 표기: ⊗ ⊙ ◐ ○ ○
2. 수험번호 (1)에는 아라비아 숫자로 쓰고, (2)에는 "●"와 같이 표기할 것.
3. 과목코드는 뒷면 "과목코드번호"를 보고 해당과목의 코드번호를 찾아 표기하고, 응시과목란에는 응시과목명을 한글로 기재할 것.
4. 교시코드는 문제지 전면의 교시를 해당란에 "●"와 같이 표기할 것.
5. 한번 표기한 답은 긁거나 수정액 및 스티커 등 어떠한 방법으로도 고쳐서는 아니되고, 고친 문항은 "0"점 처리함.

[이 답안지는 마킹연습용 모의답안지입니다.]

독학학위제 2단계 전공기초과정인정시험 답안지(객관식)

★ 수험생은 수험번호와 응시과목 코드번호를 표기(마킹)한 후 일치여부를 반드시 확인할 것.

답안지 작성시 유의사항

1. 답안지는 반드시 컴퓨터용 사인펜을 사용하여 다음 보기와 같이 표기할 것.
   보기) 잘 된 표기: ● 잘못된 표기: ⊘ ⊗ ⊙ ◐ ○
2. 수험번호 (1)에는 아라비아 숫자로 쓰고, (2)에는 "●"와 같이 표기할 것.
3. 과목코드는 뒷면 "과목코드번호"를 보고 해당과목의 코드번호를 찾아 표기하고, 응시과목란에는 응시과목명을 한글로 기재할 것.
4. 교시코드는 문제지 전면의 교시를 해당란에 "●"와 같이 표기할 것.
5. 한번 표기한 답은 긁거나 수정액 및 스티커 등 어떠한 방법으로도 고쳐서는 아니되고, 고친 문항은 "0"점 처리됨.

[이 답안지는 마킹연습용 모의답안지입니다.]

참고문헌

- 강영환, 『시창작법 강의』
- 공광규, 『이야기가 있는 시 창작 수업(개정판)』, 문학의 전당, 2013.
- 권영민, 『한국현대문학사』, 민음사, 2002.
- 김신정, 『현대시론 워크북』, 한국방송통신대학교 출판부, 2018.
- 김신정·오성호·유성호·오문석, 『현대시론』, 한국방송통신대학교 출판부, 2015.
- 김완진, 「어학도(語學徒)가 본 시의 언어」, 심상(心象), 1975.
- 김용권, 「신화비평」, 『월간문학』, 월간문학 출판부, 1968.
- 김재홍, 『80년대 한국시의 비평적 성찰』, 한국현대문학사, 1989.
- 김재홍, 『이상화 : 저항시의 활화산』, 건국대학교 출판부, 1996.
- 김준오, 『시론』, 삼지원, 2017.
- 서준섭, 「현대시와 민중」, 『1970년대 문학 연구』, 예하, 1994.
- 박남희, 「좋은 시의 조건 10가지」, 『우리시』, 우리글, 2008. 11.
- 박동규·김준오, 『현대시론』, 한국방송통신대학교 출판부, 1986.
- 오세영·김영철 외 9인, 『한국현대시사』, 민음사, 2007.
- 조동일, 『한국문학통사』, 지식산업사, 2012.
- 조연현, 『한국현대문학사』, 인간사, 1961.
- 조태일, 『시창작을 위한 시론』, 나남, 1994.
- 천재교육 편집부, 『해법문학 현대시 고등』, 천재교육, 2024.
- 최동호·이숭원·고형진·유성호 외, 『현대시론』, 서정시학, 2010.
- 다음 백과사전, https://100.daum.net/
- 한국민족문화대백과사전, http://encykorea.aks.ac.kr/

합격의 공식 시대에듀

행운이란 100%의 노력 뒤에 남는 것이다.

- 랭스턴 콜먼 -

시대에듀 독학사 국어국문학과 2단계 한국현대시론

개정1판1쇄 발행	2025년 02월 05일 (인쇄 2024년 12월 24일)
초 판 발 행	2022년 07월 06일 (인쇄 2022년 05월 24일)
발 행 인	박영일
책 임 편 집	이해욱
편 저	김덕규
편 집 진 행	송영진·김다련
표지디자인	박종우
편집디자인	김기화·김휘주
발 행 처	(주)시대고시기획
출 판 등 록	제10-1521호
주 소	서울시 마포구 큰우물로 75 [도화동 538 성지 B/D] 9F
전 화	1600-3600
팩 스	02-701-8823
홈 페 이 지	www.sdedu.co.kr
I S B N	979-11-383-7962-5 (13810)
정 가	24,000원

※ 이 책은 저작권법의 보호를 받는 저작물이므로 동영상 제작 및 무단전재와 배포를 금합니다.
※ 잘못된 책은 구입하신 서점에서 바꾸어 드립니다.

··· 1년 만에 4년제 학위취득 ···

시대에듀와 함께라면 가능합니다!

시대에듀 전문 교수진과 함께라면 독학사 시험 합격은 더 가까워집니다!

수강생을 위한 프리미엄 학습 지원 혜택

| 최신 동영상 강의 | × | 기간 내 무제한 수강 | × | 모바일 강의 | × | 1:1 맞춤 학습 서비스 |

시대에듀 동영상 강의 | www.sdedu.co.kr

시대에듀 독학사
국어국문학과

왜? 독학사 국어국문학과인가?

4년제 국어국문학과 학위를 최소 시간과 비용으로 단 1년 만에 초고속 취득 가능!

1. 1990년 독학학위제의 시작부터 함께한 가장 오래된 전공 중 하나
2. 국어 및 국문학의 체계적 학습 가능
3. 교육대학원 진학 및 출판계, 언론계, 미디어 등 다양한 분야로 취업 가능

국어국문학과 과정별 시험과목(2~4과정)

1~2과정 교양 및 전공기초과정은 객관식 40문제 구성
3~4과정 전공심화 및 학위취득과정은 객관식 24문제 + 주관식 4문제 구성

2과정(전공기초)
- 국어사
- 국어학개론
- 한국현대시론
- 국문학개론
- 고전소설론
- 한국현대소설론

3과정(전공심화)
- 문학비평론
- 국어의미론
- 국어정서법
- 국어음운론
- 고전시가론
- 한국문학사(근간)

4과정(학위취득)
- 국어학개론(2과정 겸용)
- 국문학개론(2과정 겸용)
- 문학비평론(3과정 겸용)
- 한국문학사(3과정 겸용)

시대에듀 국어국문학과 학습 커리큘럼

기본이론부터 실전문제풀이 훈련까지!
시대에듀가 제시하는 각 과정별 최적화된 커리큘럼에 따라 학습해 보세요.

STEP 01 기본이론 - 핵심이론 분석으로 확실한 개념 이해
STEP 02 문제풀이 - 실전예상문제를 통해 문제 유형 파악
STEP 03 모의고사 - 최종모의고사로 실전 감각 키우기

1과정 교양과정 | 심리학과 | 경영학과 | 컴퓨터공학과 | **국어국문학과** | 영어영문학과 | 간호학과 | 4과정 교양공통

독학사 국어국문학과 2~4과정 교재 시리즈

독학학위제 공식 평가영역을 100% 반영한 이론과 문제로 구성된 완벽한 최신 기본서 라인업!

START

2과정

▶ 전공 기본서 [전 6종]
- 국어사
- 국어학개론
- 한국현대시론
- 국문학개론
- 고전소설론
- 한국현대소설론

3과정

▶ 전공 기본서 [전 6종]
- 문학비평론
- 국어의미론
- 국어정서법
- 국어음운론
- 고전시가론
- 한국문학사(근간)

4과정

▶ 전공 기본서
- 국어학개론(2과정 겸용)
- 국문학개론(2과정 겸용)
- 문학비평론(3과정 겸용)
- 한국문학사(3과정 겸용)

GOAL!

※ 표지 이미지 및 구성은 변경될 수 있습니다.

➕ 독학사 전문컨설턴트가 개인별 맞춤형 학습플랜을 제공해 드립니다.

시대에듀 홈페이지 **www.sdedu.co.kr**　　상담문의 **1600-3600**　　평일 9~18시 / 토요일·공휴일 휴무

시대에듀 동영상 강의 | www.sdedu.co.kr